Schuldgefühle in Paarbeziehungen

Entstehung und Regulierung in face-to-face Interaktionen

von

Doris Peham

Tectum Verlag
Marburg 2005

Coverabbildung:
Egon Schiele: Liebespaar. 1913,
Turin, Sammlung Mario Tazzoli.

Peham, Doris:
Schuldgefühle in Paarbeziehungen.
Entstehung und Regulierung in face-to-face Interaktionen.
/ von Doris Peham
- Marburg : Tectum Verlag, 2005
Zugl.: Innsbruck, Univ. Diss. 2004
ISBN 978-3-8288-8868-5

Tectum Verlag
Marburg 2005

Inhalt

1 Einleitung

Das Feld der emotionspsychologischen Forschung stellt ein im letzten Jahrzehnt sehr rege und schnell Expandierendes dar und erstreckt sich über zahlreiche Teilbereiche psychologischer Forschung. Emotionen finden zunehmend Eingang in Theoriebildungen über menschliches Denken, Handeln, die Entwicklung des Selbst, von Bindung und Beziehung, sowie der Entwicklung, Aufrechterhaltung und Behandlung von psychischen Störungen. Zahlreiche Studien innerhalb der Entwicklungspsychologie haben sehr wesentlich dazu beigetragen, die zentrale Rolle affektiver Prozesse beim Aufbau der Bezugsperson-Kind-Beziehung und der damit verbundenen Entwicklung von Selbst, Handeln, Denken oder Sprache aufzuzeigen (z.B. Dornes, 2000; Friedlmeier & Holodynski 1999; Stern, 1994). Zum Verständnis und zur Erklärung psychischer Störungen wird in der Klinischen Psychologie vermehrt auf Ansätze zurückgegriffen, die psychische Störungen als Störungen der Affektregulierung verstehen (z.B. Greenberg, Rice & Elliott, 1993; Krause, 1997; Taylor, Bagby & Parker, 1997) .

Gegenwärtige theoretische und empirische Ansätze verstehen Emotionen als Prozesse, die zum Großteil in Interaktionen entstehen und reguliert werden (z.B. Bänninger-Huber, 1996; Bonanno & Mayne, 2001; Ekman, 1999b; Fischer & Tangney, 1995; Keltner & Haidt, 2001; Lazarus, 1991). Emotionen werden als wesentliche Mechanismen beim Aufbau, der Etablierung und Veränderung sowohl von Beziehungen als auch von je individuellen mentalen Prozessen angenommen. Dabei kommt konkreten Beziehungserfahrungen und den damit verbundenen affektiven Erfahrungen in der ontogenetischen Entwicklung eine bedeutende Rolle in der Ausbildung intrapsychischer Strukturen, etwa der Ausbildung spezifischer Affektregulierungskompetenzen, zu. Die Erkenntnisse darüber, wie und welche unterschiedlichen Beziehungserfahrungen zur Ausgestaltung bestimmter Formen von intrapsychischen Repräsentanzen beitragen, sind nach wie vor gering. Ergebnisse dazu kommen vor allem aus Untersuchungen der Bezugsperson-Kind Interaktion in der Entwicklungspsychologie, der Bindungsforschung, sowie aus Psychotherapieforschung, in der sich ein Teilbereich der Untersuchung des mimisch-affektiven Verhaltens von Therapeut und Patient und damit verbundener therapeutischer Wirkprozesse widmet. Innerhalb der emotionsspsychologischen Forschung exisitieren kaum Studien, die an der Untersuchung der Entstehung und Regulierung von emotionalen Prozessen in konkreten face-to-face Interaktionen ansetzen und dabei das mimisch-affektive Verhalten beider Personen einbeziehen. Als Mangel wird vielfach beklagt, dass wir zwar über Wissen verfügen, was Personen glauben zu tun, wenn sie in Interaktionen emotional reagieren bzw. diese Reaktion regulieren. Über die konkreten, in einer Interaktion auftretenden beoachtbaren Verhaltensweisen im Kontext emotionaler Prozesse existiert jedoch nach wie vor wenig empirisches Wissen.

Die Fragestellung der folgenden Arbeit leitet sich aus zwei unterschiedlichen Forschungssträngen ab. Zum einen fehlen innerhalb der Emotionpsychologie Untersuchungen, die die Funktion von Emotionen, deren Entstehung und Regulierung in der tatsächlichen face-to-face Interaktion zu erfassen versuchen und damit die angenommenen sozialen Funktionen von Emotionen zu erhellen versuchen. Zum anderen zeigen Untersuchungen aus der Psychotherapieprozessforschung, dass Wissen über alltägliche Prozesse der Emotionsentstehung und Emotionsregulierung von wesentlichem Wert für ein differenzierteres Verständnis des affektiven Geschehens in der psychotherapeutischen Beziehung ist (z.b. Bänninger-Huber, 1996; Widmer, 1997). Im Rahmen der Psychotherapieprozessforschung wurden in den letzten fünfzehn Jahren komplexe Forschungsansätze zur Untersuchung des Affektregulierungsgeschehens in der psychotherapeutischen Beziehung entwickelt, die den Schwerpunkt auf eine Analyse des dyadischen mimisch-affektiven Verhaltens in der therapeutischen Interaktion legen (z.b. Bänninger-Huber, 1996; Krause, 1997). Der von Bänninger-Huber (z.B. 1996) und von Bänninger-Huber & Widmer (1999, 2000) entwickelte mikroanalytische Forschungsansatz ermöglicht es, zeitlich kurze, für eine Dyade hoch bedeutsame affektive Regulierungsmuster zu untersuchen und deren Bedeutung für das Beziehungsgeschehen zwischen Therapeut und Klient zu klären. In der vorliegenden Arbeit wird dieser Ansatz auf die Untersuchung interaktiver Regulierungsmuster im Kontext von Schuldgefühlen in Paarbeziehungen angewandt. Damit soll ein Beitrag zur Erforschung von Schuldgefühlen und deren interaktiver Regulierung in zwischenmenschlichen Beziehungen, sowie zu einem besseren Verständnis der Phänomenologie und Funktion interaktiver Affektregulierungsprozesse in Alltagsinteraktionen geleistet werden. Schuldgefühle stehen deshalb im Mittelpunkt der Arbeit da

1. Ergebnisse aus der Psychotherapieforschung vorliegen, die auf ein im Kontext von Schuldgefühlen spezifisches interaktives Regulierungsmuster – sog. „Traps" (Bänninger-Huber, 1996; Bänninger-Huber & Widmer, 1999, 2000) – hinweisen. Traps sind durch ein spezifisches verbales und nonverbales Verhalten gekennzeichnet und erfüllen die Funktion eigene Schuldgefühle mit Hilfe einer bestimmten Reaktion des Gegenübers zu regulieren. Zentral ist dabei, dass dem Gegenüber die Rolle der Autoritätsfigur angeboten wird, die das Verhalten der Person in bestimmter Art und Weise kommentieren und dadurch zu einer Entlastung von ihren Schuldgefühlen beitragen soll.

2. Schuldgefühle werden vor allem in neueren Arbeiten (z.B. Bänninger-Huber & Widmer, 1995; Baumeister, Stillwell & Heatherton, 1994, 1995a; Tangney, 1995; Vangelisti, Daly & Rudnick, 1991) in ihren wesentlichen Funktionen für die Gestaltung zwischenmenschlicher Beziehungen diskutiert. Schuldgefühle entstehen vor allem aus Gründen

der Vernachlässigung und Verletzung von nahe stehenden Personen. Betont wird dabei meist die adaptive Funktion von Schuldgefühlen, die Beziehung und Bindung zu stärken, dem anderen über das Erleben von Schuldgefühlen Wertschätzung und Fürsoge zu signalisieren. Zudem werden Schuldgefühle als bedeutendes Mittel der Beeinflussung und Manipulation des Verhaltens von vor allem nahe stehenden Personen konzeptualisiert. Als häufig beschriebene, für Schuldgefühle charakteristische interaktive Regulierungsprozesse werden Geständnisse und Wiedergutmachungshandlungen (Bänninger-Huber, Brauchle & Krampl, 2001; Keltner & Haidt, 2001) angenommen. Bisher stehen Untersuchungen zur Analyse derartiger Prozesse in direkten zwischenmenschlichen Beziehungen jedoch aus.

Die vorliegende explorative Untersuchung setzt an Ergebnissen aus der Psychotherapieforschung an und hat zum Ziel, spezifische affektive Regulierungsmuster im Kontext von Schuldgefühlen in der direkten zwischenmenschlichen Interaktion zu identifizieren. Es stellen sich Fragen danach, wie Schuldgefühle interaktiv reguliert werden, ob sich die in der therapeutischen Interaktion identifizierten Regulierungsmuster in Alltagsinteraktionen systematisch identifizieren lassen, welche Gemeinsamkeiten und Unterschiede hinsichtlich Funktion und Phänomenologie sich in Alltagsinteraktionen im Vergleich zur psychotherapeutischen Interaktion finden lassen, sowie welche Funktion Geständnisse und Wiedergutmachungshandlungen für die interaktive Regulierung von Schuldgefühlen erfüllen. Ein weiterer Fokus der Arbeit liegt auf der Untersuchung von Strategien der Schuldgefühlinduktion, sowie von geschlechtsspezifischen Unterschieden in den beobachtbaren interaktiven Regulierungsstrategien.

Um diese Fragen zu untersuchen, wurden Videoaufnahmen von zusammenlebenden Paaren angefertigt, die ein Gespräch über wechselseitig erlebte Schuldgefühle führten. Das Ziel der Analyse der interaktiven Regulierungsprozesse im Kontext von Schuldgefühlen wurde durch ein qualitatives Vorgehen zu erreichen versucht, in dem der genannte mikroanalytische Forschungsansatz von Bänninger-Huber (1996), mit dem speziellen Schwerpunkt der Analyse des mimisch-affektiven Verhaltens beider Personen angewandt wurde. Weiters wurde das verbal-interaktive Geschehen unter Anwendung von Elementen aus der Konversationsanalyse analysiert. Um das interaktive Affektregulierungsgeschehen adäquat zu erfassen, wurde das mimisch-affektive wie auch das verbale Verhalten beider Interaktionspartner dyadisch, d.h. in seiner wechselseitigen Bezogenheit, ausgewertet.

Die folgende Arbeit gliedert sich zunächst in eine theoretische Einführung in die Thematik der emotionspsychologischen Forschung *(Kapitel 2)*. Wesentliche theoretische Ansätze wie auch empirische Ergebnisse werden präsentiert, wobei aufgrund der Fragestellung der Untersuchung ein spezieller

Schwerpunkt auf der Darstellung und Diskussion des Zusammenhanges zwischen Gesichtsausdruck und Emotion liegen wird. Davon ausgehend werden der Themenbereich der Affektregulierung, daran beteiligte nonverbale Verhaltensweisen, sowie bisherige Untersuchungen zur interaktiven Affektregulierung dargestellt *(Kapitel 3)*. Im anschließenden vierten Kapitel steht ein Überblick über theoretische und empirische Ansätze zu Schuldgefühlen im Zentrum. Die soziale Funktion von Schuldgefühlen, Konzepte zur Regulierung von Schuldgefühlen und bisherige Ergebnisse zu geschlechtsspezifischen Unterschieden im Erleben von Schuldgefühlen werden hier erläutert. In einem, den Theorieteil abschließenden Kapitel schließt sich der Kreis, in dem auf die Problematik der Untersuchung von Schuldgefühlen in der direkten face-to-face Interaktion sowie sich daraus ableitender methodischer Implikationen und Möglichkeiten eingegangen wird. Der für die vorliegende Untersuchung ausgewählte mikroanalytische Forschungsansatz zur Erfassung des kognitiv-affektiven Regulierungsgeschehens in einer Dyade wird dargestellt und es werden wesentliche der Arbeit zugrunde liegende theoretische Konzepte erläutert.

In einem zweiten größten Teil der Arbeit werden zunächst die Fragestellung der Untersuchung, das methodische Vorgehen sowie wesentliche Operationalisierungen untersuchter Konzepte dargestellt *(Kapitel 6-8)*. Die anschließende Ergebnisdarstellung *(Kapitel 9)* erfolgt in drei großen Abschnitten. Nach einer Beschreibung der Stichprobe *(Kapitel 9.1)*, werden zunächst die Resultate hinsichtlich der identifizierten interaktiven affektiven Regulierungsprozesse im Kontext von Schuldgefühlen, sowie deren Funktion für die Regulierung von Beziehungen dargestellt *(Kapitel 9.2)*. Anschließend werden die Ergebnisse zu Versuchen der Schuldgefühlinduktion, deren jeweilige Auftretenskontexte sowie deren Funktion hinsichtlich der dyadischen Affektregulierung präsentiert *(Kapitel 9.3)*. Den Ergebnisteil abschließend werden die Resultate zu identifizierten Funktionen von Geständnissen und Wiedergutmachungshandlungen dargestellt *(Kapitel 9.4)*. Jeder der drei Abschnitte schließt die Ergebnisdarstellung zu je individuen-, dyaden- und geschlechtsspezifischen Unterschieden mit ein. Zum Abschluss der Arbeit werden die Ergebnisse zusammengefasst, und sich daraus ableitende Schlussfolgerungen, wie auch mögliche Perspektiven für zukünftige weiterführende Forschungsfragen diskutiert.

2 Theoretische und empirische Ansätze der gegenwärtigen Emotionsforschung

2.1 Annäherung an eine Arbeitsdefinition emotionaler Prozesse

Innerhalb der emotionspsychologischen Forschung herrscht nach wie vor kein Konsens darüber, welche Kriterien als notwendig und hinreichend erachtet werden müssen, um von einer Emotion zu sprechen. Zudem fehlt Einigkeit darüber, wie sich emotionale Prozesse von anderen psychischen Prozessen abgrenzen lassen. Je nach theoretischem Konzept werden diesbezüglich unterschiedliche am emotionalen Prozess beteiligte Komponenten diskutiert: physiologische Prozesse, eine bestimmte Art des subjektiven Erlebens, spezifische expressive Verhaltensweisen, sowie auch kognitive Bewertungs- oder motivationale Prozesse (z.B. Bänninger-Huber & Widmer, 1996, Bonanno & Mayne, 2001; Ekman, 1997; Frijda, 1986; Lazarus, 2001; Merten, 2003b; Scherer, 1990). Auch wenn eine weitgehende Übereinkunft hinsichtlich der Beteiligung dieser unterschiedlichen Prozesse an der Entstehung und Phänomenologie von Emotionen besteht, nehmen unterschiedliche Autoren die jeweiligen Komponenten als mehr oder weniger zentrale Bestandteile ihres Konzeptes von Emotion an. Die drei unter der Reaktionstrias emotionaler Prozesse verhandelten Komponenten des subjektiven Erlebens, expressiven Verhaltens und physiologischer Prozesse, werden dabei traditionellerweise in ihrer notwendigen wie hinreichenden Beteiligung am emotionalen Prozess diskutiert. Weder das Vorhandensein einer einzelnen der drei Komponenten, noch jenes aller drei Komponenten kann aufgrund bisheriger empirischer Ergebnisse als definitives Kriterium einer Emotion angenommen werden (Meyer, Reisenzein & Schützwohl, 2001).

Den vielfältigen theoretischen Ansätzen Rechnung tragend, besteht gegenwärtig weitgehend Konsens darüber, in einer Arbeitsdefinition emotionaler Prozesse eine Integration der unterschiedlichen theoretischen Konzeptionen zu versuchen und sich so der Komplexität des zu untersuchenden Gegenstandes anzunähern (z.B. Bänninger-Huber, 1996; Fischer & Tangney, 1995; Frijda, 1986; Kaiser & Scherer, 1998; Keltner & Haidt, 2001; Meyer, Reisenzein, & Schützwohl, 2001; Scherer, 1990). Emotionen werden demnach als sich zeitlich verändernde Prozesse von einer bestimmten Qualität und Intensität verstanden, an denen unterschiedliche Komponenten beteiligt sind. Dabei wird meist zwischen einer *kognitiven Komponente, einer neurophysiologischen Komponente, einer motivationalen Komponente, einer expressiven Komponente*, sowie der *Komponente des subjektiven Erlebens* unterschieden. (z.B. Bänninger-Huber & Widmer, 1996; Frijda, 1986; Krause, 1997; Lazarus, 1991; Scherer, 1990, 2001). Zusätzlich werden die *Aspekte einer spezifischen auslösenden Situation*, sowie die den gesamten emotionalen Prozess beeinflussenden kulturellen und sozialen Faktoren – konzeptualisiert über die sogenannten *„display rules"* (Ekman & Friesen, 1969) und *„feeling rules"* (Hochschild, 1983) - in eine integrative Definition emotionaler Prozesse miteinbezogen. Ebenso wird die *Regulierung emotionaler Prozesse* als wesentlicher Einflussfaktor auf die Auslösung und Phänomenologie von Emotionen konzeptualisiert (Bänninger-Huber & Widmer, 1996; Frijda, 1986; Lazarus, 1991; Scherer, 1990). Es wird weiter angenommen, dass sich emotionale Prozesse durch eine je spezifische, parallele und synchronisierte Organisation der einzelnen Teilprozesse auszeichnen (Scherer, 1990).

Folgende Arbeitsdefinition soll daher als Grundlage für das dieser Arbeit zugrunde liegende Verständnis emotionaler Prozesse dienen. Emotionen werden in Anlehnung an Bänninger-Huber und Widmer (1996) als Prozesse verstanden, die sowohl intrapsychisch, als auch interaktiv – also zwischen zwei oder mehreren Personen – entstehen und reguliert werden. Es wird weiter angenommen, dass die Auslösung einer Emotion daran gebunden ist, ob für ein Individuum eine bedürfnis-, wunsch- oder zielrelevante Situation vorhanden ist. Diese wird meist in spezifischer Art und Weise bewertet (vgl. näheres dazu Kap. 2.3) und je nach Ausgang dieses Bewertungsprozesses resultiert ein für jede Emotion charakteristisches Zusammenwirken von kognitiven, motivationalen, physiologischen und expressiven Prozessen. Wesentlich ist, dass als auslösende Situationen sowohl externale, wie internale Ereignisse konzeptualisiert werden. Auch Phantasien, Erinnerungen, Emotionen oder Vorstellungen können, verbunden mit einer je spezifischen Bewertung, zur Auslösung einer emotionalen Reaktion führen (Bänninger-Huber & Widmer, 1996; Scherer, 1990). Beeinflusst wird sowohl der Prozess der Emotionsauslösung, wie auch jener der emotionalen Reaktion und Regulierung, von situations-, kultur- und individuenspezifischen Merkmalen. Dieser von verschiedenen Theoretikern explizierte Faktor wird meist unter den Konzepten der „display rules" (Ekman & Friesen, 1969) und „feeling rules" (Hochschild, 1983) verhandelt. Kulturelle Einflussfaktoren können auf allen Ebenen des emotionalen Prozesses greifen: auf der Ebene der Auslöser und damit einhergehender kognitiver Bewertungsprozesse, des Ausdrucks, der Wahrnehmung des Ausdrucks, der Sprache, die wir für Emotionen haben, sowie der Regulierung von Emotionen (z.B. Kupperbusch, Matsumoto, Kooken, Loewinger et al. 1999).

Die in den unterschiedlichen Modellen getroffene Unterscheidung der verschiedenen Komponenten impliziert auf den ersten Blick eine klar mögliche Trennung zwischen Antezedenz, Essenz und Konsequenz. Eine derartige Unterscheidung kann jedoch kaum getroffen werden, da die einzelnen Teilbereiche des emotionalen Prozesses in einer sehr engen und sich schnell beeinflussenden Wechselwirkung stehen (Scherer, 1990). Diese Wechselwirkungen und Feedbackprozesse, die zwischen den einzelnen Teilkomponenten stattfinden, wurden bisher erst in Ansätzen geklärt (vgl. Kap. 2.6). Die Komplexität einer Konzeptualisierung emotionaler Prozesse erhöht sich zudem dadurch, dass die zu untersuchenden Phänomene meist von sehr kurzer Dauer sind. Anzunehmen ist zudem, dass diese dem Bewusstsein der

Person nicht immer zugänglich sind (vgl. Moser 1983; Scherer, 1990), sowie dass im Erleben selten einzelne, eindeutig abgrenzbare Emotionen, sondern häufig zeitgleich oder sich zeitlich knapp überlappend mehrere Emotionen auftreten. Im Folgenden wird die angedeutete Komplexität des Gegenstandsbereiches anhand der Darstellung wesentlicher theoretischer und empirischer Diskussionslinien umfassender aufgearbeitet.

2.2 Basisemotionen und strukturelle Emotionen

2.2.1 Können bestimmte emotionale Prozesse als universell grundlegend angenommen werden?

Ein wesentliches Anliegen emotionspsychologischer Forschung besteht darin, Kriterien festzulegen, mittels derer sowohl Art als auch Anzahl emotionaler Prozesse unterschieden werden können. Vertreter des Konzeptes von Basis-, Primär- oder fundamentalen Emotionen gehen dabei von einer begrenzten Anzahl von Emotionen aus, die sich durch die Merkmale der Universalität und genetischen Determiniertheit auszeichnen (Ekman, 1992; 1999b; Izard, 1994; Krause, 1997, Tomkins, 1962, 1963). Die grundlegende Rolle dieser Emotionen wird auf deren evolutionär begründete, adaptive Funktion zurückgeführt. Über die Entwicklung dieser, auf angeborenen Affektprogrammen basierenden Emotionen, sei es diesen Ansätzen nach möglich geworden, schnell und flexibel auf sich ändernde Umweltereignisse zu reagieren, was Vorteile hinsichtlich der Lösung elementarer Problemstellungen, Bedürfnislagen und kritischer Situationen mit sich brachte. Weiters wird postuliert, dass sich Basisemotionen durch eine je spezifische „Qualität" auszeichnen, was nicht nur deren Unterschiedlichkeit auf einer dimensionalen Ebene der Valenz und Aktivierung, sondern zudem deren Unterschiedlichkeit auf einer kategorialen Ebene betrifft. Insbesondere die Universalität des mimisch-affektiven Ausdrucks wird als zentrales Merkmal dieser Emotionen angenommen. Durch einen je spezifischen prototypischen Gesichtsausdruck unterscheiden sich die einzelnen Emotionen voneinander ebenso, wie von Emotionen, denen aufgrund des Fehlens eines derartigen Ausdrucksmusters der Status einer Basisemotion nicht zugesprochen wird. Aufgrund bisheriger empirischer Ergebnisse zur Universalität des Affektausdrucks (vgl. 2.4) werden die Emotionen Ärger, Ekel, Freude, Trauer, Überraschung und Angst, sowie meist noch Verachtung als Basisemotionen verhandelt (Ekman, 1999b; Krause, 1997). Diese Liste von Basisemotionen, sowie auch die Annahme des Gesichtsausdrucks als zentralem definierendem Kriterium, wird nicht von allen Emotionstheoretikern geteilt. Neben der bisher dargestellten biologischen Fundierung von Basisemotionen, lässt sich eine bestimmte Anzahl von Emotionen ebenso aufgrund von psychologischen oder semantischen Kriterien als fundamental für das menschliche Erleben annehmen. Je nach verwendetem Kriterium ergeben sich unterschiedliche Listen sowohl in der Art als auch in der Anzahl inkludierter Emotionen (Ortony & Turner, 1990;

Reisenzein, 2000a). Izard (1994) nimmt beispielsweise zusätzlich zu den bereits genannten Emotionen, drei weitere Grundemotionen an: Interesse/Neugier, Scham und Schuldgefühl.

Unter Kritikern des Konzepts der Basisemotionen herrscht Uneinigkeit, ob unter einigen der inkludierten Emotionen, wie etwa Überraschung oder auch Interesse/Neugier, überhaupt emotionale Prozesse zu verstehen seien (Ortony & Turner, 1990). Mittlerweile scheint auch das Merkmal eines universellen Gesichtsausdrucks in seiner Bedeutung zur Determinierung von Basisemotionen zu wanken. Izard (1994), neben Ekman ein zentraler Vertreter des Konzepts grundlegender Emotionen, geht in seiner Differentiellen Emotionstheorie davon aus, dass ein spezifisches universelles Signal kein notwendiges Kriterium zur Festlegung einer Basisemotion ist. Zwar nimmt er ein angeborenes, spezifisches neuromuskuläres Muster je grundlegender Emotion an, dieses führe aber beim Auftreten der Emotion nicht automatisch auch zu einem sichtbaren Ausdruck, sondern lediglich zu einer Innervierung der dafür vorgesehenen neuronalen Bahnen. Ekman (1994b) selbst relativierte die Existenz eines spezifischen universellen Signals als determinierendem Merkmal einer Basisemotion:

„A universal signal should not ipso facto be considered evidence of an emotion. Nor should lack of a universal signal be used to say a phenomenon is not an emotion"(p. 18).

Jeder psychische Prozess, der sich durch je weitere von Ekman postulierte Merkmale auszeichnet, sollte seiner Ansicht nach als Emotion klassifiziert werden. Bei diesen emotionsspezifischen Merkmalen handelt es sich neben dem universellen Signal um einen automatischen Bewertungsprozess, universelle auslösende Situationen, dem Vorkommen der Emotion bei anderen Primaten, einem schnellen und automatischem Auftreten, einer kurzen Dauer, sowie je spezifischen physiologischen Prozessen. So könnten sich auch Emotionen wie Ehrfurcht, Verachtung, Zufriedenheit, Peinlichkeit, Aufgeregtheit, Erleichterung, Scham, Stolz, Genugtuung, Interesse, Schuldgefühle, Amüsiertheit und sinnliche Freude als Basisemotionen erweisen (Ekman, 1994b). In einem aktuelleren Beitrag revidierte Ekman (1999a) allerdings die Annahme, dass der mimische Ausdruck kein notwendiges Kriterium einer Basisemotion sei, und postulierte dieses erneut als definitives Kriterium. Er vergrößerte zudem die Liste der emotionsdeterminierenden Kriterien um die Aspekte eines spezifischen subjektiven Erlebens, spezifischer auftretender Gedanken/Erinnerungen/Vorstellungen und einem spezifischen Erscheinungsbild in der frühen ontogenetischen Entwicklung. Die Liste der 1994 postulierten potentiellen Basisemotionen behielt er gleich (Ekman, 1999b). Einzig Überraschung findet sich in dieser Liste nicht mehr. Ekman selbst äußert Zweifel daran, ob es sich bei Überraschung um eine Emotion handelt.

Zusammenfassend werden nur jene psychischen Prozesse als Emotionen bezeichnet, die bestimmte, je nach theoretischem Ansatz durchaus divergierende Kriterien erfüllen, sowie nur solche Emotionen als Basisemotionen, die ebenfalls aufgrund unterschiedlicher Merkmale als grundlegender als andere

Emotionen angenommen werden. Ekman (1994a) bringt diese beiden grundsätzlichen Themenbereiche zusammen, in dem er meint *„I do not allow for nonbasic emotions"* (p. 19). Demnach müsste jede Emotion, um als solche von anderen psychischen Prozessen abgrenzbar zu sein, als Basisemotion gelten, was zum jetzigen Zeitpunkt eine Restriktion auf einige wenige Emotionen nach sich ziehen würde. Die Vielfalt emotionaler Prozesse kann dann zum einen erklärt werden über die Annahme von Mischungen einzelner Basisemotionen zu neuen Emotionen, wie es beispielsweise Plutchik (1980) für Eifersucht annahm. Dieses Konzept findet in der gegenwärtigen Emotionsforschung nur mehr wenig Anklang. Weiters bestehen derzeitige Ansätze zur Erklärung der menschlichen Emotionsvielfalt darin, übergreifende Emotionsfamilien mit je prototypischen Vertretern anzunehmen (Russell, 1991). Einzelne Emotionen könnten dann, auch wenn sie nicht direkt als Basisemotion konzeptualisiert werden, je nach überwiegender Ähnlichkeit in bestimmten Merkmalen, einer der „Basisfamilien" zugeordnet werden. Die Kriterien, die zur Definition und Abgrenzung einzelner Emotionsfamilien voneinander gesetzt werden, divergieren allerdings wiederum je nachdem, ob das Hauptaugenmerk auf eine biologische, psychologische oder semantische Fundierung gelegt wird. Beispielsweise können die jeweiligen übergreifenden Emotionskategorien durch je unterschiedliche semantische Bedeutungen differenziert, und gleichzeitig die Zugehörigkeit zu einer Kategorie durch deren semantische Ähnlichkeit festgelegt werden.

Auffallend ist, dass trotz der unterschiedlichen Zugangsweisen der verschiedenen Forscher bezüglich der Emotionen Freude, Überraschung, Ärger, Angst und Trauer relativ hohe Übereinstimmung über deren Funktion als Basis- oder grundlegende Emotion vorherrscht (z.B. Shaver, Murdaya, & Fraley, 2001). Zudem besteht die Möglichkeit, wie sie etwa Izard (1994, 1997) vertritt, die emotionale Vielfalt bei gleichzeitiger Annahme einiger fundamentaler Emotionen durch komplexe Verknüpfungen spezifischer kognitiver mit affektiven Prozessen zu erklären; zusätzlich wird bei Izard (1994, 1997) die Vielfalt emotionaler Prozesse durch die Variation auf einer breiten Skala der Intensität erklärt. Gemeinsam ist den unterschiedlichen Theorien die Annahme, dass es eine bestimmte Anzahl grundlegender Emotionen gibt, die funktional mit der Bewältigung von zentralen Themen des menschlichen Erlebens in Verbindung stehen und ein rasches und adaptives Verhalten in problematischen Situationen ermöglichen.

Die Kritik an der Annahme einer begrenzten Anzahl von Basisemotionen setzt zum einen an der Uneinigkeit der verschiedenen Theoretiker hinsichtlich Anzahl und Art der postulierten Basisemotionen an. Zum anderen wird kritisiert, dass auch die Vorstellungen darüber, warum diesen Emotionen der Status von grundlegenden Prozessen zukommen sollte, differieren. Insbesondere das Kriterium eines universellen und angeborenen Gesichtsausdrucksmusters wurde kontroversiell diskutiert und von Kritikern als hinreichendes und notwendiges Kriterium zur Konstituierung einer Basisemotion abgelehnt (z.B. Ortony & Turner, 1990). Ortony & Turner (1990) finden es beispielsweise „[…] *more profitable to suppose that some facial expressions are characteristic of some emotions – that they constitute a guide rather than a guarantee"* (p. 321). Kritisiert wird das Basisemotionskonzept auch von Seiten einiger Bewertungstheoretiker (z.b. Scherer, 1984), die sich vor allem auf den mangelnden Erklärungswert der Basisemotionskonzepte bezüglich der Vielfalt und des schnellen Ablaufs und Wechsels emotionaler Prozesse konzentrieren. Dennoch nimmt auch Scherer eine Reihe von Emotionen als universell an, macht jedoch die Universalität am Bewertungsprozess fest und bezeichnet diese als modale Emotionen (Scherer, 1994). Im Unterschied zum Konzept von biologisch fundierten Basisemotionen, die auf einem angeborenen Affektprogramm beruhen, geht Scherer davon aus, dass es angeborene neuronale Bahnen lediglich für die Art und das Resultat von Bewertungsschritten gibt, jedoch nicht für die resultierenden expressiven oder physiologischen Reaktionsmuster (Scherer, 1984).

Grundlegend kritisiert wird das Konzept der Basisemotionen weiters von Vertretern sozialkonstruktivistischer Emotionstheorien, die von der Annahme ausgehen, jede Emotion sei vorrangig das Produkt von je nach Kultur unterschiedlichen sozialen Konstruktionsprozessen. Averill (1994) etwa kritisiert am Konzept der Basisemotionen nicht nur die verbreitete Annahme einer biologischen Fundierung, sondern bereits die Idee, dass einige Emotionen als grundlegender postuliert werden als andere. Im Weiteren verliert das Konzept für ihn aufgrund der Uneinigkeit über die Kriterien der Grundlegung an Plausibilität. Für Averill besteht das zentrale definierende Kriterium emotionaler Prozesse nicht in einer der bisher diskutierten Komponenten, sondern in der spezifischen sozialen Rolle, die durch das Erleben einer bestimmten Emotion eingenommen wird (Averill, 1994).

2.2.2 Zur Unterscheidung von Basis- und strukturellen Emotionen

Von Basisemotionen unterschieden werden die als „strukturelle Emotionen" bezeichneten Prozesse. Dabei handelt es sich um Emotionen, deren Status als Basisemotion nicht eindeutig geklärt ist (z.b. Scham und Schuldgefühle), da ihnen kein universeller Gesichtsausdruck zugeordnet werden kann. Strukturelle Emotionen werden primär als Elemente intrapsychischer Regulierungsprozesse betrachtet (Moser, 1983, 1985), die im Vergleich zu Basisemotionen ontogenetisch später auftreten, da ihr Auftreten bestimmter kognitiv-affektiver Fähigkeiten des Kindes bedarf. Der Begriff „strukturelle Emotion" steht in Verbindung zur psychoanalytischen Ansicht, dass die Entwicklung bestimmter intrapsychischer Strukturen – etwa die Struktur des Über-Ich im Fall von Schuldgefühlen – eine Voraussetzung für die Entstehung dieser Emotionen darstellt (Bänninger-Huber & Widmer, 2002). Als wesentlich für die Entstehung dieser Emotionen, die auch als „self-conscious", „selbstbezogene" oder „selbstreflexive" Emotionen bezeichnet werden (Lewis, 1993), werden Vergleichsprozesse zwischen Selbst, eigenem Verhalten und bestimmten

Normen und Regeln angenommen. Entsprechend basieren die entwicklungspsychologischen Voraussetzungen auf der Ausbildung innerpsychischer Strukturen eines Selbstkonzeptes und der Fähigkeit das eigene Verhalten mit internalisierten Regelsystemen vergleichen zu können.

2.3 Zur Entstehung emotionaler Prozesse

Wie bereits in der Arbeitsdefinition emotionaler Prozesse kurz angedeutet, werden zwei Faktoren als zentral für die Entstehung einer Emotion angesehen: a. eine spezifische auslösende Situation, die b. hinsichtlich der gegenwärtigen Bedürfnislage des Individuums von Relevanz ist und die in spezifischer Art und Weise bewertet wird. Einer auslösenden Situation wird von den meisten Forschern per se keine emotionsgenerierende Funktion zugeordnet. Begründet wird dies mit der durchaus erheblichen intra- und interindividuellen Variation, mit der auf ähnliche Ereignisse völlig unterschiedlich emotional reagiert wird. Ebenso können ganz verschiedene Bedingungen zur gleichen Emotion führen, was zur zentralen Frage führte, welche Prozesse die jeweilige Reaktion determinieren (Schmidt-Atzert, 1996). Beantwortet wird diese Frage in einer Vielzahl zeitgenössischer Emotionstheorien mit der Einführung der Komponente kognitiver Bewertungsprozesse, deren je spezifische Ausgestaltung zur Entstehung einer bestimmten emotionalen Reaktion führt (z.B. Bänninger-Huber & Widmer, 1996; Roseman, 2001). In kognitiven Bewertungstheorien wird dieser Bewertungsprozess als zentrales bestimmendes Merkmal sowohl für die Auslösung wie auch für die qualitative Ausdifferenzierung emotionaler Prozesse konzeptualisiert (z.B. Frijda, 1986; Scherer, 1984; Scherer, 2001; Roseman, 2001; Lazarus, 2001). Entsprechend wird versucht, einzelne Elemente des Bewertungsprozesses zu unterscheiden und deren je unterschiedliche Kombinationen für die Auslösung einer spezifischen Emotion zu konzeptualisieren. Weiters wird angenommen, dass die Ausgestaltung der drei emotionalen Reaktionskomponenten des subjektiven Erlebens, der physiologischen Prozesse und der expressiven Komponente wesentlich vom Resultat dieses Bewertungsprozesses abhängt (Zentner & Scherer, 2000).
Divergenzen zwischen den einzelnen Theorien ergeben sich aus der Art und Anzahl angenommener Komponenten des Bewertungsprozesses, daraus, ob eher auf die Struktur oder den Prozess der Bewertung fokussiert wird, sowie daraus, ob die Bewertung eines Ereignisses als feststehende sequentielle oder als flexible Abfolge der einzelnen Bewertungsschritte konzeptualisiert wird (Lazarus, 2001; Roseman & Smith, 2001; Scherer, 2001). Scherer (1993) beispielsweise unterscheidet im Rahmen seines „Komponenten-Prozess-Modells" vier übergreifende Bewertungsziele, die bei der Beurteilung eines Ereignisses eine Rolle spielen. Es handelt sich dabei um die Frage nach der Relevanz des Ereignisses für den Organismus, um eine Einschätzung der Implikationen des Ereignisses, die Frage der Bewältigungsmöglichkeiten so wie die Frage nach der Vereinbarkeit mit den Normen und Standards einer Person.

Jede dieser Kernfragen wird durch eine Abfolge von Bewertungsschritten, von Scherer als „stimulus evaluation checks" (SECs) bezeichnet, definiert. Die Frage nach der Relevanz eines Ereignisses wird beispielsweise in die Bewertungsschritte der Beurteilung der Neuheit eines Ereignisses, der Valenz des Ereignisses, sowie der Relevanz des Ereignisses für die Zielerreichung unterteilt. Entsprechend liegt für die weiteren Kernfragen der Bewertung eine Ausdifferenzierung in einzelne Bewertungsschritte vor. Den Ablauf des Bewertungsprozesses konzipiert Scherer als feststehende sequentielle Abfolge, die beginnend mit dem Bewertungsschritt der Neuheit eines Ereignisses bis hin zur Bewertung der Vereinbarkeit mit Normen und Standards abläuft. Begründet wird die sequentielle Abfolge mit der Annahme, dass später erfolgende Bewertungsschritte, wie die Frage nach den Ursachen oder Konsequenzen des Ereignisses, erst relevant werden, wenn das Ereignis als bedeutsam für die Bedürfnislage des Individuums bewertet wird oder z.B. damit, dass sich die Frage nach der Dringlichkeit einer Reaktion erst stellt, nachdem die Neuheit/Vertrautheit beurteilt wurde. Letztendlich führt Scherer die Begründung der Sequentialität des Bewertungsprozesses auf evolutionär begründete Entwicklungsanforderungen zurück (Scherer, 2001).

Dieser Annahme einer feststehenden Abfolge einzelner Bewertungsschritte gegenüber stehen Konzepte, die die Betonung auf die Flexibilität der Abfolge der einzelnen Schritte legen und die erforderlichen Bewertungsschritte variabel je nach auslösender Ereigniskonstellation und daraus resultierenden Bewertungsnotwendigkeiten konzeptualisieren (z.B. Lazarus, 2001). Als notwendige Bewertungsdimension, die zwischen emotionalen und nicht-emotionalen Prozessen trennen sollte, wird meist die Bewertung der Relevanz eines Ereignisses bezüglich der Erfüllung eigener Bedürfnisse, Werte, Zielvorstellungen, Vorstellungen über sich selbst und die Welt angenommen (Lazarus, 2001). Kognitive Prozesse, die nicht in Verbindung mit motivationalen Prozessen stehen, lösen demnach keine Emotionen aus und werden unter dem Begriff der „cold cognition" verhandelt (Frijda, 1993; Lazarus, 2001; Roseman, 2001; Smith & Ellsworth, 1985; Scherer, 2001).

Gemeinsam ist all diesen Ansätzen die Annahme des Prozesscharakters von Bewertung. Die Bewertung einer Situation wird nicht als einmaliges Geschehen betrachtet, das durch einen Durchlauf der unterschiedlichen Bewertungsschritte sein Resultat in einer spezifischen emotionalen Reaktion findet. Viel mehr werden die Bewertungsschritte und Reaktionen in den emotionalen Subsystemen als sich durch ständige Rückkopplungsprozesse wechselseitig beeinflussend konzeptualisiert. Wiederholte Bewertungen korrigieren erste Eindrücke und verändern damit die resultierenden Emotionen laufend (Lazarus, 2001; Scherer, 1996). Bereits hier wird der enge Zusammenhang zwischen emotionaler Reaktion und emotionaler Regulierung deutlich. Neuere Bewertungstheorien beschäftigen sich zunehmend damit, den Prozess der Bewertung genauer zu konzeptualisieren und Modelle der möglichen zugrunde liegenden und beteiligten Mechanismen zu entwickeln (Scherer, 2001; Smith & Kirby, 2001).

Weitere zentrale Diskussionsthemen innerhalb der kognitiven Ansätze sind jene nach der Bewusstheit dieser ablaufenden Prozesse, danach, ob kognitive Prozesse tatsächlich notwendige und auch hinreichende Bedingungen für die Auslösung einer Emotion darstellen, sowie die Frage danach, ob der Zusammenhang zwischen Bewertung und Emotion wirklich als ein einfach kausaler gedacht werden kann (vgl. Frijda & Zeelenberg, 2001). Innerhalb der kognitiven Ansätze herrscht weitgehender Konsens darüber, dass emotionsauslösende Bewertungsprozesse meist automatisch und unbewusst ablaufen und dass der Prozess der bewussten und reflektierten Bewertung eher selten auftritt (vgl. Frijda, 1986; Lazarus, 1991, 2001; Roseman, 2001; Scherer, 2001). Lazarus etwa unterscheidet bewusste von vor- und unbewusst ablaufenden Prozessen. Moser (1983) spricht von „low-level" oder „präattentiven Prozessen", die quasi automatisch ablaufen und „high-level Prozesse", die mit einem bewussten Erleben einhergehen. Erst letztere würden zur Identifizierung und sprachlichen Benennung der ablaufenden Emotion führen. Unterstützt werden derartige Annahmen von Ergebnissen, dass affektive Bewertungen von Objekten, die aufgrund subliminal ablaufender Wahrnehmungsprozesse vorgenommen werden, bei der Wahrnehmung diese Objekte automatisch aus dem Gedächtnis abgerufen werden (sog. *„affective priming paradigm"*; Fazio, Sanbonmatsu, Powell & Kardes, 1986; Fazio, 2001).

Evolutionstheoretische Forscher wie etwa Ekman (1992, 1999b) nehmen je spezifische universelle Auslöser für eine begrenzte Anzahl emotionaler Prozesse an. Diese universellen Auslöser würden per se eine spezifische emotionale Reaktion auslösen und wären nicht notwendigerweise an das Vorhandensein kognitiver Bewertungsprozesse gebunden. Gestützt werden derartige Annahmen durch Ergebnisse der neuropsychologischen Emotionsforschung, die nahe legen, dass emotionale Prozesse auch ohne kortikale Beteiligung ausgelöst werden können (z.B. LeDoux, 1998). Kritik an der Annahme, der Notwendigkeit kognitiver Bewertungsprozesse für die Auslösung emotionaler Reaktionen kommt auch von Izard (1993), der insgesamt vier potentielle Auslöser emotionaler Prozesse unterscheidet. Neben kognitiven Prozessen, könnten ebenso neuronale Prozesse (z.B. unterschiedlicher Hormon-, Neurotransmitterhaushalt), sensomotorische, sowie motivationale Prozesse ohne die Beteiligung von Prozessen der kognitiven Bewertung Emotionen auslösen. Vor allem das emotionsauslösende Potential neuronaler Prozesse findet dabei weitgehende Zustimmung (Roseman & Smith, 2001). Daran knüpft jedoch die Frage an, die vor allem in den achtziger Jahren des zwanzigsten Jahrhunderts zu einer intensiven Debatte geführt hatte (z.B. Zajonc, 1980), was unter kognitiven Prozessen zu verstehen sei bzw. wie „eng" diese zu definieren seien. Leventhal & Scherer (1987) etwa unterscheiden drei unterschiedliche Ebenen der Informationverarbeitung auf denen kognitive Bewertungsprozesse stattfinden können. Als basale Ebene nehmen sie die sensomotorische Ebene an, in der

Sinneserfahrungen automatisch und ohne bewusste, willkürliche Anstrengungen hinsichtlich ihrer Relevanz für die Bedürfnislage des Organismus bewertet werden. Ebenso automatisch und ohne notwendige bewusste Reflexion kann die Bewertung auf einem schematischen Level der Informationsverarbeitung ablaufen. Emotionen werden hier über die Aktivierung von aufgrund früherer Erfahrungen gebildeter, internalisierter Schemata ausgelöst. Erst auf einer konzeptuellen Ebene, so nehmen Leventhal und Scherer (1987) an, würden auch willkürlichere und bewusste Reflexionsprozesse im Kontext der Emotionsentstehung eingesetzt.

Damit ergibt sich zur Frage des kausalen Zusammenhanges zwischen kognitiven Bewertungs- und emotionalen Prozessen ein differenzierteres Bild. Kognitive Bewertungsprozesse müssen in einem Großteil der Fälle als Auslöser für emotionale Prozesse betrachtet werden, wobei es Ausnahmen wie etwa der neuronalen Auslösung von Emotionen geben dürfte. Zudem belegen neuere Untersuchungen, dass sich zwar je Emotion spezifische Bewertungsprozesse finden lassen, diese jedoch nicht die Kriterien von hinreichenden und notwendigen Bedingungen erfüllen. Kuppens, Mechelen, Smits & de Boeck (2003) fanden zwar, dass die Verantwortungszuschreibung an andere sowie die Bewertung von Ungerechtigkeit spezifisch für die Entstehung von Ärger sind, jedoch keiner der konzeptualisierten Bewertungsschritte sich als notwendig und hinreichend erwiesen hat, um zur Entstehung von Ärger zu führen. Die bereits oben kurz besprochene Diskussion nach der Komplexität und Bewusstheit der beteiligten kognitiven Prozesse, sowie des Zusammenhanges dieser Prozesse mit physiologischen, expressiven und Gefühlsprozessen, sind weitere wesentliche Aspekte einer differenzierten Betrachtung des emotionalen Prozesses. Entscheidend ist zudem, dass kognitive Bewertungen nicht nur bei der Auslösung von Emotionen, sondern auch am emotionalen Prozess selbst (etwa in Form spezifischer emotionstypischer Kognitionen) und dessen Regulierung eine entscheidende Rolle spielen und eine klare Unterscheidung von Antezedenz, Essenz und Konsequenz demnach schwierig zu treffen ist (z.B. Frijda, 1993; Scherer, 1990).

Eine Schwäche der kognitiven Ansätze liegt in der individuumszentrierten Perspektive der Erklärung der Frage, wie der intrapsychische Prozess der Emotionsgenerierung zu konzeptualisieren sei. Um die Frage nach den inter- und auch intraindividuellen Unterschieden emotionaler Reaktionen differenzierter erklären zu können, sollten allerdings neben den individuellen, auch die kulturellen und sozialen Einflussfaktoren, sowie deren Zusammenwirken, künftig noch genauer bestimmt werden (Mesquita & Ellsworth, 2001). Die meisten kognitiven Bewertungstheorien erheben zwar den Anspruch auf eine Erklärung der Vielfältigkeit emotionaler Prozesse und betonen die Variabilität der ablaufenden Bewertungsprozesse. Dennoch nehmen auch Vertreter kognitiver Ansätze eine Reihe übergreifender Emotionsfamilien und -prototypen an (Lazarus, 1991; Scherer, 1994; Smith & Kirby, 2001; Zentner & Scherer, 2000). Lazarus etwa unterscheidet eine begrenze Anzahl von

Emotionen durch je charakteristische Kernbeziehungsthemen („core relational themes"), die als begrifflich verdichtete Synthese der je Emotion spezifischen kognitiven Bewertungsprozesse verstanden werden können. Etwa zeichnet sich Ärger durch das Kernbeziehungsthema „a demeaning offense against me and mine" aus. Angst definiert er letztendlich als „facing uncertain, existential threat" oder Schuldgefühle als „having transgressed a moral imperative" (Lazarus, 2001, 64). Insgesamt unterscheidet Lazarus damit die Emotionen Ärger, Angst, Schreck, Schuldgefühle, Scham, Trauer, Neid, Eifersucht, Ekel, Freude, Stolz, Erleichterung, Hoffnung, Liebe, Dankbarkeit, Mitleid und sog. „ästhetische Erfahrungen" über je spezifische Kernbeziehungsthemen.

Für das Thema der vorliegenden Arbeit erweisen sich die in den Bewertungstheorien getroffenen Konzepte zum Zusammenhang zwischen Bewertung, emotionaler Reaktion und emotionaler Regulierung von besonderer Relevanz. Eine Konzeptualisierung darüber, wie spezifische Aspekte affektiver Regulierung bereits in die Auslösung von Emotionen via Bewertungsprozeß hineinspielen, ist in den meisten Bewertungstheorien enthalten (Lazarus, 2001; Roseman, 2001; Scherer, 1984, 1993, 2001). Lazarus etwa führt in seiner Differenzierung des Bewertungsprozesses in „primary" und „secondary appraisal" letztere als Bewertungsdimension der dem Individuum zur Verfügung stehenden Copingmöglichkeiten als zentrales Element bei der Entstehung von Emotionen ein. Dieser sekundäre Bewertungsprozess kann wiederum dadurch beeinflusst werden, wie stark der soziale und intrapsychische „Zwang" ist, diese spezifischen Bewältigungsmechanismen ausüben zu müssen, oder dadurch, welche Konsequenzen durch die emotionale Reaktion auf der Beziehungsebene erwartet werden. Weiters werden mit dem Begriff des „ego-involvement" Aspekte des Selbstwertes, des sozialen Ansehens, von moralische Werten und Ich-Idealen, aber auch der Berücksichtigung des Wohlbefindens anderer Personen, sowie die Lebensziele einer Person als den sekundären Bewertungsprozess beeinflussend angenommen. Lazarus versteht Copingprozesse als integralen Bestandteil des emotionalen Prozesses und als wesentlich dafür, welche Emotionen überhaupt erlebt und ausgedrückt werden (Lazarus, 2001).

Im Zentrum der empirischen Überprüfung der Bewertungstheorien steht die Frage, ob sich unterschiedliche emotionale Prozesse tatsächlich nach den postulierten Bewertungsdimensionen differenzieren lassen und ob sich je emotionalem Prozess ein spezifisches Bewertungsmuster identifizieren lässt. Die empirischen Überprüfung der Bewertungstheorien und deren Validität in Bezug auf die Vorhersage emotionaler Reaktionen, wurde bisher vor allem über retrospektive Bewertungen erinnerter emotionaler Reaktionen versucht. Dabei kommen vor allem speziell dafür entlang der theoretischen Prädiktionen entwickelte Fragebögen, wie etwa der „Genfer Appraisal Fragebogen" (GAF; Geneva Emotion Research Group, 2002), zum Einsatz. Mit Hilfe dieser Fragebögen soll die subjektive Bewertung des emotionalen Ereignisses durch die Person erfasst werden. Ebenfalls zur Anwendung kommen Vignetten, die unterschiedliche Variationen von Situationsbeschreibungen entlang der postulierten Bewertungsdimensionen vorgeben, und von den Probanden danach eingeschätzt werden, welche emotionale Reaktion sie mit hoher Wahrscheinlichkeit in einer derartigen Situation zeigen würden (Roseman, 2001). In den bisherigen empirischen Untersuchungen konnten die jeweils postulierten Bewertungsdimensionen bestätigt werden (z.b. Mauro, Sato & Tucker, 1992; Roseman, 1991; Roseman & Smith, 2001; Scherer, 1997), wobei jedoch die Stabilität dieser Zuordnungen und vor allem die Frage nach der Kausalität des Zusammenhanges zwischen kognitiven Bewertungs- und emotionalen Prozessen offen bleiben. Die Problematik der empirischen Überprüfung des Zusammenhanges zwischen Emotion und kognitiver Bewertung liegt zum einen in der nachträglich geforderten verbalen Beschreibung oder Beurteilung eines Prozesses, der normalerweise sehr schnell und unbewusst abläuft. Zudem werden Bewertungen und Gefühle in den vorgegebenen Fragen zur Situation nicht immer klar voneinander getrennt. Es wird etwa danach gefragt, ob die Person das „Gefühl" hatte, die Situation ertragen zu können oder auch danach, wie verantwortlich sich eine Person in der Situation „gefühlt" hat (Scherer, 1993). Damit wird bereits in der Konzeption der Überprüfungsmethoden eine mangelnde Differenzierung zwischen den zu untersuchenden Prozessen vorgenommen. Wenig untersucht wurde bisher die Frage nach den auslösenden Mechanismen der Bewertungsprozesse selbst, sowie den physiologischen und motivationalen Korrelaten von Bewertung (Frijda & Zeelenberg, 2001; Smith & Kirby, 2001).

2.4 Gesichtsausdruck und Emotion

Zum Zusammenhang von Gesichtsausdruck und Emotion existieren je nach zugrunde liegendem emotionstheoretischem Konzept unterschiedliche Auffassungen. Traditionelle Konzepte wie die neurokulturelle Theorie der Gefühle von Paul Ekman, gehen von angeborenen Affektprogrammen aus, mit deren Auslösung auch je nach Emotion spezifische Muskelaktivitäten im Gesicht gesteuert werden (Ekman, 1993, 1999a). Ähnlich dazu nimmt auch Izard (1994, 1997) einen engen Zusammenhang zwischen bestimmten universellen Emotionen und der zugehörigen Aktivierung von angeborenen neuromuskulären Mustern an. Im Unterschied dazu werden mimische Ausdrucksprozesse von Frijda (1986; Frijda & Tcherkassov, 1997) vornehmlich mit der Anzeige von je nach Emotion spezifischen Handlungsbereitschaften in Zusammenhang gebracht. Ein bestimmter Ausdruck würde demnach nicht etwa die Emotion selbst, z.B. Angst, anzeigen, sondern die damit verbundene Handlungsbereitschaft, etwa vor der Gefahr zu fliehen bzw. diese zu vermeiden. Kognitive Bewertungstheorien bringen den Gesichtsausdruck in Zusammenhang mit der Anzeige je spezifischer Bewertungsprozesse. Das Zusammenziehen der Augenbrauen wird hier nicht primär als Anzeige von Ärger verstanden, sondern als Anzeige des mit Ärger verbundenen Bewertungsprozesses der

Zielbehinderung (vgl. Kaiser & Wehrle, 2001a; Smith & Scott, 1997; Scherer, 2001).

Kritiker der Annahme eines engen Zusammenhanges zwischen Gesichtsausdruck und Emotion stellen die sozial-kommunikative Funktion mimischen Ausdrucksverhaltens in den Vordergrund und führen das Ausdrucksverhaltens auf sozial intentionale Prozesse zurück (vgl. Fridlund, 1991, 1997; Russell & Fernandez-Dols, 1997). Im Folgenden werden die unterschiedlichen theoretischen Ansätze sowie deren jeweilige empirische Unterstützung näher dargestellt und in einer abschließenden Diskussion die Problematik der einzelnen Theorien und Ergebnisse vor dem Hintergrund des komplexen Zusammenhanges zwischen emotionalem Prozess und mimischem Ausdruck aufgezeigt.

2.4.1 Der Gesichtsausdruck als Ausdruck emotionaler Prozesse

Die Annahme eines Zusammenhanges zwischen Gesichtsausdruck und Emotion ist eng mit dem Konzept der Basisemotionen verbunden. Wie bereits in Kapitel 2.2 ausgeführt, wurde und wird die Klassifizierung einer Emotion als Basisemotion eng an das Vorhandensein eines universellen mimischen Affektausdrucks geknüpft. Dieser für jede Emotion universelle Affektausdruck habe sich aus phylogenetischen Notwendigkeiten entwickelt; zentral dabei sei die Funktion der Kommunikation emotionaler Prozesse, die das Gegenüber sowohl über den emotionalen Zustand des Individuums, als auch über das zu erwartende folgende Handeln informiert. Eine der einflussreichsten Emotionstheorien in diesem Bereich, Ekman´s neurokulturelle Theorie der Gefühle, und die daran anknüpfende Forschung zum Zusammenhang von Gesichtsausdruck und Emotion, sorgte für ein Wiederaufleben emotionspsychologischer Fragestellungen zu Beginn der siebziger Jahre des vergangenen Jahrhunderts. In der Tradition der Emotionstheorie seines Mentors Silvan Tomkins (1962, 1963) sowie der Ausdruckstheorie von Charles Darwin (1872/1999) konzeptualisiert Ekman ein evolutionär begründetes, angeborenes Affektprogramm, das unsere emotionalen Reaktionen steuert. Jede der von Ekman postulierten Basisemotionen zeichnet sich demnach durch ein je spezifisches neuronales Aktivierungsmuster aus, das universell für vergleichbare emotionale Reaktionen sorgt. Dem je spezifischen mimischen Affektausdruck kommt dabei zentrale Bedeutung zu. Nach Ekman geht das Auftreten für jede der sechs Basisemotionen immer mit einer Aktivierung eines bestimmten, je Emotion prototypischen Gesichtsausdrucksmusters einher. Mit der Auslösung eines emotionsspezifischen Affektprogramms werden automatisch Impulse zur Gesichtsmuskulatur gesandt, die den Ausdruck in spezifischer Art und Weise verändern. Durch kulturelle und soziale Regeln, die im Laufe der Sozialisation internalisiert werden, können die Ausdrucksmuster modifiziert werden, so dass Ausdruck und Erleben nicht immer übereinstimmen. Diese als „display rules" bezeichneten Prozesse sind zu verstehen als kulturspezifische internalisierte

Regelsysteme, die vorgeben, in welcher Situation, wem gegenüber und in welcher Intensität ein bestimmter Ausdruck gezeigt werden kann. „Display Rules" umfassen auf der Verhaltensebene Prozesse der Verstärkung, Modifikation, Abschwächung oder Ersetzung eines Ausdrucksmusters durch ein anderes (Ekman & Friesen, 1969). Im Laufe des Sozialisationsprozesses können „display rules" derart stark internalisiert werden, dass sie im Erwachsenenleben automatisch, ohne dass die Person ein Bewusstsein der stattfindenden Ausdruckskontrolle erlangt, ablaufen können. Zudem wirken „display rules" nicht nur in Anwesenheit anderer Personen, sondern ebenso in nicht-sozialen Situationen, etwa über die Vorstellung, wie anderen Personen auf etwas reagieren würden oder darüber, dass Regeln der Ausdruckskontrolle auch zur Emotionsregulierung solitär erlebter emotionaler Prozesse beitragen (Ekman, 1997). Ekman verknüpft auf diese Art einen evolutionär begründeten Ansatz mit einem kulturspezifischen Verständnis emotionaler Prozesse. Zwar verfügen wir alle über ein gemeinsames emotionales Basisprogramm, das für jeden von uns im Laufe der Ontogenese grundlegende adaptive Funktion bezüglich der Lösung bestimmter Situationen erfüllt, dennoch können durch das Wirken kulturspezifischer Sozialisationsprozesse auch entscheidende interkulturelle Unterschiede in den auslösenden Situationen, den damit verbundenen Emotionen, den „display rules" und den daraus resultierenden Verhaltenskonsequenzen auftreten (Ekman, 1994a, 1999b).

Ähnlich wie Ekman geht auch Izard (1994, 1997) davon aus, dass eine begrenzte Anzahl von Ausdrucksmustern phylogenetisch eng mit emotionalen Prozessen in Zusammenhang stehen. Ebenso wie Ekman postuliert er ein spezifisches neuromuskuläres Muster für eine begrenzte Anzahl grundlegender Emotionen, das zwar mit der Auslösung dieser Emotion immer aktiviert wird, jedoch nicht immer zu einem sichtbaren mimischen Ausdruck führen muss. Der Gesichtsausdruck wird bei Izard zwar als genetisch beeinflusst konzeptualisiert, kann jedoch von einer bestimmten Emotion durchaus losgelöst werden und ebenso zur Anzeige anderer mentaler Prozesse dienen. Izard legt sich in seiner Differentiellen Emotionstheorie nicht auf ein einzelnes prototypisches Ausdrucksmuster je spezifischer Emotion fest, sondern geht davon aus, dass auch einzelne Gesichtsbewegungen, die nicht einem postulierten Vollausdrucksmuster entsprechen, als Hinweiszeichen auf eine potentielle Emotion gesehen werden können. Zur Funktion einzelner mimischer Ausdrucksmuster vertreten allerdings beide Autoren die Auffassung, dass diese zur Anzeige unterschiedlicher intrapsychischer Prozesse dienen können und wesentliche sozial-kommunikative Funktion erfüllen. Ekman (1997) etwa unterscheidet sieben mögliche Funktionen, die ein bestimmter Ausdruck im Kontext emotionaler Prozesse erfüllen kann; zudem werden als weitere wesentliche Funktionen mimischen Ausdrucks dessen sprachbegleitende und – modifizierende Funktionen postuliert (Ekman, 1997; Izard, 1994; 1997).

Empirische Unterstützung fand die Annahme von angeborenen, universellen Affektausdrucksmustern durch zahlreiche Untersuchungen zum

Erkennen des Emotionausdruckes in unterschiedlichen Kulturen (z.B. Biehl, Matsumoto, Ekman, Hearn et al., 1997). Diese als Dekodierstudien bezeichneten Untersuchungen verwendeten meist ein ähnliches methodisches Design: Die postulierten prototypischen Emotionsausdrucksmuster wurden als statische Stimuli mittels einer Fotografie präsentiert; aus der vorgegebenen Liste von sechs Basisemotionen hatten die Probanden die jeweils „richtige" Emotion auszuwählen. Die resultierenden hohen Übereinstimmungsraten in unterschiedlichen Kulturen wurden als Beleg für die Universalität der postulierten Ausdrucksmuster verwendet (z.B. Biehl, Matsumoto, Ekman, Hearn et al., 1997; Ekman, Friesen, O'Sullivan, Chan, et al., 1987; Elfenbein & Ambadi, 2002; Merten, 2003a). Nach einer ausführlichen Kritik dieses Untersuchungsansatzes (vgl. 2.6.2) und den daraus möglicherweise resultierenden Überschätzungen der Übereinstimmungsraten, müssen zwar manche Daten etwas vorsichtiger interpretiert werden. Dennoch belegen auch neuere Studien, die an einer Verbesserung der methodischen Mängel ansetzten, hohe Übereinstimmungsraten im Erkennen der postulierten Ausdrucksmuster für die Emotionen Ärger, Ekel, Freude, Überraschung, Angst und Trauer (vgl. Frank & Stennett, 2001; Haidt & Keltner, 1999). Untersuchungen zum Erkennen des Emotionsausdruckes in nicht-schriftkundigen Kulturen, wie etwa den Fore in Papua-Neuginea, hielten dem oft erbrachten Einwand, interkulturelle Übereinstimmungen im Erkennen des Emotionsausdruckes kämen durch medial vermittelte Lernprozesse zustande, stand. Die Fore ordneten unterschiedlichen emotionalen Geschichten die entsprechenden postulierten Affektausdrucksmuster zu; zudem erwiesen sich die von den Fore gezeigten mimischen Ausdrucksmuster als Reaktion auf emotionale Geschichten als hoch übereinstimmend mit den postulierten prototypischen Affektausdrucksmustern. Die von den Fore gezeigten Ausdrucksmuster wurden anschließend amerikanischen Studenten vorgelegt, die sie wiederum mit einer signifikant werdenden Häufigkeit korrekt der jeweiligen Emotion zuordnen konnten (Ekman, 1988).

Kritisiert wurde an der Interpretation der Ergebnisse der Dekodierstudien unter anderem, dass von Ergebnissen zur universell existierenden Fähigkeit der adäquaten Dekodierung emotionalen Ausdrucks auf die Universalität des tatsächlichen mimischen Ausdrucksverhaltens in emotionalen Situationen geschlossen wurde. Hinweise auf eine Bestätigung der Universalität der postulierten emotionalen Ausdrucksmuster im spontanen mimischen Ausdrucksverhalten kommen aus entwicklungspsychologischen Studien zum Affektausdruck von Säuglingen, sowie Untersuchungen an blindgeborenen Kindern und Erwachsenen (Camras, Oster, Campos, Miyake, & Bradshaw, 1997; Izard, Fantauzzo, Castle et al., 1995; Galati, Miceli, & Sini, 2001; Galati, Scherer, & Ricci Bitti, 1997). In der von Galati, Miceli & Sini (2001) durchgeführten Studie zum Emotionsausdruck von blindgeborenen im Vergleich zu sehenden Kindern im Alter von sechs Monaten bis vier Jahren, zeigten sich hohe und durchgängig signifikante Korrelationen zwischen dem affektivem

Ausdruck blindgeborener und sehender Kinder in allen sieben emotionalen Situationen. So korrelierte etwa der Freudeausdruck mit .97 erwartet hoch; jedoch auch die Ausdrucksmuster für Trauer, Ärger, Ekel und Angst zeigten Zusammenhänge von .86 -.68 zwischen den beiden Gruppen. Eine differenzierte Analyse der jeweils gezeigten Ausdrucksmuster bestätigte die von Izard postulierten emotionalen Ausdrucksmuster weitgehend; so zeigten etwa achtzehn der insgesamt zwanzig untersuchten Kinder in der Ärgersituation das postulierte Zusammenziehen und Absenken der Augenbrauen oder fünfzehn der zwanzig Kinder in der Trauersituation das postulierte Hinabziehen der Mundwinkel. In einer anschließend durchgeführten Beurteilerstudie konnten sowohl die Ausdrucksmuster der blinden wie der sehenden Kinder überzufällig häufig der entsprechenden Emotionskategorie zugeordnet werden (Galati et al., 2001).

Bestätigung für einen Zusammenhang zwischen Gesichtausdruck und Emotion kommt zudem aus Untersuchungen, die den auftretenden mimischen Ausdruck in emotionalen Situationen in Beziehung zum subjektiven Erleben und/oder zu physiologischen Prozessen setzen. Trotz beträchtlicher methodischer Schwierigkeiten (vgl. 2.6.2) konnten vor allem in Studien, die den Gesichtsausdruck mittels objektiver Kodiersysteme erfassten, konsistente Zusammenhänge zwischen Gesichtsausdruck und subjektivem Erleben gefunden werden. Rosenberg & Ekman (1997) etwa untersuchten die emotionalen Reaktionen von zwanzig weiblichen Personen auf Filmstimuli, die intensive negative Emotionen hervorrufen sollten. Zur Erfassung des subjektiven Erlebens wandten die Autoren eine bis dato neue Strategie an. Die Probanden stoppten in einem zweiten Betrachtungsdurchgang den Film an den für sie emotionsauslösenden Stellen, und nahmen unmittelbar im Anschluss daran ein Rating zu ihrem subjektiven Erleben vor (sog. „cued-review"; Rosenberg & Ekman, 1997). Das Vorgehen unterschied sich insofern von den üblichen Erhebungsmethoden subjektiven Erlebens, als durch die punktuelle Erhebung des subjektiven Erlebens eine differenziertere Korrelation mit dem zum jeweiligen Zeitpunkt auftretenden mimischen Ausdrucksverhalten möglich wurde. Die Untersuchung ergab eine signifikant positive Korrelation zwischen dem subjektiven Erleben zu einem bestimmten Filmzeitpunkt und dem dabei auftretendem mimischen Verhalten. Zu Filmzeitpunkten, an denen ein intensives subjektives Erleben auftrat, fanden sich auch gehäuft mimische Aktivitäten, wenn sich auch zeigte, dass dieser Zusammenhang in Abhängigkeit von der Intensität des subjektiven Erlebens variierte. Je intensiver das emotionale Erleben einer Person zum fraglichen Filmzeitpunkt war, desto höher war die Wahrscheinlichkeit, dass auch mimisches Verhalten auftrat und das mimische Ausdrucksmuster konsistent mit der Qualität des subjektiven Erlebens war. Dies erwies sich in dieser Studie vor allem für das Auftreten von Ekel als zutreffend: Es zeigte sich eine hohe Übereinstimmung zwischen dem intensiven subjektiven Erleben von Ekel und dessen entsprechendem mimischen Ausdruck. Jedoch auch das übrige Spektrum negativ emotionalen Erlebens korrelierte signifikant mit dem entsprechenden Ausdrucksverhalten. Eine Reihe weiterer Untersuchungen belegt den positiven Zusammenhang zwischen dem Erleben von Freude und Erheiterung und einer bestimmten Art zu Lächeln, die das Hochziehen der Mundwinkel und ein Hochschieben der Wangen mit Faltenbildung um die Augen umfasst (Innervation des musculus zygomaticus major und des obicularis oculi) - ein Ausdrucksverhalten das als „Duchenne-" oder „felt smile" bezeichnet wird (z.B. Ekman, Davidson & Friesen, 1990; Hess, Banse & Kappas, 1995; Keltner & Bonnano, 1997; Ruch, 1997).

Die Frage danach, ob das spontane mimische Ausdrucksverhalten der verschiedenen Basisemotionen den postulierten prototypischen Ausdrucksmustern entspricht, kann insgesamt nach wie vor nur unzureichend beantwortet werden. Zum einen steigt die Anzahl von Untersuchungen des spontanen Ausdrucksverhaltens zwar langsam an, jedoch bleiben die meisten Untersuchungen auf die Erhebung einiger weniger emotionaler Parameter an einer einzigen kulturellen Stichprobe beschränkt. Es existiert keine Studie, die an einer umfassenden Untersuchung des emotionalen Ausdrucks der postulierten Basisemotionen in unterschiedlichen sozialen Settings unter Miterhebung anderer emotionaler Komponenten wie etwa der kognitiven Bewertung, dem subjektiven Erleben und physiologischer Prozesse in einem interkulturellen Vergleich, ansetzt. Eine der umfassendsten aktuellen Untersuchungen dieser Zusammenhänge stammt von Tsai et al. (Tsai, Chentsova-Dutton, Freire-Bebeau & Przymus, 2002; Tsai, Levenson, & Carstensen, 2000), die das subjektive Erleben, expressive Verhalten und physiologische Reaktionen von asiatischen und weißen amerikanischen Versuchspersonen beim Ansehen emotionsauslösender Filmsequenzen beziehungsweise beim Erzählen vergangener emotionaler Situationen erhoben. Es zeigten sich überwiegend kulturelle Übereinstimmungen der emotionalen Reaktionen in allen drei erhobenen Komponenten. Zudem konnte die emotionsdifferenzierende Funktion der theoretisch postulierten Ausdrucksmuster bestätigt werden: das jeweilige erwartete Ausdrucksverhalten je Emotion trat signifikant häufiger auf, als alle übrigen in der jeweiligen Situation gezeigten Gesichtsbewegungen (Tsai et al., 2002). Diese Resultate liefern sehr eindeutige Hinweise auf eine interkulturelle Übereinstimmung emotionaler Reaktionen bzw. spezifischer emotionaler Ausdrucksmuster. Im Unterschied dazu berichten Untersuchungen, die den Einfluss der Anwesenheit einer Person auf das emotionale Verhalten beobachteten, von einer vor allem im Ausdrucksverhalten größeren interkulturellen Variabilität der Reaktionen. Beispielsweise zeigten japanische Versuchspersonen in Anwesenheit des Versuchleiters signifikant häufiger ein Lächeln als die amerikanische Vergleichsgruppe. Bei Abwesenheit des Versuchsleiters hingegen stimmte das emotionale Ausdrucksverhalten beider Gruppen überein (vgl. Ekman, 1988). In Einklang mit den Ergebnis von Tsai et al. (2000, 2002) sprechen diese Resultate für das Wirken von display rules, denen in sozialen Situationen eine wesentliche ausdrucksmodifizierende

Funktion zukommen dürfte (vgl. Ekman, 1988; Ekman & Friesen, 1975/2003; Tsai et al., 2002).

2.4.2 Der Gesichtsausdruck beeinflusst emotionales Erleben

Eine weitere einflussreiche Theorie zum Zusammenhang zwischen Gesichtsausdruck und Emotion beruht auf der Annahme, dass spezifischen Affektausdrucksmustern über Feedbackprozesse eine differenzierende Funktion hinsichtlich des emotionalen Erlebens sowie autonomer Reaktionsprozesse zukommt. Diese, als „Facial Feedback Hypothese" bezeichnete Annahme wird in verschiedenen Versionen vertreten. Die strenge Version der Hypothese besagt, dass erst durch das Vorhandensein eines bestimmten Gesichtsausdrucksmusters eine emotionale Reaktion erfolgen kann; der Gesichtsausdruck also eine notwendige Voraussetzung für die Auslösung eines emotionalen Prozesses ist (z.B. Tomkins, 1962, 1963). Eine abgeschwächte Version dieser Hypothese geht davon aus, dass Emotionen zwar in ihrer Entstehung nicht an einen bestimmten Gesichtsausdruck gebunden sind, jedoch in ihrer Intensität von diesem beeinflusst werden; der Gesichtsausdruck also über eine Abschwächung oder Verstärkung der Innervierung bestimmter Muskelgruppen, das Erleben einer Emotion reduzieren oder intensivieren kann (z.B. Izard, 1997). Diskutiert wird zudem, die Unterscheidung zwischen einer dimensionalen vs. kategorialen Annahme der Wirkung des „facial feedbacks". Auf einer dimensionalen Ebene würde der Gesichtsausdruck das subjektiv emotionale Erleben lediglich in seiner positiven oder negativen Valenz beeinflussen; auf einer kategorialen Ebene würde ein bestimmter Gesichtsausdruck das subjektive Erleben differenzierter im Sinne des Erlebens einer spezifischen Emotion, z.B. von Ärger, Ekel, Trauer etc., beeinflussen (vgl. Hess, Kappas, McHugo, Lanzetta, & Kleck, 1992; Soussignan, 2002).

Empirische Bestätigung fand vor allem die abgeschwächte Version der „Facial Feedback Hypothese". So berichteten Versuchspersonen, die während des Ansehens von positiven Stimuli die für den Ausdruck von Freude postulierten Muskelgruppen innervierten, über ein positiveres subjektives Erleben, als jene Versuchspersonen, die keine Muskelbewegungen durchführten (Duclos & Laird, 2001; Laird, 1974; Schnall & Laird, 2003; Strack, Martin, & Stepper, 1988). Die strenge Version der „Facial Feedback Hypothese", nach der ein Gesichtsausdruck als notwendige Voraussetzung für die Entstehung einer Emotion postuliert wird, konnte bisher empirisch nicht bestätigt werden. Emotionale Prozesse werden auch ohne entsprechende Gesichtsausdrucksmuster ausgelöst und erlebt. Allerdings beruht der Großteil dieser Ergebnisse auf der Untersuchung des objektiv beobachtbaren mimischen Verhaltens. Unter Verwendung elektrophysiologischer Messmethoden lässt sich zeigen, dass emotionskonsistente Muskelaktivierungsmuster bei der Vorstellung emotionaler Inhalte vorhanden sind, auch wenn sie visuell nicht mehr wahrnehmbar sind. Zudem belegen neuere Untersuchungen, dass auf die visuelle Präsentation emotionsevozierender Stimuli mit einer automatischen, der jeweiligen Emotion entsprechenden Nachahmung des Ausdrucksmusters reagiert wird. Dieser als „facial mimicry" bezeichnete Vorgang wurde etwa in Zusammenhang mit der Empathiefähigkeit einer Person untersucht. Hoch-empathische Versuchspersonen etwa zeigten selbst bei einer subliminalen Reizdarbietung die entsprechenden mimischen Nachahmungsprozesse, die über elektromyographische Messungen festgestellt wurden. Umgekehrt fehlten bei Personen, die niedrige Empathiewerte aufwiesen, diese Nachahmungsprozesse. Setzt man diese Ergebnisse in Zusammenhang mit dem mimisch-affektiven Geschehen in Interaktionen, kann damit auf ein sehr komplexes Zusammenspiel wechselseitiger unbewusster emotionaler Reaktionen in sozialen Interaktionen geschlossen werden (Dimberg, Thunberg, & Elmehed, 2000; Larsen, Norris, & Cacioppo, 2003; Sonnby-Borgström, Jönsson, & Svensson, 2003).

Dazu in Einklang stehen auch Hinweise darauf, dass ein bestimmter Gesichtsausdruck eine Modifizierung des emotionalen Erlebens nicht nur auf einer dimensionalen Ebene der Valenz und Aktivierung bewirken kann, sondern auch auf einer kategorialen Ebene ein spezifisches subjektives emotionales Erleben induzieren kann (Duclos & Laird, 2001; Hess et al., 1992; Levenson, Ekman, & Friesen, 1990; Levenson, Ekman, Heider, & Friesen, 1992). Eine aktuelle Untersuchung von Soussignan (2002) erbrachte beispielsweise den Nachweis der je unterschiedlichen Wirkung unterschiedlicher Lächeltypen auf das emotionale Erleben und auf Reaktionen des autonomen Nervensytems. Die alleinige Innervation des zygomaticus major, auch als „non-Duchenne smile" bezeichnet (vgl. näheres zu unterschiedlichen Lächeltypen und deren Funktion 3.2.4) alleine reichte nicht aus, um eine Veränderung im subjektiven Erleben und autonomer Reaktionen zu erzeugen. Lediglich „Duchenne smiles", die sich durch eine zusätzliche Innervierung des orbicularis oculi auszeichnen, führten zu einem intensiverem positiven subjektivem Erleben, sowie zu einer Erhöhung des Hautwiderstandes und der Herzfrequenz. Neben dem Nachweis mimischer Feedbackprozesse auf emotionales Erleben und autonome Reaktionen, kann diese Studie zusätzlich als bestätigender Hinweis auf die morphologischen und funktionalen Unterschiede verschiedener Lächeltypen gesehen werden.

2.4.3 Der Gesichtsausdruck als primär soziales Signal

Diesen bisher dargestellten Ansätzen, die von einem, wenn auch aufgrund von Kultur- und Sozialisations-, sowie kognitiven Prozessen beeinflussten komplexen Zusammenhang von Gesichtsausdruck und Emotion ausgehen, stehen seit Beginn der neunziger Jahre verstärkt kritische Theoriebildungen zur Funktion mimischen Ausdrucks gegenüber. Fridlund (1991, 1997) etwa löst mit seiner verhaltensökologischen Theorie den Zusammenhang zwischen Gesichtausdruck und emotionalem Prozeß auf. Primär fungiert der mimische Ausdruck nach Fridlund als soziales Signal, das anderen anzeigt, welches eigene Verhalten zu erwarten sei. Der Gesichtsausdruck steht demnach mit spezifischen sozialen Motiven, beispielsweise jenem nach Affiliation, in Zusammenhang. Diese sozialen Motive werden über je spezifische Ausdrucksmuster kommuniziert. Nach Fridlund ergibt sich ein Zusammenhang zwischen Emotion und Gesichtsausdruck lediglich als ein Nebenprodukt des Zusammentreffens von sozialen Motiven und bestimmten Emotionen. Den evolutionären Erklärungsansätzen der Funktionalität des Emotionsausdrucks stellt er das Argument gegenüber, der spontane Ausdruck von Emotionen könne kein Merkmal gewesen sein, dass sich aus Gründen adaptiver Funktionen herausgebildet hat. Zu häufig würde damit dem Gegenüber etwas preisgegeben, das sich als ungünstig bezüglich der Interessen des Individuums erweisen würde. Dennoch geht Fridlund ebenfalls von einer phylogenetischen Entwicklung der Funktion mimischen Ausdrucks aus. Zentral ist für Fridlund das Prinizip der Ko-evolution der Bedeutung einzelner Ausdrucksmuster. Erst durch sozial interaktive Prozesse der Aufmerksamkeit und Bedeutungszuschreibung zu bestimmten Ausdrucksmustern, konnte sich die je spezifische Funktion dieser herauskristallisieren. Ein weiterer Aspekt der Theorie Fridlunds ist die Annahme, dass das Wirken von sozialem Einfluss auf die Genese und Funktion mimischer Ausdrucksmuster sich nicht auf tatsächliche Interaktionen beschränkt; auch in solitären Situationen ist die implizite Anwesenheit Anderer über Prozesse der Vorstellung und der Ausrichtung des Handelns dergestalt, als ob die betreffende vorgestellte Person anwesend wäre, als Hauptfaktor der Verursachung und Funktion mimischen Ausdrucks zu verstehen (sog. *„implicit audience effect"*; Fridlund, 1997).

Empirische Unterstützung fand die verhaltensökologische Theorie durch Ergebnisse zum Zusammenhang zwischen dem Erleben von Freude und dem Ausdruck von Lächeln in Abhängigkeit des sozialen Kontextes. Mehrere Studien bestätigten, dass in sozialen Situationen häufiger gelächelt wird, als in solitären Situationen, unabhängig vom Ausmaß des subjektiven Erlebens von Freude in beiden Situationen (z.B. Fridlund, 1991; Fernández-Dols & Ruiz-Belda, 1995; Wagner & Lee, 1999). Die Ergebnisse dieser Studien wurden als Bestätigung dafür betrachtet, dass der mimische Ausdruck vor allem soziale Signalfunktion erfüllt und nicht als Ausdruck emotionaler Prozesse zu betrachten ist. Problematisch ist diese Interpretation allerdings insofern, als die beiden Sichtweisen der Genese und Funktion mimischen Verhaltens als sich gegenseitig ausschließende Kategorien verhandelt werden. Dass dem Gesichtsausdruck neben einer emotionalen Ausdrucksfunktion auch eine wesentliche sozial-kommunikative Funktion zukommt, und die wechselseitige Beeinflussung kognitiver, motivationaler und emotionaler Prozesse die Komplexität des Zusammenhanges zwischen Ausdruck und Erleben erhöht, wird von keinem Forscher der sogenannten klassischen emotionstheoretischen Perspektive mimischen Ausdrucksverhaltens (vgl. 2.4.1; 2.4.2) bestritten. Eine weitere Begrenzung der Untersuchungen liegt in der beinahe ausschließlichen Untersuchung positiver Emotionen und des mimischen Ausdrucks von Lächeln. Lächeln wird dabei als eine einheitliche Kategorie betrachtet, was den bestehenden Ergebnissen zu phänomenologisch und funktional unterschiedlichen Lächeltypen nicht Rechnung trägt.

Eine aktuelle Untersuchung von Jakobs, Manstead & Fischer (2001) erweitert den Blickwinkel des Zusammenwirkens von sozialen Kontextfaktoren und emotionalen Stimuli bei der Determinierung der Bedeutung jeweiliger Ausdrucksmuster. In einer der wenigen exisitierenden Studien zum Zusammenhang von subjektivem Erleben, mimischem Ausdruck und sozialem Kontext in einem negativ emotionalem Setting (in diesem Fall Trauer), konnte sowohl das Wirken sozialer Kontextfaktoren, als auch das Wirken der Intensität des emotionsauslösenden Stimulus auf den Gesichtsausdruck nachgewiesen werden. Zwar korrelierte die Häufigkeit des Lächelns, wie schon in den vorangegangen Untersuchungen, signifikant hoch mit der Anwesenheit anderer Personen während des Ansehens eines trauerauslösenden Films. Der Ausdruck von Trauer hingegen trat signifikant häufiger während des alleinigen Ansehens des Films auf als in den sozialen Bedingungen. Zudem konnte ein für Trauer spezifisches theoretisch postuliertes Ausdrucksmuster – das Hochziehen der inneren Augenbrauen gemeinsam mit einem Zusammenziehen und Absenken der Augenbrauen - empirisch bestätigt werden. Ähnlich zu Jakobs, Manstead, & Fischer (2001) kommen auch Hess, Banse & Kappas (1995) in einer ähnlich konzipierten Untersuchung zu dem Ergebnis, dass kein Faktor für sich alleine das Zustandekommen eines bestimmten Ausdrucksmusters zufriedenstellend erklären kann. Demnach muss angenommen werden, dass der Gesichtausdruck sowohl durch den zugrunde liegenden affektiven Zustand, die Intensität des emotionalen Ereignisses, den sozialen Kontext sowie durch die Beziehung zwischen Ausdrückendem und Gegenüber determiniert wird. Zudem belegen eine Reihe weiterer Untersuchungen, dass die Anwesenheit anderer Personen sich keineswegs immer in verstärkender Weise auf den Gesichtsausdruck auswirkt, sondern ebenso hemmende Funktion haben kann (vgl. Ekman, 1972; Wagner & Lee, 1999).

Das Ergebnis der Untersuchungen, dass wir in sozialen Situationen mehr Ausdruck zeigen als in Situationen, in denen wir alleine sind, kann nicht grundsätzlich als pro oder contra in der Frage der Funktion des Gesichtsausdrucks als Emotionsausdruck oder als Ausdruck sozialer Intentionen gesehen werden. Nachdem emotionale Prozesse sehr häufig in Interaktionen entstehen und reguliert werden, kann das Ergebnis auch als Bestätigung dieser letzteren Annahme über die soziale Natur von Emotionen gesehen werden (vgl. z.B. Buck, 1994; Merten, 1997). Unter diesem Blickwinkel schließt sich eine sozial-kommunikative und eine affektive Ausdrucksfunktion des Gesichtsausdrucks nicht aus. Emotionen müssen in zwischenmenschlichen Interaktionen in viel stärkerem Ausmaß mitgeteilt werden, als in Situationen in denen wir alleine sind. Zudem können Phänomene wie Affektansteckung (*„emotional contagion"*; Hatfield, Cacioppo, & Rapson, 1994) oder „affect attunement" (Stern, 1985), also interaktive Prozesse der affektiven Beeinflussung, die mit spezifischen sozialen Intentionen (etwa jenem nach

Affiliation und Bindung) in Zusammenhang gebracht werden können, den mimischen Ausdruck der Einzelpersonen jeweils wechselseitig verstärken.

2.4.4 Zur Komplexität des Zusammenhanges zwischen Gesichtsausdruck und Emotion

Der Zusammenhang zwischen Gesichtsausdruck und Emotion kann als kein einfach kausaler angenommen werden. Weder geht eine Emotion immer mit einem spezifischen Ausdrucksmuster einher, noch bedeutet das Auftreten eines emotionsspezifischen Ausdrucksmuster, dass die Emotion auch tatsächlich erlebt wird. Kein Forscher in diesem Bereich vertritt die These, dass allen Emotionen immer ein bestimmter nonverbaler Ausdruck zukommen muss und wir nur dann von einer Emotion sprechen können, wenn ein entsprechender mimischer Ausdruck vorhanden ist (Kappas, 2003). Generell gehen alle bisher genannten Theoretiker davon aus, dass es einen internalen Referenten für einen spezifischen Gesichtsausdruck gibt, der je nach zugrunde liegender Emotionstheorie als primär motivationaler, intentionaler, emotionaler oder kognitiver Prozess konzeptualisiert wird. Was fehlt ist eine umfassende Ausdruckstheorie, die alle möglichen Entsprechungen von Ausdruck und internalem Prozess, sowie der jeweiligen Funktionalität spezifischer Ausdrucksmuster zu beantworten versucht. Die Frage danach wie intrapsychische und externale Prozesse beim Zustandekommen eines spezifischen Ausdrucksmusters zusammenwirken, kann zum gegenwärtigen Zeitpunkt nicht zufriedenstellend beantwortet werden. Es ist zudem anzunehmen, dass generelle Strategien der Emotionsregulierung, sowie die je spezifischen internalisierten „display"- und „feeling rules" – also gesellschaftliche, kulturelle, aber auch familien- oder peerspezifische Regeln welche Emotionen in welchen Situationen wem gegenüber gefühlt und gezeigt werden dürfen – einen jeweiligen Gesichtsausdruck sehr wesentlich beeinflussen. Aus diesem Grund ist eine Entsprechung von Gesichtsausdruck und innerem emotionalem Erleben nicht immer zu erwarten.

Eine von vielen Forschern geteilte Annahme besteht in der sozialen Kommunikationsfunktion des Gesichtsausdrucks. Uneinigkeit herrscht darüber, was mit welcher Bedeutung mittels welcher Muster kommuniziert wird. Weitere Fragen, die zu beantworten bleiben, sind jene nach der Kongruenz zwischen intrapsychischem Prozess und Ausdrucksmuster, sowie sehr wesentlich die Frage nach der emotionalen Regulierungsfunktion spezifischer Ausdruckmuster (Soussignan, 2002). Geteilt wird die Annahme einer Multifunktionalität mimischen Ausdrucks: Ein spezifischer Gesichtsausdruck kann sowohl etwas über den emotionalen Zustand, eine Verhaltensintention, soziale Motive oder über einen Wunsch an das Verhalten des Gegenübers aussagen, als auch die Funktion der Unterstützung oder Ergänzung verbaler Kommunikation erfüllen (z.B. Bänninger-Huber, 1996; Ekman, 1997; Izard, 1997; Kaiser & Wehrle, 2001a; Kappas, 2003; Smith & Scott, 1997). Zudem wird angenommen, dass ein bestimmtes Gesichtausdrucksmuster mehrere dieser Funktionen gleichzeitig übernehmen kann, mimischer Ausdruck also „überdeterminiert" ist (Bänninger-Huber, 1996).

Die Komplexität des Zusammenhanges zwischen Gesichtsausdruck und Emotion wird zusätzlich durch folgende Aspekte erhöht: Ein Gesichtsausdruck im Kontext emotionalen Erlebens dauert meist unter fünf, und oftmals sogar weniger als eine Sekunde. Möglicherweise ist ein bestimmter Gesichtsausdruck also von wesentlich kürzerer Dauer als das subjektive Erlebenskorrelat und nur für kurze Zeit der Emotionsaktivierung sichtbar d.h. es könnte sein, dass eine direkte Korrespondenz zwischen Gesichtsausdruck und subjektivem Erleben eher die Ausnahme als die Regel darstellt. Speziell sehr schnell einsetzende Regulierungsprozesse können dazu führen, dass ein, in Kongruenz zu einem bestimmten Erleben stehender Ausdruck sehr schnell durch einen anderen Ausdruck ersetzt wird, mit dem Wunsch das Gefühl zu verstecken (vgl. das Konzept der *„micromomentary expressions"* von Haggard & Isaacs (1966; zit. n. Bänninger-Huber, 1996). Ungeklärt ist zudem der Zusammenhang zwischen unterschiedlichen Intensitäten des Gesichtsausdruckes mit korrespondierenden unterschiedlichen Intensitäten des Erlebens. Einige empirische Ergebnisse legen nahe, dass mit weniger intensiven Ausdrucksmustern auch ein weniger intensives Erleben korreliert. Diskutiert wird auch die Frage, ob es nicht erst ein bestimmtes Ausmaß des Erlebens braucht, damit es zur Innervierung einer spezifischen Gesichtsmuskulatur kommt. Ergebnisse aus einer der wenigen Interaktionsstudien im Bereich der Mimikforschung, in der Gesichtsausdruck und subjektives Erleben von Personen mit unterschiedlichen psychischen Störungen in Interaktion mit gesunden Gesprächspartnter untersucht wurden, legen nahe, dass der Zusammenhang zwischen Ausdruck und Erleben durch die Variablen Geschlecht, Diagnose und nonverbalem Kontext beeinflusst wird (Krause, 1997; Merten, 1996, 1997). Etwa zeigte sich nur in den weiblichen Dyaden ein hoher Zusammenhang zwischen dem Erleben von Freude und dem Ausdruck von „Duchenne smiles". In den männlichen Dyaden erwies sich dieser Zusammenhang hingegen als gering, weshalb Merten (1997) davon ausgeht, dass die „Duchenne smiles" in den weiblichen Dyaden eine primär expressive Funktion erfüllen und jene in den männlichen Dyaden eine primär interaktionsregulierende Funktion. Eine Untersuchung von Gross, John & Richards (2000) legt nahe, dass das personenspezifische Merkmal der Expressivität eine wesentliche Mediatorvariable zwischen emotionalem Ausdruck und emotionalem Erleben darstellt. Ein positiver Zusammenhang zwischen Ausdruck und Erleben fand sich lediglich bei hoch-expressiven Personen und hier wiederum nur für negative Emotionen (Gross, John, & Richards, 2000).

Zusammenfassend kann festgestellt werden, dass die Einflussfaktoren auf den mimischen Ausdruck vielfältig sind. „Display rules", Prozesse des Rollen- und Eindrucksmanagement, eigene Affektregulierungsmöglichkeiten, situative Faktoren, die Intensität eines emotionalen Ereignisses, die Art der Emotion, die soziale Rolle, die eine Person im Moment zu erfüllen hat etc. dürften in vielfältiger Art und Weise auf das Zustandekommen eines Ausdrucksmusters einwirken (vgl. Jakobs et al., 2001; Knapp & Hall, 2002; Lee & Wagner, 2002; Scherer, 1990). Die Annahme eines Zusammenhanges zwischen Gesichtausdruck und Emotion muss der Komplexität des emotionalen Prozesses insgesamt und vor allem dem Ineinandergreifen von emotionalem Prozess und dessen fortlaufender Regulierung Rechnung tragen. Zum Verständnis des dynamischen Wechselspiels zwischen emotionalem Erleben, Gesichtsausdruck, emotionalen Regulierungsprozessen sowie sozialen und sprachlichen Prozessen ist eine vermehrte Untersuchung des Gesichtsausdruckes in der spontanen face-to-face Interaktion wesentlich (z.B. Bänninger-Huber, 1996; Bavelas & Chovil, 1997; Kaiser & Wehrle, 2001b; Messinger, Fogel, & Dickson, 1997).

2.5 Zur Funktion emotionaler Prozesse

Die meisten zeitgenössischen Emotionstheoretiker konzeptualisieren Emotionen als organisierte Reaktionssysteme, die primär adaptive Funktion erfüllen (vgl. Ekman, 1992; Frijda, 1986; Lazarus, 1991; Plutchik, 1980; Roseman, 1991; Scherer, 1990; Smith & Kirby, 2001). Emotionen werden in diesen Ansätzen als phylogenetisch kontinuierliche Mechanismen, die eine zunehmend flexible Anpassung an Umweltveränderungen gewährleisten und so zu einer Erhöhung der Flexibilität des Handelns und der Organisation eines Organismus wesentlich beitragen, verstanden. Die primäre Funktion von Emotionen wird davon ausgehend in einer Mobilisierung des Organismus gesehen, um schnell mit bedeutenden zwischenmenschlichen Situationen/Ereignissen/Problemen umgehen zu können. Entsprechend werden Emotionen als Schnittstelle zwischen Person und Umwelt, als Mediatoren zwischen sich ständig verändernden Umweltbedingungen und individuellen Verhaltensantworten, konzeptualisiert (Bänninger-Huber & Widmer, 1996; Izard, 1994, 1997; Krause, 1997; Scherer, 1984, 1990). Zentral ist also die motivationale, handlungsorganisierende Funktion von Emotionen. Diese funktionale Sichtweise emotionaler Prozesse unterscheidet sich von der früher oftmals vertretenen Auffassung, Emotionen ausschließlich als einen Handlungsablauf störende und diesen unterbrechende Phänomene zu verstehen (z.B. Bänninger-Huber, 1996; Fischer & Tangney, 1995, Schmidt-Atzert, 1996).

Diese motivationale Funktion emotionaler Prozesse wird differenziert in eine intrapsychische und interaktive Regulierungsfunktion emotionaler Prozesse. In ihrer intrapsychischen Funktion regulieren Emotionen Gedanken und Handlungen, indem sie den Bedeutungsgehalt einer Situation/Beziehung/Person anzeigen, Rückmeldung über das Ergebnis des stattgefundenen Bewertungsprozesses geben und weitere Regulierungsprozesse zum Umgang mit dieser Rückmeldung motivieren (z.B. Parrott, 2001; Kaiser & Wehrle, 2001b). In ihrer interaktiven Funktion kommt Emotionen eine zentrale Rolle in der Entwicklung, Aufrechterhaltung und Regulierung von Beziehungen zu. Dabei erfüllt vor allem die expressiv-kommunikative Komponente von Emotionen, speziell jene des mimischen Affektausdruckes, vorrangige Regulierungsfunktion (z.B. Bänninger-Huber, 1996; Ekman, 1999a; Izard, 1997; Izard et al., 1995; Keltner & Haidt, 2001). Über den Emotionsausdruck werden etwa Information über den mentalen Zustand des Senders, seine für die soziale Interaktion bedeutenden Absichten oder Dispositionen kommuniziert. Mimisch-affektive Ausdrucksmuster stellen schnelle, reliable Hinweise auf den emotionalen, intentionalen Zustand des Senders zur Verfügung. Wechselseitige Prozesse der affektiven Beeinflussung erfolgen sehr wesentlich über mimisch vermittelte Informationen; etwa kann ein bestimmtes Ausdrucksmuster komplementäre emotionale Reaktionen bei Anderen hervor. Eine ärgerliche Reaktion auf die Regelübertretung eines Anderen kann beim Gegenüber zur Entstehung von Scham, Schulgefühlen oder ebenfalls Ärger führen. Damit ist eine wesentliche Funktion von Emotionen und deren expressiver Komponente angesprochen – die Möglichkeit der Beeinflussung und Manipulation des Handelns und Erlebens des jeweiligen Interaktionspartners. Kinder benutzen etwa in emotional unsicheren Situationen den Emotionsausdruck der Mutter als Information, wie sie sich weiter zu verhalten haben. Dieser als „social referencing" bezeichnete Prozess spielt zum Beispiel eine wesentliche Rolle bei der Entwicklung der Internalisierung von Verboten (Emde, Biringen, Clyman, & Oppenheim, 1991; Klinnert, Campos, Sorce, Emde & Svejda, 1983). Die wesentliche soziale Funktion emotionaler Prozesse führt zu der von Lazarus (1984) treffend beschriebenen Schlussfolgerung, dass „ ...an emotional experience cannot be understood solely in terms of what happens inside the person or in the brain, but grows out of ongoing transactions with the environment that are evaluated" (p. 124). Zentral dabei ist, dass Emotionen sowohl Beziehungen regulieren, wie auch umgekehrt Emotionen durch Interaktionen reguliert werden (z.B. Kaiser & Wehrle, 2001b).

Für jede einzelne Emotionen werden weiters je spezifische intrapsychische und interaktive Regulierungsfunktionen angenommen. Nach de Rivera (1977) können Affekte propositional als Instruktionen oder Lokomotionswünsche zwischen Subjekt und Objekt dargestellt werden. Jede Basisemotion wird durch eine spezifische Struktur der auslösenden Situation, des damit verbundenen Wunsches und einer spezifischen Funktion der Interaktion charakterisiert. Nach de Rivera signalisieren alle negativen Emotionen einen Veränderungswunsch bezüglich der Subjekt-Objekt-Beziehung, die sich in der gewünschten Bewegung „Objekt weg vom Subjekt" äußert. Positiven Emotionen ist der Wunsch nach einer Aufrechterhaltung und Fortführung der Beziehung inhärent, was sich durch die gewünschte Bewegung „Objekt zum Subjekt" beschreiben lässt. Entsprechend steht bei Ärger der Wunsch nach Beseitigung des Objekts bzw. der Wunsch, das Objekt möge sich ändern im Vordergrund. Die mit Ärger verbundenen interaktiven Botschaften können als „Geh weg" oder „Sei anders" verstanden werden und erfüllen die Funktion, den Interaktionspartner vor einem Angriff zu warnen. Trauer, ausgelöst durch Verlust eines wertvollen Objekts, ist verbunden mit dem Wunsch nach Rückkehr des Objekts („Komm zurück") und der interaktiven Funktion, Trost und Empathie im Gegenüber auszulösen. Der Wunsch nach Unterwerfung und/oder Flucht, so wird angenommen, geht mit Angst einher („Ich gehe weg von dir"), mit der interaktiven Funktion, einen Angriff des Gegenübers zu hemmen. Ekel hingegen impliziert den Wunsch nach Entfernung des Objekts aus dem Systembereich des Individuums („Hinaus aus mir") mit der einhergehenden interaktiven Funktion, die Substanz auszustoßen. Auf Seiten der positiven Emotionen besteht Freude in dem Wunsch, die aktuelle Situation möge beibehalten werden („Weiter so", „Bleib hier") mit der interaktiven Funktion, die Bindung zu erhöhen und als Belohnung innerhalb der zwischenmenschlichen Interaktion zu fungieren. Überraschung, ausgelöst durch eine Verletzung von Erwartungen, zeichnet sich in ihrer Wunschstruktur durch eine Demonstration von Unwissenheit („Ich weiß nicht wer du bist/was das bedeutet") aus, mit der entsprechenden interaktiven Funktion, die laufende Aktivität zu unterbrechen. Diese postulierten interaktiven Regulierungsfunktionen der Basisemotionen werden in der direkten Interaktion vornehmlich über mimisch-affektive Verhaltensweisen erfüllt. Ähnlich zu de Rivera, unterscheidet auch Roseman (2001) jede Emotion - entsprechend ihrer Handlungstendenz – anhand deren zugrundeliegende Bewegungen zwischen Subjekt und Objekt. Er differenziert dabei zwischen „attack" (mit der zugrunde liegende Strategie sich gegen etwas zu bewegen), „exclusion" (der Strategie das Ereignis/den Reiz von sich weg zu bekommen), „distancing" (sich selbst vom Reiz weg bewegen) und „contacting" (sich selbst zum Reiz bewegen) Emotionen.

2.6 Stand der empirischen Emotionsforschung

Die Bandbreite und Anzahl gegenwärtiger emotionspsychologischer Forschungsansätze und Untersuchungen ist ständig im Steigen begriffen, so dass ein umfassender Überblick den Rahmen der vorliegenden Arbeit bei Weitem sprengen würde. Die Auswahl der vorliegenden Untersuchungen beschränkt sich aus diesem Grund schwerpunktmäßig auf Ansätze und Ergebnisse der emotionspsychologischen Forschung zum Gesichtsausdruck, da sich daraus zudem wesentliche Implikationen für das methodische Vorgehen der vorliegenden Arbeit ableiten. Der Fokus liegt dabei wiederum zum Großteil auf Untersuchungen, die das mimische Verhalten mittels objektiver Kodiersysteme erfassen (z.B. FACS, EMFACS oder MAX; vgl. Kap. 5.3). Einleitend wird in einer kurzen Zusammenfassung und Kritik auf übergreifende Trends der emotionspsychologischen Forschung eingegangen.

2.6.1 Allgemeine Trends der Emotionsforschung: Zusammenfassung und Kritik

In einem Großteil der gegenwärtigen emotionspsychologischen Forschung werden Emotionen im Einzelsetting untersucht. Meist werden Personen gebeten sich an bestimmte emotionale Ereignisse aus ihrer Vergangenheit zu erinnern und diese anschließend – je nach Fragestellung und methodischem Vorgehen – entweder niederzuschreiben, zu erzählen und/oder Fragen dazu zu beantworten. Zudem wird in experimentellen Settings versucht, über die Vorgabe bestimmter Filmstimuli, Fotos oder Vignetten Emotionen auszulösen, um anschließend unterschiedliche Parameter des emotionalen Prozesses, wie kognitive Bewertungsprozesse, subjektives Erleben, physiologische Prozesse oder den emotionalen Ausdruck und sowie deren Zusammenhänge untereinander zu untersuchen. Den Versuchen einer experimentellen Emotionsinduktion liegt die Annahme zugrunde, dass ausgewählte emotionale Stimuli bei allen Personen die gleiche emotionale Reaktion hervorrufen. Angesichts der vielfältigen unterschiedlichen, von individuellen, kulturellen und sozialen Faktoren beeinflussten emotionalen Reaktionen auf ähnliche auslösende Situationen, könnte ein möglicher Grund für widersprüchliche und inkonsistente Untersuchungsergebnisse gerade in obiger Annahme liegen. Eine weitere Problematik dieser Untersuchungsansätze besteht in der Erhebung des subjektiv-emotionalen Erlebens. Meist wird am Ende einer Filmsequenz oder nach dem Bearbeiten einer Vignette die Intensität und Art des subjektiven Erlebens abgefragt. Oftmals wird dabei das subjektive Erleben für einen Untersuchungszeitraum von zehn bis zu zwanzig Minuten erhoben. Zum einen stellt sich dabei die Frage, was in diese Beurteilung eingeht – wird die intensivste ausgelöste Emotion erinnert, das affektiv bedeutsamste Ereignis oder wird ein „globaler", zusammenfassender Eindruck des eigenen Erlebens wiedergegeben? Zum anderen wird die Aussagekraft der Angaben zum subjektiven Erleben dadurch geschmälert, dass emotionale Prozesse auch unbewusst wirksam sein können. Aspekte der sozialen Erwünschtheit, aber auch der individuellen Affektregulierung, die das bewusste Erleben einzelner Emotionen möglicherweise verhindert oder hemmt, stellen weitere Einflussfaktoren auf den Prozess der Einschätzung des subjektiven Erlebens dar. Inhaltlich zentriert ein wesentlicher Teil der emotionspsychologischen Forschung auf die Untersuchung von Basisemotionen, wobei hier wiederum vor allem Ärger sehr häufig untersucht wird (z.B. Alvarado & Jameson, 2002; Kuppens et al., 2003; Weber, 1994; Weber, 1995), während Ekel, Überraschung oder auch Trauer eher selten im Mittelpunkt empirischer Forschung stehen. Ein deutlicher Schwerpunkt emotionspsychologischer Forschung, der im Kapitel 2.6.2 noch ausführlich dargestellt und diskutiert wird, liegt auf der Untersuchung des Gesichtsausdruckes (Oatley & Jenkins, 1992). Seit Beginn der neunziger Jahre des zwanzigsten Jahrhunderts nimmt die Anzahl der Untersuchungen zu den sog. „selbstreflexiven" oder „strukturellen" Emotionen wie etwa Schuldgefühlen, Scham, Peinlichkeit, Stolz, Neid und Eifersucht sukzessive zu (Averill, 1994). Nähere Ausführungen zum Stand der empirischen Forschung in diesem Bereich erfolgen in Kapitel 4 am Beispiel von Schuldgefühlen.

Zahlreiche Studien fokussieren auf eine Untersuchung des Zusammenhanges der drei „klassischen" emotionalen Komponenten des subjektiven Erlebens, der physiologischen Prozesse sowie der expressiven Verhaltensweisen. Ein wesentlicher Teil der Forschung konzentriert sich hier wiederum auf den Zusammenhang der Ausdruckskomponente mit dem subjektiv-emotionalem Erleben und physiologischen Prozessen. Die teils widersprüchlichen Ergebnisse zum Zusammenhang der drei Komponenten, können zum einen durch das Untersuchungsdesign erklärt werden. Die verwendeten Stimuli zur Emotionsinduktion waren in einigen Studien die pure Vorstellung eines emotionalen Ereignisses und die daraus resultierenden Angaben, wie die Personen ihre emotionale Reaktion in den Situationen einschätzen (z.B. Fridlund, 1991), Fallvignetten, die ein emotionales Ereignis vorgeben (z.B. Jakobs, Fischer & Manstead, 1997), wobei wiederum eine Einschätzung des eigenen Verhaltens in diesen Situationen gefordert war, sowie visuelle Stimuli wie Dias und Filmsequenzen, die spezifische positive oder negative Affekte induzieren sollten (Hess et al., 1995; Jakobs et al., 2001). Letztere Studien zeichnen sich dadurch aus, dass das reale Verhalten der Personen erfasst wurde und nicht nur Einschätzungen der Personen über ihre Vorstellungen zum eigenen Verhalten.

In den theoretischen Ansätzen und empirischen Untersuchungen emotionspsychologischer Forschung werden emotionale Prozesse meist als singuläre Prozesse konzeptualisiert und untersucht. Dies geht am alltäglichen emotionalen Erleben vorbei, in dem erstens Emotionen sehr häufig in und durch soziale Interaktionen ausgelöst und reguliert werden, sowie auch häufig mehrere und auch widersprüchliche Emotionen gleichzeitig erlebt werden können (z.B. Angst- oder Ekellust; Trauer und Angst etc.) (Knapp & Hall, 2002). Zahlreiche Forscher fordern zwar im Sinne einer Erhöhung der ökologischen Validität emotionspsychologischer Forschung eine verstärkte Untersuchung emotionaler Prozesse, deren Entstehung und Regulierung in face-to-face Interaktionen, umgesetzt wurden diese Forderungen bisher jedoch kaum (z.B. Scherer & Wallbott, 1994; Vangelisti, Daly & Rudnick, 1991; Wagner & Lee, 2002).

2.6.2 Aktuelle Ansätze der Mimikforschung

Der von Bänninger-Huber & Salisch (1994) beklagte Mangel an „echten" Interaktionsstudien, die das mimisch-affektive Verhalten beider Interaktionspartner dyadenbezogen auswerten, und der im Vergleich dazu vorherrschende Schwerpunkt auf Enkodier- und vor allem Dekodierstudien, kann nach wie vor bestätigt werden. Eine Review zahlreicher im Bereich der Gesichtausdrucksforschung im Zeitraum von 1994-2003 getätigten

Untersuchungen ergibt ein Bild, das sich ähnlich jenem von Bänninger-Huber und von Salisch (1994) zeichnen lässt.

Dekodierstudien sind nach wie vor dominant, wobei die meisten Studien auf dem bereits mehrfach kritisierten methodischen Design, das im folgenden als Standarddesign bezeichnet wird, basieren (z.B. Biehl et al., 1997; Merten, 2003a). Darunter ist zu verstehen, dass als zu beurteilendes Stimulusmaterial statische und willkürliche produzierte emotionale Ausdrucksmuster vorgegeben werden, sowie die Antwortmöglichkeiten in der Auswahl aus einer Liste der sechs Basisemotionen Freude, Ärger, Trauer, Überraschung, Ekel und Angst bestehen (sog. „forced-choice" Format: z.B. Ekman et al., 1987). Die Mitte der neunziger Jahre geführte Kontroverse zwischen James Russell (Russell, 1994) und Paul Ekman (Ekman, 1994b) zur Validität der Schlussfolgerungen, die aus den bis dato durchgeführten Dekodierstudien zur Universalität des Emotionsausdruckes gezogen werden können, hat zu einer Reihe von Untersuchungen geführt, die die von Russell geübte methodische Kritik zu verbessern versuchten. Russell hatte vor allem die geringe ökologische Validität des verwendeten Stimulusmaterials, sowie die Vorgabe des forced-choice Antwortformats kritisiert und die aus derartigen Untersuchungen gezogenen Schlussfolgerungen zur Universalität des Emotionsausdrucks in Frage gestellt. Zwar werden nach wie vor in erster Linie statische Stimuli mit willkürlich produzierten Ausdrucksmustern vorgegeben, dennoch finden sich vermehrt Untersuchungen, die als Stimulusmaterial dynamische Sequenzen mimischen Ausdrucksverhaltens einsetzen. Dabei handelt es sich jedoch meist nicht um Ausdrucksmuster, die aus tatsächlichen zwischenmenschlichen Interaktionen isoliert wurden, sondern um mittels Computersoftware bewegter Ausdruckmuster meist willkürlich dargestellter Emotionsausdrücke (z.B. Frigerio, Cavallini, & Burt, 2003; Yoshikawa & Sato, 2003). Ausnahmen bilden eine Untersuchung zur Erkennung von *„anxiety"* aus dem Gesichtsausdruck, in der den Versuchspersonen Videoaufzeichnungen spontaner Ausdrucksmuster von hoch vs. niedrig ängstlichen Personen zur Beurteilung vorgegeben wurden (Harrigan & Taing, 1997), sowie eine Untersuchung zur Beurteilung der emotionalen Reaktion von Personen, die ihr Gepäck am Flughafen verloren hatten (Scherer & Ceschi, 2000). Vermehrt werden auch kulturelle, geschlechts-, alters-, kontext- oder auch emotionsspezifische Einflussfaktoren auf den Prozesse der Emotionserkennung mit einbezogen (Elfenbein & Ambadi, 2002; Merten, 2003a; Hess, Blairy, & Kleck, 1997; Kaiser, Wehrle, Sander, Grandjean, & Scherer, 2003). Zudem folgten Untersuchungen, die die Antwortkategorien offen ließen bzw. das forced-choice Format modifiziert vorgaben. Die Ergebnisse dazu sind bezüglich der Validität der gezogenen Schlussfolgerungen interessant: Wurde etwa der „richtige" Emotionsausdruck aus der Liste der Antwortmöglichkeiten herausgenommen, wählten die Versuchpersonen trotzdem mit überdurchschnittlicher Häufigkeit einen der vorgegebenen Emotionsbegriffe aus. Immerhin wurde ein zur jeweiligen Emotion am ehesten entsprechender Begriff gewählt, beispielsweise wurde ein

Ärgerausdruck bei Fehlen des entsprechenden Begriffes der Emotion Ekel zugeordnet. Wurde der vorgegebenen Liste bei Fehlen des passenden Begriffes jedoch die Auswahlmöglichkeit „keine von diesen" hinzugefügt, wählten die Versuchspersonen diese Kategorie am häufigsten. Zudem wurden in einer weiteren Variation der Antwortlisten die vier Begriffe alarmiert, gelangweilt, Verachtung, aufgeregt den sechs Basisemotionen hinzugefügt. Trotz der alternativen Möglichkeiten wählten die Versuchspersonen überzufällig häufig die entsprechenden vorhergesagten Emotionsbegriffe für die jeweiligen prototypischen Ausdruckmuster aus (Frank & Stennett, 2001).

　　Aus der bereits unter 2.4.3 diskutierten theoretischen Kritik an der Annahme eines engen Zusammenhanges von Emotion und Gesichtsausdruck, entstanden eine Reihe von Dekodierstudien, die untersuchten, ob Personen unter Auswahl mehrerer Möglichkeiten, den gezeigten Ausdrucksmuster tatsächlich emotionale oder doch vermehrt soziale Funktion zuschreiben (Yik & Russell, 1999; Horstmann, 2003). Unter den Auswahlmöglichkeiten einen bestimmen Gesichtsausdruck einem emotionalen Zustand, einer Verhaltensintention oder einer Handlungsaufforderung zuschreiben zu können, wurde den Ausdrucksmustern, mit Ausnahme von Ärger, signifikant häufiger ein emotionaler Zustand als eine Verhaltensintention oder Handlungsaufforderung zugeordnet. Horstmann (2003) diskutiert seine Ergebnisse mit Hinweis auf die Komplexität emotionaler Prozesse und schließt sich einem Verständnis an, dass die mehrfache Bedeutungsmöglichkeit eines Gesichtsausdruckes in den Vordergrund stellt. Möglicherweise indizieren unterschiedliche Ausdrucksmuster in unterschiedlichem Ausmaß je unterschiedliche Botschaften. Beispielsweise steht im Fall von Ärger möglicherweise dessen unmittelbar handlungswirksame Funktion im Vordergrund, die in der Interaktion direkte Konsequenzen für die eigene Person nach sich zieht, weshalb einem Ärgerausdruck etwa gleich häufig eine Verhaltensintention wie das Anzeigen eines emotionalen Zustandes zugeordnet wird. Für andere Ausdrucksmuster, wie etwa jenem von Trauer, steht möglicherweise weniger die Anzeige einer Verhaltensintention als viel mehr die damit verbundene Handlungsaufforderung an das Gegenüber im Vordergrund. Im Fall von Trauer könnte dies als Aufforderung in Form von „Sorge dich um mich" verstanden werden (vgl. auch 2.5).

　　Ungeklärt bleibt nach wie vor, wie der Prozess der Emotionserkennung vor sich geht; auf welchen psychischen Prozessen, der Aktivierung welcher Schemata etc. dieser basiert. Die in den Untersuchungen geforderte Vornahme einer verbalen Bezeichnung für einen bestimmten Ausdruck, entspricht nicht den in Interaktionen stattfindendem realen Prozess der Emotionserkennung. Viel mehr ist anzunehmen, dass wir in alltäglichen Interaktionen automatisch und zu einem großen Teil unbewusst auf den affektiven Informationsgehalt des Gesichtsausdruckes unserer Interaktionspartner reagieren. Unterstützung für derartige Annahmen kommt zum einen aus der neuropsychologischen Forschung, die eine Auslösung emotionaler Reaktionen aufgrund emotionauslösender Stimuli ohne Beteiligung kortikaler Prozesse nachweisen konnte (Le Doux, 1998). Zudem existieren mittlerweile eine Reihe, bereits erwähnter Untersuchungen, die eine unbewusste emotionale Reaktion auf subliminal dargebotene emotionale Stimuli nachweisen konnten (vgl. Dimberg et al., 2000; Dimberg, Thunberg, & Grunedal, 2002).

Als zweite übergreifende Gruppe von Untersuchungen werden die sog. Enkodierstudien unterschieden (Bänninger-Huber & v. Salisch, 1994), die an den intrapsychisch wirksamen Zusammenhängen zwischen Ausdruck, Erleben und physiologischen Prozessen, sowie auch sozialen, individuellen und kulturellen Einflussfaktoren auf diese Zusammenhänge, interessiert sind. Dabei liegt der Fokus dieser Studien zunehmend auf der Untersuchung spontanen Ausdrucksverhaltens wie z.b. der Sammelband von Ekman & Rosenberg (1997) belegt. Eine der nach wie vor zentralen Forschungsfragen besteht darin, ob die je unterschiedlichen postulierten Emotionsausdrucksmuster tatsächlich mit dem Erleben der entsprechenden Emotion sowie korrespondierenden physiologischen Prozessen einhergehen (z.b. Buck, 1994; Ekman, Friesen, & Ancoli, 1980; Fernandez-Dols & Ruiz-Belda, 1997; Rosenberg & Ekman, 1997). In den meisten dieser Untersuchungen werden emotionale Reaktionen über das Ansehen potentiell emotionsauslösender Stimuli wie Dias, Fotos oder Filmsequenzen evoziert. Der Gesichtsausdruck wird meist ohne das Wissen der Personen aufgezeichnet, und zusätzliche Variablen wie physiologische Parameter oder das subjektive Erleben (via „self-reports") mit erhoben (Jakobs et al., 2001). Auch Fremdeinschätzungen des emotionalen Erlebens der Person, werden mit deren sichtbarem Gesichtsausdruck korreliert (z.b. Fernández-Dols, Sanchez, Carrera, Ruiz-Belda, 1997). Nach wie vor ist es keine Selbstverständlichkeit, dass dabei der Gesichtsausdruck über objektive Kodiersyteme erfasst wird. Lee & Wagner (2002) etwa untersuchten den Einfluss unterschiedlicher sozialer Settings auf den Gesichtsausdruck während des Erzählens eines emotionalen Ereignisses. Der Gesichtsausdruck wurde anschließend von Ratern auf das Ausmaß der „Positivität" bzw. „Negativität" eingeschätzt und mit den Variablen des subjektiven Erlebens sowie des sozialen Settings in Bezug gesetzt. Neben weiteren methodischen Kritikpunkten (between-subjects design, Art der Emotionsinduktion) ist vor allem die Validität der resultierenden Schlussfolgerungen der Autoren in Frage zu stellen. Es zeigte sich, dass sich die Anwesenheit eines Interviewers in der positiv-emotionalen Situation, wie auch in der negativ-emotionalen Situation auf eine Steigerung des Lächelns der Versuchspersonen auswirkte. In negativ-emotionalen Settings unter der Bedingung, dass die Versuchsperson alleine im Raum saß, korrelierte der Gesichtsausdruck nicht mit dem emotionalen Erleben. Lediglich in der „alleine"-Bedingung und der Erzählung eines positiv emotionalen Erlebens zeigte sich eine positive Korrelation zwischen Ausdruck und Erleben. Die Autoren ziehen aus diesen Resultaten den Schluss, dass der Gesichtsausdruck von negativen Emotionen kein reliabler Indikator ist, um tatsächlich auf das Erleben von negativen Emotionen zu schließen. Die Resultate werden von den

Autoren weiters so interpretiert, dass in sozialen Situationen eher die kommunikative Funktion des Gesichtsausdruck im Vordergrund steht und weniger dessen emotionale Funktion. Diese Untersuchung kann als Beispiel dafür gesehen werden, mittels welchen methodischen Vorgehens bestimmte Schlussfolgerungen, die sich meiner Ansicht nach als nicht valide erweisen, gezogen werden, die wiederum die im Bereich der Gesichtsausdrucksforschung vorherrschende Dichotomisierung zwischen Gesichtsausdruck = emotionaler Ausdruck oder Gesichtsausdruck = soziales Signal fördern. In dieser Tradition existieren eine Reihe weiterer Studien, die vor allem das Postulat des Zusammenhanges zwischen Gesichtsausdruck und Emotion in Frage stellen und entsprechend versuchen, vor allem die sozial-kommunikative Funktion des Gesichtsausdruckes herauszustreichen (vgl. Fernandez-Dols & Ruiz-Belda, 1997; Fernández-Dols & Ruiz-Belda, 1995; Fridlund, 1991; Ruiz-Belda, Fernandez-Dols, Carrera, & Barchard, 2003; Wagner & Lee, 1999). Grundsätzlich jedoch besteht kein Widerspruch, mimische Verhaltensweisen sowohl in Zusammenhang mit emotionalen Prozessen als auch mit ihrer Funktion als soziales Signal zu sehen (z.B. Buck, 1994; Ekman, 1997). Eine Trennung emotionaler und sozialer Faktoren im Zusammenhang mit mimischen Verhaltensweisen greift insofern zu kurz, als soziale Faktoren eine wesentliche Rolle bei der Entstehung, dem Erleben, dem Ausdruck und der Regulierung emotionaler Prozesse spielen und daher eine Manipulation der sozialen Faktoren auch eine Manipulation emotionaler Prozesse bewirken kann. Soziale Faktoren können das Erleben und den Ausdruck einer bestimmten Emotion fördern oder hemmen z.b. je nach zugrunde liegenden emotionalen Ausdrucks- und Gefühlsregeln oder auch je nach Beziehung zum Gegenüber.

Ein Trend innerhalb der Forschung zum Gesichtsausdruck besteht zudem darin, dass vorrgangig die sechs von Ekman postulierten Basisemotionen und deren entsprechende Ausdrucksmuster im Mittelpunkt von Untersuchungen stehen. Neuere Untersuchungen versuchen zum einen mögliche Audrucksmuster weiterer Emotionen zu determinieren – etwa für Verachtung (Wagner, 2000), „anxiety" (Harrigan & O'Connell, 1996) und Peinlichkeit, Schuldgefühlen und Scham (Keltner & Buswell, 1996).

Eine Reihe von Ansätzen, setzen – ausgehend von einer Multifunktionalität mimischer Verhaltensweisen – daran an, der Komplexität von mimischem Verhalten und emotionalen Prozessen durch die Anwendung ökologisch validerer Untersuchungsdesigns d.h. durch die Untersuchung spontanen Ausdrucksverhaltens in realen Situationen, gerecht zu werden (z.B. Bänninger-Huber, 1992; Bänninger-Huber & Widmer, 1995, 2000; Benecke, 2002; Kaiser, 2002; Krause & Merten, 1996; Wehrle, Kaiser, Schmidt, & Scherer, 2000). Etwa wird zur standardisierten Untersuchung einzelner Subkomponenten emotionaler Prozesse versucht, mittels eigens für diesen Forschungszweck konstruierter Computerspiele die komplexen Zusammenhänge zwischen Gesichtsausdruck und unterschiedlichen Komponenten des emotionalen Prozesses zu erhellen (z.B. Kaiser & Wehrle, 2001a; Reisenzein,

2000b). Der Vorteil dieses Untersuchungsansatzes besteht darin, dass die Auslösung von Emotionen und die entsprechenden emotionalen Reaktionen unter kontrollierten Bedingungen stattfinden, und so eine valide Interpretationsbasis für auftretende Ausdrucksmuster vorhanden ist. Ein Teil dieser Forschungsansätze fokussiert dabei auf den Zusammenhang zwischen mimischem Ausdruck und kognitiven Bewertungsprozessen, die für jede Emotion als spezifisch angenommen werden (vgl. 2.3; Kaiser & Wehrle, 2001a; Scherer, 2001).

Für die Fragestellung der vorliegenden Untersuchung besonders relevant, sind die von Bänninger-Huber und v. Salisch (1994) bezeichneten „echten" Interaktionsstudien, in denen das mimisch-affektive Verhalten beider Interaktionspartner aufeinanderbezogen untersucht wird. Ein Manko bisheriger und auch der gegenwärtigen emotionspsychologischen Forschung generell und jener zum Gesichtsausdruck im Speziellen ist, wie bereits erwähnt, deren überwiegende Untersuchung von Einzelpersonen in isolierten Settings. Wenn soziale Faktoren miteinbezogen werden, wird nicht die direkte soziale Interaktion untersucht, sondern beispielsweise die Auswirkung der Gegenwart eines anderen auf verschiedene Aspekte der emotionalen Reaktion. Entsprechend sind „echte" Interaktionsstudien immer noch selten und vor allem im Bereich der klinischen Psychologie, speziell der Psychotherapieforschung (Bänninger-Huber & Widmer, 2000; Benecke, 2002; De Roten, Gilliéron, Despland, & Stigler, 2002; Krause, 1997; Merten, 2001), sowie in entwicklungspsychologischen Untersuchungen (z.B. Becker-Stoll, Delius, & Scheitenberger, 2001; Hsu, Fogel, & Messinger, 2001; Juen, B., 2001; Messinger, Fogel, & Dickson, 2001; v. Salisch, 2001) zu finden. Innerhalb dieser Interaktionsstudien muss zwischen zwei unterschiedlichen Auswertungsschwerpunkten unterschieden werden. Meist wird das mimische Verhalten der interagierenden Personen individuenbezogen ausgewertet d.h. im Mittelpunkt des Interesses steht das Verhalten einer einzelnen Person in der sozialen Interaktion. Becker-Stoll et al. (2001) etwa untersuchten den Zusammenhang von Bindungsrepräsentanzen Jugendlicher und deren nonverbalem Verhalten in der Interaktion mit ihren Müttern. Dabei wurde das mimische Verhalten der Jugendliche objektiv kodiert und in Bezug gesetzt zu Ergebnissen aus einem Interview zur Erfassung ihrer Bindungsrepräsentanzen (Adult Attachment Interview). Das Verhalten der Mütter, sowie die wechselseitigen mimisch-affektiven Prozesse wurden nicht erhoben. Letzteres Vorgehen wird unter dem Begriff einer dyadenbezogenen Auswertung zusammengefasst. Im Mittelpunkt steht dabei das Interesse an den dyadischen Prozesssen der wechselseitigen affektiven Beeinflussung und Regulierung. Eine Darstellung und Diskussion von Studien, die an einer dyadenbezogenen Auswertung des mimisch-affektiven Verhaltens in Interaktionen ansetzen folgt ausführlich unter Kap. 3.3.

Zusammenfassend ist festzustellen, dass innerhalb der Mimikforschung Dekodier- und Enkodier- im Vergleich zu Interaktionsstudien nach wie vor bei

Weitem überwiegen. In Dekodierstudien überwiegen nach wie vor die Verwendung statischer Stimuli, sowie die Vorgabe eines forced-choice Antwortformates. Die Dynamik des Ausdrucksgeschehens, wie es in Alltagsinteraktionen auftritt, kann dadurch nicht erfasst werden. Der Großteil der Enkodierstudien zur Bestimmung der Bedeutung eines mimischen Zeichens arbeitet mit emotionsauslösendem Stimulusmaterial, das isoliert von in alltäglichen Interaktionen stattfindenden Prozessen, präsentiert wird. Emotionale Prozesse und mimisch-affektives Verhalten werden nach wie vor kaum in realen zwischenmenschlichen Interaktionen untersucht. Noch seltener wird dabei das mimisch-affektive Verhalten und dessen Funktion hinsichtlich der Entstehung und Regulierung affektiver Prozesse in Interaktionen untersucht.

2.7 Schlussfolgerungen für die vorliegende Arbeit

Ausgehend von der Darstellung bisheriger Ansätze emotionspsychologischer Forschung, sind Emotionen als komplexe Phänomene zu verstehen, an deren Auslösung, Phänomenologie und Regulierung vielfältige Prozesse beteiligt sind. Emotionen sind nicht nur als intrapsychisch ablaufende Prozesse zu verstehen, sondern als soziale Phänomene, die für den Aufbau, die Gestaltung und Regulierung von Beziehungen eine zentrale Rolle spielen. Alltäglich entstehen sie vor allem in zwischenmenschlichen Interaktionen und werden auch in diesen reguliert. Es muss ein wechselseitiger Prozess zwischen der Regulierung von Emotionen durch Interaktionen sowie vice versa der Regulierung von Interaktionen durch Emotionen angenommen werden. Dabei kommt dem mimisch-affektiven Verhalten sowohl für die intrapsychische wie die interaktive Regulierung emotionaler Prozesse eine wesentliche Funktion zu. Es wird angenommen, dass mimisch-affektives Verhalten ganz wesentlich zur ständigen wechselseitige Beeinflussung der affektiven Regulierung beider Gesprächspartner in der Interaktion beiträgt. Entgegen wiederholten Forderungen nach einem ökologisch validerem Vorgehen und der entsprechenden Untersuchung emotionaler Prozesse in Alltagsinteraktionen, existiert jedoch noch kaum empirische Forschung, die an der Untersuchung emotionaler Prozesse in direkten face-to-face Interaktionen ansetzt. Im folgenden Kapitel werden davon ausgehend die theoretischen Grundlagen und empirischen Ansätze der Untersuchung affektiver Prozesse und deren Regulierung in face-to-face Interaktionen dargestellt.

3 Affektregulierungsprozesse in face-to-face Interaktionen

Die Verwendung der Begriffe von Affekt- und Emotionsregulierung erfolgt in aktuellen emotionspsychologischen, wie auch klinisch- und entwicklungspsychologischen Ansätzen meist synonym. Der Fokus aktueller Ansätze liegt auf einer Modellierung und Untersuchung intrapsychischer Prozesse der Affektregulierung. Die je interaktiven Prozesse werden zwar erwähnt, spezifische Modellbildungen zur „Verschaltung" zwischen intrapsychischer und interaktiver Affektregulierung fehlen allerdings weitgehend. Eine Ausnahme stellt ein von Moser et al. (z.b. Moser, 1983, 1985; Moser & v. Zeppelin, 1991) entwickeltes Modell zur Affektregulierung in Beziehungssituationen dar, das unter 3.1.1 näher dargestellt wird.

3.1 Affektregulierung: Begriffsklärung und Modellvorstellungen

Unter Affektregulierung werden zunächst all jene Prozesse verstanden, die eingesetzt werden, um a. zu beeinflussen, welche Emotion(en) erlebt wird sowie b. auf welche Art und Weise diese Emotion erlebt und ausgedrückt wird (also etwa in Form von Handlungen, Phantasien, Träume, Spiel, Abwehrmechanismen, Lächeln/Weinen oder sprachlichen Äußerungen). Die Regulation von Emotionen umfasst dabei sowohl präventive, gleichzeitige sowie nachfolgende kognitive, expressive und behaviorale Prozesse, durch die emotionsbezogene Reaktionen beeinflusst und verändert werden (Gross, 1998; Laux & Weber, 1990; Taylor, Bagby & Parker, 1997). Frijda (1986) versteht unter dem Begriff der Regulierung all jene Prozesse, die die Funktion erfüllen andere Prozesse (in unserem Fall emotionale Prozesse), die durch ein bestimmtes Ereignis ausgelöst wurden, zu verändern. Diese in der emotionspsychologischen Forschung verbreiteten Ansätze zur Definition emotionaler Regulierung machen deutlich, dass eine Trennung zwischen emotionalem Prozess und dessen Regulierung schwierig zu vollziehen ist. Wie Frijda (1986) ausführt, kann bereits das Entstehen und das je spezifische Erleben einer Emotion Resultat von Regulierungsprozessen sein. Frijda (1986) sieht Regulierungsprozesse aus dieser Perspektive als integralen Bestandteil emotionaler Prozesse an. Emotionen werden durch Regulierungsprozesse geformt, die wiederum durch Merkmale des Ereignisses sowie des Subjekts beeinflusst werden. Regulierungsprozesse können demnach an unterschiedlichen Komponenten des emotionalen Prozesses ansetzen – der je spezifischen Bewertung, dem subjektiven Erleben, der damit verbundenen Handlungsbereitschaft oder den je expressiven Komponenten emotionaler Prozesse – und so Aspekte des Erlebens oder Ausdrucks verändern. Diese Veränderung wirkt dann wieder auf den emotionalen Prozess selbst zurück. Die Art und Weise, wie diese Veränderung erfolgen kann, wird als von unwillkürlichen Prozessen der Hemmung, über kognitive Transformationen, zu willkürlicher Unterdrückung und Input–Regulierung reichend, konzeptualisiert (Frijda, 1986).

In einer Differenzierung der unterschiedlichen Beziehungen zwischen emotionalem Prozess und emotionaler Regulierung kann zunächst von folgender, im Begriff implizit enthaltener theoretischen Vorannahme ausgegangen werden: Regulierung von Emotionen impliziert, dass Emotionen der Regulierung vorausgehen. So wird angenommen, dass durch die unlustbetonte Erlebnisqualität von negativen Emotionen Regulierungsprozesse initiiert werden, um eine Veränderung der Qualität und Intensität des unlustbetonten Erlebens zu erreichen. In einer weiteren möglichen Relation zwischen Emotion und Regulierung können, unter einer funktionalen Perspektive, Emotionen als der Regulierung dienend konzeptualisiert werden. Wie bereits im einleitenden Emotionskapitel diskutiert, zeigen Emotionen den subjektiven Bedeutungsgehalt von Ereignissen und Situationen an – entsprechend erfüllen Emotionen wesentliche motivationale Funktion, die die Regulierung des emotionsauslösenden Ereignisses antreibt. Letztlich können Regulierungsprozesse als Mediatoren bei der Emotionsentstehung betrachtet werden. Wie in unterschiedlichen kognitiven Bewertungstheorien angenommen, spielt bereits bei der Emotionsauslösung die Bewertungsdimension der Regulierungsmöglichkeiten eine wesentliche Rolle für die Spezifizierung der jeweiligen emotionalen Reaktion. Regulierungsprozesse bestimmen so die Qualität und die Intensität emotionaler Reaktionen. Emotionaler Prozess und emotionale Regulierung müssen vor dem Hintergrund dieser unterschiedlichen Relationen als eng miteinander verbunden betrachtet werden.

Generell werden unter emotionsregulierenden Prozessen meist zwei Prinzipien der Regulierung negativer Emotionen verstanden. Dabei handelt es sich um die Möglichkeit der direkten Kontrolle/ Hemmung des emotionalen Erlebens, sowie der aktiven Reaktion, um dadurch Kontrolle über das Erleben zu gewinnen (Bonanno & Mayne, 2001). Die Theoriebildung in diesem Bereich erfolgt erst in Ansätzen in Richtung einer komplexeren Modellbildung, wie unterschiedliche Emotionen und unterschiedliche Regulierungsprozesse unter bestimmten Umständen interagieren (Bonanno & Mayne, 2001). Prozesse der Emotionsregulierung wurde bisher weniger im Rahmen engerer emotionspsychologischer, sondern bis vor kurzem vor allem im Rahmen entwicklungspsychologischer (z.B. Friedlmeier & Holodynski, 1999; Saarni, 1999; Saarni & Weber, 1999; v. Salisch, 2001), und klinisch-psychologischer Forschung (z.B. Fonagy, Target & Gergely, 2002; Taylor, Bagby, & Parker, 1997; Traue, 1998) untersucht und konzeptualisiert. Ausnahmen stellen Untersuchungen zur emotionsregulierenden Funktion mimischen Verhaltens dar (vgl. 2.4 und 4.2).

Als übergreifende Formen der Affektregulierung unterscheiden etwa Laux & Weber (1990) zwischen intrapsychischen, aktionalen und expressiven Prozessen der Beeinflussung einer emotionalen Reaktion. Bänninger-Huber & Widmer (1996) gehen ähnlich dazu von einer intrapsychischen, einer interaktiven und einer handlungsbezogenen Regulierungsform aus. Diese Unterscheidung zwischen intrapsychischen, interaktiven und handlungsbezogenen Regulierungsformen ist bis zu einem gewissen Grad artifiziell, da natürlich angenommen werden muss, dass interaktive und handlungsbezogene Regulierungsstrategien je intrapsychische Korrelate haben. Wie Laux & Weber (1990) feststellen dürften expressive und aktionale Bewältigungsreaktionen ohne intrapsychische Bewältigung Ausnahmecharakter haben. Als Beispiele nennen sie explosive Affektentladungen oder dissoziative Handlungen, wobei an diesem Punkt eingewandt werden kann, dass spezifische Formen der intrapsychischen Regulierung bzw. ein Fehlen dieser, erst dafür verantwortlich sein dürften, dass es zur Anwendung dissoziativer Formen der Emotionsregulierung kommt.

In klinisch-psychologischen und hier vor allem psychodynamisch orientierten Theorien wird meist davon ausgegangen, die intrapsychische Form der Affektregulierung als die „reifere" Form zu betrachten und interaktive Formen als Anzeichen des Scheiterns oder fehlender intrapsychischer Affektregulierungsmöglichkeiten anzunehmen. Dahinter steht das Ideal einer autonom funktionierenden intrapsychischen Struktur, die genügend differenziert und gefestigt ist, um das eigene emotionale Erleben adäquat zu regulieren (Arbeitskreis OPD, 2001). Diese Differenzierung zwischen intrapsychischer Regulierung als „guter" Form und interaktiver Regulierung als „defizitärer" Form kann als für die Erklärung des Affektregulierungsgeschehens bei psychischen Störungen und daraus ableitbaren Konzepten und Ansätzen der psychotherapeutischen Behandlung von großem Nutzen sein um fehlende innere Strukturen, die wesentlich für eine gewisse intrapsychische Affektregulierungskompetenz sind, aufzubauen. Es stellt sich jedoch die Frage, inwieweit diese Unterscheidung für die alltägliche Regulierung emotionaler Reaktionen passend erscheint. Wenn wir annehmen, dass sich Emotionen in Interaktionen entwickeln und emotionale Regulierungsprozesse eine sehr wesentliche Rolle bei der Konstituierung und Aufrechterhaltung enger zwischenmenschlicher Beziehungen spielen, müssen interaktive Regulierungsprozesse als sehr alltägliches Phänomen emotionaler Regulierung betrachtet werden. Wechselseitige Beeinflussungen im emotionalen Erleben und der Versuch über ein bestimmtes Verhalten Hilfestellung bei der Regulierung eigener Emotionen von anderen zu bekommen, werden reflektiert durch die Bedeutung von sozialer Unterstützung und als günstig erachteter prosozialer Strategien bei der Regulierung von Schuldgefühlen, die aus einem Fehlverhalten einer anderen Person gegenüber resultieren. Auch Wiedergutmachungshandlungen, Entschuldigungen und Geständnisse fallen in diesen Bereich der interaktiven Regulierung von Schuldgefühlen und werden meist als adaptive Regulierungsstrategien verstanden (z.B. Bänninger-Huber, Brauchle & Krampl, 2001; Bänninger-Huber & Widmer, 1996; vgl. Kap. 4.2.4). Es stellt sich daher weniger die Frage, ob intrapsychische oder interaktive Regulierung per se als „günstiger" oder „reifer" zu betrachten ist, sondern viel mehr die Frage, wann welche Form der Regulierung mit welcher Flexibilität und zu welchem Zweck eingesetzt wird. Ob etwa bei einem Fehlen interaktiver Regulierungsmöglichkeiten (etwa die Freundin keine Zeit hat oder der Partner keine Unterstützung gibt) auch ausreichend Kapazitäten vorhanden sind, auf intrapsychische Regulierungskapazitäten zurückzugreifen. Dabei werden jedoch Fragen angestoßen, die bisher noch nicht ausreichend geklärt sind und weitere Forschung notwendig sein wird, um zur Klärung und Konzeptualisierung des Begriffes der Affektregulierung, der daran beteiligten Prozesse, der je unterschiedlichen Formen, sowie der jeweiligen Funktionalität bzw. Dysfunktionalität dieser Prozesse, beizutragen.

Für den Rahmen dieser Arbeit wird vorerst auf die von Bänninger-Huber & Widmer (1996) getroffene Unterscheidung zwischen intrapsychischer, interaktiver und handlungsbezogener Formen der Affektregulierung zurückgegriffen. Interaktive Affektregulierung versteht sich dabei als Versuch, mittels eines bestimmten verbalen und nonverbalen Verhaltens vom Interaktionspartner eine Reaktion zu evozieren, die dabei zur Regulierung eigener affektiver Reaktionen beiträgt. Beispielsweise kann interaktive Regulierung darin bestehen, eigene negativ erlebte Affekte mit Hilfe des Partners über ein gemeinsames Lächeln zu regulieren. Interaktive Regulierung kann aber auch darin bestehen, die Veränderung einer Emotion durch das bewusste Aufsuchen bzw. die Vermeidung einer Reaktion des Partners zu erreichen. Beispielsweise kann in einer Paarbeziehung zur Regulierung eigener Emotionen der Partner provoziert werden ebenfalls emotional zu reagieren bzw. gegenläufig dazu, eine bestimmte Reaktion des Partners zu verhindern. Es muss angenommen werden, dasss in Alltagsbeziehungen ein sehr schnelles und komplexes Wechselspiel zwischen der Affektregulierung der beiden Interaktionspartner und den jeweiligen Implikationen für deren intrapsychische Selbstregulierung, jedoch auch deren Beziehungsregulierung, stattfindet. Um diese Prozesse differenzieren zu können, wird im folgenden auf ein Modell von Moser, von Zeppelin und Schneider (1991) zurückgegriffen, das die Bereiche der Selbst- und Beziehungsregulierung differenziert und eine Annäherung an die Komplexität des Gegenstandsbereiches möglich macht.

3.1.1 Modell der Affektregulierung in Beziehungssituationen

Sehr wenige Modelle versuchen einen Bezug zwischen der „Verschaltung" intrapsychischer und interaktiver Prozesse der Affektregulierung herzustellen. Das Modell, das von Moser (1983, 1985), sowie Moser, von Zeppelin & Schneider (Moser & v. Zeppelin, 1991) entwickelt wurde, unterscheidet hinsichtlich der Affektregulierung in Beziehungssituationen zwischen einem Bereich der Selbstregulierung und einem Bereich der Beziehungsregulierung. Beide Regulierungsprozesse werden aus einer affektiven und einer kognitiven Komponente bestehend konzeptualisiert. Es wird angenommen, dass affektive Regulierung insbesondere dann notwendig wird, wenn eine Störung der kognitiven Regulierung, die etwa aus einer   drohende Reaktivierung eines Konfliktes entstehen kann, auftritt.

Der affektive Aspekt einer Objektbeziehung wird im Modell von Moser et al. als *„affective relatedness"* bezeichnet, worunter das Ausmaß und die Ausgestaltung der Bezogenheit der Interaktionspartner aufeinander zu verstehen ist. Die *„affective relatedness"* zwischen zwei Personen ist gekennzeichnet durch eine bestimmte Intensität *(„emotional involvement")* und eine bestimmte Struktur der Verknüpfung (*„affective resonance"* und *„affective response"*).

Die emotionale Involviertheit als Maß der Intensität der affektiven Beteiligung der Interaktionspartner kann anhand von Zeichen der Distanzregulierung festgemacht werden, wobei hier vor allem wechselseitige nonverbale Verhaltensweisen der Zu- und Abwendung als das „emotional involvement" bestimmende Parameter angenommen werden. Diese nonverbalen Zeichen der Distanzregulierung stellen einen Zugang dar, mit der die Intensität der affektiven Beteiligung der Interaktionspartner erfasst werden kann. Es wird weiters angenommen, dass für eine hohe Intensität der affektiven Beteiligung eine jeweils ungestörte Selbstregulierung beider Interaktionspartner erforderlich ist. Befinden sich Subjekt und Objekt in dem gleichen affektiven Zustand, sprechen Moser et al. von *„affective resonance"*. Ein typischer Prozess zur Herstellung dieses Zustandes ist jener der Affektinduktion. Zentral für die wechselseitige Regulierung von Affekten ist weiters der Begriff des *„affective response"*. Darunter ist zu verstehen, dass die affektive Kommunikation auf eine gewünschte Veränderung der aktuellen Beziehungssituation sowie den darin involvierten Beziehungspartner gerichtet ist.

Wesentlich ist zudem die Annahme, dass im Regelfall das affektive und kognitive System jeweils verkoppelt sind und es nur in spezifischen Situationen zu einem Hervortreten des affektiven Systems kommt, etwa wenn die kognitive Regulierung durch die Besprechung emotional konflikthafter Themen eine Störung erfährt (Bänninger-Huber, Moser & Steiner, 1990). Diese Differenzierung muss vor dem Hintergrund der Unterscheidung unterschiedlicher Ebenen der Regulierung betrachtet werden. Moser et al. (1991) unterscheiden 1. ein direktes affektives System 2. ein System der objektgebundenen konkreten Modellbildung und 3. ein Sytem, das mit internalen mentalen Modellen arbeitet. Es wird angenommen, dass diese drei Regulierungsebenen den unterschiedlichen Stufen der Entwicklung von Affektregulierung in der Ontogenese entsprechen. Während im direkten affektiven System die intrapsychische und interaktive Regulierung über basale nonverbale Austauschprozesse funktioniert (etwa synchrone Lächelphasen von Mutter und Kind im vorsprachlichen Stadium der Entwicklung), erfolgt auf den beiden weiteren Ebenen eine zunehmende Verknüpfung und Veränderung der Regulierungsmöglichkeiten über sich entwickelnde kognitive Strukturen. Prozesse der Internalisierung von je spezifischen affektiven Beziehungserfahrungen mit der primären Bezugsperson führen zur Ausbildung von internal repräsentierten Selbst- und Objektbeziehungsstrukturen. Moser et.

al. nehmen an, dass auf den Ebenen 2 und 3 die Objektbeziehung dadurch reguliert wird, dass in der konkreten Interaktion jeweils ein Modell über sich, den Partner und das Interaktionsgeschehen entwickelt wird. Sie bezeichnen dieses Modell als „ad-hoc"-Modell, dass entscheidend beeinflusst von den je internalisierten Selbst- und Beziehungsrepräsentanzen einer Person beeinflusst ist, jedoch durch die unmittelbare Interaktionserfahrung kurzfristige Modifikationen erfahren kann. Es muss also angenommen werden, dass das jeweilige für ein Individuum spezifische „Affektregulierungsrepertoire" zu einem wesentlichen Teil von den je internalisierten Objektbeziehungsstrukturen determiniert wird. Diese für eine Person typische Form der Affektregulierung geht weiters als Beziehungsangebot in alle Beziehungen ein und löst im Partner wiederum entsprechend seiner eigenen internalisierten Objektbeziehungsstrukturen je spezifische Reaktionen aus. Die jeweiligen Objektbeziehungsstrukturen und „Affektregulierungsrepertoires" zweier Personen in einer dyadischen Interaktion werden also als ineinandergreifend konzeptualisiert und determinieren das jeweilige beobachtbare interaktive Geschehen im Kontext affektiver Ereignisse. Mit Bänninger-Huber, Moser und Steiner (1990) wird angenommen, dass sich in einer face-to-face Interaktion verbale und nonverbale Indikatoren für affektive Ereignisse als Folge einer Störung in der Selbst- und/oder Beziehungsregulierung identifizieren lassen. Dabei kann es sich um verschiedene Formen des Lächelns und Lachens, um Adaptoren, um Indikatoren negativer Emotionen, um eine Diskrepanz zwischen verbaler Äußerung und mimischer Verhaltensweisen, um Synchronisierungsphänomene oder auch um Schweigen im Sinne von Interrupts des Gesprächsflusses handeln. Diese unterschiedlichen nonverbalen Parameter, die für ein Verständnis und eine Untersuchung von Affektregulierungsprozessen in face-to-face Interaktionen notwendig sind, werden im nun folgenden Kapitel dargestellt.

3.2 Mimik, Affektregulierung und Interaktion

Wie bereits erwähnt, muss die Verknüpfung zwischen intrapsychischen und interaktiven Formen der Affektregulierung als komplex betrachtet werden. Als ein Mittel dieser Verknüpfung können mimische Verhaltensweisen konzeptualisiert werden (z.B. Bänninger-Huber, 1996). Mimische Verhaltensweisen erfüllen zum einen die Funktion, intrapsychisch stattfindende Prozesse, und hier wiederum speziell emotionale Prozesse, anzuzeigen. Weiters muss angenommen werden, dass mimische Verhaltensweisen über feedback-Prozesse das emotionale Erleben in seiner Intensität modulieren können (vgl. 2.4.2). Die emotionsregulierende Funktion mimischer Verhaltensweisen kommt etwa auch im Konzept der „display rules" zum Tragen. Prozesse der Ausdruckskontrolle werden als spezifische Form der Emotionskontrolle angenommen und werden über bestimmte mimische Verhaltensweisen angezeigt (z.B. Ekman, 1982; Ceschi & Scherer, 2003). Zudem erfüllen mimisch-affektive

Verhaltensweisen wesentliche kommunikative Funktionen. Der Interaktionspartner erhält über einen spezifischen Ausdruck unterschiedliche Informationen. Zum einen darüber, in welchem emotionalen Zustand sich die Person befindet, zum anderen erhält er Informationen darüber, welche möglichen Handlungen von der Person zu erwarten sind und weiters darüber, welche Verhaltenswünsche damit an ihn verknüpft sind (vgl. auch 2.5).

Die über mimisches Verhalten stattfindende wechselseitige Beeinflussung der jeweiligen affektiven Selbstregulierungsprozesse zweier Personen, sowie die daraus resultierenden dyadischen Regulierungsphänomene, konnten vor allem durch bisherige Untersuchungen zur psychotherapeutischen Interaktion belegt werden. Dabei muss angenommen werden, dass diese wechselseitige Beeinflussung über nonverbale Verhaltensweisen sowohl in der Psychotherapie wie auch in Alltagsinteraktionen der bewussten Wahrnehmung nicht zugänglich ist (Bänninger-Huber, 1996; Krause, 1997, 1998; Merten, 2001). Merten (2001) spricht beispielsweise von einem unwillkürlichen Kommunikationssystem, Buck (1993; zit. n. Merten, 2001) von einem spontanen Kommunikationssystem, „das zusätzlich zum symbolisch, kommunikativen, meist sprachlichen Austausch parallel, unwillkürlich und verdeckt abläuft" (Merten, 2001, 38). Unterstützende empirische Belege dafür stammen aus bereits erwähnten experimentellen Untersuchungen etwa zur Wirkung subliminal dargebotener affektiver Reize auf nachfolgende Präferenzurteile (Fazio et al., 1986), oder etwa je spezifischen mimischen Reaktionen auf subliminal präsentierte emotionale Stimuli (Dimberg, Thunberg & Elmehed 2000). Die je unterschiedlichen Funktionen mimischer Verhaltensweisen, sowie Möglichkeiten zur Determinierung der je unterschiedlichen Bedeutungen im Kontext von sozialen Interaktionen ist für die Fragestellung der vorliegenden Untersuchung besonders relevant und wird im folgenden Kapitel detaillierter behandelt.

3.2.1 Multifunktionalität mimischer Verhaltensweisen

Wie bereits unter Kapitel 2.4 ausführlich dargestellt, stehen bestimmte mimische Ausdrucksmuster in Zusammenhang mit emotionalen Prozessen, sowohl was deren intrapsychische wie interaktive Bedeutung betrifft. Dabei werden einer kleinen Anzahl postulierter Basisemotionen je spezifische prototypische mimische Ausdruckmuster zugeordnet. Für das Verständnis mimischer Prozesse von zentraler Bedeutung ist es, diese Prädiktionen als vorläufige Hypothesen über die Zusammenhänge zwischen Mimik und Emotion zu betrachten. Es muss angenommen werden, dass ein und dasselbe Ausdrucksmuster in unterschiedlichen Kontexten und von unterschiedlichen Personen eingesetzt, durchaus divergierende Bedeutung haben kann (Bänninger-Huber, 1996; Ekman, 1997). Zunächst kann ein mimischer Ausdruck auch mit Prozessen der kognitiven Bewertung, bzw. kognitiven Prozessen ganz allgemein in Zusammenhang gebracht werden (z.B. Kaiser & Wehrle, 2001; Ortony & Turner, 1990; Scherer, 2001; Smith & Scott, 1997). Beispielhaft erwähnt sei hier das Zusammenziehen und Absenken der Augenbrauen, das sowohl als Indikator für Ärger, als auch mit der Bewertung einer Situation als zielhinderlich, sowie weiters als Anzeige eines Prozesses des Nachdenkens und der Konzentration verstanden werden kann (z.B. Kaiser & Wehrle, 2001b). Gleichzeitig kann einem bestimmten Ausdruck eine kommunikative Funktion zukommen. Dem Gegenüber wird signalisiert, welches Verhalten von ihm gewünscht oder erwartet wird und welches eigene Verhalten möglicherweise folgen wird (Bänninger-Huber, 1996; Ellgring, 2000; Ekman, 1997; Traue, 1998). Mit Frijda & Tcherkassov (1997) können mimische Verhaltensweisen in Zusammenhang gebracht werden mit der Anzeige von Handlungsbereitschaften. Um das Beispiel des Zusammenziehens der Augenbrauen erneut zu interpretieren, könnte dieses, je nach Kontext, die Funktion erfüllen, dem Gegenüber zu signalisieren, dass dem mimischen Ausdruck möglicherweise eine entsprechende Handlung folgen wird. Zugleich wird dem Gegenüber signalisiert, dass sein Handeln als unerwünscht angesehen wird und sein Verhalten entsprechend geändert werden sollte. Krause (z.B. 1997) fasst diese möglichen Beziehungen zwischen mimischer Verhaltensweise und Bedeutung derselben unter drei Aspekten zusammen. Zum einen kann der Ausdruck, wie auch der Begriff selbst impliziert, indikativ für einen Zustand des Senders sein. Zum anderen kann das mimische Zeichen den Zustand einer Beziehung anzeigen, sowie weiters in Bezug gesetzt werden zu einem mentalen Objekt, über das sich die Interaktionspartner verständigen.

Die interaktive Wirkung von Affektausdrücken sowie Prozesse der wechselseitigen Ansteckung und Induktion von Affekten, können aus Studien zur Interaktion von gesunden und psychisch erkrankten Personen, sowie aus Untersuchungen der psychotherapeutischen Interaktion erschlossen werden (z.B. Krause & Lütolf, 1989; Merten, 1997). Es zeigte sich, dass in Interaktionen zwischen psychisch gesunden Personen und psychisch kranken Personen, die psychisch Gesunden sich in ihrem jeweiligen Ausdrucksverhalten an die psychisch Kranken anpassten und ihre mimisch-affektive Ausdrucksaktivität schlussendlich reduzierter war als jene der Kranken. Weiters korrelierte in therapeutischen Interaktionen der mimische Ausdruck von Verachtung seitens des Therapeuten in nicht sprachinhaltsbezogenen Kontexten signifikant mit einem häufigeren Erleben von Ärger und Scham beim Patienten, was auf die interaktive Signalfunktion dieses Ausdrucksmusters auf eine entsprechende Evozierung negativ emotionaler Reaktionen seitens des Interaktionspartners hinweist (Benecke, 2002; vgl. auch 3.3).

Die funktionelle Bestimmung der Bedeutung eines mimischen Ausdrucks wird kompliziert durch das Wirken von display rules. Unter display rules ist, wie erläutert, ein System aus kulturspezifischen Regeln zu verstehen, das vorschreibt, in welchen Situationen, in welchem Ausmaß und wem gegenüber bestimmte emotionale Ausdrucksmuster gezeigt werden dürfen. Da die Internalisierung derartiger Regeln bereits sehr früh, wahrscheinlich schon im Säuglingsalter beginnt (Malatesta & Haviland, 1982), muss angenommen werden, dass diese automatisch und unbewusst auf den in einer bestimmten Situation gezeigten mimischen Ausdruck Einfluss nehmen. Als Möglichkeiten der Modifikation emotionaler Ausdrucksmuster unterscheiden Ekman & Friesen (1975/2003):

1. Qualifizieren: einem gezeigten mimischen Ausdruck wird unmittelbar anschließend als Kommentar ein weiterer Ausdruck hinzugefügt.
2. Modulieren: die Intensität eines Ausdrucksmuster wird verringert oder verstärkt.
3. Fälschen: hier wiederum unterscheidet er die Neutralisierung (der Affektausdruck wird vollständig unterdrückt und keine mimische Veränderung gezeigt); Simulierung (ein Affektausdruck wird gezeigt, obwohl keine entsprechende Emotion erlebt wird), sowie die Maskierung (ein gezeigter Ausdruck wird durch einen anderen Ausdruck maskiert, also „überdeckt").

In einer neueren Untersuchung von Ceschi & Scherer (2003) zu kindlichen Fähigkeiten der Kontrolle des Freudeausdrucks, konnten unter der Bedingung der Hemmung des Freudeausdruckes spezifische mimische Indikatoren für stattfindende emotionale Kontrollprozesse identifiziert werden. Diese bestanden in einem Zusammenpressen und Anspannen der Lippen (AU 23 und 24), einem Anspannen der Mundwinkel (14), dem Hochschieben des Kinns (17), dem nach innen Rollen der Lippen (28) und dem Zusammenziehen der Lippen (18).

Ein bestimmter Gesichtsausdruck kann weiters zum Vortäuschen einer nicht erlebten Emotion oder auch zum Anzeigen des emotionalen Gehaltes einer vergangen Situation gezeigt werden, ohne dass dies mit einem gegenwärtigen emotionalen Erleben einhergehen muss. Letztere Ausdrucksformen bezeichnet Ekman (1997) als „referential expressions". Ähnlich dazu verweist Merten (1997) auf die Funktion des mimischen Ausdrucks als Mittel zur Illustrierung des emotionalen Gehaltes des Erzählten oder auch darauf, wie sich der Erzähler in der Situation damals gefühlt hat. Ekman (1997) nimmt an, dass sich „gefühlte" von „nicht-gefühlten" Ausdrucksmustern durch je unterschiedliche Verlaufs- und Auftretenscharakteristika unterscheiden lassen. So sei die Bandbreite der Ausdrucksmuster, die zur Anzeige des emotionalen Gehaltes des Erzählten verwendet werden, limitierter und die Dauer des Ausdrucksmusters entweder kürzer oder länger als ein Emotionsausdruck. Ekman geht also davon aus, dass sich die unterschiedlichen Funktionen des Gesichtsausdrucks anhand objektiv beobachtbarer Kriterien unterscheiden lassen können (Ekman, 1997). Systematische empirische Überprüfungen derartiger Hypothesen stehen noch aus.

Die bisher verfügbaren Ergebnisse aus Untersuchungen spontanen mimisch-affektiven Verhaltens in naturalistischen Settings legen nahe, dass Vollausdrucksmuster im Sinne der Affektprädiktionen (vgl. Kap. 5.4) von Ekman (1975/2003), oder auch Izard (1994) vor allem für den Ausdruck negativer Emotionen selten sind und sehr viele Ausdrucksfragmentierungen auftreten (Bänninger-Huber, Moser, & Steiner, 1990). Diese Ergebnisse bestätigen die Annahme, dass mimisches Verhalten nicht nur dem Emotionsausdruck dient, sondern auch noch andere Funktionen erfüllt. So spielen mimische Verhaltensweisen eine zentrale Rolle bei der Regulierung des Interaktions- und Gesprächsflusses. Sie erfüllen dabei wesentliche sprachbegleitende, - unterstützende und –ersetzende Funktionen. Beispielsweise kann ein Lächeln, vergleichbar mit den verbalen Äußerungen „mhm" oder „ja", als „listener response" und „back channel"-Signal fungieren, und dem Interaktionspartner so Aufmerksamkeit und Zustimmung vermitteln, sowie ihn dazu ermuntern, in seiner Äußerung fortzufahren (z.b. Brunner, 1979; Knapp & Hall, 2002). Da mimische Verhaltensweisen in Interaktionen sehr häufig während des Sprechens auftreten, kommt ihnen eine wesentliche Funktion zur Anzeige der Bewertung des Gesprochenen zu. Zudem fungieren mimische Verhaltensweisen dazu, eine verbale Aussage zu „unterstreichen", diese abzuschwächen oder zu verstärken. Einige Autoren (z.B. Bavelas & Chovil, 1997) verweisen auf den metaphorischer Gebrauch der Bedeutung, die einem Ausdrucksmuster innewohnt. Etwa kann der Ausdruck von Ekel mit der interaktiven Botschaft der Zurückweisung und Ablehnung verbunden werden. Im Kontext einer verbalen Verneinung könnte nun dem Ausdruck von Ekel nicht primär die Funktion zu kommen, das emotionale Erleben der Person anzuzeigen, sondern als metaphorische Kommunikation von Ablehnung dem Anderen gegenüber dienen. Das symbolische Anzeigen der Bedeutung einer Situation kann durchaus emotionale Bedeutung haben, muss jedoch nicht mit einem entsprechenden emotionalen Erleben einhergehen. Für derartige Differenzierungsmöglichkeiten fehlen jedoch derzeit noch Belege und Indikatoren dafür, wie diese unterschiedlichen Bedeutungsgehalte von emotionalen Ausdrucksmustern differenziert werden können.

Zur Bestimmung des Referenzpunktes eines mimischen Ausdrucksmusters schlägt Merten (1996) vor, das Blickverhalten der Person als wesentliche determinierende Variable zu betrachten. Das Blickverhalten ist nach Merten (1996) ein guter Indikator dafür, ob ein bestimmter Ausdruck emotional-expressive, soziale Signalfunktion oder die Funktion erfüllt, das Erzählte emotional anzureichern. Ein Ausdruck, der im Kontext wechselseitigen Blickens auftritt, kann etwa verstanden werden als Bewertung der Beziehung bzw. etwa des Involvements der Beziehung, oder auch bereits ein Indikator für die je spezifische Bewältigung des Involvements, das wiederum kulturspezifischen display rules folgt, sein (Merten, 1997). Neben dem Blickverhalten muss auch der jeweilige verbale Kontext als entscheidende Variable in die Interpretation der Bedeutung eines Ausdrucksmusters miteinbezogen werden. Wie Ergebnisse aus einer Untersuchung des mimisch-affektiven Verhaltens von Therapeuten in Interaktion mit ihren Patienten nahe legen, erfüllen negative mimische Affektausdrucksmuster unterschiedliche Funktion, je nachdem ob sie an das Sprechen über die therapeutische Beziehung, über die Patientin oder über dritte Personen gebunden waren (Benecke, 2001, 2004; vgl. auch 3.3.2).

Zur Erschließung der Bedeutung eines mimischen Ausdrucks in der Untersuchung affektiver Regulierungsprozesse in sozialen Interaktionen könnte sich auch ein Element aus der Konversationsanalyse als hilfreich erweisen. Ein Grundprinzip konversationsanalytischen Vorgehens besteht darin, die Interpretation einer verbalen Äußerung an der nachfolgenden Reaktion des Interaktionspartners zu validieren. Analog dazu, kann die auf einen bestimmten Ausdruck folgende Reaktion des Interaktionspartners als wichtiger Referenzpunkt zur Bedeutungsbestimmung des Ausdrucksmusters herangezogen werden (Lepper, 2000).

Zusammenfassend wird angenommen, dass mimisches Verhalten multifunktionale Bedeutung erfüllt und „überdeterminiert" ist (Bänninger-Huber, 1996; Ekman, 1997; Knapp & Hall, 2002). Zur Bedeutungsbestimmung einer bestimmten mimischen Verhaltensweise in spontanen face-to-face Interaktionen muss also ein komplexes Zusammenspiel intrapsychischer, interaktiver und situativer Faktoren vor dem Hintergrund einer Multifunktionalität mimischer Verhaltensweisen angenommen werden. Zudem kann eine Bedeutungszuschreibung nur unter Miteinbezug des gleichzeitigen verbalen und nonverbalen Kontextes getroffen werden (Bänninger-Huber, 1996; Ekman, 1997; Merten, 1997).

3.2.2 Illustratoren, Embleme, Adaptoren und Regulatoren

Mimische Verhaltensweisen, denen nach Ekman keine primär emotionale Funktion zukommt, werden weiters gemäß ihrer unterschiedlichen Funktionen in Illustratoren, Embleme, Adaptoren und Regulatoren eingeteilt (z.B. Ekman, 1997; Ekman & Friesen, 1975/2003). Als Illustratoren werden mimische Verhaltensweisen bezeichnet, die vorrangig sprachbegleitende und/oder – modulierende Funktion innehaben bzw. das Gesprochene „affektiv untermalen" (Krause, 1997) und von Ekman (1997) in diesem Sinn auch als Konversationssignale bezeichnet werden. Das im Kontext zwischenmenschlicher Interaktionen sehr häufig auftretende Ausdrucksmuster des Hochziehens beider Augenbrauen (AU 1+2) wird meist in seiner Funktion als Illustrator diskutiert (Ekman, 1997; Bänninger-Huber et al., 1990). Bavelas & Chovil (1997) sowie Costa & Ricci Bitti, (2003) betonen die syntaktische Funktion des Hochziehens der Augenbrauen als ein Unterstreichen oder Hervorheben verbaler Äußerungen. Das häufige Auftreten dieses Ausdrucksmusters im Kontext einer Sprechpause wird als Signal einer Aufforderung an das Gegenüber, etwas zu sagen, verstanden. Weiters werden Illustratoren als Indikatoren für die emotionale Beteiligung in einer Interaktion interpretiert. In Untersuchungen zum mimisch-affektiven Verhalten von psychisch erkrankten Personen, wurde die Reduktion des Hochziehens der Augenbrauen als kennzeichnendes Merkmal für das Vorhandensein einer psychischen Störung festgestellt (Merten, 2001; Steimer-Krause, Krause, & Wagner, 1990). Merten (2001) fand beispielsweise einen signifikant positiven

Zusammenhang zwischen der Häufigkeit, mit der Illustratoren in der ersten Behandlungsstunde von den Patienten gezeigt wurden und der Erfolgseinschätzung der Therapie durch die Patienten am Ende der Behandlung. Patienten, die ihre sprachlichen Äußerungen häufiger mit Illustratoren begleiten, die also mehr sprachliches Involvement zeigen, schätzen ihren Therapieerfolg nach fünfzehn Behandlungsstunden besser ein als Patienten, bei denen diese sprachliche Besetzung fehlt. Dieses Ergebnis verdeutlicht die wichtige Funktion von Illustratoren sowohl für eine adäquate Selbst- wie auch Beziehungsregulierung.

Unter Emblemen werden nonverbale Verhaltensweisen verstanden, die stellvertretend für eine verbale Äußerung gezeigt werden. Entsprechend können bestimmte mimische Ausdrucksmuster in ihrer sprachersetzenden Funktion verstanden werden (Ekman & Friesen, 1975/2003). Beispielsweise kann ein Lächeln, als Emblem eingesetzt, eine verbale Begrüssung ersetzen (Bänninger-Huber, 1996). Krause (1997) sieht das häufigste Einsatzgebiet von Emblemen darin, Verachtung oder Indifferenz, aber auch Ratlosigkeit einem Gegenstand gegenüber auszudrücken, wobei er jedoch darauf hinweist, dass „...*die emblematische Darstellung eines Affektes nicht immer leicht vom echten Affekt zu trennen [ist], und es auch fließende Übergänge [gibt]*" (Krause, 1997, 60). Adaptoren sind als „Selbstberührungen" zu verstehen (etwa Lippen befeuchten, auf die Lippen beissen), die ohne Kommunikationsabsicht ausgeführt werden. Ekman & Friesen (1969) nehmen an, dass Adaptoren dazu dienen bestimmte körperliche Bedürfnisse zu befriedigen. Weiters wird angenommen, dass sie auch als Indikatoren für emotionale Kontrollprozesse verstanden werden können. Bänninger-Huber, Moser & Steiner (1990) stellten in einer Untersuchung zu affektiven Regulierungsprozessen in Paarbeziehungen fest, dass die Verwendung von Adaptoren personenspezifisch variieren. So zeigen manche Personen in Kontexten affektiver Unsicherheit bevorzugt ein Lippen beissen (AU 32), während andere wiederum dazu tendieren, die Lippen einzurollen (AU 28).

Jene nonverbalen Verhaltensweisen, die zur Steuerung der Zuhörer- und Sprecherzustände in Dyaden dienen, werden als Regulatoren bezeichnet, wobei zwischen Zuhörer- und Sprechersignalen differenziert wird. Darunter sind, wie auch bei Emblemen und Adaptoren, nicht nur mimische, sondern auch gestische und vokale Verhaltensweisen zu verstehen (Krause, 1997). Länger auftretende Pausen etwa werden als indikativ für den Zusammenbruch der Kommunikation angesehen – derartige Pausen werden nach Krause (1997) im Allgemeinen als aversiv erlebt.

3.2.3 Lächeln und Lachen: Phänomenologie und Funktion

Lächeln und Lachen werden oftmals als sehr ähnliche Phänomene konzeptualisiert, wobei Lachen meist als die intensivere Variante des Lächelns angenommen wird (vgl. z.B. Darwin, 1872/1999). Beide Phänomene gehen mit einer Innervation des musculus zygomaticus major (AU 12) einher. Lachen wird jedoch zusätzlich durch eine spezifische Lautäußerung begleitet. Sowohl Lachen wie Lächeln haben stark interaktive Effekte und spielen beispielsweise im Kontext von Prozessen der Affektansteckung und Affektinduktion eine große Rolle (Hatfield et al., 1994; Owren & Bachorowski, 2001). Wie neuere Forschungsarbeiten zeigen, erfüllen Lachen und Lächeln in Zusammenhang mit affektiven Regulierungsprozessen jedoch durchaus unterschiedliche Funktionen (z.B. Frijda, 1986; Hochgruber, 2000; Keltner & Bonnano, 1997; Ruch, 1997), und müssen entsprechend als zwei unterschiedliche Phänomene betrachtet werden.

Lächeln wird definiert als eine Innervation des zygomaticus major Muskels, der die Mundwinkel anhebt und schräg nach oben zieht (AU12). Zur Bedeutungsbestimmung des Lächelns und dessen Funktion für die interaktive und intrapsychische Affektregulierung muss – analog zum mimischen Verhalten allgemein – von einer Multifunktionalität dieses Ausdrucksmusters ausgegangen werden. Traditionellerweise wird Lächeln als Ausdruck positiver Emotionen verstanden. Im Ekman´schen Konzept der Basisemotionen wird der prototypische Ausdruck für Freude etwa aus einer Innervation des zygomaticus major sowie des orbicularis oculi, der zusätzlich die Wangen hochschiebt und zu Fältchenbildung um den Augen führt (AU 6), angenommen. Diese Art des Lächelns (6+12) wird als „felt smile" oder auch „Duchenne Smile" bezeichnet, da es in Verbindung gebracht wird mit dem Erleben von „echter", gefühlter Freude. Wesentlich ist, dass nicht jedes Erleben von Freude auch mit einem Duchenne smile einhergehen muss, dass also keine notwendige und hinreichende Beziehung zwischen dem postulierten Ausdrucksmuster und dem Erleben von Freude besteht (z.B. Frijda, 1986). Davon differenziert wird das sogenannte „unfelt", „false" oder „non-Duchenne Smile" das über eine alleinige Innervation des zygomaticus major definiert wird. Das false smile wird nicht als Ausdruck von Freude betrachtet, sondern als soziales Lächeln verstanden und wird etwa eingesetzt, um konventionelle Regeln der Höflichkeit einzuhalten (Frijda, 1986). Unterschiedliche Studien bestätigten diese Differenzierung zwischen „felt" und „false smiles". „Felt smiles" gingen mit einem signifikant höherem Ausmaß des subjektiven Erlebens positiver Emotionen einher, als es für ein Lächeln mit der alleinigen Innervation des zygomaticus major der Fall war (Gehricke & Shapiro, 2000; Soussignan, 2002; Surakka & Hietanen, 1998). Diese Ergebnisse werden unterstützt durch Studien zur Entwicklung des Lächelns, in denen bereits bei neugeborenen Säuglingen sowohl im Schlaf- wie im Wachzustand eine Unterscheidung dieser beiden Lächeltypen möglich ist (Dondi, 2003; Fox & Davidson, 1988; Messinger et al., 2002). Die beiden Formen des Lächelns können zudem von Erwachsenen und bereits 9-10 jährigen Kindern anhand der unterschiedlichen beteiligen Muskelbewegungen (6+12 vs. 12) unterschieden werden (Gosselin, Perron, Legault, & Campanella, 2002). Eine ausführlichere Darstellung der Unterscheidungsmöglickeiten verschiedener Lächeltypen erfolgt unter 3.2.4.

Lächeln erfüllt sehr wesentliche sozial-kommunikative Funktionen und stellt ein wesentliches Mittel der zwischenmenschlichen Beziehungsentwicklung und – regulierung dar. Die sozial-kommunikative Funktion von Lächeln wird auch als wichtiges Mittel der Verhaltenssteuerung des Interaktionspartners gesehen (etwa durch die enthaltene Botschaft „mach weiter, das was du machst gefällt mir"). Zudem übernimmt Lächeln wie bereits dargestellt, beispielsweise als „listener response" eine wesentliche Funktion für den Ablauf der Interaktions- und Gesprächsregulierung (Brunner, 1979).

Lächeln tritt zudem häufig im Kontext negativer Emotionen - etwa von Angst oder Ärger - auf. Untersuchungen zur Affektregulierung von Paaren in unterschiedlichen negativ emotionalen Kontexten belegen die wichtige Funktion wechselseitigen Lächelns und Lachens zur sowohl zur intrapsychischen wie interaktiven Regulierung von Konflikten (Bänninger-Huber, Moser, Steiner, 1990; Bänninger-Huber & Köhler, 2002; Bänninger-Huber, Peham & Juen, 2002; Langebner, 2000). In diesen Kontexten kann Lächeln als Resonanzsignal verstanden werden, dass auf Beziehungsebene Sicherheit herstellt und Bindung stabilisiert, vor allem dann, wenn die Beziehungsregulierung der Interaktionspartner durch das Auftreten negativer Emotionen gestört ist. *„Lächeln ist zur Schadensbegrenzung besonders geeignet, weil damit dem Partner trotz des Auftretens negativer Emotionen eine Verbundenheit signalisiert werden kann. Lächeln ist hochgradig resonant und hat deshalb eine hohe Wahrscheinlichkeit, vom Objekt übernommen zu werden"* (Bänninger-Huber, Moser & Steiner, 1990; vgl. 3.3.1).

Ergebnisse aus der Psychotherapieforschung weisen darauf hin, dass die Reduktion der mimischen Gesamtaktivität bei psychisch kranken Personen vor allem auf eine Reduktion des Lächelns zurückgeht. Krause (1997) spricht in diesem Zusammenhang von einem „Anhedoniephänomen" als wesentlichem Kennzeichen psychischer Krankheit (vgl. auch 3.3.2). Lächeln kann somit sowohl in seiner intrapsychischen wie interaktiven Funktion als ein wichtiger Indikator für das psychische Funktionieren einer Person betrachtet werden. Sowohl reduziertes wie übertriebenes Lächelverhalten kann als in Verbindung mit dysfunktionalen Prozessen der Affektregulierung stehend, gesehen werden (Bänninger-Huber, 1996). Keltner & Bonnano (1997) konnten zeigen, dass Lächeln, vor allem „Duchenne-smiles", im Kontext der Regulierung von Trauer aufgrund eines Verlustes einer nahe stehenden Person, in Zusammenhang steht mit Merkmalen, die auf eine günstigere Bewältigung der Trauer hinweisen. Personen, die häufiger Duchenne-smiles zeigten berichteten über weniger Stresssymptome, sowie über als zufriedenstellender erlebte Sozialbeziehungen.

Eine Untersuchung von Hsu, Fogel & Messinger (2001) belegt den Einfluss mimischer Austauschprozesse, speziell synchroner Lächelphasen zwischen Mutter und Kind, auf die sprachliche Entwicklung des Kindes. In einer über einen Zeitraum von zwanzig Wochen erfolgenden wöchentlichen Beobachtung des mimisch-affektiven Verhaltens von Müttern in Interaktion mit ihren Säuglingen zeigte sich, dass sich die Vokalisierungen der Kinder in

Abhängigkeit des gemeinsamen Lächelns und Blickens von Mutter und Kind entwickelten. Die Kinder produzierten in Kontexten gemeinsamen Lächelns mehr sprachähnliche Silben, sowie dann am häufigsten sprachähnliche Laute, wenn das gemeinsame Lächeln durch Duchenne-smiles geprägt war.

Lachen wird phänomenologisch ebenfalls durch eine Innervation des zygomaticus major definiert, sowie weiters durch eine den mimischen Ausdruck begleitende Lautäußerung. Als Argument für die Unterscheidung zwischen Lächeln und Lachen führt Frijda (1986) an, dass sie zu unterschiedlichen Verhaltenssystemen zu gehören scheinen und entsprechend in unterschiedlichen Kontexten auftreten. Diese Annahme stützt sich auf je unterschiedliche Funktionen des Lächelns und Lachens, die sowohl bei Menschen als auch bei Schimpansen ähnlich sein dürften. So steht das Lächel-Äquivalent der Schimpansen mit dem Beziehungs-Annäherungs- Verhaltenssystem in Zusammenhang, während das Lach-Äquivalent bei Schimpansen, sowie auch das Lachen von Vorschulkindern Teil des Spiel-Verhaltenssystems ist. Bei Erwachsenen scheinen Lächeln und Lachen zu den sich überlappenden aber trotzdem unterschiedlichen Bereichen von Freundlichkeit und Vergnügen zu zählen (Frijda, 1986). Beispielsweise ordnen Beobachter Lachen häufiger einem Erleben von Vergnügen und der Reduktion von Frustration zu, während das Lächeln eher mit dem Erleben von Freude in Zusammenhang gebracht wurde (Keltner & Buswell, 1996). Ruch (1990, zit. n. Ruch, 1997) fand zudem, dass Lächeln eher mit einem wenig intensiven Erleben von Erheiterung und Lachen mit einem intensiveren Erleben von Erheiterung einhergeht.

Lachen kann, wie auch das Lächeln, von seiner Funktion mit unterschiedlichen Bedeutungen in Zusammenhang stehen. Zum einen wird auch Lachen als Signal für das Vorhandensein positiver Emotionen, sowie in seiner Verbindung zu Humor verstanden (z.B. Ruch, 1997). In seiner intrapsychischen affekregulierenden Funktion wird Lachen zudem als Mittel der Lösung von mit negativen Emotionen einhergehenden unangenehmen Spannungszuständen verstanden werden (Frijda, 1986). Das an sich negative emotionale Erleben wird durch einen, mit dem Lachen verbundenen positiven Wechsel zu angenehmen affektiven Zuständen reguliert (Keltner & Bonnano, 1997). In Verbindung mit negativen Emotionen – etwa Ärger, Scham, Nervosität - dient Lachen zudem als Maskierung dieser, was sowohl Implikationen auf das möglicherweise reduzierte intrapsychische Erleben der negativen Emotionen haben kann (via Facial-Feedback-Prozesse), als auch verhindert, dass das Erleben negativer Emotionen von anderen Personen bemerkt wird. Lachen kann zudem in seiner interaktiven Wirkung mit Aggression in Zusammenhang stehen – etwa dem „Auslachen" eines Anderen im Sinne der Demonstration von Dominanz und Macht (Frijda, 1986; Sarra & Otta, 2001). In einer weiteren interaktiven Funktion kann Lachen sowohl dazu dienen, Aufmersamkeit auf sich zu ziehen und wird auch in Verbindung gebracht mit dem Ausdruck sexuellen Interesses (z.B. Grammer, 1990). Von zentraler Bedeutung ist die Funktion des Lachens als Mittel der Besänftigung und Unterwerfung, wie auch der damit in

Zusammenhang stehenden interpersonellen Konfliktreduktionsfunktion. Bänninger-Huber, Moser & Steiner (1990) postulierten, dass dem Lachen in konflikthaften Interaktionen eine Interrupt-Funktion zukommt. Im Kontext des Auftretens negativer Emotionen zwischen zwei Interaktionspartner kann Lachen dazu dienen, eigene, sowie beim Partner auftretende negative Affekte zu unterbrechen oder zu beenden: *„Indem ein Lachen den Dialog für eine gewisse Zeit unterbricht, ermöglicht dies einer Person eine interne affektive Reorganisation. Lachen ist ansteckend und wie das Lächeln ein Phänomen, das über Affektinduktion in beiden Partnern resonante positive Affektzustände erzeugt, welche die affective relatedness erhöht. Nach dem Lachen kann ein neuer Level in der affektiven Regulierung eingeführt werden"* (Bänninger-Huber, 1996, 93). Dass auch bezüglich des Lachens von keinem einheitlichen Phänomen ausgegangen werden kann, sondern je nach Kontext unterschiedliche Funktionen differenziert werden müssen, legen einige neuere Studien zur phänomenologischen und funktionalen Unterscheidung des Lachens nahe. Bachorowski & Owren (2001) etwa differenzierten unterschiedliche Lachtypen anhand akkustischer Merkmale und unterschieden zwischen den Formen „voiced-" und „unvoiced laughter", die je unterschiedliche interaktive Funktionen einnehmen. Stimmhaftes Lachen wird von den Autoren primär als Mittel gesehen, den affektiven Zustand des Zuhörers zu beeinflussen und dabei vor allem in Zusammenhang mit der Induktion positiver Affekte diskutiert.

Es existieren nach wie vor nur wenige Untersuchungen, die den mimischen Ausdruck des Lachens hinsichtlich phänomenologischer und funktionaler Unterschiede zum Lächeln, sowie auch unterschiedlicher Formen des Lachens unterscheiden. Ruch (1990; 1997) etwa konnte belegen, dass Lachen im Kontext von Humorreaktionen in der Hälfte aller Fälle länger dauert als der für Lächeln definierte Zeitraum von 2/3 bis 4 Sekunden. Die längeren Lachepisoden standen mit einem intensiveren Erleben von Erheiterung in Zusammenhang. Durchschnittlich erwies sich jedoch das Lachen von kürzerer Dauer als das Lächeln, es ging mit einer intensiveren Innervierung des zygomaticus major einher und trat häufiger als das Lächeln gemeinsam mit einer Innervation des orbicularis oculi (AU 6 und 7) auf. Während etwa zum Lächeln erst kürzlich ein eigener Sammelband mit einer Zusammenfassung bisheriger Ergebnisse zum Lächeln und dessen Funktion in unterschiedlichen Kontexten erschien (vgl. Abel, 2002), wird das Lachen im Bereich der Mimikforschung immer noch vernachlässigt. Im Unterschied zu verschiedenen Formen des Lächelns, die anhand von bestimmten phänomenologischen Kriterien funktional unterschieden werden können, steht eine derartige Differenzierung für das Lachen noch aus.

3.2.4 Zur Differenzierung unterschiedlicher Lächeltypen

Bereits anhand der im vorangehenden Kapitel getroffenen Unterscheidung von *„felt"* und *„false smiles"* wird deutlich, dass das Lächeln als keine einheitliche Kategorie verstanden werden kann, sondern phänomenologisch und funktional differenziert werden muss (z.b. Bänninger-Huber & Rauber-Kaiser, 1989; Frijda, 1986). Neben der bereits erwähnten Unterscheidung von „felt" und „false smiles" differenzierten Ekman & Friesen (1982) noch einen dritten Typus, jenen des „miserable smiles". „Miserable smiles" treten gemeinsam mit Indikatoren negativer Emotionen – etwa dem Hinabziehen der Mundwinkel (AU 15) oder dem Hochschieben des Kinns (AU 17) auf und zeigen dem Interaktionspartner an, dass man sich zwar in einem negativ emotionalen Zustand befindet, diesen jedoch aushalten kann. Die Unterscheidung zwischen „felt", „false" und „miserable smiles" erfuhr später von Ekman (1985) eine Erweiterung auf 18 unterschiedliche Lächeltypen, deren Differenzierung jedoch nicht auf systematischen empirischen Untersuchungen beruhte. Bänninger-Huber & Rauber-Kaiser (1989) konnten in einer empirischen Untersuchung die jeweils verschiedenen Funktionen von vier unterschiedlicher Lächeltypen *(„phoney smile"; „sadistic smile", „chaplin smile"* und *„coy smile")* bestätigen. Es zeigte sich jedoch, dass die jeweiligen Dekodierprozesse der Beobachter je nach Stimulusperson, die den Ausdruck zeigte, variierten. Bänninger-Huber (1996) differenziert von unterschiedlichen theoretischen Annahmen und empirischen Arbeiten ausgehend, insgesamt 16 Lächeltypen gemäß ihrem mimischen Erscheinungsbild, sowie deren Funktion für intrapsychische und interaktive Prozesse der Affektregulierung. Eine kürzlich durchgeführte Arbeit, die statt statischer Stimuli, Videosequenzen spontaner Lächelarten zur Beurteilung vorgab, konnte je unterschiedliche Funktionen für fünf dieser Lächeltypen *(„amusement-", „amusement+AU9", „dampened-", „flirtatious-"* und *„embarrassment smile")* replizieren (Juen, R., 2001). Dabei ergaben sich jedoch Hinweise auf das mögliche Wirken kulturspezifischer Regeln bei der Bedeutungszuschreibung zu unterschiedlichen Lächeltypen. So wurden *„dampened smiles"* – ein abgeschwächtes Lächeln, das gemeinsam mit dem Hochschieben des Kinns (AU 17) auftritt, als positiver wahrgenommen als *„felt smiles".* Möglicherweise wird hier eine kulturspezifische Regel reflektiert, die besagt, dass positive Affekte nicht offen und direkt gezeigt werden sollten (Bänninger-Huber, Juen & Peham, im Druck).

Auf einen möglichen Zusammenhang zwischen unterschiedlichen Lächeltypen und dem Erleben unterschiedlicher positiver Emotionen weist eine aktuelle Untersuchung von Fogel, Nelson-Goens, Hsu & Shapiro (2000) hin. Mittels der objektiven Kodierung des mimischen Verhaltens von Müttern in Interaktion mit ihren entweder 6 oder 12 Monate alten Kindern während des Spielens, konnten bereits in diesem Alter unterschiedliche Lächeltypen differenziert werden. Diese treten in je unterschiedlichen interaktiven Kontexten auf und werden von den Autoren entsprechend mit unterschiedlichen

Funktionen in Zusammenhang gebracht – etwa mit Freude und der Bereitschaft zu spielen, mit Erleichterung oder mit der Ausführung von Handlungen. Diese Ergebnisse werden gestützt durch die Untersuchung des Lächelns und Lachens von Vorschulkindern am Spielplatz und im Klassenzimmer (Sarra & Otta, 2001). Sarra & Otta (2001) stellen fest, dass Lächeln nicht als singuläres Phänomen, das sich lediglich nach Intensitäten unterscheidet, verstanden werden kann, sondern unterschiedliche Arten des Lächelns – etwa ein Typus der mit Spott und Aggression in Zusammenhang steht, sowie ein Typus, der in Zusammenhang mit Besänftigung und Beschwichtigung auftritt – differenziert werden müssen.

3.2.5 Blickverhalten

Blickverhalten und vokale Merkmale sprachlicher Äußerungen werden in dieser Untersuchung vor allem als Kontextinformation zur Bedeutungsbestimmung mimischer Verhaltensweisen herangezogen. Der Begriff des Blickverhaltens inkludiert eine ganze Reihe möglicher unterschiedlicher Verhaltensweisen wie etwa Anblicken, visuelle Zuwendung, Blickkontakt, Häufigkeit des Blickkontaktes, Blickbewegungen und – veränderungen, Blickdauer, sowie auch Blickunterlassung oder Blickvermeidung, die alle in unterschiedlicher Weise mit interaktiven Prozessen in Verbindung stehen können. Meist werden die Begriffe Blickkontakt und Anblicken voneinander differenziert und unter dem Begriff der visuellen Interaktion zusammengefasst. Blickkontakt beinhaltet gegenseitiges Anblicken – eine Person erwidert den Blick der anderen. Anblicken hingegen bezieht sich auf einseitige Blicken einer Person ins Gesicht oder die Augen des Gegenübers, das den Blick nicht zu erwidern braucht (Richmond & McCroskey, 2000; Scherer & Wallbott, 1979). Blickverhalten spielt für das Funktionieren sozialer Interaktionen eine sehr wesentliche Rolle. Es gibt zwar sehr unterschiedliche Ergebnisse dazu, wie häufig in Interaktionen wechsel- und einseitig in Abhängigkeit von der Sprecher- und Zuhörerrolle geblickt wird; wesentlich erscheint, dass ein gewisses Maß und eine gewisse visuelle Balance an Blickkontakt und Blickverhalten für die Aufrechterhaltung einer Interaktion notwendig ist (Forgas, 1995; Kendon, 1967; Kleinke, 1986; Knapp & Hall, 2002; Merten, 1996).

Knapp & Hall (2002) unterscheiden fünf Funktionen des Blickverhaltens: *1. die Funktion der Regulierung des Kommunikationsflusses; 2. eine Überwachungsfunktion 3. eine kognitive Funktion 4. die Funktion des Emotionsausdruckes und 5. die Funktion, etwas über die Art der zwischenmenschlichen Beziehung zu kommunizieren.* Die erste genannte Funktion der Regulierung des Kommunikationsflusses bezieht sich auf die wichtige Rolle des Blickverhaltens bei der Aufnahme und dem Beenden von Gesprächen, sowie dem reibungslosen Ablauf von Sprecherwechseln. Durch Blickaufnahme wird Bereitschaft zum Kontakt und zum Gespräch signalisiert; umgekehrt erfolgt durch Blickabwendung oder –vermeidung die Signalisierung, dass ein Kontakt nicht erwünscht ist oder beendet werden soll. Im Kontext eines reibungslosen Ablaufes des Sprecherwechsels erfolgt vor allem nach der Beendigung einer Äußerung die Aufnahme von Blickkontakt zum Gegenüber. Dies kann als Aufforderung an das Gegenüber betrachtet werden, die Sprecherrolle zu übernehmen oder auch die Funktion erfüllen, vom Gegenüber Feedback über dessen Reaktion auf die Äußerung zu erlangen (vgl. z.B. Duncan & Fiske, 1977). Sprecher- und Zuhörerrollen sind meist mit je unterschiedlichem Blickverhalten verbunden. Während des Zuhörens wir der Interaktionspartner etwas mehr angeblickt als während des Sprechens, wobei hier in allen Untersuchungen von großen interindividuellen und –dyadischen Schwankungen berichtet wird (z.B. Kendon, 1967; Knapp & Hall, 2002; Kleinke, 1986).

Das reduzierte Blicken während des Sprechens wird mit einer weiteren Funktion des Blickverhaltens in sozialen Interaktionen in Zusammenhang gebracht, dem Hinweis auf stattfindende kognitive Prozesse. Es wird angenommen, dass die notwendige Konzentration für Denkprozesse und die Formulierung von Inhalten eine vermehrte Blickabwendung nach sich zieht (Knapp & Hall, 2002; Kleinke, 1986). Die bereits erwähnte Überwachungsfunktion des Blickverhaltens zeichnet sich dadurch aus, dass durch das Anblicken einer Person verschiedene Informationen eingeholt werden können – darüber, ob das Gegenüber aufmerksam ist, ob in der Sprecherrolle fortgefahren werden kann und wie die Person das Gesagte aufnimmt. Dabei spielen wiederum vor allem mimische, aber auch vokale Verhaltensweisen eine zentrale Rolle. Einen Beleg für diese Überwachungsfunktion von Blickverhalten stellt das bereits von Babys im Alter von vier Monaten gezeigte „social referencing" dar. Durch Aufnahme von Blickkontakt in emotional unsicheren Situationen wird das Verhalten (vor allem das mimische-affektive) der Bezugsperson genutzt, um Orientierung für das weitere Handeln zu bekommen (Klinnert, Campos, Sorce, Emde & Svejda, 1983). Auch für Prozesse der Affektansteckung und –induktion spielt wechselseitiges Blickverhalten eine zentrale Rolle (Hatfield et al., 1994).

Die Funktion des Blickverhaltens in Zusammenhang mit dem Emotionsausdruck zentriert um die Fragen, welche Kommunikationsfunktion dem Blickverhalten bezüglich unterschiedlicher Emotionen zukommt und ob das Blickverhalten im Kontext verschiedener Emotionen je unterschiedlich gestaltet wird. Es wird angenommen, dass je nach der einer Emotion zugrunde liegenden Handlungstendenz der Annäherung oder Vermeidung, die mehr oder weniger hohe Wahrscheinlichkeit besteht, dass ein gleichzeitig mit dem Emotionsausdruck erfolgendes Anblicken des Interaktionspartners stattfindet. Freude und Ärger etwa werden als Emotionen verstanden, die Annäherung signalisieren, weshalb ein gleichzeitig zum Emotionsausdruck auftretender Blickkontakt wahrscheinlich sein dürfte. Umgekehrt werden Trauer, Angst oder Scham eher mit Vermeidungs- oder Fluchtverhalten in Zusammenhang gebracht, was zu einer eher unwahrscheinlichen Verbindung von Ausdruck und

Blickkontakt führen könnte. Eine aktuelle Untersuchung von Adams & Kleck (in press) bestätigt diese Annahmen für die Emotionen Ärger, Trauer, Freude und Angst. Gleichen sich Blickrichtung und Emotionsausdruck bezüglich ihrer angenommenen Kombination (Ärger und Anblicken; Trauer und Wegblicken), fällt es Beurteilern leichter die entsprechende Emotion richtig zuzuordnen. Die Wahrnehmung der annäherungsorientierten Emotionen wurde durch direkten Blickkontakt erleichtert, während dies für die vermeidungsorientierten Emotionen bei gleichzeitig zum Ausdruck abgewandten Blick zutraf (Adams & Kleck, in press).

Wie Merten (1996) zeigen konnte, kann Blickverhalten als Referenzpunkt für die Bedeutungsbestimmung eines mimischen Ausdrucks fungieren. So kann das jeweilige Blickverhalten als Entscheidungshilfe dafür dienen, ob ein mimischer Ausdruck sich als Anzeige eines Zustandes der Person selbst, als Signal an den Interaktionspartner oder aber als auf ein drittes mentales Objekt bezogen, verstehen lässt.

Die fünfte und letzte von Knapp & Hall (2002) postulierte Funktion, dass über das Blickverhalten auch etwas über die Art der Beziehung kommuniziert werden kann, besteht darin, dass Blickverhalten etwa in Abhängigkeit vom Status der beiden Personen variiert. Personen, denen ein höherer Status in Beziehungen zugeschrieben wird, werden häufiger angeblickt als Personen mit niedrigem Status. Für die vorliegende Arbeit relevanter ist die Funktion des Blickverhaltens hinsichtlich der Regulierung von Nähe und Distanz sowie des „emotional involvement" in Beziehungen. Blickkontakt wird in Zusammenhang gesehen mit einer Erhöhung der Intimität. Entsprechend wird sich eine hohe emotionale Involviertheit der Interaktionspartner durch vermehrten Blickkontakt charakterisieren lassen (Adams & Kleck, in press; Knapp, 2002; Merten, 1996).

3.2.6 Paraverbales Verhalten

Nach Johnstone & Scherer (2000) mehren sich die empirischen Hinweise darauf, dass mit dem Ausdruck von Emotionen auch je spezifische stimmliche Veränderungen einhergehen.   In Dekodierstudien zum Erkennen spezifischer Emotionen aus rein stimmlichen Merkmalen wurden überdurchschnittlich hohe Übereinstimmungsraten erzielt. Ebenso wie auch bei mimischem Verhalten ist es auch hier wesentlich, den verbalen und nonverbalen Kontext bei der Bedeutungsbestimmung von vokalen Merkmalen miteinzubeziehen (Scherer, Banse, & Wallbott, 2001). Vokale Paramter spielen zudem eine wesentliche Rolle hinsichtlich der Regulierung des Sprecherwechsels in Interaktionen. Etwa wird mit der Abgabe der Sprecherrolle ein Anstieg der Tonhöhe, ein Pausieren sowie meist das Ende einer grammatikalischen Konstruktion verbunden (vgl. Duncan & Fiske, 1977).   Zur dyadischen Wirkung von paraverbalem Verhalten unterscheidet Scherer (1997) eine regulierende und eine relationale Funktion. Die Regulierungsfunktion stimmlicher Merkmale bezieht sich vor allem auf die bereits erwähnte Rolle bei Prozessen des Sprecherwechsels in dyadischen

Interaktionen. Im Unterschied dazu versteht Scherer die relationale Funktion als Ausdruck eines Merkmales der gegenwärtigen Beziehung zwischen den Interaktionspartnern – etwa als Ausdruck des Merkmales der Sympathie, die die beiden Interaktionspartner einander entgegen bringen, als Ausdruck von Status oder auch als Ausdruck der Involviertheit der Interaktionspartner.

3.3 Empirische Ansätze und Ergebnisse zur Untersuchung mimisch-affektiver Regulierungsprozesse in Beziehungen

Die im Folgenden dargestellten Untersuchungen zum mimisch-affektiven Verhalten in direkten face-to-face Interaktionen haben als gemeinsamen methodischen Schwerpunkt, dass das mimisch-affektive Verhalten beider Interaktionspartner dyadenbezogen ausgewertet wurde. Daraus resultierende Ergebnisse zum Verständnis mimisch-affektiven Verhaltens im Kontext der individuellen und dyadischen Affektregulierung sind für die vorliegende Untersuchung hoch relevant. Außer Acht gelassen wurden in der folgenden Darstellung Untersuchungen, die zwar das mimisch-affektive Verhalten in Interaktionen erfassten, jedoch eine individuenbezogene Auswertungsstrategie wählten. Wie bereits unter 2.6.2 dargestellt, sind Untersuchungen, die das mimisch-affektive Verhalten und dessen Zusammenhang mit affektiven Regulierungsprozessen in der direkten Interaktion untersuchen und dyadenbezogen auswerten, nach wie vor selten. Die folgenden Untersuchungen stammen allesamt aus dem klinisch-psychologischen Forschungsbereich, und hier wiederum vorwiegend aus dem Bereich der Psychotherapieprozessforschung. Den dargestellten Untersuchungen gemeinsam ist die Annahme, dass die therapeutische Beziehung einen wesentlichen Wirkfaktor für den psychotherapeutischen Veränderungsprozess darstellt. Es wird weiters angenommen, dass sich die spezifischen intrapsychisch repräsentierten Objektbeziehungsstrukturen der Patienten in der therapeutischen Situation als repetitive Übertragungsmuster zeigen. Kommuniziert werden die jeweiligen Konflikt- und Objektbeziehungsstrukturen der Patienten nicht nur verbal, sondern über spezifische, meist unbewusste Rollen- oder Handlungsaufforderungen, die sich durch bestimmtes verbales und nonverbales Verhalten auszeichnen. Die Untersuchung des verbalen und nonverbalen Interaktionsverhaltens von Patienten im Kontext der Regulierung affektiver Prozesse, sollte dazu beitragen, die Komplexität des Zusammenspiels zwischen intrapsychischen Regulierungskapazitäten und interaktiven Beziehungsmustern besser zu verstehen und daraus Wissen über veränderungswirksame Beziehungserfahrungen im psychotherapeutischen Prozess zu generieren (z.B. Arbeitskreis OPD, 2001; Benecke, Peham & Bänninger-Huber, in press; Krause, 1997).

3.3.1 Mikroanalytische Untersuchung kognitiv-affektiver Regulierungsprozesse in der therapeutischen Beziehung und in Alltagsinteraktionen

Bänninger-Huber, Moser & Steiner (1990) untersuchten zehn Paarinteraktionen im Kontext der Regulierung gegenseitig erlebten Ärgers. Das Ziel der Untersuchung bestand darin, einen Forschungsansatz zu entwickeln, der eine mikroanalytische Untersuchung kognitiv-affektiver Regulierungsprozesse in der direkten zwischenmenschlichen Interaktion, speziell der therapeutischen Interaktion, ermöglichen sollte. Ein wesentliches Ergebnis der detaillierten Untersuchung des mimisch-affektiven Verhaltens der Beziehungspartner in der Studie von Bänninger-Huber et. al. (1990) bestand darin, dass ein im Kontext der Regulierung von Konflikten auftretendes dyadisches Regulierungsmuster identifiziert werden konnte. Diese als Prototypische Affektive Mikrosequenzen (PAMs) bezeichneten Regulierungsprozesse treten auf, wenn die Beziehungsregulierung über die Reaktivierung eines intrapsychischen Konfliktes der Partner, der mit der aktuellen Interaktionssituation und/oder der erinnerten (bzw. geschilderten) Situation zusammenhängt, eine Störung erfährt und mit den kognitiv zur Verfügung stehenden affektiven Regulierungsmitteln nicht mehr ausreichend bewältigt werden kann.

PAMs sind charakterisiert durch gemeinsames Lächeln beider Interaktionspartner. Entsprechend der Reaktion des Gegenübers, werden unterschiedliche Arten von PAMs unterschieden: *Gelingende PAMs* zeichnen sich dadurch aus, dass das Gegenüber das Lächeln und Lachen des Interaktions-partners erwidert. Wird das Lächeln und Lachen nicht erwidert, so wird die PAM als *nicht-gelingend* klassifiziert. PAMs umfassen hauptsächlich nonverbales Verhalten, dauern wenige Sekunden und laufen in der Regel unbewusst ab. Funktional dienen PAMs dazu, einen affektiv resonanten Zustand zwischen den Interaktionspartnern herzustellen und so zu einem Gefühl der Beziehungssicherheit beizutragen.

Im weiteren wurde dieser mikronalytische Ansatz der Untersuchung des dyadischen kognitiv-affektiven Regulierungsgeschehens von Bänninger-Huber (z.B. 1996) und Bänninger-Huber & Widmer (1999; 2000) auf die Untersuchung des psychotherapeutischen Prozesses und der Frage, welches die Mechanismen sind, die innerhalb des therapeutischen Prozesses zu Veränderungen führen, angewandt. In den mikroanalytischen Untersuchungen therapeutischer Interaktionen konnten im Kontext der Bearbeitung konfliktiver Themen der Patientin PAMs identifiziert werden. Zusätzlich zu den bereits im „Paar-Projekt" identifizierten gelingenden und nicht-gelingenden PAMs, wurde im Kontext der therapeutischen Interaktion eine weitere Form von PAMs – die sog. „*participation PAMs*"- identifiziert. Participation PAMs sind dadurch charakterisiert, dass der Therapeut das Lächeln des Patienten in einer Konfliktsituation nur schwach erwidert. Damit gelingt die Herstellung eines affektiv resonanten Zustandes zwischen den beiden Interaktionspartnern nicht, jedoch signalisiert der Therapeut durch das Lächeln trotzdem Anteilnahme an der Interaktion und am Konflikt des Patienten (Bänninger-Huber & Widmer, 2000).

Bänninger-Huber (1996) und Bänninger-Huber & Widmer (1999, 2000) konzentrierten sich in ihren Untersuchungen der therapeutischen Beziehung auf Interaktionssequenzen, in denen Schuldgefühle der Patientin, sowie um diese zentrierende interpersonelle Konflikte, im Vordergrund standen. Als weiteres interaktives Beziehungsmuster konnten sie im Kontext der Regulierung von Schuldgefühlen der Patientin sog. „traps" identifizieren. Traps sind charakterisiert durch spezifische Muster verbalen und nonverbalen Verhaltens, die speziell im Kontext der Regulierung von Schuldgefühlen auftreten. Diese Muster sind als Elemente spezifischer Rollenangebote des Patienten an den Therapeuten zu verstehen. Im Kontext von Schuldgefühlen handelt es sich meist um die Rolle der Autoritätsfigur, die den vom Patienten präsentierten Konflikt in bestimmter Art und Weise kommentieren und dadurch den Patienten von seinen Schuldgefühlen entlasten soll. Vom Therapeuten werden diese Prozesse als deutliche Aufforderung eine bestimmte Reaktion zu zeigen, erlebt. Entsprechend der Reaktion des Therapeuten werden wiederum gelingende von nicht-gelingenden traps unterschieden. Kommentiert der Therapeut den Konflikt in der vom Klienten gewünschten Art und Weise, wird von einer gelingenden trap gesprochen. Der Therapeut hilft hier dem Klienten die Reaktivierung des konfliktiven Affekts auszuregulieren. In nicht-gelingenden traps liefert der Therapeut nicht den gewünschten, entlastenden Kommentar. Der Klient bleibt in der Regulierung des Affekts auf sich selbst zurück geworfen. Neben ihrem Gelingen oder nicht-Gelingen, können unterschiedliche Typen von traps gemäß ihrer je spezifischen inhaltlichen Ausgestaltung unterschieden werden. Bänninger-Huber & Widmer (2000) differenzieren bisher sog. „chicken traps", „legitimation traps", „self-accusation" und „moralist traps". Chicken traps sind durch die Aufforderung an den Interaktionspartner charakterisiert, dieser möge sich gemeinsam mit dem trap-Initiator über eine dritte Person, die zu Unrecht als Autoritätsfigur oder Ankläger auftritt, empören. Etwa fordert in der von Bänninger-Huber & Widmer (2000) beschriebenen chicken trap, die Patientin die Therapeutin auf, sich über den Mann der Patientin zu empören, der sie wiederholt überprüft oder gekränkt reagiert, wenn sie ausgeht anstatt zu arbeiten. In dem das Verhalten einer dritten Person in den Vordergrund gestellt wird, dienen „chicken traps" dazu, seitens der Patientin eine Auseinandersetzung mit ihrem Konflikt zu vermeiden. „Legitimation traps" laden den Therapeuten dazu ein, das Verhalten des Patienten als legitim zu kommentieren (etwa in Form von „Das ist wirklich nicht so schlimm, was sie da gemacht haben"). Im Unterschied dazu sind „self-accusation traps" dadurch gekennzeichnet, dass sich die Patientin in übertriebener Art und Weise selbst beschuldigt, mit dem Ziele eine entlastende Reaktion des Therapeuten hervorzurufen (etwa in Form von „Na so streng müssen sie nicht mit sich sein"). Unter einer „moralist trap" wird die Aufforderung an den Therapeuten

verstanden, das Verhalten einer Autoritätsfigur zu kritisieren und moralisch zu bewerten, wobei sich der Patient in diesem Kontext zu einem Vertreter einer höheren moralischen Instanz macht (z.b. Bänninger-Huber & Widmer, 1999, 2000).
PAMs und traps können in unterschiedlichen Kombinationen auftreten (vgl. Tab. 1) Bänninger-Huber & Widmer (2000) ordneten diesen Kombinationen entsprechenden Interaktionstypen zu und setzten diese in Bezug zu Annahmen aus der psychoanalytischen Behandlungstheorie.

		Trap	
		Nicht-gelingend	**Gelingend**
	Nicht-gelingend	**Klassische Abstinenz**	**Zurückhaltende Bestätigung**
		Konflikt aktiviert	Konflikt deaktiviert
		Affekt occurent	Affekt weg
		(Schuldgefühl erlebt)	(kein Schuldgefühl)
PAM		Beziehung unsicher	Beziehung unsicher
	Gelingend	**Freundliche Zurückweisung**	**Alltagsinteraktion**
		Konflikt aktiviert	Konflikt deaktiviert
		Affekt occurent	Affekt weg
		(Schuldgefühl erlebt)	(kein Schuldgefühl)
		Beziehung sicher	Beziehung sicher

Tab.1: Trap/PAM Kombinationen in der psychotherapeutischen Interaktion (Bänninger-Huber & Widmer, 1999; 2000).

Demnach ist es Aufgabe des Therapeuten, eine Balance zwischen der Sicherung eines verlässlichen Arbeitsbündnisses einerseits und der Aufrechterhaltung eines gewissen Maßes an Konfliktspannung andererseits herzustellen. Beispielsweise bleibt durch die Kombination einer nicht gelingenden trap mit einer nicht gelingenden PAM der Konflikt des Klienten aktiviert, die mit dem Konflikt verknüpften Schuldgefühle bleiben 'bestehen' (occurrent). Damit wird die Exploration und Bearbeitung des Konflikts und der damit zusammenhängenden Affekte möglich. Mit einer nicht gelingenden PAM nimmt der Therapeut eine kurzfristige Destabilisierung der therapeutischen Beziehung in Kauf. Diese Technik folgt den Regeln der *klassisch psychoanalytischen Abstinenz*. Die Arbeitsbeziehung bleibt hingegen sicher, wenn eine nicht gelingende trap zusammen mit einer gelingenden PAM auftritt. Der Konflikt bleibt durch die nicht gelingende trap trotzdem aktiviert. Dieser interaktive Stil wurde als *Freundliche Zurückweisung* bezeichnet.
    In den bisherigen Untersuchungen zur psychotherapeutischen Interaktion erwiesen sich diese beiden Interaktionsmuster in Konfliktsituationen als produktiv für therapeutische Veränderungen (Bänninger-Huber & Widmer, 1999, 2000; Bänninger-Huber, Peham & Juen, 2002). Diese Ergebnisse sind vor

der zugrunde liegenden Annahme zu interpretieren, dass die Gestaltung der therapeutischen Beziehung so erfolgen sollte, dass die maladaptiven Beziehungsmuster des Patienten nicht eine erneute Wiederholung erfahren, sondern über ein differentes Beziehungserleben zum Therapeuten modifiziert werden können. Aus diesem Grund wird angenommen, dass das nicht-gelingen von traps positiv mit einer derartigen Modifikation von Beziehungsmustern zusammenhängen sollte, da die Therapeutin in diesem Fall die spezifischen Beziehungsangebote der Klientin nicht erwidert und sich so nicht in eine Reinszenierung dieses Beziehungsmuster in der therapeutischen Beziehung „verstricken" lässt. In einer Untersuchung des Therapieverlaufes der ersten sieben Stunden einer psychoanalytisch orientierten Psychotherapie konnte Müller (1999) den Zusammenhang zwischen auftretenden Prototypischen Affektiven Mikrosequenzen und der Entwicklung der Arbeitsbeziehung zwischen Therapeut und Klientin aufzeigen und gleichzeitig die Relevanz der Feinabstimmung dieser affektiven Regulierungsprozesse im Kontext der therapeutischen Interaktion einmal mehr belegen (Müller, 1999).

Das Konzept der PAMs erfuhr eine Erweiterung um eine „neue" Form, die sich in der Untersuchung von Paarbeziehungen im Kontext der Ärgerregulierung identifizieren ließ. Langebner (2000) differenzierte von der Unterscheidung in gelingende, nicht-gelingende und participation PAMs den Typus der sogenannten +/- PAM. Diese sind dadurch charakterisiert, dass Partner B das Lächelangebot von Partner A zwar annimmt, sein Lächeln auf der mimischen Ebene durch gleichzeitig auftretende Indikatoren negativer Emotionen eine Modifikation erfährt. Es wird angenommen, dass sich der „gezwungen lächelnde" Partner in einem anderen Affektzustand befindet, er aber dennoch, um die affektive Bindung aufrechtzuerhalten, das Lächeln des Interaktionspartners erwidert. Die Konzepte der traps und PAMs konnten mittlerweile in vielfältigen unterschiedlichen Dyaden und Interaktionsthemen validiert werden. Im Kontext der Regulierung von Schuldgefühlen in gleichgeschlechtlichen männlichen und weiblichen Freundschaftsdyaden konnten etwa Mair & Geir (2001) eine chicken trap und eine self-accusation trap identifizieren. Ähnlich dazu konnte in der detaillierten Analyse einer Mutter-Tochter Interaktion im Kontext der Regulierung von Schuldgefühlen eine sog. „absolution trap" identifiziert und detailliert beschrieben werden (Peham, Ganzer, Bänninger-Huber & Juen, 2002). Die Bezeichnung „absolution trap" reflektiert den Versuch der Mutter von ihrer Tochter eine Absolution in Form von „Du warst immer eine gute Mutter und hast keinen Grund Schuldgefühle mir gegenüber zu erleben" zu erhalten.

Prototypische Affektive Mikrosequenzen konnten in vielfältigen bisher untersuchten Alltagsinteraktionen identifiziert werden. Etwa im Kontext der Regulierung von Schuldgefühlen in den oben dargestellten Untersuchungen von Mair & Geir (2001), sowie von Peham, Ganzer, Bänninger-Huber & Juen (2002), im Kontext der Regulierung von Scham in Freundschaftsbeziehungen (Gfader, 2001), der Regulierung von Eifersucht in Paarbeziehungen (Köhler,

2001), sowie auch in Mutter-Kind Interaktionen im Kontext von Regelübertretungen (Juen, B., 2001).

3.3.2 Mimisch-affektives Verhalten, psychische Störung und psychotherapeutischer Prozess

Von diesem mikroanalytischen Forschungsansatz, in dem das Verhalten von Patient und Therapeut direkt aufeinander bezogen ausgewertet und interpretiert wird, unterscheiden sich Untersuchungen, die das mimisch-affektive Verhalten von Patient und Therapeut in der Gesamthäufigkeit des Auftretens der einzelnen Affektausdrucksmuster erfassen und davon ausgehend das wechselseitige Ausdrucksverhalten dyadenbezogen auswerten und mit Maßen des Therapieerfolges korrelieren. Merten (2001) untersuchte zusätzlich dyadische Prozessmuster mimisch-affektiven Verhaltens von Therapeuten und Patienten in zehn Kurzpsychotherapien und brachte diese dyadischen Muster in Zusammenhang mit der Einschätzung des Therapieerfolges von Patient und Therapeut.

In Untersuchungen zum mimisch-affektiven Verhalten von gesunden Probanden in Interaktion mit an unterschiedlichen psychischen Störungen erkankten Personen (Schizophrenie, colitis ulcerosa, funktionelle Wirbelsäulenbeschwerden) zeigten sich zwei Phänomene, die als störungsspezifisch angenommen werden müssen. Zum einen wiesen die Patienten (mit Ausnahme der Gruppe mit funktionellen Wirbelsäulenbeschwerden) eine reduzierte Gesamtaktivität ihres mimischen Verhaltens auf, was sehr wesentlich auf die Reduktion der Mimik im Obergesicht zurückging. Wie bereits erwähnt, erfüllen vor allem mimische Verhaltensweisen des Obergesichtes die wesentliche Funktion der Illustrierung der sprachlichen Äußerungen und sind ein Anzeichen für das Involvement der sprechenden Person in die Interaktion (vgl. 3.2.2). Zum anderen ließ sich die Patientengruppe durch das sog. „Anhedoniephänomen" charakterisieren d.h. der Ausdruck echter Freude war bei den Patienten im Vergleich zur gesunden Kontrollgruppe signifikant reduziert (Krause, 1997; Steimer-Krause et al., 1990). Ein zentrales Ergebnis dieser Untersuchungen bestand weiters darin, dass sich die gesunden Interaktionspartner der psychisch kranken Personen in ihrem mimisch-affektiven Verhalten diesen völlig anpassten und sogar weniger mimisches Ausdrucksverhalten als die Patienten selbst zeigen, was auf einen Prozess der erfolgreichen Implantierung störungsspezifischer Interaktionsmuster hinweist. Zudem zeichneten sich die Gruppen der an Schizophrenie und Colitis Ulcerosa Erkrankten durch das häufige Auftreten eines spezifischen mimisch-affektiven Ausdrucksmusters aus, das in Folge als Phänomen des „Leitaffektes" bezeichnet wurde (z.B. Krause, 1997; Krause & Merten, 1996).

In den Untersuchungen zum mimisch-affektiven Verhalten von Therapeuten und Patienten in der psychotherapeutischen Interaktion zeigte sich unter anderem, dass bestimmte Aspekte des mimisch-affektiven Verhaltens in der ersten Behandlungsstunde als Prädiktor für den eingeschätzten Therapieerfolg am Ende der Behandlung betrachtet werden können. Entgegen den Erwartungen korrelierte beispielsweise die Gesamthäufigkeit negativer Affektausdrücke des Therapeuten in der ersten Behandlungsstunde positiv mit dem eingeschätzten Therapieerfolg durch die Therapeuten am Ende der Behandlung. Merten (2001) konnte weiters zeigen, dass entgegen den Erwartungen die Häufigkeit synchroner Duchenne-smiles, die an sich als Indikator für eine „gute" Qualität der therapeutischen Beziehung angenommen wurden, negativ mit dem Therapieerfolgt korrelierte. Je häufiger also in der therapeutischen Interaktion synchrone D-smiles auftraten, umso negativer wurde der Therapieerfolg von den Therapeuten eingeschätzt. Dies weist darauf hin, dass synchrone Duchenne-smiles je nach interaktivem Kontext, in dem sie auftreten, unterschiedliche Funktionen übernehmen können und diese Funktionen weiter ausdifferenziert werden müssten. Zudem belegt dieses Ergebnis, dass reziprokes Lächeln auch zur Implementierung von Beziehungsmustern beitragen kann, die sich auf die Entwicklung des therapeutischen Prozesses ungünstig auswirken. Eine detaillierte Darstellung der Ergebnisse aus diesen Untersuchungen findet sich bei Merten (2001), Krause (1997, 1998) und Benecke (2001).

Für die vorliegende Untersuchung von hoher Relevanz ist das Ergebnis all dieser Untersuchungen, dass mimisches Verhalten in Interaktionen nicht willkürlich verteilt ist und auch sehr kurze mimische Ereignisse Implikationen für die Regulierung der Beziehung und die Vermittlung interpersoneller Erwartungen haben (Bänninger-Huber, 1996; Merten, 2001). Zudem zeigen die Ergebnisse aus den Untersuchungen des mimisch-affektiven Verhaltens von Therapeuten und Patienten, dass bei einer alleinigen Betrachtung der Gesamthäufigkeiten des jeweiligen mimisch-affektiven Verhaltens der Personen, die Ergebnisse schwierig zu interpretieren waren. Eine differenziertere Betrachtung im Sinne der Analyse wechselseitiger dyadischer Prozessmuster erwies sich als aussagekräftiger hinsichtlich des Verständnisses ablaufender Beziehungs- und Konfliktmuster und deren Implikationen auf den Therapieerfolg am Ende der Behandlung. Die Untersuchungen machen deutlich, wie komplex das mimisch-affektive Verhalten zweier Interaktionspartner aufeinander abgestimmt ist und wie sich über eine Analyse des mimisch-affektiven Verhaltens Implementierungen spezifischer Beziehungsmuster in der therapeutischen Interaktion nachvollziehen lassen. Wie die Untersuchungen von Benecke (2002, 2004) zeigen, erweist es sich als notwendig, das komplexe mimisch-interaktive Geschehen mit dem verbal-inhaltlichen Geschehen in der therapeutischen Interaktion in Zusammenhang zu bringen. Durch den Miteinbezug des verbalen Kontextes, in dem ein mimisch-affektives Zeichen auftrat, konnten die jeweiligen Ergebnisse zum mimisch-affektiven Verhalten beider Personen ausdifferenziert werden. Es zeigte sich etwa, dass erfolgreiche Therapeuten im Vergleich zu weniger erfolgreichen Therapeuten ihr negatives mimisch-affektives Verhalten im Kontext sprachlicher Äußerungen zeigten, die als objektbezogen kategorisiert wurden. D.h. also, wenn eine verstärkte Anbindung eines negativen Affektausdruckes des Therapeuten an das Sprechen über andere Personen erfolgt, und so nicht direkt als negative Bewertung des Patienten oder der therapeutischen Beziehung in die Interaktion eingeht, scheint es so zu sein, dass die Objektanbindung dem Patienten „modellhaft" einen affektiven Umgang mit dritten, mentalen Objekten anzeigen kann. Eine weiterführende Diskussion dieser Ergebnisse und der Implikationen und Schlussfolgerungen für einen produktiven Verlauf der Therapie bzw. der dadurch initiierten veränderungswirksamen Prozesse in der Therapie findet sich bei Benecke (2002, 2004).

3.3.3 Weitere Studien zu mimisch-affektivem Verhalten in Paarinteraktionen

Untersuchungen zum Interaktionsgeschehen in Paarbeziehungen und dessen Relevanz für die Prognose der Dauer, der Zufriedenheit, aber auch des Scheiterns von Beziehungen, werden seit einigen Jahrzehnten von John Gottman durchgeführt (z.B. Gottman, 1993, 1994). In zahlreichen Untersuchungen wurde das affektive Geschehen in Interaktionen von Paarbeziehungen mittels eines eigens dafür entwickelten Kodierverfahrens (SPAFF; Specific Affect Coding System) untersucht. Dieses Kodiersystem erfasst das emotionale Geschehen in einer Interaktion jedoch über übergreifende Kategorien wie etwa Humor, Freude, Dominanz, Ekel etc. und bezieht das mimisch-affektive Verhalten über grobe Kategorien nur als Teilinformation mit ein. In einer neueren Untersuchung von Gottman, Levenson & Woodin (2001) wurde nun erstmals eine Kodierung des mimisch-affektiven Verhaltens beider Partner mittels eines objektiven Kodiersystems des mimischen Verhaltens (Emotion Facial Action Coding System; vgl. 5.2.3) vorgenommen und mit der Einschätzung bestimmter Beziehungsvariablen korreliert. Bezeichnend für das brachliegende Feld der Interaktionsforschung im Bereich der Mimik- und Emotionsforschung ist die Feststellung der Autoren „…this idea of studying faces during social interaction is also new to the study of emotion" (Gottman, Levenson & Woodin, 2001, 43). Die Untersuchung von Gottman et al. (2001) ergab, dass Einschätzungen der Frauen bezüglich einer hohen Negativität in der Beziehung signifikant negativ mit dem Zeigen von echter Freude bei beiden Partnern und positiv mit dem Zeigen von Verachtung durch den Mann korrelierten d.h. also je mehr Verachtung der Mann zeigte, desto negativer wurde die Partnerschaft seitens der Frau wahrgenommen. Der Glaube, dass Probleme nicht gelöst werden können korrelierte bei den Männern positiv mit deren Ausdruck von Ärger und unechter Freude, sowie bei den Frauen positiv mit deren Ausdrücken von Trauer. Wiederum zeigte sich ein positiver Zusammenhang zwischen dem Glauben der Frauen, dass Probleme nicht gelöst werden können, und dem Zeigen von Verachtung seitens der Männer. Dieser Zusammenhang zeigte sich erneut, als es um die als scherwiegend vorgenommene Einschätzung der Eheprobleme ging:

Frauen schätzen die Eheprobleme umso schwerwiegender ein, je häufiger die Männer in der Interaktion Verachtung zeigten. Dieser wiederholte Zusammenhang zwischen dem Ausdruck von Verachtung seitens der Männer und einem negativen Erleben der Beziehung durch die Frauen, kann mit der distanzschaffend/abwertenden Funktion, die der Verachtung in ihrer interaktiven Bedeutung zukommt, erklärt werden. Verachtung beinhaltet nach de Rivera (1977) die Botschaft, der Interaktionspartner möge sich ändern, aber gleichzeitig wird auch eine Abwertung und eine Geringschätzung dieses Veränderungspotentiales vorgenommen und signalisiert, dass der Interaktionspartner bereits abwesend sein möge (de Rivera, 1977; vgl. z.B. auch Bänninger-Huber, Moser & Steiner, 1990; Merten, 2001).

Die Untersuchung des Zusammenhanges zwischen dem mimisch-affektiven Verhalten von Paaren in unterschiedlichen affektiven Situationen und dem Erleben der Qualität der Partnerschaft, sowie den prognostischen Indikatoren für das Gelingen einer Paarbeziehung, steckt in den Kinderschuhen. Wie sich in mehreren Arbeiten zeigte, kann die quantitative Erhebung des mimischen Verhaltens in Interaktionen oftmals als nicht allzu aussagekräftig in Bezug auf die Einschätzung der Beziehungsvariablen durch die Partner gelten, da sich vor allem im jeweiligen interaktiven Zusammenspiel der Beziehungspartner spezifische Beziehungsdynamiken konstituieren, die dann wiederum als ausschlaggebend für das Wahrnehmen von Beziehungszufriedenheit sein dürften. Die Arbeiten von Langebner (2000) und Köhler (2001) geben erste Hinweise darauf, dass sich ein mikroanalytischer Ansatz der Untersuchung des affektiven Regulierungsgeschehens in Paarbeziehungen im Kontext unterschiedlicher Emotionen als fruchtbar erweisen kann, um bezüglich der Frage nach Indikatoren für das langfristige Gelingen von Paarbeziehungen Fortschritte zu erlangen. So zeigte sich etwa in der Untersuchung von Köhler (2001), die Paarinteraktionen im Kontext eines Gespräches über wechselseitig erlebte Eifersucht analysierte, dass sich zufriedene von unzufriedenen Paaren in der Anzahl gelingender Prototypischer Affektiver Mikrosequenzen signifikant voneinander unterscheiden. Zufriedene Paare zeichneten sich dadurch aus, dass sie in moderaten Konfliktsituationen immer wieder über gemeinsames Lächeln auf Beziehungsebene affektive Resonanz herstellen konnten, was den unzufriedenen Paaren nicht gelang. Es handelt sich bei diesen Ergebnissen allerdings um allererste Versuche, dyadische Mikroprozesse der interaktiven Regulierung mit Variablen der Beziehung in Zusammenhang zu bringen. Eine Aussage darüber, ob die Paare unzufrieden sind, weil die gemeinsame affektive Regulierung in Konfliktsituationen nicht gelingt, oder ob die wiederholte nicht-gelingende Affektregulierung zur Unzufriedenheit führt, kann auf Basis dieser Untersuchungen nicht gemacht werden.

Insgesamt kann gesagt werden, dass Untersuchungen zur Entstehung und Regulierung emotionaler Prozesse in direkten face-to-face Interaktionen, die eine dyadenbezogene Auswertungsstrategie anwenden, nach wie vor in den

Anfängen stecken. Bisherige Untersuchungen stammen vor allem aus dem Bereich der Psychotherapieprozessforschung und der klinischen Psychologie. Meines Wissens exisitieren über die, in dieser Arbeit dargestellten Untersuchungen hinaus, keine Studien, die die interaktive Entstehung und Regulierung spezifischer Emotionen unter besonderer Berücksichtigung des mimisch-affektiven Verhaltens beider Personen in alltäglichen Interaktionen untersuchten. Dies erscheint vor allem vor dem Hintergrund der bereits dargestellten Ergebnisse aus der Psychotherapieprozessforschung um so wichtiger, als ein grundlegendes Wissen über die interaktive Entstehung und Regulierung spezifischer emotionaler Prozesse auch zu einem tiefergehenden Verständnis der in Psychotherapien ablaufenden affektiven Regulierungsprozesse und deren Implikationen für die Gestaltung der therapeutischen Beziehung beitragen kann. Zudem sollten auch aus einer allgemeinpsychologischen Perspektive die, für das Funktionieren des Zusammenlebens von Menschen so wesentlichen emotionalen Prozesse, künftig verstärkt in ihrem interaktiven Auftreten und ihrer interaktiven Funktion im Fokus des wissenschaftlichen Interesses stehen.

4 Schuldgefühle

Theoretische Ansätze zur Erklärung von Phänomenologie und Funktion von Schuldgefühlen finden sich in unterschiedlichen Disziplinen der Psychologie. Schuldgefühle wurden lange Zeit vor allem in klinisch-psychologischen und psychoanalytischen Theorien in ihrer maladaptiven Funktion bezüglich der Entwicklung und Aufrechterhaltung psychischer Störungen konzeptualisiert und diskutiert (z.B. Freud, 1924/1999; Lewis, 1971; Sandler, 1960). Innerhalb der emotionspsychologischen Forschung wurde die Untersuchung von Schuldgefühlen im speziellen, und selbstbezogenen Emotionen im Allgemeinen, lange Zeit zu Gunsten der Untersuchung von Basisemotionen vernachlässigt. Erst mit Beginn der neunziger Jahre des letzten Jahrhunderts begann sich die empirische emotionspsychologische Forschung verstärkt mit Schuldgefühlen zu beschäftigen. Zentrale Inhalte dieser Forschungsansätze sind zum einen die Abgrenzung von Schuldgefühlen und Scham (z.B. Tangney, 1992; Tangney, Miller, Flicker & Hill Barlow, 1996), deren je spezifischer Zusammenhang mit psychopathologischen Entwicklungen (Tangney, Wagner, & Gramzow, 1992; Harder, Cutler, & Rockart, 1992), der sozialen Funktion von Schuldgefühlen (z.B. Baumeister, Stillwell & Heatherton, 1995a; Kugler & Jones, 1992), sowie Fragen nach Prozessen der Entwicklung von Schuldgefühlen (z.B. Zahn-Waxler & Robinson, 1995). Eine längere Tradition hat die psychoanalytische Theoriebildung zu Schuldgefühlen, die in Zusammenhang mit der Ausbildung des Über-Ichs, der Entwicklung neurotischer Symptome, sowie deren Regulierungsfunktion für mentale und soziale Prozesse diskutiert wurden (Bänninger-Huber & Widmer, 2002; Hirsch, 2000). Schuldgefühle werden in Anlehnung an die psychoanalytische Terminologie als strukturelle Emotionen verstanden; d.h. als Emotionen, die primär als Elemente intrapsychischer Regulierungsprozesse zu verstehen sind. Diesem Konzept zugrunde liegt die Annahme, dass das die Entwicklung und das Auftreten von Schuldgefühlen an die Ausbildung spezifischer intrapsychischer Strukturen, etwa der Ausbildung der Struktur des Über-Ichs, gebunden ist (Bänninger-Huber & Widmer, 2002).

4.1 Zur Definition von Schuldgefühlen

4.1.1 Emotionspsychologische Erklärungsansätze

Die Mehrzahl emotionspsychologischer Ansätze definiert Schuldgefühle über einen negativ ausfallenden intrapsychischen Vergleichsprozess zwischen eigenen Handlungen bzw. deren Unterlassung, eigenen Wünschen und Gefühlen mit einen System an internalisierten Normen und Regeln (z.B. Frijda, 1986; Izard, 1994; Lewis, 1993; Roseman, 2001; Scherer, 2001; Tangney & Dearing, 2002). Schuldgefühle werden aufgrund dieses Vergleichsprozesses zwischen Selbst und Regelsystem auch der Gruppe selbst-evaluativer oder selbstreflexiver Emotionen zugeordnet (Lewis, 1993). Das Element der Regelübertretung spielt dabei eine zentrale Rolle, wobei darunter sowohl moralische Regeln im engeren Sinne, wie auch sozial-konventionelle Regeln verstanden werden können. Lazarus (2001) definiert etwa als Kernbeziehungsthema („core relational theme") von Schuldgefühlen „having transgressed a moral imperative" (64). Izard (1994) meint sehr ähnlich dazu:

> „Gewöhnlich fühlen Menschen sich schuldig, wenn sie gewahr werden, dass sie eine Regel übertreten oder ihre eigenen Normen oder Überzeugungen verletzt haben. Sie können sich auch schuldig fühlen, wenn sie eine bestimmte Verantwortung nicht übernommen oder erfüllt haben" (S.471).

Die Definition von Frijda (1986) setzt ebenfalls an einer negativen Bewertung eigenen Handelns in einem moralischen Sinn an:

> „Guilt feeling is characterized [...] as painful self-evaluation due to some action evaluated negatively and for which action the person holds himself responsible. That evaluation is [Hervorhebung Frijda] guilt feeling. [...] First, there is the action or actions evaluated negatively in a moral sense. Second, this action is attributed to one's own intentionality; one was free to have acted otherwise, in one's own judgment. Third, negative evaluation is extended from the act to oneself as an actor: It is I who is bad, and not merely what I did" (p. 201).

Die wesentlichen Aspekte gegenwärtiger emotionspsychologischer Definitionen von Schuldgefühlen lassen sich entlang der Theorien von Frijda (1986), Lewis (1993) und Tangney (1995) wie folgt zusammenfassen: Es wird angenommen, dass einem spezifisch strukturierten kognitiven Bewertungsprozess die zentrale Rolle bei der Entstehung von Schuldgefühlen zukommt. Dieser gestaltet sich als ein Vergleichsprozess zwischen einem internalisierten System von Normen, Wertvorstellungen, Regeln und dem eigenen Verhalten in einer bestimmten Situation. Dieser Vergleichsprozess fällt negativ aus; das eigene Handeln wird in Bezug auf das internalisierte System als Misserfolg eingestuft. Eine wesentliche Rolle spielen Bewertungsprozesse, die in Zusammenhang mit der Beurteilung des Selbst stehen, weshalb Schuldgefühle auch als self-conscious evaluative emotions bezeichnet werden (Lewis, 1993). Dieser Selbst-Bewertungsprozess ist charakterisiert durch eine internale Attribution der Ursache des Fehlverhaltens: Die Beurteilung des eigenen Handelns als selbst-verursacht und intentional wird als charakteristisch für Schuldgefühle angenommen. Der Aspekt der Anerkennung der Verantwortlichkeit eigenen Handelns ist damit als ein zentrales Merkmal von Schuldgefühlen verankert (Ausubel, 1955; de Rivera, 1984; Frijda, 1996; Lewis, 1993; Montada, 1993; Tangney, 1995). Dieser Annahme gegenüber stehen Ergebnisse aus Untersuchungen, in denen sich Personen anderen gegenüber schuldig fühlten, obwohl ihr Handeln nicht absichtlich erfolgte und/oder das Ereignis nicht in ihrer Verantwortung lag (z.B. Baumeister, Stillwell & Heatherton, 1995a; Ferguson, Olthof, & Stegge, 1997; McGraw, 1987). Baumeister, Stillwell &

Heatherton (1994) plädieren deshalb dafür, das Kriterium der Verantwortlichkeit und Absichtlichkeit weder als notwendiges noch als hinreichendes Kriterium für das Erleben von Schuldgefühlen anzunehmen. Entscheidend sei viel mehr, ob durch die Handlung einer wichtigen, nahestehenden Person Schaden zugefügt wurde oder nicht (vgl. auch 4.2.3). Als ein weiterer relevanter Bewertungsschritt im Kontext der Entstehung von Schuldgefühlen wird die globale versus spezifische Attribution in Bezug auf die Beurteilung des Selbst angenommen. Frijda (1986) nimmt im Fall von Schuldgefühlen einen Prozess globaler Attribution an – die Person als Ganze wird negativ bewertet und nicht nur die begangene Handlung. Im Gegenteil dazu definieren Lewis (1993) und Tangney (1995), deren Ansätze jenem von Frijda bis auf diesen letzten Punkt sehr ähnlich sind, Schuldgefühle über die ihnen zugrunde liegende spezifische Bewertung: Nicht ich als Person bin schlecht, sondern nur meine Handlung muss als falsch bewertet werden. Im Moment der spezifischen versus globalen Selbstattribution sehen Lewis und Tangney den entscheidenden Aspekt, anhand dessen eine Unterscheidung zwischen Schuldgefühlen und Scham getroffen werden kann (vgl. 41.4).

Für Roseman (2001), wie auch Weiner (1985) zeichnen sich Schuldgefühle zudem durch eine, ihnen zugrunde liegende Bewertung hoher Kontrollmöglichkeiten des eigenen Handelns aus. Schuldgefühle fallen in Roseman´s Emotionstheorie unter die Emotionsfamilie der *„attack emotions"* (z.B. Roseman, 2001), da die zentrale Handlungsbereitschaft in einer Bewegung gegen das Selbst besteht („to move against the self", Roseman, 2001, 71). Dies ist so zu verstehen, dass im Fall von Schuldgefühlen das Selbst beispielsweise durch grüblerische Gedanken angegriffen wird. Das Selbst wird als falsch wahrgenommen und soll verändert werden. Das mit der Regulierung des Schuldgefühles verbundene Ziel besteht nach Roseman darin, dass einem vergeben wird.

Als charakteristisches Merkmal von Schulgefühlen wird die Bezogenheit der Bewertung des eigenen Handelns und der eigenen Verantwortlichkeit auf das Leiden einer anderen Person angenommen (z.B. Montada; 1993; Roos, 2000). Entscheidend ist demnach, dass das eigene Handeln negative Folgen für eine andere Person hat und der Handelnde diese bedauert und mit Mitgefühl für ihr Leiden zeigt (Arnold, 1960; Baumeister, Stillwell & Heatherton, 1994; Weiss, 1986). Dieser Aspekt von Schuldgefühlen wird vor allem in neueren theoretischen Ansätzen, die die soziale Funktion von Schuldgefühlen betonen, in den Vordergrund gerückt (Baumeister et al., 1994; Jones & Adams, 1995). Im Zentrum dieser Ansätze steht eine Loslösung der Definition von Schuldgefühlen von einem abstrakten internalisierten Moralsystem, hin zu einer an konkreten zwischenmenschlichen Erfahrungen und Verhaltensweisen orientierten Sichtweise der Entstehung von Schuldgefühlen (vgl. näheres dazu unter 4.2).

Von einigen Emotionstheoretikern werden Schuldgefühle als fundamentale Emotion angenommen, die durch evolutionär-biologische Prozesse entstanden ist und deren Erleben als universell gleichartig angenommen wird (Izard, 1994; Keltner & Haidt, 2001). Keltner & Haidt (2001) erklären die kulturelle Invarianz von Schuldgefühlen mit der universellen Existenz einer Norm der Etablierung und Aufrechterhaltung zwischenmenschlicher Reziprozität. Schuldgefühle treten dann auf, wenn diese Norm der Reziprozität verletzt wird. Trotz der Annahme eines universellen Erlebens von Schuldgefühlen bleibt über die je unterschiedlichen Sozialisationsbedingungen und –prozesse entsprechend viel Raum für kulturell variierende Ursachen und Konsequenzen, die mit dem Auftreten von Schuldgefühlen verbunden sind. Jedoch werden auch einige universelle Auslöser von Schuldgefühlen, etwa die Verletzung strenger sexueller Tabus oder Mord als angeboren postuliert. Zusätzlich zu diesen angeborenen Auslösern schreibt jede Kultur und jede Institution ihren Mitgliedern bestimmte Verhaltensnormen vor, die im entwickelten Gewissen mit Emotionen, und hier hauptsächlich mit Schuldgefühlen verknüpft sind (Izard, 1994).

Die Entwicklung von Schuldgefühlen steht demnach in engem Zusammenhang mit Prozessen der Internalisierung von Regeln, Verhaltensstandards, Normen und Wertvorstellungen. Diese je nach Kultur differierenden Regelsysteme werden vom Kind im Laufe seiner Entwicklung internalisiert und folglich als eigene Regelsysteme, an denen sich das Verhalten und Erleben orientiert, betrachtet. Das Erlernen und Internalisieren von Regeln erfordert die Fähigkeit das eigene Handeln, Erleben, Verhalten in Vergleich zu den vermittelten Regeln zu sehen. Weiters wird angenommen, dass die Entstehung von Schulgefühlen an die Fähigkeit gebunden ist, sich selbst als verantwortlich für das eigene Handeln, Erleben und Verhalten sehen zu können. Es muss angenommen werden, dass Prozesse der Vermittlung dieser Regeln seitens der primären Bezugspersonen und damit auch Prozesse der Internalisierung dieser Regeln, beim Kind bereits im zweiten Lebensjahr einsetzen (Lewis, 1993).

4.1.2 Psychoanalytische Erklärungsansätze

Psychoanalytische Ansätze definieren Schuldgefühle über deren zugrunde liegende Struktur des Über-Ichs. Freud konzeptualisierte Schuldgefühle als Konflikt zwischen Strebungen, Wünschen und Forderungen des Es und den mittels Über Ich internalisierten Regeln der Gesellschaft. Nach Freud erfolgt die Entwicklung von Schuldgefühlen über eine vorerst vorhandene Angst vor der Autoritätsperson, die die entsprechenden Regeln vertritt und die entsprechende Konsequenzen aus einer Regelübertretung deutlich macht. Zentral ist dabei zunächst die Angst vor Liebesverlust. Die Entwicklung des Über-Ich erfolgt über eine Internalisierung dieser Autoritäten; folglich wird die Angst vor externalen Autoritäten ersetzt durch die Angst vor dem Über-Ich. Angst ist bei Freud ein zentraler Bestandteil der Entwicklung und des Erlebens von Schuldgefühlen (Freud, 1924/1999; Freud, 1930/1999; Freud, 1932/1999). Die spezifische Ausbildung des Über-Ich wird an die Art der Lösung des

Ödipuskonfliktes gebunden. Die von Freud als Ideal beschriebene positive Lösung des Ödipuskonfliktes durch eine Identifizierung mit dem gleichgeschlechtlichen Elternteil, sorgt für eine in der weiteren Entwicklung objektunabhängige, autonome Regulierung von Konflikten durch die innere Struktur des Über-Ich (Freud, 1924/1999). Die psychoanalytische Theorie der Entwicklung des Über-Ichs geht also von der Idee aus, dass zunächst realen äußeren und phantasierten inneren Objekten im Laufe der Entwicklung spezifische Funktionen und Rollen für die intrapsychische Regulierung eines Individuums zukommen. Die Funktionen externer Autoritätsfiguren, die bewertende und anleitende Funktion übernehmen, werden im Laufe der Kindheit verinnerlicht und als System von Regeln, Affekten, Standards etc. in Form der psychischen Struktur des Über-Ichs repräsentiert. Regulierungsfunktionen, die ursprünglich von äußeren Figuren übernommen und erfüllt wurden, werden durch intrapsychische Regulierungsfunktionen ersetzt. Spätere psychoanalytische Weiterentwicklungen verlegen den Schwerpunkt von einem relativ unpersönlichen gesellschaftlichen Einfluss auf direkte zwischenmenschliche Einflüsse; so wird die Art der Beziehung zur ersten Bezugsperson für die Entwicklung des Über-Ich als von entscheidender Bedeutung angenommen (Sandler, 1960; Widmer, 1997).

Von Freuds Ideal einer objektunabhängigen, autonomen Regulierungsfunktion des Über-Ichs werden innerhalb der Psychoanalyse auch Abweichungen thematisiert. Es wird angenommen, dass das Über-Ich auch noch im Erwachsenenalter durch die Übernahme von Regulierungsfunktionen durch Anleitung oder Legitimierung funktioniert. Zudem wird die Entwicklung der Struktur des Über-Ich als wesentlich von kultur-, schicht- und geschlechtsspezifischen Faktoren beeinflusst gesehen. Diese beeinflussenden Faktoren wirken sich auf unterschiedliche Spezifitäten der Struktur des Über-Ich aus, die von Freuds postulierter prototypischer Struktur einer geglückten männlichen ödipalen Entwicklung westeuropäischer Mittelschicht abweichen (Widmer, 1997). Bedeutend ist zudem, dass im Laufe der weiteren Entwicklung des Kindes auch andere Personen als die der Eltern als Autoritätsfiguren oder Identifikationsfiguren dienen können; etwa übernehmen ab einem bestimmten Alter gleichaltrige und gleichgeschlechtliche Gruppen oder auch erwachsene Vorbilder einen wesentlichen Beitrag zur Setzung bestimmter Normen und Standards.

Bereits bei Freud wurde allerdings die Basis für eine weitere Sichtweise auf die Entwicklung von Über-Ich und Schuldgefühlen gelegt. Es handelt sich dabei um die Auffassung, dass es einen vitalen Aspekt des Gewissens gibt, der auf präödipalen Identifikationen mit den Eltern basiert und der bewunderte oder positive Aspekte dieser Beziehung enthält (Freud, 1923/1999). Diese Identifikationen beruhen im Unterschied zu den Über-Ich-Identifikationen nicht auf Verboten, Ablehnung und Furcht, sondern auf Liebe. Die Identifikationen resultieren in diesem Fall aus den alltäglichen Interaktionen von Kind und Bezugspersonen, womit auch das Alter des Beginnes der Internalisierung von

Über-Ich Konflikten vom heutigen psychoanalytischen Standpunkt aus, auf die Zeit zwischen ein und drei Jahren vorverlegt werden muss.

Ein abschließend wichtiger Aspekt liegt im Postulat, „dass das Über-Ich insbesondere unser Verhalten gegenüber Objekten, d.h. anderen Personen beurteilt" (Widmer, 1997, 46). Dies lässt sich wiederum verknüpfen mit neueren Ergebnissen zu auslösenden Inhalten des Erlebens von Schuldgefühlen, die vor allem in einer Verletzung von nahstehenden Personen bestehen (vgl. Baumeister, Stillwell & Heatherthon, 1995; Jones, Kulger & Adams, 1995). Gleich wie in aktuellen emotionspsychologischen Theorien, wird ein subjektives Gefühl der Verantwortung für die vom Über-Ich zensurierte Aktion als Voraussetzung gesehen, damit überhaupt eine Reaktion des Über-Ich, sprich das Erleben von Schuldgefühlen, erfolgt. Widmer (1997) weist auf den interaktiven Aspekt der Entstehung von Schuldgefühlen und dessen Zusammenhang mit der Verantwortlichkeitszuschreibung an das eigene Handeln hin: „Dieses subjektive Verantwortungsgefühl scheint auch Bedingung dafür zu sein, dass ein Individuum eine entsprechende affektive Rückmeldung des Über-Ichs erlebt wenn ihm die Aktion von einer anderen Person unterstellt oder vorgeworfen (also wie oben beschrieben, nicht vom Subjekt selber aktualisiert) wird. Wird mir eine Aktion unterstellt, für die ich mich nicht (auch nicht irrationalerweise) verantwortlich fühle, werde ich kaum Schuldgefühle, allenfalls Angst empfinden" (S.43).

4.1.3 Schuldgefühle – eine soziale Emotion

Neuere Forschungsansätze stellen die Frage, inwiefern Schuldgefühle über deren Verständnis als auf einer Verletzung internalisierter moralischer Standards beruhend, umfassend erklärt werden können. In Abgrenzung zum vorrangig intrapsychischen Fokus der Definition von Schuldgefühlen, wird vermehrt deren interpersonelle Entstehung und Regulierung in den Vordergrund gerückt (Bänninger-Huber & Widmer, 1996; Baumeister et al., 1994; Jones & Adams, 1995). Die, über das Zufügen von Schaden (z.B. durch Verletzung oder Vernachlässigung) einer bedeutenden anderen Person gegenüber resultierende Bedrohung einer emotional wichtigen Bindung, wird als zentraler Auslöser von Schuldgefühlen angenommen. Schuldgefühle erfüllen in diesem Zusammenhang wesentliche beziehungsfördernde Funktion, in dem sie zu Verhalten wie dem Ausdruck von Zuneigung oder dem Zeigen von Aufmerksamkeit und Fürsorge motivieren, das sich positiv auf die Beziehung auswirkt. Das alleinige Zugestehen von Schuldgefühlen kann dem Gegenüber bereits Wertschätzung und Sorge um die Beziehung signalisieren. Auf Seiten der geschädigten Person kann die Induktion von Schuldgefühlen als effiziente Technik der Beeinflussung des Partners eingesetzt werden. Schuldgefühle werden von Baumeister et. al. (1994, 1995a) in diesem Sinn als zwischenmenschliches Machtinstrument betrachtet. Eine weitere interaktive Funktion von Schuldgefühlen wird darin gesehen, dass es durch das Erleben von Schuldgefühlen auf Seiten des „Täters" zu einer Neuverteilung von emotionalem Leid in der Beziehung kommt. Dadurch, dass der Missetäter Schuldgefühle empfindet, wird das emotionale Ungleichgewicht etwas ausgeglichen, in dem nun nicht mehr nur der durch das Fehlverhalten verletzte Partner leidet. Gleichzeitig signalisieren die Schuldgefühle des Missetäters eine Wertschätzung der emotionalen Bindung zum Partner – „feeling guilty may be an effective way of communicating the existence of affectional ties" (Baumeister, Stillwell, Heatherton, 1995, 257). Ähnliche Weiterentwicklungen finden sich auch in psychoanalytischen Erklärungsansätzen von Schuldgefühlen. Weiss (1986) definiert Schuldgefühle als sich von Altruismus und Sorge um andere ableitend, und als verbunden mit der Angst, andere Menschen zu verletzen. Die adaptive Funktion von Schuldgefühlen steht in engem Zusammenhang mit dem menschlichen Bedürfnis Bindungen aufrecht zu erhalten. Weiss differenziert vier unterschiedliche Formen von Schuldgefühlen, die er allerdings vorrangig über deren maladaptive Funktionen definiert (vgl. 4.2.3).

4.1.4 Zur Differenzierung von Scham und Schuldgefühlen

Schuldgefühle und Scham werden als nah verwandte emotionale Prozesse konzeptualisiert und entsprechend sowohl in theoretischen Ansätzen als auch empirischen Untersuchungen oftmals gemeinsam behandelt. Beide Emotionen beinhalten den Bezug zu einem internalisierten System an Regeln und Normen, die durch ein bestimmtes Verhalten, einen bestimmten Wunsch oder durch das Erleben einer Emotion verletzt wurden. Beide Emotionen werden entsprechend als selbstbezogene oder selbstreflexive Emotionen verstanden.

Ansätze zur Differenzierung der beiden Emotionen versuchen deren je unterschiedliche Funktion für die Entwicklung der Persönlichkeit, deren Rolle bei der Entwicklung und Aufrechterhaltung von psychischen Erkrankungen, sowie deren Funktionen für die Regulierung zwischenmenschlicher Beziehungen zu klären. Viel diskutiert ist nach wie vor die von Lewis (1971) entwickelte Theorie, nach der sich die beiden Emotionen durch eine je unterschiedliche Rolle des Selbst im Erleben dieser Emotionen unterscheiden. Bei Scham ist es das Selbst direkt, das negativ bewertet wird. Schuldgefühle hingegen zeichnen sich durch eine Fokussierung auf eine negative Bewertung der Handlung aus: *„In guilt, the self is negatively evaluated in connection with something but is not itself the focus of the experience"* (Lewis, 1971, p. 30). Aus diesen differierenden Bewertungsschwerpunkten ergibt sich ein je unterschiedliches Erleben und Ausdrucksverhalten der beiden Emotionen. Durch die globale Negativbewertung des Selbst bei Scham, kommt es zu einem sehr schmerzvollen subjektiven Erleben, das durch Gefühle der Minderwertigkeit, der Wertlosigkeit und der Machtlosigkeit, verbunden mit dem Wunsch sich zu verstecken oder aus der Situation zu fliehen, gekennzeichnet ist. Schuldgefühle werden nach Lewis (1971) im Unterschied dazu weniger schmerzhaft erlebt, da die eigene Identität nicht im Kern angegriffen wird. Subjektiv werden

Schuldgefühle im Unterschied zu Scham durch Gefühle der Spannung und Reue über das Fehlverhalten erlebt, verbunden mit dem Wunsch sich anders verhalten zu haben und dem Wunsch der Wiedergutmachung des Schadens. Sehr ähnlich zu dieser Unterscheidung von H.B. Lewis, differenziert Michael Lewis (2000) gegenwärtig Scham von Schuldgefühlen durch deren je unterschiedliche Bewertung der auslösenden Bedingungen: Scham resultiert demnach aus einer Misserfolgsbewertung und einer auf das Selbst bezogenen globalen Attribution des Fehlverhaltens. Schuldgefühle unterscheiden sich hier von Scham durch das Moment der spezifischen Attribution: nicht das Selbst als Ganzes, sondern nur die spezifische Handlung oder Unterlassung wird negativ bewertet. Das subjektive Empfinden konzeptualisiert auch Michael Lewis als charakterisiert durch den Wunsch sich zu verstecken oder zu verschwinden. Subjektiv werden Schuldgefühle ebenfalls sehr unangenehm erlebt, werden jedoch aufgrund des Bezuges auf einen eingegrenzten Bereich eigenen Handelns als nicht so intensiv negativ erlebt wie Scham.

Diese getroffene Unterscheidung zwischen dem Fokus auf das Selbst vs. auf die konkrete Handlung konnte auch empirisch bestätigt werden (Gilbert, Pehl, & Allan, 1994; Niedenthal, Tangney, & Gavanski, 1994). Niedenthal et. al. (1994) etwa baten Studenten, sich an eigene Scham und Schuldgefühlsituationen zu erinnern und anschließend Alternativen zu entwickeln, wie das Ereignis hätte anders verlaufen können, wenn die Situation oder das eigene Verhalten anders gewesen wären. In den Schamsituationen wurden Alternativen entwickelt, die darin bestanden, das Ereignis durch eine Änderung von Qualitäten des Selbst anders zu gestalten. Die berichteten Änderungsvorschläge für den Ausgang der Schuldgefühlsituation hingegen zentrierten um eine Veränderung der eigenen Handlungsweise. Ebenfalls bestätigt werden konnten die theoretisch postulierten Unterschiede im Erleben sowie den damit verbundenen handlungsmotivierenden Funktionen beider Emotionen. In Situationsbeschreibungen zu selbst erlebten Scham- und Schuldgefühlereignissen wurden Schamerlebnisse als aversiver, intensiver, begleitet von Gefühlen der Minderwertigkeit und der Isoliertheit von anderen beschrieben. Der Handlungsimpuls bei Scham wurde mit dem Wunsch sich zu verstecken angegeben. Schuldgefühle hingegen implizierten eher den Impuls zu gestehen und etwas zu tun, um den Schaden gut zu machen. Zudem berichten Personen in Schamsituationen signifikant häufiger von Gefühlen, der Beobachtung anderer ausgesetzt zu sein, als bei Schuldgefühlen (Lindsay-Hartz, 1984; Tangney et al., 1996). Schuldgefühle motivieren im Unterschied zu Scham häufiger zu aktiven Strategien der Bewältigung, die vor allem eine stärkere interaktive Orientierung beinhalten (z.B. Lazarus, 1991; Mikulincer & Florian, 1996/1997; Weiner, 1985). Auch wenn Schuldgefühle und Scham nur unzureichend über deren auslösende Situationen differenziert werden können, zeigte sich, dass Scham im Unterschied zu Schuldgefühlen auch häufig aufgrund nicht-moralischer Vergehen, wie dem Scheitern in Leistungssituationen oder im Kontext sozial unangebrachten Verhaltens erlebt wird (Eisenberg, 2000). Zur oftmals engen Verbindung der auslösenden Situationen von Scham und Schuldgefühlen argumentiert Weiss (1986), dass beide Emotionen in der Ontogenese oft gemeinsam auftreten würden: Ein Kind das wiederholt und/oder streng bestraft wird, würde sowohl Schuldgefühle gegenüber den Eltern empfinden, da es diese erzürnt hat, als auch Scham über das bestrafte Verhalten. Wie neuere entwicklungspsychologische Untersuchungen zeigen, ist anzunehmen, dass sich hier noch feinere Differenzierungen je nach elterlichen Reaktionen auf ein Fehlverhalten des Kindes bzw. der Häufigkeit, mit der ein Verhalten des Kindes als Fehlverhalten beurteilt wird, treffen lassen. Es kann zum Beispiel entscheidend für die Entwicklung einer engen Verknüpfung von Scham und Schuldgefühlen sein, welcher Art die elterliche Reaktion ist und welche Disziplinierungsstrategien zur Ahndung des Regelverstoßes eingesetzt werden (z.B. Eisenberg, 2000; Juen, B., 2001).

Scham kann Schuldgefühlen auch zugrunde liegen, da es sich bei Schuldgefühlen um diejenige der selbstreflexiven Emotionen handelt, die durch ihre handlungsbezogene Bewertung besser bewältigbar und kontrollierbar ist. Schuldgefühle implizieren, dass man etwas tun kann, während Scham oftmals in Zusammenhang steht mit dem Rückzug auf ein als minderwertig empfundenes Selbst (vgl. Frijda, 1986). Beschrieben wird auch eine Spirale aus Scham, Wut und Schuldgefühlen, in der sich die drei Emotionen in einem Kreislauf spezifischer individueller Reaktionen und daraus resultierender interaktiver Verhaltensweisen verstärken. Durch die Beschämung einer nahe stehenden Person wird zur Regulierung der Scham oftmals Ärger und Wut bzw. entsprechende interaktive aggressive Verhaltensweisen (Vorwürfe, Beschuldigungen bis hin zu physischer Aggression) eingesetzt. Aus der durch die gezeigten aggressiven Verhaltensweisen resultierenden Verletzung anderer, können Schuldgefühle resultieren. Gleichzeitig kann der gezeigte Ärger oder die ausgeführten aggressiven Verhaltensweisen zu einer „Gegen"-Beschämung des Interaktionspartners führen, der dann wiederum entsprechende Reaktionen folgen lassen wird (z.B. Volkart & Heri, 1996). Tangney & Deardon (2002) beschreiben, wie derartige gegenseitige Beschämungsstrategien in Paarbeziehungen mit einem eher ungünstigen Verlauf der Beziehung in Zusammenhang stehen. Möglicherweise können in diesen Kontexten die ansonsten sehr prosozialen Handlungstendenzen von Schuldgefühlen in ihrer engen Verknüpfung mit Scham und Wut nicht mehr zum Tragen kommen.

4.2 Phänomenologie, Funktion und Regulierung von Schuldgefühlen

4.2.1 Externale und intrapsychische auslösende Ereignisse von Schuldgefühlen

Wie bereits in den einführenden Defintionen zu Schuldgefühlen erläutert, wird angenommen, dass Schuldgefühle über spezifische kognitive Bewertungsprozesse eines Vergleiches zwischen eigenem Handeln und internalisierten Normen und Werten ausgelöst werden. Dadurch erklärt sich auch die breite inter- und intraindividuelle Variation, mit der auf unterschiedliche Situationen mit dem Erleben von Schuldgefühlen reagiert wird. Je nach internalisiertem Regelsystem, das mit je spezifischen affektiven Repräsentanzen des Selbst und der Beziehung zu anderen „besetzt" ist, werden für manche Personen beispielsweise bereits sehr geringfügige zwischenmenschliche Vergehen zum Erleben von Schuldgefühlen führen, die für andere wiederum keinen derartigen Affekt nach sich ziehen. Dennoch lassen sich Ereignisse identifizieren, die sehr häufig zum Auftreten von Schuldgefühlen führen. Dabei kann es sich um intrapsychische Auslöser handeln, die durch die bloße Vorstellung einer Regelübertretung, dem Wunsch nach einem bestimmten Verhalten oder dem Wunsch nach einem bestimmten Objekt, zu einem Konflikt mit internalisierten Normen und Regeln führen. Beispiele dafür wären aggressive Phantasien und Vorstellungen, sexuelle Phantasien und Vorstellungen, oder auch Gedanken und Wünsche der Verwirklichung eigener Bedürfnisse und Ziele, die andere verletzen würden. Als sehr häufige externale Auslöser von Schuldgefühlen werden Handlungen oder Unterlassungen genannt, die einer anderen, meist nahestehenden Person, Schaden zufügen. Jemand anderen zu vernachlässigen, einer Verpflichtung einer anderen Person gegenüber nicht nachzukommen, romantische oder sexuelle Untreue, sich gemein gegenüber jemand anderem zu verhalten, auf Kosten von jemand anderem zu profitieren oder das Vertrauen nahe stehender Personen zu missbrauchen, werden als sehr häufige Auslöser von Schuldgefühlen genannt (z.B. Baumeister, Reis, & Delespaul, 1995; Brooke, 1985; Keltner & Buswell, 1996; Tangney, 1992). Schuldgefühle entstehen jedoch nicht nur aus Gründen der Verletzung anderer Personen, sondern stehen auch in Zusammenhang mit der Verfehlung persönlicher Idealvorstellungen. Etwa werden als Auslöser von Schuldgefühlen häufig das Brechen einer Diät, zu viel oder zu ungesund zu essen, oder auch das Versäumnis ausreichend Sport zu betreiben, genannt (Bänninger-Huber, Juen, Peham, & Ganzer, in press; Keltner & Buswell, 1996).

Zudem muss angenommen werden, dass auch einige wenige kulturübergreifende Inhalte schuldgefühlauslösender Situationen bestehen. Izard (1994) etwa nennt Mord oder die Verletzung strenger sexuelle Tabus wie Inzest als zwei dieser als universell angenommenen Themen. Ansonsten muss je nach kulturell geltenden moralischen Normen und sozial-konventionellen Regeln eine breite Variation in den Auslösern von Schuldgefühlen angenommen werden. Gleiches gilt für die interindividuelle Variation der Auslöser, die von je persönlichen Sozialisationsprozessen wie etwa der Entwicklung des Selbst (inkl. moralischem Selbst), den Interaktionserfahrungen mit den primären Bezugspersonen, den damit verbundenen affektiven Erlebnisses und deren Regulierung, wesentlich beeinflusst werden.

4.2.2 Erleben und Ausdruck von Schuldgefühlen

Das subjektive Erleben von Schuldgefühlen wird als intensives, quälendes Gefühl beschrieben, das in Verbindung steht mit einem Gefühl im Unrecht einer Person gegenüber zu sein. Im Kontext des subjektiven Erlebens von Schuldgefühlen, das als vielfältig und komplex angenommen werden muss, werden auch sehr häufig Trauer, Sorge, Verzweiflung, Angst, Gefühle der Ausweglosigkeit und Isolierung, aber auch Ärger gegen sich selbst oder die Situation erlebt.

Schuldgefühle gehen meist mit einer sehr starken kognitiven Beschäftigung mit dem Fehlverhalten und der Entwicklung von Plänen, um die Dinge wieder in Ordnung zu bringen, einher. Diese mit dem Erleben von Schuldgefühlen auftretenden Kognitionen werden beispielsweise als Selbstvorwürfe oder als „Gewissensbisse" erlebt (Bänninger-Huber, Brauchle & Krampl; Brooke, 1985; Izard, 1994). Frijda (1986) etwa beschreibt das Erleben von Schuldgefühlen als aus der Spannung zwischen dem Impuls vor dem eigenen Fehlverhalten und dem Eingeständnis der Verletzung anderer zurückzuschrecken mit dem gleichzeitigen Wissen, dass dies nicht möglich ist, resultierend – „it is knowing one cannot claim what one would like to be and, consequently it is trying to be less arrogant, more modest, seeing life events more from two sides" (Frijda, 1986, 100). Das Erleben von Schuldgefühlen wird vor dem Hintergrund der interpersonellen und prosozialen Funktion von Schuldgefühlen auch als empathisches Mitfühlen mit dem Leid und der Verletzung der anderen Person beschrieben (O'Connor, Berry, Weiss, Bush, & Sampson, 1997). Die mit dem Schuldgefühl in sehr engem Zusammenhang stehende Angst kann als Angst vor den Konsequenzen, die mit der Regelübertretung verbunden sind, verstanden werden. Es wird angenommen, dass dabei die Angst vor einem Beziehungsverlust im engeren und sozialem Ausschluss im weiteren Sinne, sehr häufig erlebt wird (Baumeister, Stillwell & Heatherton, 1994; Brooke, 1985; de Rivera, 1977).

Die Intensität des Erlebens von Schuldgefühlen, sowie das Ausmaß der notwendigen Regulierungsprozesse, werden sehr wesentlich von der Art und dem Ausmaß des Vergehens, sowie individuellen Dispositionen zum Erleben von Schuldgefühlen abhängen. Beispielsweise werden Schuldgefühle aufgrund von Verletzungen anderer Personen, die aus eigener Fahrlässigkeit entstanden sind, meist zu einem intensiveren Erleben und nachhaltigeren Regulierungsprozessen führen, als Vergehen, die sich auf eine Verletzung persönlicher Idealvorstellungen beziehen (vgl. z.B. das erwähnte Beispiel zu wenig Sport zu betreiben) (z.B. Montada, 1993).

Ein spezifischer nonverbaler Ausdruck für Schuldgefühle konnte bisher nicht identifiziert werden. Izard (1994) beschreibt als Ausdruck von Schuldgefühlen das Senken des Kopfes, die Abwendung des Blickes und eine Vermeidung des Blickkontaktes. All diese von ihm genannten Ausdrucksformen für Schuldgefühle lässt er jedoch auch gleichermaßen für den Ausdruck von

Scham gelten. Unterschiedlich sei, dass Erröten als Indikator für Scham und eine Art „bedrücktes Aussehen" als Indikator für Schuldgefühle spezifisch sei. Dieser als „bedrückt" bezeichnete Ausdruck wird von Ulich & Mayring (2003) als Ausdrucksmuster „in Richtung Trauer, Niedergeschlagenheit, Verzweiflung" (S. 184) interpretiert. Diese Annahme kann mit dem von mehreren Autoren diskutierten, mit Schuldgefühlen einhergehenden empathischem „Distress", d.h. der Erfahrung eigenen Leidens über das Leid der anderen, in Zusammenhang gesetzt werden. Auch die Komponente des Erlebens von Verzweiflung über das begangene Fehlverhalten kann hier eingereiht werden. Zum Ausdruck von Schuldgefühlen existieren weiters zum Teil sehr abstrakte Beschreibungen und Vermutungen. So meint etwa Lewis zum körperlichen Ausdruck von Schuldgefühlen (1993): „...in guilt we see an individual moving in space as if trying to repair an action" (p. 569). Er bezeichnet die Unterschiede im körperlichen Ausdruck zwischen Scham und Schuldgefühlen sogar als sehr bedeutend und meint, sie seien wichtig in der Unterscheidung der beiden Emotionen. Empirisch validiert konnten diese Annahmen bisher nicht werden.

Bänninger-Huber (1992), die in der Untersuchung der psychotherapeutischen Interaktion das mimisch-affektive Verhalten einer Klientin im Kontext von Schuldgefühlen mikroanalytisch untersuchte, stellte fest, dass sich kein spezifischer Emotionsausdruck für Schuldgefühle identifizieren lässt. Vielmehr führen Schuldgefühle zu interaktiven Copingstrategien, die als charakteristisch für die Regulierung von Schuldgefühlen angenommen werden müssen. Beobachtet werden können in Kontexten des Erlebens von Schuldgefühlen zudem nonverbale Indikatoren für eine vorliegende Störung in der Affektregulierung der Person. Dabei handelt es sich beispielsweise um das Abwenden des Kopfes und des Blickes vom Interaktionspartner, um verschiedene Adaptoren, um bestimmte Formen des Lächelns sowie um das Zeigen negativer Affektausdrucksmuster (vgl. 3.3.1).

In der einzigen systematischen und vergleichenden Untersuchung unterschiedlicher Ausdrucksmuster für die Gruppe sozial-moralischer Emotionen Scham, Peinlichkeit und Schuldgefühle, postulierten Keltner & Buswell (1996) eine Reihe von Ausdrucksmustern für Schuldgefühle: Unter Berufung auf Higgins (1987), der Selbstverachtung als Teil des Erlebens von Schuldfühlen annahm, legen Keltner & Buswell (1996) ein unilaterales Anspannen der Mundwinkel, sowie einen nach unten gewandten Blick und Kopf als erstes mögliches Ausdrucksmuster fest. Weiters wurde Mitleid als Bestandteil des Erlebens von Schuldgefühlen angenommen und zwar als Reaktion auf das Leiden des Anderen, das durch das eigene Fehlverhalten verursacht wurde. Der dazu gehörige Ausdruck wurde definiert als das Hochziehen der inneren Augenbrauen, das Zusammenziehen und/oder Absenken der Augenbrauen, sowie einer nach vorne geneigten Kopfhaltung. Zudem postulieren die Autorinnen den Ausdruck von Schmerz als möglichen mimischen Indikator für das Erleben von Schuldgefühlen. Diese Annahme basiert auf Ergebnissen, nach denen Kinder und junge Erwachsene nach einem

Fehler einen Ausdruck von Schmerz zeigten. Das Begehen eines Fehlers wiederum wird von den Autorinnen als Auslöser für Schuldgefühle betrachtet. Der Ausdruck von Schmerz könnte demnach den Stress kommunizieren, der mit der Erwartung von Strafe verbunden ist. Das für Schmerz postulierte Ausdrucksmuster besteht aus einem komplexen Zusammenwirken einer Vielzahl von Muskelbewegungen: dem Absenken und/oder Zusammenziehen der Augenbrauen; dem Hochziehen der Wangen; dem Hochziehen der Oberlippe; dem Hochziehen der Mundwinkel, einem Zusammenpressen der Lippen, sowie dem Schließen der Augen. Diese drei Ausdrucksmuster für Selbstverachtung, Mitleid und Schmerz wurden neben weiteren, für Scham und Peinlichkeit postulierten Ausdrucksmustern, Studenten zur Beurteilung vorgelegt. Das zu beurteilende Stimulusmaterial bestand aus Fotografien der willkürlich dargestellten postulierten Ausdrucksmuster. Aus einer vorgegebenen Liste von vierzehn Emotionen, sowie der Option, dass es sich beim gezeigten Ausdrucksmuster um keine Emotion handelt, ordneten die Versuchspersonen die entsprechenden Ausdrucksmuster den Emotionsbegriffen zu. Keines der vorgegebenen postulierten Ausdrucksmuster wurde primär Schuldgefühlen zugeordnet. Das Ausdrucksmuster für Selbstverachtung wurde am häufigsten Scham zugeordnet, jenes für Mitleid der gleich lautenden Kategorie Mitleid, sowie jenes für Schmerz der Kategorie Schmerz. Wie auch immer man zu den von den Autorinnen gewählten Operationalisierungen stehen mag, das Resultat der Untersuchung bestätigt bisherige empirische Ergebnisse zu einem Fehlen eines spezifischen nonverbalen Ausdrucksmusters von Schuldgefühlen.

4.2.3 Zur Funktion von Schuldgefühlen

Schuldgefühle werden als ein wichtiger Mechanismus für die Sozialisation des Einzelnen betrachtet. Dies leitet sich aus der Annahme ab, dass Schuldgefühle eine sehr wesentliche Rolle für das Funktionieren gesellschaftlichen Zusammenlebens spielen, in dem sie in jedem Einzelnen eine sehr effiziente Überwachungsfunktion der je geltenden Normen und Regeln gewährleisten. Schuldgefühle werden in diesem Sinn in Zusammenhang gebracht mit der Förderung spezifischer, für das zwischenmenschliche Zusammenleben günstiger Merkmale und Verhaltensweisen, wie etwa der Entwicklung eines Verantwortungsgefühls, der Förderung kooperativen Handelns, sowie der Reduktion aggressiver Verhaltensweisen (Ausubel, 1955; Bänninger-Huber et al., 2001; Baumeister et al., 1995c; Izard, 1994; Jones, Kugler & Adams, 1995). Die Antizipation und Vermeidung von Schuldgefühlen kann als Basis für die Entwicklung persönlich-sozialer Verantwortlichkeit, sowie der Einhaltung gesellschaftlicher Normen und Regeln dienen (Costa, Dinsbach, Manstead, & Ricci Bitti, 2001; Zahn-Waxler & Robinson, 1995).

Das Auftreten von Schuldgefühlen selbst steht ebenfalls mit günstigen Funktionen in Verbindung: Izard (1994) etwa nimmt an, dass Schuldgefühle auf einer direkten zwischenmenschlichen Ebene helfen, die Person, der man

Schaden zugefügt hat, als leidend, verletzt und gekränkt wahrzunehmen, und entsprechend prosoziales Verhalten motivieren. Dies entspricht der von einer Mehrzahl von Forschern geteilten Ansicht, einer beziehungsstärkenden Funktion von Schuldgefühlen (z.b. Bänninger-Huber & Widmer, 2002; Baumeister et al., 1994; Miceli, 1992; O'Connor et al., 1997), sowie des Potentials von Schuldgefühlen als Motivator für Verhaltensänderungen zu wirken. Baumeister et al. (1995a, 1995b) konnten beispielsweise belegen, dass Menschen, die aufgrund eines bestimmten Verhaltens Schulgefühle erleben, eher angaben, eine Lektion gelernt zu haben und ihr Verhalten in Zukunft ändern zu wollen, als Personen, die aufgrund einer Regelübertretung keine Schuldgefühle empfanden. Schuldgefühle könne also Mittel der Verhaltensänderung und der Anpassung an die Wünsche und Erwartungen anderer bzw. an abstraktere Normen und Werte gesehen werden. Auch de Rivera (1984) betont die soziale Funktion von Schuldgefühlen: Emotionen werden von ihm generell als „emotionale Beziehungen" konzeptualisiert, d.h. als Prozesse, die anzeigen, wie man selbst in Beziehung zu Anderen steht. Demnach stehen Schuldgefühle in Zusammenhang mit einer Unsicherheit, ob man selbst noch Teil der Gruppe ist. Schuldgefühle erfüllen demnach die Funktion trotz des regelwidrigen Verhaltens ein Teil der Gruppe und so auch in Beziehung zu bleiben (de Rivera, 1984). Frijda (1986, 1996) spricht eine weitere Funktion von Schuldgefühlen an, die unter dem Aspekt der Wahrung intrapsychischer Kontrolle gesehen werden kann: „Wenn ich mich schuldig fühle, ist die Ursache meines Leidens in meiner Hand; ich kann diese also im Prinzip durch Anstrengung und Sühne rückgängig machen. Auch entziehe ich den Anderen Schuld und kann damit fortfahren, sie zu respektieren und mich auf sie zu stützen" (Frijda, 1996, 219).

Obwohl Schuldgefühle, wie so eben ausgeführt, sehr adaptive soziale Funktionen bezüglich der Entwicklung, Aufrechterhaltung und Stärkung von Beziehungen erfüllen, können sie auch maladaptive Funktionen erfüllen und wirken dann hinsichtlich des Zusammenlebens und der Organisation der Persönlichkeit dysfunktional (Tangney & Salovey, 1999). Damit ist deren wesentliche Rolle bei der Entwicklung und Aufrechterhaltung unterschiedlicher psychischer Störungen angesprochen. Weiss (1986) etwa unterscheidet vier Formen von Schuldgefühlen, die er mit deren vorrangig maladaptiver Funktion in intrapsychischer wie interaktiver Hinsicht in Zusammenhang bringt. Die von ihm postulierten vier unterschiedlichen Formen von Schuldgefühlen leiten sich aus der aufgrund ontogenetischer Erfahrungen entwickelter pathogener Überzeugungen über das eigene Selbst in Bezug zu anderen ab. Weiss unterscheidet *„survivor guit", „separation guilt", „omnipotent responsibility guilt"* und *„self-hate guilt"* anhand der damit verbundenen pathogenen internalisierten Überzeugungsmuster und auslösenden Inhalte. Das Konzept der *„survivor guilt"* entwickelte sich primär aus der klinischen Beobachtung, dass Überlebende nationalsozialistischer Konzentrationslager Jahre später oftmals Depressionen oder somatische Symptome entwickelten, wobei Schuldgefühle über das eigene Überleben eine zentrale Rolle spielten. *„Survivor Guilt"* bezieht sich jedoch auch auf „alltäglichere" Formen eines besseren „Überlebens", als es etwa den Eltern oder den Geschwistern möglich ist. Diese Form von Schuldgefühlen basiert auf der irrationalen Überzeugung, dass das Erreichen von für einen selbst guten und wichtigen Zielen, jemand anderem Schaden zufügt, also auf Kosten von dessen Wohlergehen geht. *„Separation Guilt"* bezieht sich im Unterschied dazu auf die Überzeugung, wichtigen Bezugspersonen durch die mit der Entwicklung einer eigenen Existenz notwendigen Trennung von diesen, Schaden zuzufügen. *„Separation Guilt"* basiert oftmals auf dem unbewussten Glauben, die andere Person werde dann sterben. *„Omnipotential responsibility guilt"* ist gekennzeichnet durch übertriebene Gedanken der Verantwortlichkeit und Sorge um das Glück und Wohlbefinden anderer, die sowohl *„survivor"* als auch *„separation guilt"* begleiten, als auch unabhängig von diesen sein können. Im Prinzip wird hier die an sich adaptive Funktion von Schuldgefühlen, anderen Sorge und Anteilnahme zukommen zu lassen, übertrieben, in dem sich die Schuldgefühle nicht mehr auf reales Fehlverhalten beziehen, sondern auch aufgrund nicht vorhandenen eigenen Fehlverhaltens erlebt werden. *„Self hate guilt"* ist zu verstehen als eine Bestrafung der eigenen Person mit negativen Gedanken, Gefühlen und Verhaltensweisen, wobei die eigene Person mit den Augen der abwertenden, zurückweisenden Eltern gesehen wird. Ontogenetisch beruht *„self hate guilt"* auf einer Internalisierung und Identifikation mit der elterlichen Haltung, wobei das Schuldgefühl dazu dient, die Bindung zu den Bezugspersonen trotz deren abwertenden, lieblosen Verhaltens aufrecht zu erhalten.

Eine Anzahl von Studien belegt den Zusammenhang zwischen allen vier Formen von Schuldgefühlen und der Entwicklung psychischer Symptome. Interpersonelle Schuldgefühle weisen, wenn sie mit pathogenen Überzeugungen verknüpft sind, signifikante Zusammenhänge mit psychologischen Problemen auf. Etwa erwies sich das Erleben aller vier Formen von Schuldgefühlen bei drogenabhängigen Personen im Vergleich zu einer gesunden Kontrollstichprobe als signifikant höher. Depressive Personen unterschieden sich von einer gesunden Probandengruppe vor allem durch signifikant höhere Werte in *„survivor guilt"* und *„omnipotent responsibility guilt"* (O'Connor, Berry, & Weiss, 1999; O'Connor et al., 1997; O'Connor, Berry, Weiss, & Gilbert, 2002).

Andere Autoren differenzieren weiters ein sogenanntes „existentielles Schuldgefühl" (Montada, 1993) oder Basisschuldgefühl (Hirsch, 2000), von Schuldgefühlen, die aus realen Handlungen oder Unterlassungen resultieren. Montada's Konzept der „existentiellen Schuld" bezieht sich auf Schuldgefühle, die aus einem Erfahren von Vorteilen gegenüber anderen resultieren. „Nicht jeder ist glücklich, wenn er derjenige ist, der eine Katastrophe überlebt hat, der einer Verfolgung entkommen ist oder der auf der Sonnenseite der Welt lebt" (Montada, 1993, 264). Die Ähnlichkeiten zu Weiss' Konzept der *„survivor guilt"* sind groß. Davon unterscheidet sich die von Hirsch getroffene zusätzliche Differenzierung von Basisschuldgefühlen, die er als im engeren Sinne existentiell definiert. Darunter versteht er Schuldgefühle, die aufgrund der bloßen Existenz der eigenen Person erlebt werden und ihre Wurzeln in einer Erfahrung des Unwillkommen-Seins in der Welt durch die primären Bezugspersonen hat (Hirsch, 2000). Hirsch unterscheidet weiters Schuldgefühle aus Vitalität und Trennungsschuldgefühle, die den Konzepten der *„survivor"* und *„separation guilt"* von Weiss entsprechen. Als vierte Form differenziert er das traumatische Schuldgefühl, mit dem er die häufig auftretenden Schuldgefühle bei Opfern von Misshandlungen erfasst.

Ein konkretes Beispiel für eine maladaptive Funktion und Regulierung von Schuldgefühlen stellen nach traumatischen Ereignissen auftretende massive Schuldfühle, die auf keiner realen Schuld der Person basieren, dar. Diese Personen unterliegen oftmals dem sog. „Rückschaufehler" – d.h. der Informationsstand nach dem Unglück wird als Basis für die Bewertung des eigenen Handelns vor oder während des Unglücks verwendet und darauf vergessen, dass man diese Informationen vor dem Unglück nicht hatte, und die Vorzeichen, sofern es welche gab, anders interpretieren musste (Bänninger-Huber, Brauchle & Krampl, 2001).

4.2.4 Intrapsychische, interaktive und handlungsbezogene Regulierungsstrategien von Schuldgefühlen

In Anlehnung an Bänninger-Huber & Widmer (1996) und Widmer (1997) werden unter Regulierungsprozessen im Kontext von Schuldgefühlen all jene intrapsychisch, interaktiv oder handlungsbezogen gesetzten Maßnahmen verstanden, die das Erleben von Schuldgefühlen vermeiden, vermindern oder abwehren sollen. Der Übersichtlichkeit der Darstellung halber werden die drei genannten Bereiche intrapsychisch, interaktiv und handlungsbezogen separat behandelt, obwohl aus einer theoretischen Perspektive ein komplexes Zusammenwirken dieser Prozesse angenommen werden muss (vgl. auch Kap. 3.1). Dem hier verwendeten Begriff der Regulierung liegt keine Annahme über deren günstige oder ungünstige Auswirkungen auf den Erfolg der Regulierung zugrunde.

Als charakteristische intrapsychische Regulierungsprozesse von Schuldgefühlen werden die innere Auseinandersetzung mit der eigenen Verfehlung, das Fassen von Vorsätzen, sich zukünftig anders zu verhalten oder die Entwicklung von Plänen zur Wiedergutmachung der Schuld diskutiert. Im Fall von sehr intensiven und quälend erlebten Schuldgefühlen kann eine immer wiederkehrende gedankliche Beschäftigung mit der eigenen Tat oder auch dem Leid der geschädigten Person auftreten. Auch eine Verlegung des Aufmerksamkeitsfokus weg von den Konsequenzen der Tat, Prozesse der externalen Attribution der Verantwortung für das Geschehene oder das Leugnen einer Absicht hinter dem eigenen Verhalten können als intrapsychische Regulierungsprozesse angenommen werden (Bänninger-Huber, Brauchle & Krampl, 2001; Baumeister, Stillwell & Heatherton, 1994; Baumeister, Reis & Delespaul, 1995; Izard, 1994; Frijda, 1986; Lewis, 1993; Miceli &

Castelfranchi, 1998; Montada, 1993; Widmer, 1997). Psychoanalytische Konzepte formulieren als intrapsychische Regulierungsstrategien verschiedene Prozesse der Abwehr – sei es der Abwehr, des mit dem Schuldgefühl verbundenen, vom Über-Ich zensurierten Wunsches, oder der Abwehr der Schuld an sich. Diese Abwehr wird durch spezifische intrapsychische wirkende Prozesse, wie sie etwa mit den Konzepten der Verdrängung, Verleugnung oder Vermeidung beschrieben werden, umgesetzt. Ein Beispiel für wirkende Abwehrprozesse kann etwa in Anlehnung an Weiss' Konzept der separation guilt (Weiss 1986; vgl. 3.2.2) in der Verdrängung des frühkindlichen Wunsches nach autonomer Entwicklung und eine Transformation dieses Wunsches in sein Gegenteil („ich möchte mich niemals von meiner Mutter trennen"), gesehen werden. Schuldgefühle werden hier bereits über eine Verhinderung ihrer Aktualisierung reguliert.

Aus experimentellen Untersuchungen, in denen Personen im Glauben gelassen wurden, dass anderen Personen aufgrund ihres Verhaltens ein Elektroschock zugefügt wurde, während sie selbst ihn vermeiden konnten, zeigte sich der Effekt der Regulierung der eigenen Schuldgefühle über eine anschließende Externalisierung der Schuld oder der Abwertung der anderen Person (nach O'Connor et al., 1997). Durch die Abwertung der Person erfolgt die Schaffung von Distanz und eine Verringerung der Bedeutung, der zu dieser Person unterhaltenen Beziehung. Dies kann in Zusammenhang gesetzt werden zu Annahmen über die interpersonelle Funktion von Schuldgefühlen: Wesentlich für ein Erleben von Schuldgefühlen scheint eine nahestehende und von Wertschätzung geprägte Beziehung zur geschädigten Person zu sein. Durch eine Regulierung über die Abwertung der geschädigten Person wird auch die Gefahr des Beziehungsverlustes reduziert (Baumeister, Stillwell & Heatherton, 1995a; Jones, Kugler & Adams, 1995).

Als interaktive und handlungsbezogene Regulierungsstrategien im Kontext von Schuldgefühlen werden Entschuldigungen, Zugeständnisse und Wiedergutmachungs-handlungen als besonders effiziente Strategien der Reduktion von Schuldgefühlen angenommen (z.B. Baumeister, Stillwell & Heatherton, 1994; Keltner & Haidt, 2001). Auch Geständnisse des Fehlverhaltens werden als Regulierungsstrategie von Schuldgefühlen diskutiert. Schuldgefühle werden beispielsweise als Motivator berichtet, um eheliche Untreue zu gestehen, verknüpft mit der Hoffnung auf Vergebung durch den Beziehungspartner (Baumeister, Stillwell & Heatherton, 1994). Die schuldgefühlregulierende Wirkung von Geständnissen kann zum einen in Zusammenhang gebracht werden mit der Reduktion der emotionalen Anspannung, die mit einer Geheimhaltung verbunden war. Zum anderen könnte hier auch die von de Rivera (1984) angenommene Funktion von Schuldgefühlen, dadurch ein Bestandteil der Gesellschaft, des sozialen Netzes zu bleiben, zum Tragen kommen. Über ein Schuldgeständnis wird zwar ein Fehlverhalten offen gelegt, jedoch gleichzeitig signalisiert, dass man sich um den anderen sorgt und man diesem Wertschätzung gegenüber bringt. Als weitere

Möglichkeiten der Reduktion von Schuldgefühlen werden Ausreden aus der Verantwortlichkeit eigenen Handelns, wie etwa das Bestreiten der Absicht, der Vorhersehbarkeit, der Verursachung, aber auch der Absicht der Handlung, diskutiert (Montada, 1993; Roos, 2000). Rechtfertigungen, wie etwa Verweise auf die Verantwortlichkeit dritter Personen oder auf die Prioritäten übergeordneter Ziele und Werte stellen weitere mögliche interaktive Regulierungsstrategien dar. Zudem fallen in den Bereich der interaktiven und handlungsbezogenen Regulierung auch aggressive Verhaltensweisen oder die ebenso mögliche Strategie, sich grundsätzlich moralisch zu verhalten, um ein Auftreten von Schuldgefühlen erst gar nicht zu ermöglichen.

Im Kontext der Regulierung von Schuldgefühlen treten jedoch nicht nur prosoziale Strategien auf. Auch die Tendenz zur Vermeidung einer Konfrontation mit dem Opfer der eigenen Handlung tritt im Kontext von Schuldgefühlen auf. Die Vermeidung geschieht dabei meist aus der Angst vor einer möglicherweise ärgerlichen oder auch von Trauer geprägten Reaktion des Opfers, die zu einer Verstärkung der Schuldgefühle führen könnte. Sich mit dem Opfer zu konfrontieren heißt auch, seine Schuld anzuerkennen und mögliche Kosten der Wiedergutmachung auf sich zu nehmen. Baumeister, Stillwell & Heatherton (1994) beschreiben im Kontext der interaktiven Regulierung von Schuldgefühlen einen Annäherungs-Vermeidungskonflikt im Kontakt mit dem Opfer. Dabei dürften große interindividuelle Unterschiede in den jeweilig gewählten Regulierungsstrategien bestehen. Etwa berichteten manche Personen über große Schwierigkeiten, die Schuld einem anderen gegenüber einzugestehen und wählten eher den Weg der Vermeidung von Geständnissen oder Wiedergutmachungshandlungen.

Die Frage, welche Personen unter welchen Umständen und mit welchem Erfolg welche Strategie der Regulierung ihrer Schuldgefühle verwenden, muss als bisher unbeantwortet betrachtet werden. Daran knüpft sich auch das auffallende Fehlen von empirischen Untersuchungen, die sich explizit der Thematik der Regulierung von Schuldgefühlen widmen. Die bisher genannten intrapsychischen, interaktiven und handlungsbezogenen Regulierungsstrategien basieren beinahe ausschließlich auf theoretischen Annahmen der angeführten Autoren, oder erschließen sich aus Ergebnissen zu Untersuchungen der auslösenden Bedingungen, des Erlebens und der Funktion von Schuldgefühlen. Die Frage, wie sich die genannten interaktiven und handlungsbezogenen Strategien der Regulierung von Schuldgefühlen in der direkten Interaktion abbilden d.h. an welchem beobachtbaren verbalen und nonverbalem Verhalten sie festzumachen sind, muss als Lücke in der empirischen Schuldgefühlforschung betrachtet werden.

4.2.5 Schuldgefühlinduktion und „Meta-guilt"

Eine wesentliche Funktion von Schuldgefühlen stellt deren motivationale Komponente zur Veränderung des eigenen Verhaltens dar. Dieses „Potential" von Schuldgefühlen wird in zwischenmenschlichen Beziehungen beispielsweise durch Strategien der Schuldgefühlinduktion genutzt. Die Möglichkeit, in anderen Personen Schuldgefühle hervorrufen zu können, stellt eine sehr effiziente soziale Beeinflussungsmöglichkeit im Zusammenhang mit der Internalisierung sozialer Normen dar (Miceli, 1992). In engen Beziehungen wird die Induktion von Schuldgefühlen als besonders effektive Art der Machtausübung über andere angesehen. Schuldgefühlinduktion ist, im Unterschied zu Manipulationstechniken, die oftmals Zwang, Nötigung oder Täuschung beinhalten, eine Strategie der Beeinflussung, die im Sinne einer Gefährdung der Beziehung als weniger „kostspielig" zu betrachten ist (Baumeister, Stillwell & Heatherton, 1994, 1995a; Miceli, 1992). Baumeister et al. (1994) gehen davon aus, dass das Mittel der Schuldgefühlinduktion, mit dem Ziel einer Verhaltensänderung beim Anderen, vor allem von Personen eingesetzt wird, die in einer Beziehung über weniger Mittel einer offensiven Machtausübung verfügen. Schuldgefühle könnten aus dieser Perspektive betrachtet, dazu beitragen, das Gleichgewicht in Beziehungen wiederherzustellen. Für das Funktionieren dieser Strategie dürfte wesentlich sein, dass es sich um eine enge Beziehung handelt, die auf gegenseitiger Zuneigung beruht; liegt dem anderen nichts am Bestand der Beziehung, wird der Versuch diesem Schuldgefühle zu induzieren eher erfolglos bleiben (Baumeister, Stillwell & Heatherton, 1995a; Vangelisti, Daly, & Rudnick, 1991). Miceli (1992) nimmt als zusätzlichen Aspekt für das Funktionieren von Schuldgefühlinduktion an, dass die Art des Fehlverhaltens drohende Auswirkungen auf das Selbstbild des „Täters" haben sollte. Beispielsweise könnte ein Versuch der Schuldgefühlinduktion von B dann wirksam sein, wenn ein bestimmtes Verhalten von A für dessen moralische Integrität von hoher Bedeutung ist, ihm jedoch gerade dieses Verhalten von B abgesprochen wird (z.B. Sensibilität in Bezug auf Wünsche und Bedürfnisse des Beziehungspartners). Dabei muss das angesprochene Fehlverhalten nicht immer auf einem realen Verhalten von A basieren. Die unterstellte Absicht oder der unterstellte Wunsch, sich in bestimmter Art und Weise verhalten zu wollen, können ebenfalls als effektive Strategie der Schuldgefühlinduktion benutzt werden.

In zwei empirischen Untersuchungen (Baumeister, Stillwell & Heatherton, 1995a, Vangelisti et al., 1991) zu Strategien der Schuldgefühlinduktion, wurden Personen dazu aufgefordert, eine Situation zu beschreiben, in der sie selbst einer anderen Person Schuldgefühle induziert hatten, sowie eine weitere Situation, in der ihnen selbst Schuldgefühle induziert worden waren. Das Erfüllen der Instruktion stellte nach Angabe der Autoren für die teilnehmenden Personen kein Problem dar, was als Hinweis auf die alltägliche Funktion derartiger Prozesse interpretiert werden kann. Die Ergebnisse der beiden Untersuchungen stützen die Annahme, dass Schuldgefühle vor allem in engen zwischenmenschlichen Beziehungen eine wichtige Rolle spielen. In 80% der beschriebenen Situationen geschah die Schuldgefühlinduktion in einer nahen Beziehung. Zudem scheint das Erleben von Schuldgefühlen auf Seiten desjenigen, dem Schuldgefühle induziert werden, zu einer Ausbalancierung des emotionalen Ungleichgewichtes beizutragen. Diejenigen Personen, die Schuldgefühle induzierten, gaben an sich besser zu fühlen, wenn der Partner Schuldgefühle zeigte. Personen, denen Schuldgefühle induziert wurden, fühlten sich entsprechend schlechter. Als häufigster Grund für die Induktion von Schuldgefühlen wurde die Vernachlässigung des Partners beschrieben. Das primäre Ziel der Schuldgefühlinduktion galt der Veränderung des Verhaltens des Anderen in Richtung eines Handelns in Einklang mit eigenen Erwartungen und Wünschen. Entsprechende Strategien der Schuldgefühlinduktion bestanden darin, den anderen an seine Beziehungsverpflichtungen oder an seine Verantwortung in einer bestimmten Rolle zu erinnern, der Auflistung von Opfern, die für den anderen erbracht wurden, der Infragestellung seiner Person oder einem Vergleich mit einer anderen Person, die das Fehlverhalten nicht zeigte. Die letzten beiden Strategien können auch in Zusammenhang mit einer möglichen Beschämung des Partners stehen, da hier eine negative Bewertung der gesamten Person stattfindet, was im theoretischen Sinne als von außen kommende globale Attribution interpretiert werden kann und demnach eher als Scham- denn als Schuldgefühlauslöser betrachtet werden kann. Die Autoren verweisen entsprechend auf das Manko der Untersuchung, nicht zwischen Strategien der Scham- und Schuldgefühlinduktion unterschieden zu haben. Untersuchungen, die an einer Analyse der Wirkung je bestimmter interaktiver Verhaltensweisen auf die Induktion unterschiedlicher Emotionen beim Gegenüber ansetzen, stehen bisher noch aus.

Vangelisti et al. (1991) untersuchten die beschriebenen Inhalte der Schuldgefühlinduktion darüber hinaus hinsichtlich der konkreten verbalen Äußerungen, die im Kontext der Induktion von Schuldgefühlen verwendet wurden. Vorwürfe und Anschuldigungen, Ermahnungen, und Fragen an den Partner wurden als häufigste verbale Strategien der Schuldgefühlinduktion eingesetzt. Ein weiteres interessantes Ergebnis der Untersuchung von Vangelisiti et al. (1991) besteht darin, dass einige der Personen auch dann über das Erleben von Schuldgefühlen berichteten, wenn sie den Versuch der Schuldgefühlinduktion zurückwiesen, da sie nicht mit den Erwartungen und Anforderungen ihres Partners übereinstimmten. Als schuldgefühlinduzierend wurde in diesem Zusammenhang der Umstand beschrieben, mit den Erwartungen und Standards anderer konfrontiert zu sein und diese als diskrepant zu den Eigenen zu erfahren. Dieses Ergebnis kann wiederum in Verbindung zur Bindungsfunktion von Schuldgefühlen gebracht werden: Durch ein Nicht-Erfüllen von Wünschen und Erwartungen nahe stehender Personen, werden diese in ihren Bedürfnissen zurückgewiesen und verletzt, was wiederum zur Entstehung von Schuldgefühlen beim zurückweisenden Partner führen könnte. Jede fünfte Person berichtete zudem, aufgrund der Schuldgefühlinduktin selbst Schuldgefühle zu erlebt zu haben. Baumeister, Stillwell & Heatherton (1994; 1995a) bezeichnen diese Schuldgefühle als „meta-guilt" und nehmen an, dass „meta-guilt" vorrangig aus der Verletzung einer Norm, die besagt, man darf niemanden dazu bringen sich schlecht zu fühlen, resultiert. „Meta-guilt" könnte jedoch auch in Zusammenhang stehen mit dem von den Opfern der Schuldgefühlinduktion oftmals berichtetem Ärger und der Zurückweisung der Schuldgefühlinduktion. Dieser interaktiv signalisierte Ärger könnte in der Person, die Schuldgefühle induziert, durch eine direkte „Gegen"-Schuldgefühlinduktion zum Erleben von Schuldgefühlen führen. Derartige Prozesse wurden jedoch noch nicht in face-to-face Interaktionen untersucht und müssen vorerst spekulativ bleiben (Baumeister, Stillwell & Heatherton, 1995a).

4.3 Geschlechtsspezifische Unterschiede im Erleben von Schuldgefühlen

Ein durchgehendes Resultat empirischer Untersuchungen scheint auf den ersten Blick darauf hinzuweisen, dass Frauen häufiger Schuldgefühle erleben als Männer (Ferguson & Eyre, 2000; Tangney & Dearing, 2002). Untersuchungen zur Moralentwicklung belegen diese Unterschiede, in dem bereits zweijährige Mädchen im Vergleich zu gleichaltrigen Jungen nach einer Regelübertretung signifikant häufiger Anzeichen von persönlichem „Distress" und auf die Regelübertretung folgende Wiedergutmachungshandlungen zeigen (z.B. Kochanska, 1991; Kochanska, Gross, Lin & Nichols, 2002; Zahn-Waxler & Robinson, 1995).

Allerdings müssen diese Unterschiede zumindest für den Erwachsenenbereich differenzierter betrachtet werden. So wurden geschlechtsspezifische Unterschiede in jenen Untersuchungen gefunden, in denen hypothetische Szenarien von Regelübertretungen vorgegeben wurden und angegeben werden musste, wie wahrscheinlich eine Person darauf mit einer der vorgegebenen Handlungsweisen, Emotionen oder Gedanken reagieren würde. Diese Untersuchungen verwendeten meist den Test of Self-Conscious Affect (TOSCA; Tangney, Wagner & Gramzow, 1989). Beispielhaft wird im TOSCA die Situation vorgegeben „Sie planen, mit einem Freund gemeinsam Mittagessen zu gehen. Um fünf Uhr nachmittags bemerken sie, dass sie ihn versetzt haben". Als Antwortalternativen stehen vier Möglichkeiten zur Auswahl, wobei jede der Möglichkeiten auf einer Skala von eins bis fünf nach ihrem wahrscheinlichen Auftreten beurteilt werden muss. Die vorgegebenen Reaktionen auf obiges Beispiel bestehen aus unterschiedlichen kognitiven Strategien wie „Sie würden denken 'Ich bin rücksichtslos'", „Sie würden denken 'Er wird schon Verständnis dafür haben'", „Sie würden versuchen, es so schnell wie möglich wieder gut zu machen" oder „Sie würden denken 'Na ja, mein Chef hat mich kurz vor der Mittagspause noch aufgehalten'". In allen Untersuchungen, die mit dem TOSCA unternommen wurden, gaben Frauen mit einem signifikant werdenden Unterschied höhere Wahrscheinlichkeiten in den schuldgefühlbezogenen Denk- und Handlungsweisen an, als Männer (Lutwak & Ferrari, 1996; Lutwak, Ferrari, & Cheek, 1998; Tangney & Dearing, 2002). In Untersuchungen, die männliche und weibliche Reaktionen auf reales Fehlverhalten, sowie die angegebene Intensität des Erlebens von realen Schuldgefühlen erhoben, waren diese Unterschiede weniger deutlich oder nicht vorhanden. Ferguson & Eyre (2000) etwa fanden keine Geschlechtsunterschiede in den männlichen und weiblichen Intensitätsangaben zu Schuldgefühlen aufgrund einer absichtlichen oder unabsichtlichen Regelübertretung. Männer wiesen hier im Kontext von ungerechtfertigter, absichtlicher Regelübertretung sogar ein intensiveres Erleben von Schuldgefühlen auf als Frauen. Wurden die konkreten Häufigkeiten im Erleben von Schuldgefühlen erhoben, zeigte sich ebenfalls kein einheitliches Bild. Meist wurden hier keine Geschlechtsunterschiede gefunden (z.B. Jones, Kugler & Adams, 1995; Ferguson & Eyre, 2000; Kugler & Jones, 1992), sodass sich die eingangs getroffene Aussage, Frauen würden häufiger Schuldgefühle erleben als Männer, nicht halten lässt. Mit Ferguson & Eyre (2000) muss angenommen werden, dass die jeweiligen Unterschiede als sehr kontextabhängig betrachtet werden müssen. Frauen scheinen vor allem dann mehr Schuldgefühle als Männer zu empfinden, wenn es um Verhaltensweisen geht, die den jeweilig geltenden geschlechtsspezifischen Rollenerwartungen widersprechen – etwa wenn sie Ärger oder Aggression zeigen oder sich unfair gegenüber nahen Bezugspersonen verhalten. Es kann jedoch aufgrund bisheriger Ergebnisse nicht angenommen werden, dass Frauen generell zu einem häufigeren Erleben von Schuldgefühlen neigen. Wesentlich ist, dass bisher gefundene Unterschiede weniger aufgrund des biologischen Geschlechtes, als vielmehr aufgrund von unterschiedlichen Zuschreibungen und Erwartungen an die damit verbundenen Geschlechtsrollen erklärt werden. Der Grund für die aufgetretenen Geschlechtsunterschiede unter Verwendung des TOSCA könnte entsprechend in den unterschiedlichen internalisierten Rollenvorstellungen bzw. des Wissens um bestimmte gesellschaftliche Erwartungen an geschlechtsspezifisches Rollenverhalten, die bei der Bewertung derart hypothetischer Situationen wirksam sein könnten, liegen.

Als Fazit des gegenwärtigen Wissensstandes über je unterschiedliche geschlechtsspezifische auslösende Situationen, ein unterschiedliches subjektives Erleben oder unterschiedliche Regulierungsprozesse im Kontext von Schuldgefühlen kann mit Ferguson & Eyre geschlossen werden „We […] know virtually nothing about the role that gender plays in facilitating or undermining the two emotional responses [Schuldgefühle und Scham, Anm. DP.]" (269).

4.4 Aktuelle Ansätze der Untersuchung von Schuldgefühlen

Empirische Untersuchungen zu Schuldgefühlen erleben seit etwa fünfzehn Jahren einen Aufschwung innerhalb der emotionspsychologischen Forschung. Eine steigende Anzahl von Untersuchungen fokussiert dabei auf die bedeutende interpersonelle Funktion von Schuldgefühlen. Methode der Wahl sind dabei meist autobiographisch-narrative Erzählungen zum Erleben und der Funktion von Schuldgefühlen in zwischenmenschlichen Beziehungen (Baumeister, Stillwell & Heatherton, 1995a, 1995b; Baumeister, Reis & Delespaul, 1995; Brooke, 1985; Jones & Adams, 1995; Tangney, 1995). Baumeister, Stillwell & Heatherton (1995a, 1995b) etwa untersuchten die Faktoren, die in Verbindung mit dem Erleben von Schuldgefühlen aufgrund einer Regelübertretung stehen. Die Untersuchungsteilnehmer schrieben Situationen aus ihrer eigenen Erfahrung nieder, in denen sie jemand anderen verärgert hatten und daraufhin Schuldgefühle erlebten, sowie Situationen, in denen sie auf diese Verärgerung einer anderen Person nicht mit Schuldgefühlen reagierten. Zwischen diesen beiden Situationen zeigte sich ein deutlicher Unterschied im Faktor der Qualität der Beziehung zur verärgerten Person: Wurden Schuldgefühle erlebt, so stand dies in Verbindung mit einer Hochachtung und Wertschätzung der verärgerten Personen. In den Situationen ohne Schuldgefühlerleben fehlte diese Verbindung. Die Autoren sehen dieses Ergebnis als Bestätigung der Annahme, dass Schuldgefühle charakteristisch sind für Verletzungen innerhalb enger, bedeutender Beziehungen. Zudem erwiesen sich erlebte Schuldgefühle als Motivator dafür, das eigene Verhalten zu ändern: In den Schuldgefühlgeschichten wurden signifikant häufiger Verhaltensänderungen beschrieben als in den Geschichten ohne Schuldgefühlerleben. Personen, die sich schuldig fühlten, tendierten dazu, mehr Geständnisse und Entschuldigungen, sowie Anstrengungen den Schaden wieder gut zu machen zu unternehmen. Unbeantwortet bleibt die Frage, ob sich diese Ergebnisse auch dann finden, wenn man das Verhalten von Menschen in tatsächlichen Schuldgefühlsituationen beobachtet. Ob etwa Personen ihr Verhalten aufgrund der erlebten Schuldgefühle tatsächlich ändern oder dies vorrangig aus Gründen der sozialen Erwünschtheit derartiger Handlungsweisen angeben. Als wichtiges Ergebnis bleibt jedoch, dass Personen ihre Schuldgefühle scheinbar als Phänomen warnehmen, das einen potentiell verändernden Einfluss auf ihr Verhalten ausübt.

Weitere Schwerpunkte emotionspsychologischer Forschung zu Schuldgefühlen liegen in der Entwicklung einer Reihe neuer Messinstrumente. Diese zielen etwa auf die Erfassung interpersoneller und sozialer Aspekte von Schuldgefühlen, sowie auf deren Abgrenzung von anderen selbstbezogenen Emotionen wie Scham und Stolz, ab. Als Beispiel für erstere Entwicklung können der „Interpersonal Guilt Questionnaire" von O'Connor, Berry, Weiss, Bush und Sampson (1997), der mittlerweile auch in einer deutschsprachigen Version vorliegt (Albani et al., 2002), sowie das von Kugler & Jones entwickelte „Guilt Inventory" (1992) gesehen werden. Zur Differenzierung von Schuldgefühlen, Scham und Stolz entwickelten Tangney, Wagner & Gramzow (1989) den Test of Self-Conscious Affect (TOSCA), der mittlerweile in seiner dritten neu adaptierten Version vorliegt, und auch in einer Version für Kinder und Jugendliche verfügbar ist (TOSCA-C; Tangney & Dearing, 2002). Im deutschsprachigen Raum ist vor allem das „State-Trait-Schuldgefühle-Ausdrucksinventar" zu nennen (Albs, 1998), das ähnlich wie das „Guilt Inventory" von Kugler und Jones an einer Differenzierung von Schuldgefühlen als übergreifendes Persönlichkeitsmerkmal (*trait guilt*) von   aufgrund von Fehlhandlungen erlebter Schuldgefühle (*state guilt*) unterscheidet.

Der Fokus einer Vielzahl weiterer Untersuchungen zu Schuldgefühlen liegt zum einen auf einer Differenzierung zwischen Schuld- und Schamgefühlen (Gilbert et al., 1994; Niedenthal et al., 1994; Tangney et al., 1996; Mingyi & Jianli, 2002), sowie auf der Erfassung der auslösenden Bedingungen, des subjektiven Erlebens und der handlungsmotivierenden Funktion von Schuldgefühlen (Baumeister, Reis & Delespaul, 1995; Ketelaar & Tung Au, 2003; Kugler & Jones, 1992). Die Aspekte der Regulierung von Schuldgefühlen und der Implikationen spezifischer Regulierungsprozesse für die Gestaltung von Beziehungen, wurden bisher vernachlässigt.

Weitere Untersuchungen widmen sich, meist eingebettet in einen größeren Kontext der Moral- und Selbstentwicklung, der Entwicklung von moralischen Emotionen (z.B. Eisenberg, 2000; Juen, 2001; Kochanska, Gross, Lin & Nichols, 2002; Zahn-Waxler & Robinson, 1995). Entwicklungspsychologische Studien zeichnen sich meist dadurch aus, dass sie an der Untersuchung der direkten Bezugsperson-Kind Interaktion ansetzen und durchaus differenzierte Verfahren zur Erfassung des interaktiven Geschehens verwenden. Nach wie vor werden allerdings selten Methoden angewandt, die an einer differenzierten Erfassung des mimisch-affektiven Verhaltens beider Personen ansetzen und deren Zusammenspiel mit theoretischen Modellen der Entwicklung und Regulierung von affektiven Prozessen in Verbindung bringen. Eine der wenigen Ausnahmen in diesem Bereich stellt beispielsweise die Arbeit von Juen (2001) dar, die in einer längsschnittlichen Untersuchung Prozesse der Internalisierung von Regeln mit je beobachtbaren mimisch-affektiven Verhaltensweisen von Mutter und Kind in Zusammenhang brachte. Dabei konnten zum einen spezifische interaktive Regulierungsmuster von Mutter und Kind in Konfliktsituationen (sog. Baby-PAMs), wie auch spezifische mimische Verhaltensweisen im Kontext der Kontrolle eigenen Verhaltens und der Befolgung einer Regel identifiziert werden. Derartige Untersuchungen sind, wie erwähnt, nach wie vor sehr selten und für den Erwachsenenbereich mit wenigen Ausnahmen in der Psychotherapieprozessforschung (vgl. 3.3) kaum vorhanden. Obwohl in den neueren empirischen Arbeiten zur Funktion von Schuldgefühlen versucht wurde, die interaktiven Aspekte von Schuldgefühlen miteinzubeziehen, war dies aufgrund der verwendeten Methoden nur mit Einschränkung möglich. Verwendet wurden hauptsächlich Fragebögen und Interviews. Das Manko derartiger Untersuchungen besteht darin, dass die erhobenen Schuldgefühlbeschreibungen und die berichteten interaktiven Verhaltensweisen auf einer retrospektiven, verbalen Erhebung der Situationen basieren. Wie sich derartige Prozesse in der tatsächlichen Interaktion gestalten, welche Funktion Schuldgefühle für die Regulierung von Beziehungen spielen, wie sich Strategien der Schuldgefühlinduktion in verbalen und nonverbalen Verhaltensweisen abbilden, welche Rolle das Gegenüber bei der eigenen Regulierung von Schuldgefühlen spielt – all dies sind Fragen, die bisher weitgehend unbeantwortet sind. Eine verstärkte Untersuchung dieser Prozesse in der direkten Interaktion wird von einer Vielzahl von Autoren als eines der wesentlichen Ziele künftiger Forschung formuliert (z.b. Baumeister, Stillwell & Heatherton, 1995a; Bänninger-Huber, 1996; Jones, Kugler & Adams, 1995a; Tangney & Dearing, 2002; Vangelisit, Daly & Rudnick, 1991).

Die Schwierigkeiten, Schuldgefühle in ihrer Entstehung und Regulierung in der direkten zwischenmenschlichen Interaktion zu untersuchen, wird zum einen in der Problematik der Induktion von Schuldgefühlen in einer Laborsituation gesehen (Baumeister, Stillwell & Heatherton, 1995a, 1995b; Jones, Kugler & Adams, 1995). Zum anderen gestaltet es sich schwierig, Schuldgefühle in der Interaktion zu identifizieren, da ihnen kein spezifischer nonverbaler, und hier vor allem mimischer Ausdruck, zugeordnet werden kann. Bänninger-Huber (z.B. 1995, 1996) und Bänninger-Huber & Widmer (z.B. 1995, 1997) setzten im Rahmen ihrer Forschungsarbeiten zur Untersuchung der psychotherapeutischen Beziehung als erste an der Untersuchung von Schuldgefühlen in der direkten zwischenmenschlichen Interaktion an. Fragen nach der Entstehung, Etablierung und Regulierung von Schuldgefühlen in der therapeutischen Interaktion, sowie nach schuldgefühlspezifischen Regulierungsprozessen und deren Funktionen für den Verlauf des therapeutischen Prozesses, standen im Mittelpunkt dieser Forschungsarbeiten. Die Untersuchung dieser Prozesse erfolgte über einen mikroanalytischen Forschungsansatz, mit dem es möglich wurde, kognitiv-affektive Regulierungsprozesse in der direkten zwischenmenschlichen Interaktion zu identifizieren und funktional zu beschreiben. Dieser Ansatz und die Möglichkeiten, Schuldgefühle in der direkten zwischenmenschlichen Interaktion zu untersuchen, werden im folgenden Kapitel dargestellt und die sich daraus ergebenden methodischen Implikationen für die vorliegende Untersuchung diskutiert.

5. Zur Untersuchung von Schuldgefühlen in der direkten face-to-face Interaktion: Problematik und methodische Implikationen

Ausgehend von der bedeutenden sozialen Funktion von Schuldgefühlen im Speziellen und Emotionen im Allgemeinen, sowie dem Mangel an emotionspsychologischer Forschung zur Untersuchung der Entstehung und Regulierung emotionaler Prozesse in zwischenmenschlichen Beziehungen, stellt sich die Frage danach, wie eine Untersuchung von Schuldgefühlen in der direkten face-to-face Interaktion gestaltet sein kann. Das Fehlen an empirischer Forschung in diesem Bereich, gründet sich zu einem wesentlichen Teil auf den damit verbundenen methodischen Schwierigkeiten der Datenerhebung zum einen (Frage der Emotionsinduktion), sowie der Datenauswertung zum anderen (Frage der Identifikation emotionaler Prozesse im untersuchten Material). Vor allem für die sogenannten selbst-reflexiven oder strukturellen Emotionen wie Schuldgefühle, Scham, Neid oder Eifersucht, gestaltet sich die Untersuchung zusätzlich schwierig, da auf Operationalisierungen einzelner Emotionen über ein bestimmtes nonverbales, und hier speziell mimisch-affektives Verhalten, nicht zurückgegriffen werden kann. Beide Problembereiche sollen im Folgenden diskutiert werden und die jeweiligen Implikationen für ein methodisches Vorgehen zur Untersuchung der Entstehung und Regulierung von Schuldgefühlen in der direkten face-to-face Interaktion diskutiert werden. Anschließend wird der von Bänninger-Huber, Moser & Steiner (1990) entwickelte mikroanalytische Forschungsansatz zur Untersuchung kognitiv-affektiver Regulierungsprozesse in face-to-face Interaktionen dargestellt. Insbesondere wird dabei die Problematik der „Verknüpfung" objektiver Beobachtungsdaten mit existierenden Konzepten und Modellen aus Emotionspsychologie und Psychoanalyse thematisiert. Abschließend erfolgt eine Darstellung und Diskussion von Vor- und Nachteilen existierender Methoden der objektiven Kodierung mimischen Verhaltens und der daraus resultierenden Implikationen für die vorliegende Untersuchung von Schulgefühlen in der direkten zwischenmenschlichen Interaktion.

5.1 Zur Problematik der Identifizierung von Schuldgefühlen in face-to-face Interaktionen

Die generelle Schwierigkeit emotionspsychologischer Forschung aufgrund bestimmter Kriterien auf das Vorhandensein einer Emotion zu schließen bzw. überhaupt festzulegen, wann eine Emotion „vorhanden" ist oder nicht, wurde bereits in Kapitel zwei in einem kurzen Überblick über emotionspsychologische Theoriebildung andiskutiert. Zusammenfassend wurde festgehalten, dass zum gegenwärtigen Zeitpunkt kein Konsens darüber besteht, welche der diskutierten, am emotionalen Prozess beteiligten Komponenten, als notwendig und hinreichend betrachtet werden müssen, um von einer Emotion zu sprechen. In den wenigen vorhandenen Untersuchungen, in denen versucht wurde, emotionale Prozesse in der direkten face-to-face Interaktion zu untersuchen, wurde meist ein Vorgehen gewählt, in dem eine der beiden oder mehrere Versuchspersonen instruiert waren, sich in bestimmter, potentiell emotionsauslösender Weise zu verhalten. Dabei interessierte vornehmlich das Verhalten der Zielpersonen, das dann individuenbezogen ausgewertet wurde (z.b. Motley & Camden, 1988).

Forschungsansätze, die tatsächlich an interaktiven mimisch-affektiven Prozessen und einer dyadenbezogenen Auswertung dieser ansetzten, zentrieren meist nicht um die Untersuchung einer speziellen Emotion. Die Saarbrücker Arbeitsgruppe um Rainer Krause (z.B. Krause, 1997; Krause & Merten, 1996; Merten, 1996; Sänger-Alt, Steimer-Krause, Wagner & Krause, 1989) untersuchte das mimisch-affektive Verhalten von Gesunden und psychisch Kranken in einem Gespräch über die wichtigsten zukünftigen Probleme der Bundesrepublik Deutschland. Weiters fokussierte diese Arbeitsgruppe auf die Untersuchung der therapeutischen Beziehung, des mimisch-affektiven Verhaltens von Therapeut und Patient und dessen Zusammenhänge mit erfolgreichen oder weniger erfolgreichen therapeutischen Behandlungsergebnissen (Benecke, 2002; Krause, 1997; Merten, 2001).

Eine der wenigen Untersuchungen, in denen das mimische Verhalten beider Interaktionspartner in einer Alltagsdyade in Bezug zum verbalen und nonverbalen Aufretenskontext gesetzt wurde, stammt von Chovil (1997; vgl. auch Bavelas & Chovil, 1997). Den Versuchspersonen wurden als Gesprächsthemen zwar moderat emotionsauslösende Themen vorgegeben (etwa das Planens einer Mahlzeit aus Zutaten, die beide nicht mochten), das Hauptinteresse der Untersuchung lag jedoch nicht darin, wie die beiden Interaktionspartner Emotionen wechselseitig regulieren, sondern viel mehr darin, eine Bedeutungsbestimmung der auftretenden mimischen Verhaltensweisen vorzunehmen.

Bänninger-Huber, Moser & Steiner (1990) untersuchten als erste das affektive Regulierungsgeschehen im Kontext der Ärgerregulierung in Paarbeziehungen. Dabei stand vor allem die Entwicklung eines Konzeptes der Untersuchung von kognitiv-affektiven Regulierungsprozessen im Vordergrund. Hinsichtlich der Untersuchung von Ärger stellt sich die Problematik einer Identifizierung der Emotion im jeweiligen verbalen und nonverbalen Verhalten weniger dringlich, da Ärger über unterschiedliche nonverbale Kanäle ausgedrückt werden kann. In den von Bänninger-Huber & Widmer (Bänninger-Huber, 1995; Bänninger-Huber & Widmer, 1997; Bänninger-Huber & Widmer, 1999; Bänninger-Huber & Widmer, 2000) untersuchten Therapeut-Patient Interaktionen konnten Schuldgefühle im Verlauf ihres spontanes und „natürlichen" Entstehens im Rahmen der Erzählung konfliktiver Ereignisse der Patientin untersucht, und deren affektive Regulierung analysiert werden. Wie Bänninger-Huber (1996) in Einklang mit bisherigen empirischen Ergebnissen (vgl. 4.2) feststellt, kann jedoch kein für Schuldgefühle spezifisches nonverbales

Ausdrucksverhalten identiziert werden. Die Validierung, ob Schuldgefühle im Erleben einer Person tatsächlich autreten, gestaltet sich demnach zusätzlich schwierig. Mit Bänninger-Huber (1996) ist feszuhalten, dass „...was wir beobachten können, nicht die Schuldgefühle an sich [sind], sondern deren spezifische Bewältigungsstrategien, welche zusammen mit der Therapeutin interaktiv inszeniert werden" (S. 187). Für die vorliegende Untersuchung spielt der von Bänninger-Huber (z.b. 1992, 1996) und Bänninger-Huber & Widmer (z.b. 1995, 1999) entwickelte Ansatz der mikroanalytischen Untersuchung kognitiv-affektiver Regulierungsprozesse im Kontext von Schuldgefühlen in psychotherapeutischen Interaktionen eine zentrale Rolle. Wie bereits dargestellt, konnten Bänninger-Huber (1996) und Bänninger-Huber & Widmer (z.b. 1999, 2000) mittels der mikroanalytischen Untersuchung der therapeutischen Interaktion im Kontext von Schuldgefühlen der Patientin je spezifische interaktive Muster der Affektregulierung identifizieren. Diese als traps bezeichneten Interaktionsmuster sind charakterisiert durch ein Rollenangebot, das die Klientin im Kontext von Über-Ich Konflikten der Therapeutin macht. Die Therapeutin wird dabei aufgefordert das Verhalten oder den Konflikt der Klientin in einer Art und Weise zu kommentieren, die eine Reaktivierung von Über-Ich Konflikten und damit einhergehenden Schuldgefühlen verhindern oder durch die bereits erfolgte Reaktivierung des Konfliktes entstandene Schuldgefühle reduzieren soll.

Die Frage, ob und wie sich diese berichteten Verhaltensweisen im Kontext von Schuldgefühlen, sowie ob und wie sich die wesentliche beziehungsstärkende Funktion von Schuldgefühlen in tatsächlichen spontanen Interaktionen beobachten und beschreiben lassen, steht bisher einer systematischen Untersuchung in alltäglichen zwischenmenschlichen Beziehungen aus. Da im Erwachsenenalter meist Paarbeziehungen die intimste Form zwischenmenschlicher Beziehungsgestaltung darstellen, Schuldgefühle vor allem in derartig intimen Beziehungen eine wesentliche Rolle für die Beziehungsregulierung spielen, wurde diese Form der Beziehung als am Geeignetsten für die Untersuchung der Entstehung und Regulierung von Schuldgefühlen in Alltagsinteraktionen angenommen. Zudem wird in Anlehnung an Merten (1997) angenommen, dass durch die Untersuchung spontaner Interaktionen vor allem nahe stehender Personen, sowie eine emotionale Aktivierung der beteiligten Personen durch ein beziehungsrelevantes Thema, eine hohe Wahrscheinlichkeit besteht, dass es zur Reaktivierung und Entstehung emotionaler Konflikte in der beobachteten face-to-face Interaktion kommt. Um sich den tatsächlichen verbalen und nonverbalen Prozessen, die im Kontext der Entstehung und Regulierung von Schuldgefühlen in zwischenmenschlichen Beziehungen aufteten, adäquat nähern zu können, wurde der von Bänninger-Huber, Moser & Steiner entwickelte Ansatz der mikroanalytischen Untersuchung kognitiv-affektiver Regulierungsprozesse in Interaktionen als für die vorliegende Untersuchung leitender Ansatz angewandt.

5.2 Mikroanalytischer Forschungsansatz zur Erfassung des kognitiv-affektiven Regulierungsgeschehens einer Dyade

Der von Bänninger-Huber, Moser & Steiner (1990) entwickelte mikroanalytische Forschungsansatz zur Erfassung kognitiv-affektiver Regulierungsprozesse in face-to-fac Interaktionen ist durch ein prozesshaft-dynamisches Verständnis dieser Prozesse in einer Interaktion charakterisiert. Die Berücksichtigung des zeitlichen und situativen Kontextes, in den sich die identifizierten affektiven Regulierungsprozesse einbetten, ist dabei von hoher Relevanz. Da dem nonverbalen, speziell dem mimisch-affektivem Verhalten, eine zentrale Rolle sowohl hinsichtlich der intrapsychischen wie auch interaktiven Regulierung affektiver Prozesse zukommt, wird mit einem speziellen Augenmerk auf das mimisch-affektive Verhalten beider Interaktionspartner versucht, wechselseitige Prozesse der affektiven Regulierung und daraus entstehender dyadischer Regulierungsmuster zu erfassen. Dabei wird an einer objektiven Kodierung des mimischen Verhaltens beider Interaktionspartner in ausgewählten Sequenzen angesetzt und diese Beobachtungsdaten in einem nächsten Schritt theoriegeleitet mit Modellvorstellungen über emotionale Prozesse, deren Entstehung und Regulierung, in Zusammenhang gesetzt. Daraus entsteht ein Prozessmodell des affektiven Geschehens in einer ausgewählten Sequenz, das zu einem vertieften Verständnis des affektiven Regulierungsgeschehens in einer Dyade beitragen soll. Der verbale Anteil der Interaktion wird dabei zum psychologischen Verständnis der Situation herangezogen (Bänninger-Huber et al 1990; Bänninger-Huber, 1996).

Ein wesentliches Kennzeichen des mikroanalytischen Forschungsansatzes liegt darin, den Bezug zwischen Datenebene und Konzeptebene transparent und nachvollziehbar zu machen. Entsprechend werden vier hierarchisch gestaffelte Ebenen unterschieden, aus denen Informationen in die Erstellung des Prozessmodelles des affektiven Regulierungsgeschehens einer Interaktionssequenz eingehen. Unterschieden werden zwei Datenebenen und zwei Konzeptebenen, die sich jeweils in eine high- und low level Daten- und Konzeptebene gliedern (vgl. Tab. 2).

Verbale und nonverbale Daten, die direkt beobachtbar sind und reliabel kodiert werden können, werden der low-level Datenebene zugerechnet. Dabei handelt es sich beispielsweise um Kodierungen des mimischen Verhaltens beider Personen auf der Ebene einzelner Bewegungseinheiten (in FACS-Terminologie: sog. Action Units). Das Hochziehen der Mundwinkel wird so etwa mit der Kodierung AU 12 versehen. Jedoch auch die Kodierung des Blickverhaltens und von Kopfpositionen wird dieser Ebene zugerechnet. Diese objektiv kodierten Daten stehen in einer Relation der Operationalisierung zur Ebene der high-level Daten. High-level Daten sind zu verstehen als Äusserungen der unterschiedlichen affektiven Prozesse auf verbaler und nonverbaler Ebene. Diese Äusserungen sind der direkten Beobachtung zugänglich. Die Identifizierung von high-level Daten hängt jedoch von Beobachterkonzepten ab. Beispielsweise können die einzelnen FACS-kodierten mimischen Verhaltensweisen mit bestimmten Emotionszuordnungen nach den bestehenden Affektprädiktionstabellen (vgl. 5.2.4) in Bezug gesetzt werden. Etwa können unterschiedliche Kombinationen der AU 12 (des Hochziehens der Mundwinkel) in Bezug gesetzt werden zu bisherigen Arbeiten der Differenzierung unterschiedlicher Lächeltypen. Bisher stehen allerdings nicht für alle Verknüpfungen zwischen high und low-level Daten empirisch überprüfte Operationalisierungen zur Verfügung. Diese fehlen vor allem für Emotionen, die über die Basisemotionen hinausgehen, wie etwa für die in dieser Untersuchung im Vordergrund stehenden Schuldgefühle.

High-Level Konzepte
Modellvorstellungen zu emotionalen Prozessen in Beziehungen; über die Organisation einer Dyade z.B Modell der Regulierung von Beziehungssituationen (Moser, 1985; Moser, v. Zeppelin & Schneider, 1991) – Selbstregulierung, Beziehungsregulierung, affective relatedness
Low-Level Konzepte
Konzepte aus unterschiedlichen Emotionstheorien; Annahmen über die Funktion spezifischer Emotionen für die zwischenmenschliche Beziehungen z.B. Konzept der Basisemotionen; Multifunktionalität von Mimik; soziale Funktion von Schuldgefühlen; Funktion von PAMs und traps
Arbeitshypothesen
über die Zusammenhänge zwischen den Daten und den Konzepten. Prozess der Hypothesengenerierung als ständiges Pendeln zwischen Beobachtungsdaten und Konzepten.
High-Level Daten
Äusserungen der unterschiedlichen affektiven Prozesse auf verbaler und nonverbaler Ebene. Diese Äusserungen sind der direkten Beobachtung zugänglich; abhängig von Beobachterkonzepten z.B. Lächeltypen; Operationalisierung von PAMs und traps
Relation der Operationalisierung
Low-Level Daten
Verbale und nonverbale Daten, die direkt beobachtbar sind und reliabel kodiert werden können z.B. einzelne AU´s und AU-Kombinatione, Kopfpositionen, Blickrichtung etc.

Tab. 2: Unterscheidung zwischen Konzept- und Datenebenen und deren Relation

Diese Datenebenen können nun in Form von Arbeitshypothesen über die Zusammenhänge zwischen den Daten und exisitierenden psychologischen Konzepten unterschiedlich intepretiert werden. Dieser Prozess der Hypothesengenerierung muss als ständiges Pendeln zwischen Beobachtungsdaten und Konzepten verstanden werden. Der Vorteil einer Trennung der unterschiedlichen Datenebenen wird spätestens hier ersichtlich. Indem immer wieder auf die, tatsächlich im Verhalten beobachtbaren kleinsten Kodiereinheiten zurückgegriffen werden kann, können bestehende Arbeitshypothesen ohne notwendige „Rückübersetzungen" ständig überprüft werden.

Auf Konzeptebene wird wiederum zwischen einer low-level und einer high-level Ebene unterschieden. Als low-level Konzepte sind Konzepte aus unterschiedlichen Emotionstheorien, unterschiedliche Definitionen von Emotionen, unterschiedliche Vorstellungen zu den Zusammenhängen von Emotionen, Kognitionen, Ausdruck und psychophysiologischen Prozessen, sowie unterschiedliche Konzepte zur Funktion einzelner Emotionen in zwischenmenschlichen Beziehungen zu verstehen. Als höchste Beschreibungsebene zeichnen sich high-level Konzepte aus, die als relativ abstrakte, in sich geschlossene Modellvorstellungen zu emotionalen Prozessen in Beziehungen und über die Organisation einer Dyade zu verstehen sind. Die Verbindung zwischen derartig übergreifenden Modellen und der konkreten Datenebene wird so über eine Vermittlung unterschiedlicher Daten und Konzeptebenen vollzogen. Im Folgenden werden einzelne, für die vorliegende Untersuchung und die Interpretation der Beobachtungsdaten wesentliche high- und low level Konzepte kurz dargestellt. Alle genannten Konzepte wurden in den vorangehenden Kapiteln bereits ausführlich dargestellt und diskutiert.

5.2.1 Wesentlich high level Konzepte für die Untersuchung dyadischer affektiver Regulierungsprozesse im Kontext von Schuldgefühlen

Den theoretischen Überbau für die Interpretation des interaktiven Affektregulierungsgeschehens stellt das Modell zur Regulierung von Beziehungssituationen von Moser et al. (1983, 1985, 1991) dar, das zwischen Selbst- und Beziehungsregulierung, sowie den Konzepten des „emotional involvement", der „affective relatedness", „affective resonance" und „affective response" unterscheidet (vgl. 3.1.1).

5.2.2 Wesentliche low level Konzepte für die Untersuchung dyadischer affektiver Regulierungprozesse im Kontext von Schuldgefühlen

Die Bandbreite der Low-level Konzepte, die sich als wesentlich für das Verständnis des untersuchten Materials erweist, ist groß. Zum einen handelt es sich dabei um allgemeine emotionstheoretische Konzepte, wie jenes der Basisemotionen und strukturellen Emotionen (vgl. 2.2), dem Verständnis von

Emotionen als Prozesse und aus unterschiedlichen Komponenten bestehend (vgl. 2.1), sowie den theoretischen Ansätzen und empirischen Ergebnissen zum Zusammenhang zwischen Gesichtsausdruck und Emotion (vgl. 2.4). Wesentliche Bedeutung übernehmen weiters theoretische Ansätze zur intrapsychische und interaktiver Regulierungsfunktion von Emotionen (vgl. 2.5). Zentral ist weiters die Annahme der Multifunktionalität mimischer Verhaltensweisen (vgl. 3.2.1), sowie bisherige Ergebnisse zur Bedeutungsbestimmung mimischer Verhaltensweisen (vgl. 2.4; 2.6.2; 3.2.1-3.2.4). Zu den für diese Arbeit zentralen low-level Konzepten zählen weiters jene der Funktion prototypischer affektiver Mikrosequenzen und traps für die affektive Selbst- und Beziehungsregulierung (vgl. 3.3.1). Bedeutsam sind zudem die Ansätze zur Entwicklung, Funktion und Regulierung von Schuldgefühlen, wie sie in Kapitel 4 dargestellt wurden. Speziell die Annahmen zur Funktion von Schuldgefühlen für die Regulierung von Beziehungen spielen eine wichtige Rolle (Baumeister, Stillwell & Heatherton, 1994, 1995).

5.2.3 Objektive Kodiersysteme zur Erfassung des mimischen Verhaltens

Zur objektiven Kodierung mimischen Verhaltens in spontanen Interaktionen stehen zum gegenwärtigen Zeitpunkt drei zentrale Methoden zur Verfügung. Es handelt sich dabei um das Facial Action Coding System (FACS) von Ekman & Friesen (1978; Ekman, Friesen & Hager, 2002), das Emotion Facial Action Coding System (EMFACS; Friesen & Ekman, 1984), sowie das von Izard (1979) entwickelten Maximally Discriminative Facial Action Movement Sytems (MAX).

Das Facial Action Coding System (FACS) basiert auf der funktionellen Anatomie des menschlichen Gesichts und differenziert alle unterscheidbaren einzelnen Gesichtsbewegungen, sowie die wesentlichen auftretenden Kombinationen dieser Einzelbewegungen. Die Bewegungseinheiten werden als sog. „Action Units" bezeichnet, die mit einzelnen Nummern versehen werden (z.B. AU 1 für das Hochziehen der inneren Augenbrauen). Insgesamt werden 44 einzelne Gesichtsbewegungen unterschieden – davon 35 „Action Units" und 9 sog. „Action Descriptors". Letztere sind zu verstehen als Bewegungseinheiten, deren muskuläre Basis zum einen vielfältig ist und zum anderen die daran beteiligten Bewegungen aus mehr als nur einer möglichen Bewegung bestehen (z.B. AU 37, Lippen schlecken oder AU 32, Lippen beissen). Die Kodierung mimischen Verhaltens in spontanen Interaktionen erfolgt anhand von Videoaufnahmen, wobei das Vorgehen darin besteht, das beobachtbare mimische Verhalten sowohl in Realzeit, wie auch in „slow-motion" in mehrmaligen Durchgängen zu kodieren. Da mimisches Verhalten in der Regel sehr schnell abläuft, ermöglicht die Kodierung in slow-motion mit einer zeitlichen Auflösung auf 4/100 sek. genau eine detaillierte Analyse des auftretenden Ausdrucksverhaltens. Mittels FACS können sowohl der zeitliche Verlauf der Bewegungen, die Lateralität und Asymmetrie dieser, sowie je unterschiedliche Intensitäten der Bewegungen kodiert werden. Letzere werden auf einer 5-stufigen Intensitätsskala (A-E) differenziert. Mittlerweile existiert eine neue, von den Autoren überarbeitete Version des 1978 entwickelten FACS, das es nun möglich macht, jede einzelne Bewegung auf der 5-stufigen Intensitätsskala zu kodieren. Dem hohen Zeitaufwand der Kodierung des Materials steht der wesentliche Vorteil dieses Systems, eine objektive Beschreibung ablaufenden mimischen Verhaltens ohne gleichzeitige Bedeutungszuschreibung zu gewährleisten, gegenüber. Ein bestimmes Ausdrucksmuster wird somit etwa nicht als „misstrauisches Lächeln" oder „Ärger" kodiert, sondern es wird das auftretende Ausdrucksmuster entsprechend der einzelnen beobachtbaren Bewegungseinheiten kodiert und mit dem im Manual vorgesehenen Nummern versehen (z.b. 10+12+25).

Im Unterschied dazu basieren die Kodiersysteme EMFACS und MAX auf theoretisch postulierten Zusammenhängen zwischen Gesichtsausdruck und Emotion. Izard (1979) etwa konstruierte MAX so, dass nur jene Bewegungseinheiten kodiert werden können, von denen er annimmt, dass sie mit emotionaler Bedeutung in Zusammenhang stehen. EMFACS wiederum stellt eine Kurzform von FACS dar, die sich eine Kodierung der von Ekman (z.b. Ekman & Friesen, 1975/200) postulierten prototypischen Emotionsausdrucks-muster beschränkt. Die Kodierung mimischen Verhaltens mittels EMFACS erfolgt so über eine bereits von vornherein getroffene Auswahl relevanter mimischer Ereignisse. Der Vorteil des Systems besteht darin, dass sich die Kodierzeit dadurch wesentlich verkürzt. Die damit verbundene Einschränkung auf einen Teilbereich des mimisch-affektiven Verhaltens steht dem als wesentlicher Nachteil gegenüber. Etwa konnten Krause et al. (z.B. Krause, 1997; Krause & Merten, 1996) mittels EMFACS lediglich etwa die Hälfte des mimischen Geschehens in spontanen face-to-face Interaktionen kodieren. Aufgrund der detaillierteren Beschreibungsmöglichkeiten, sowie der eindeutigen Trennung von Deskription und Inferenz, mittels FACS, wird in der folgenden Untersuchung dyadischer Mikrosequenzen des Affektregulierungsgeschehens, diese Methode zur Kodierung des mimischen Verhaltens verwendet.

5.2.4 Affektprädiktionstabellen

Die der Affektforschung momentan zur Verfügung stehenden Interpretationshilfen der Bedeutungszuordnung mimischer Verhaltensweisen zu deren potentiell emotionaler Bedeutung, liegen zum einen in den Affektprädiktionen, die der Entwicklung von EMFACS (Friesen & Ekman, 1984) zugrunde liegen. EMFACS basiert auf Prädiktionen des Zusammenhanges spezifischer prototypischer Ausdrucksmuster mit einer der zugrunde liegenden Emotionen Ärger, Freude, Überraschung, Ekel, Verachtung, Angst und Trauer. Weiters existieren Vorhersagen für mögliche Affektmischungen, Kontrollprozesse im Kontext von Ärger, sowie für „unechte" Freude (vgl. *„felt"* und *„unfelt smiles"*; 3.2.4). Eine Erweiterung dieser Prädiktionen aufgrund empirischer Ergebnisse der letzten zwanzig Jahre Forschungsarbeit, ist über eine, seit letztem Jahr neu überarbeitete Datenbank – FACSAID – zugänglich, die von Ekman, Friesen und Hager entwickelt wurde. Der Zugang über die Datenbank ermöglicht es jedes kodierte Ausdrucksmuster auf seine mögliche emotionale Bedeutung, wie sie aufgrund theoretischer Prädiktionen und empirischer Ergebnisse getroffen werden können, abzufragen. Wesentlich ist, dass auch via EMFACS oder FACSAID als emotionale Ausdruckmuster erfasste mimische Verhaltensweisen nicht per se oder primär emotionale Funktion übernehmen (z.B. Merten, 1997). Die Zusammenhänge zwischen mimischem Ausdruck und dessen Bezug zu intrapsychischen und interaktiven Bedeutungsmöglichkeiten muss als sehr komplex und bei weitem noch zu wenig erforscht angesehen werden (vgl. Multifunktionalität) und je kontextbezogen erschlossen werden.

5.2.5 Methodische Implikationen

Das methodische Vorgehen der vorliegenden Untersuchung ist aufgrund des bisherigen Mangels an vergleichbaren Untersuchungen zur interaktiven Entstehung und Regulierung von Emotionen in Alltagsinteraktionen ein Exploratives. Unter Anwendung eines mikroanalytischen Vorgehens sollen einzelne Sequenzen herausgegriffen werden und diese hinsichtlich des ablaufenden affektiven Regulierungsgeschehens beschrieben und diskutiert werden. Dabei wird aufgrund der in mehreren Ansätzen konzeptualisierten Relevanz des mimisch-affektiven Geschehens für interaktive wie intrapsychische Affektregulierungs-prozesse, das mimische Verhalten beider Interaktionspartner in diesen Sequenzen mittels eines objektiven Kodiersystems (FACS) erfasst. Der mikroanalytische Forschungsansatz erweist sich als Methodik der Wahl, da damit die Möglichkeit besteht, sehr schnell ablaufende interaktive Prozesse, über die es bisher noch kaum empirisches Wissen gibt, sehr detailliert zu erfassen und davon ausgehend ein differenzierteres Verständnis von Affektregulierungsprozessen und deren Funktion in der direkten Interaktion zu erlangen. Da der zeitliche Aufwand dieses mikroanalytischen Vorgehens sehr hoch ist, wird eine Limitierung auf eine relativ geringe Anzahl der zu untersuchenden Paarinteraktionen vorgenommen, um zunächst ein Verständnis dieser Prozesse an wenigen Einzelfällen und davon ausgehend Hypothesen für weiterführende Untersuchungen zu generieren.

6 Fragestellung der vorliegenden Arbeit

Die Fragestellung der vorliegenden Untersuchung leitet sich aus der bisher kaum vorhandenen empirischen Untersuchung emotionaler Prozesse in spontanen zwischenmenschlichen face-to-face Interaktionen ab. Das Ziel der vorliegenden Untersuchung besteht erstens darin, am Beispiel von Paarbeziehungen einen Beitrag zur Untersuchung der Entstehung und Regulierung von Schuldgefühlen in engen zwischenmenschlichen Beziehungen zu leisten. Zweitens ist es das Ziel der vorliegenden Untersuchung, der Frage nachzugehen, ob sich die in der psychotherapeutischen Interaktion identifizierten Beziehungsmuster im Kontext von Schuldgefühlen in phänomenologisch und funktional ähnlichen Konstellationen in Alltagsinteraktionen identifizieren lassen. Der zur Erreichung dieser Ziele gewählte methodische Ansatz setzt entsprechend an der Untersuchung dieser Prozess in der direkten face-to-face Interaktion an.

Ausgehend von diesen Zielen der vorliegenden Untersuchung, lassen sich drei übergreifende Fragenkomplexe, mit einer je divergierenden Anzahl untergeordneter Fragen ausdifferenzieren:

Fragenkomplex 1: Welche interaktiven kognitiv-affektiven Regulierungsprozesse treten im Kontext von Schuldgefühlen in Paarbeziehungen auf?

a. *Lassen sich in Paar-Interaktionen im Kontext von Schuldgefühlen traps und PAMs identifizieren?*

b. *Treten diese Prozesse in zur psychotherapeutischen Interaktion vergleichbaren Kombinationen (vgl. Tab 1, 3.3.1) auf?*

c. *Tritt das von Bänninger-Huber & Widmer (1999) bezeichnete Beziehungsmuster der „Alltagsinteraktion" aus gelingender PAM und gelingender trap tatsächlich als häufigstes Beziehungsmuster in den Paar-Interaktionen auf?*

d. *Welche Funktionen erfüllen diese Prozesse hinsichtlich der affektiven Regulierung von Schuldgefühlen in den untersuchten Paar-Interaktionen?*

e. *Welche Gemeinsamkeiten und Unterschiede ergeben sich bezüglich Phänomenologie und Funktion der identifizierten Regulierungsmuster im Vergleich zur psychotherapeutischen Interaktion?*

f. *In welchem Kontext treten Geständnisse auf und welche Funktion erfüllen sie hinsichtlich der Regulierung von Schuldgefühlen?*

g. *Lassen sich spezifische Interaktionsmuster identifizieren, die die Funktion einer Wiedergutmachungshandlung im Kontext der Regulierung von Schuldgefühlen erfüllen?*

h. *Bezogen auf die in dieser Untersuchung gewählte Personengruppe stellt sich die Frage, ob sich im Kontext von Schuldgefühlen bei allen Paaren phänomenologisch und funktional vergleichbare Regulierungsprozesse identifizieren lassen?*

Wie bereits dargestellt, konnten in der psychotherapeutischen Interaktion im Kontext von Schuldgefühlen einer Klientin bestimmte Interaktionmuster (trap-PAM-Kombinationen) identifiziert werden. Es ist weitgehend unklar, ob sich diese Interaktionsmuster in Alltagsinteraktionen systematisch identifizieren lassen und für die individuelle wie dyadische Affektregulierung vergleichbare Funktion erfüllen. Zudem muss angenommen werden, dass sich Prozesse der interaktiven Affektregulierung in Alltagsinteraktionen von jenen der psychotherapeutischen Interaktion unterscheiden. In der therapeutischen Beziehung bringt der Therapeut (im Idealfall) seine eigene affektive Selbstregulierung nicht in die Interaktion ein und versucht die Rollenangebote des Patienten, die zur Implementierung spezifischer, meist maladaptiver Beziehungsmuster führen können, so zu erwidern, dass der Patient über das Erleben neuer Beziehungsmöglichkeiten seine maladaptiven Muster zumindest ansatzweise lösen und verändern kann. Für Alltagsinteraktionen muss hingegen angenommen werden, dass beide Partner primär an ihrer eigenen affektiven Selbstregulierung interessiert sind und die jeweiligen Rollenangebote des Partners entsprechend der je eigenen „Affektregulierungskapazitäten" erwidert werden (vgl. z.B. Bänninger-Huber, 1996; Benecke, 2002). Es wird angenommen, dass sich diese je unterschiedlichen „Beziehungsanforderungen" auf die beobachtbaren interaktiven Regulierungsprozesse in den Alltagsinteraktionen im Vergleich zu den bisher identifizieren Prozessen der therapeutischen Beziehung durch möglicherweise unterschiedlich ausfallende Phänomenologien und Funktionen der Interaktionsmuster auswirken.

Zudem stellt sich die Frage, ob und welche weiteren schuldgefühlspezifischen Regulierungsprozesse sich in den Paarinteraktionen identifizieren lassen. So werden etwa Wiedergutmachungshandlungen, Entschuldigungen und Geständnisse als zentrale Regulierungsstrategien von Schuldgefühlen beschrieben, wobei in den bisherigen empirischen Untersuchungen meist ein autobiographisch-narrativer Ansatz der Erhebung erinnerter Schuldgefühlerlebnisse von Einzelpersonen zur Anwendung kam (z.B. Baumeister, Stillwell & Heatherton, 1995a; Tangney & Deardon, 2000). Eine Untersuchung derartiger Prozesse in alltäglichen zwischenmenschlichen Beziehungen, die an einer Analyse der objektiv beobachtbaren Verhaltensweisen beider Interaktionspartner im Kontext der Entstehung und Regulierung von Schuldgefühlen ansetzt, steht bisher noch aus.

Da in den bisherigen Untersuchungen zu interaktiven Affektregulierungsprozessen deren je dyadenspezifische Ausgestaltung hervorgehoben wurde (z.B. Merten, 1996), stellt sich die zuletzt die Frage nach Gemeinsamkeiten und Unterschieden der identifizierten Prozesse in den untersuchten Paarinteraktionen.

Fragenkomplex 2: Treten im Kontext der Regulierung von Schuldgefühlen in Paarbeziehungen Versuche von Schuldgefühlinduktion auf?

a. *Lassen sich Versuche der Induktion von Schuldgefühlen eines Partners an den jeweils Anderen identifizieren?*
b. *Wenn ja, in welchen interaktiven Kontexten treten diese Versuche der Schuldgefühlinduktion auf?*
c. *Lassen sich damit verbundene charakteristische verbale und nonverbale Verhaltensweisen identifizieren?*

Bisherige Untersuchungen zur Entstehung von Schuldgefühlen bei Partner A über eine bestimmte Strategie der Schuldgefühlinduktion durch Partner B setzten an der retrospektiven Erhebung autobiographisch-narrativer Beschreibungen von Einzelpersonen über deren erinnerte Strategien der Schuldgefühlinduktion an (z.B. Baumeister et al., 1995a; Vangelisti et al., 1991). Die Ergebnisse dieser Untersuchungen weisen zum einen darauf hin, dass Strategien der Schuldgefühlinduktion vor allem in intimen zwischenmenschlichen Beziehungen eingesetzt werden. Zum anderen legen die Ergebnisse nahe, dass je spezifische Strategien, wie etwa verbale Vorwürfe eines Partners, zur direkten Entstehung von Schuldgefühlen beim jeweils Anderen führen können. Die Frage, ob, und in welcher Art und Weise, Versuche der Schuldgefühlinduktion in realen face-to-face Interaktionen eingesetzt werden, blieb bisher unbeantwortet. Daraus leitet sich die Frage ab, ob sich in den untersuchten Gesprächen Interaktionssequenzen identifizieren lassen, in denen ein Partner versucht, mittels spezifischer verbaler und nonverbaler Verhaltensweisen Schuldgefühle bei seinem Gegenüber zu induzieren. Weiters stellt sich die Frage, wie diese Versuche der Schuldgefühlinduktion aussehen d.h. in welchen Kontexten (z.B. etwa in Form gegenseitiger Vorwürfe) sie auftreten und durch welche verbalen und nonverbalen Verhaltensweisen sie charakterisiert werden können.

Fragenkomplex 3: Lassen sich in der interaktiven Regulierung von Schuldgefühlen geschlechtsspezifische Unterschiede finden?

a. *Unterscheiden sich Männer und Frauen in den auftretenden Häufigkeiten und Arten von traps und PAMs?*
b. *Unterscheiden sich Männer und Frauen in den Häufigkeiten des Versuches einer Schuldgefühlinduktion?*
c. *Unterscheiden sich Männer und Frauen in den Kontexten, in denen Versuche einer Schuldgefühlinduktion auftreten?*

Empirische Untersuchungen zu geschlechtsspezifischen Unterschieden in der Häufigkeit des Erlebens von Schuldgefühlen, zu eventuellen Unterschieden in den auslösenden Situationen, sowie der Regulierung von Schuldgefühlen sind entweder spärlich oder gar nicht vorhanden, und führten, wenn vorhanden zu widersprüchlichen Ergebnissen (Lutwak et al., 1998; Tangney & Dearing, 2002). Baumeister et al. (1994) gehen davon aus, dass das Mittel der Schuldgefühlinduktion mit dem Ziel einer Verhaltensänderung beim anderen vor allem von Personen eingesetzt wird, die in einer Beziehung über weniger Mittel einer offensiven Machtausübung verfügen. Es könnte daraus abgeleitet, angenommen werden, dass – unter der Annahme bestimmter nach wie vor wirkender geschlechtsspezifischer Rollenzuschreibungen bezüglich einer unterschiedlichen Machtverteilung in Beziehungen - Frauen häufiger Versuche der Schuldgefühlinduktion als Mittel der Beeinflussung des Verhaltens des Partners unternehmen als Männer.

Zudem ist die Frage ungeklärt, ob sich bei den Regulierungsmustern von traps, PAMs und deren Kombinationen etwaige geschlechtsspezifische Differenzen in der Häufigkeit ihres Auftretens, sowie hinsichtlich phänomenologischer und funktionaler Kriterien ergeben.

7 Datenerhebung

7.1 Auswahl der Untersuchungsteilnehmer

Die Kriterien der Auswahl der Paare umfassten eine Mindestdauer der Beziehung von mindestens drei Jahren, sowie die Bedingung, dass die Paare seit mindestens einem Jahr eine gemeinsame Wohnung teilen mussten. Als Untersuchungsgruppe wurden Paarbeziehungen ausgewählt, da in Einklang mit theoretischen und empirischen Ansätzen angenommen wird, dass Schuldgefühle vor allem in engen zwischenmenschlichen Beziehungen auftreten und reguliert werden, sowie wesentliche bindungsstärkende Funktion in Paarbeziehungen erfüllen können (z.b. Bänninger-Huber & Widmer, 1996; Baumeister, Stillwell & Heatherton, 1994, 1995a; Jones, Kugler & Adams, 1995).

Über mündliche Anfragen an Kollegen und Bekannte in Frage kommende Paare wurden persönlich über Telefon angefragt, ob sie an einer Untersuchung zu Emotionen in Paarbeziehungen teilnehmen möchten. Sie wurden darüber informiert, dass die Untersuchung aus einer Videoaufnahme eines gemeinsamen Gespräches über Emotionen besteht und die Dauer der Untersuchung etwa eine Stunde umfasst. Mit jenen Paaren, die zu einer Teilnahme an der Untersuchung bereit waren, wurde ein für jedes Paar separater Termin vereinbart, an dem die Videoaufnahme des Gespräches am Institut für Psychologie der Universität Innsbruck stattfand.

7.2 Untersuchungssetting

Als Methode der Datenerhebung wurden Videoaufnahmen ausgewählt, die in der Intention der Untersuchung, interaktive Regulierungsprozesse unter speziellem Fokus auf das wechselseitige mimisch-affektive Verhalten zu analysieren, begründet liegen. Zur Kodierung des mimisch-affektiven Verhaltens sind sehr hochwertige Videoaufnahmen notwendig, weshalb die Datenerhebung im Videolabor des Institutes für Psychologie der Universität Innsbruck erfolgte.

Die Aufnahmen der Gespräche fanden im Zeitraum von Juni 2000 bis Januar 2003 am Institut für Psychologie statt. Die Gespräche wurden mittels Split-Screen Verfahren auf Video aufgezeichnet, um eine zeitlich genau übereinstimmende Auswertung des mimischen Verhaltens beider Interaktionspartner zu ermöglichen. Für jede der beiden Personen stand eine separate Kamera zur Verfügung, die auf einen möglichst engen Ausschnitt des Gesichtes der Personen fokussierte, um eine möglichst optimale Ausgangsbasis für die Kodierung der mimischen Veränderungen zu erhalten. Der Raum, in dem die Gespräche stattfanden war vom Raum, von dem aus die Aufnahme gesteuert wurde, getrennt d.h. die Paare waren während des gesamten Gespräches alleine. Die Durchführung der Untersuchung umfasste bei allen zehn Paaren eine gleich bleibende Abfolge folgender Schritte:

Die Paare erhielten zunächst von der Versuchleiterin, sowie dem technischen Leiter der Aufnahme, eine kurze Einführung in den Ablauf der Untersuchung und die technischen Rahmenbedingungen der Untersuchung. Anschließend wurden die Paare in den Aufnahmeraum gebeten, in dem ein Tisch mit zwei schräg zueinander stehenden Stühlen platziert war. Nachdem die Paare Platz genommen hatten, wurden die Kameras auf jede der beiden Personen eingestellt. Anschließend erhielten die Paare zunächst die Instruktion, sich über Situationen und Ereignisse zu unterhalten, die sie beide als schöne Momente in ihrer Beziehung erlebt hatten. Diese Anfangsinstruktion erfüllte den Zweck, dass sich die Paare an die Situation vor laufender Videokamera zu sprechen gewöhnen konnten, und etwas Zeit hatten, sich mit dem Partner in der ungewohnten Situation zu Recht zu finden. Die Gespräche über positive Themen der Paarbeziehung dauerten sechs bis sieben Minuten.

Daran anschließend startete der für die Untersuchung wesentliche Teil der Datenerhebung. Um zur Erhebung der für die Untersuchung relevanten interaktiven Regulierungsprozesse im Kontext von Schuldgefühlen zu gelangen, erhielten die Paare folgende Instruktion:

> *„Erinnern Sie sich an Situation und Ereignisse, in denen Sie dem jeweils anderen gegenüber ein schlechtes Gewissen hatten und sprechen Sie darüber für etwa fünfzehn bis zwanzig Minuten".*

Der Entscheidung für diese sehr direkt gehaltene Instruktion ging eine Voruntersuchung mit einem Paar voraus, in der versucht wurde über eine allgemeiner gehaltene Themenvorgabe zu den zu untersuchenden Prozessen zu gelangen. Die Instruktion dieser Voruntersuchung lautete, über das Thema zu sprechen „Was macht der jeweils andere für die Beziehung". Es zeigte sich, dass diese Instruktion für die Fragestellung der vorliegenden Untersuchung nicht geeignet war, da kaum schuldgefühlbezogene Konflikte des Paares thematisiert wurden. Die anschließend gewählte direkte Instruktion stellte die Paare vor die Situation, gegenseitiges Fehlverhalten gestehen zu müssen, womit sich der Anspruch an die Affekt- und Beziehungsregulierung beider Partner durch das gesteigerte Konfliktpotential des Themas erhöhte. Es wurde angenommen, dass die gegenseitigen Geständnisse von Fehlverhalten dem Beziehungspartner gegenüber durch die direkte Konfrontation mit den darauffolgenden Reaktionen des Partners, zu einer Re-Aktualisierung von Konflikten und damit verbundenen Schuldgefühle führen würden. Die in der Instruktion verwendet Wortwahl des „schlechten Gewissen" wurde der direkten Verwendung des Begriffes „Schuldgefühle" vorgezogen, da angenommen wurde, dass Schuldgefühle meist mit sehr schwerwiegenden Vergehen assoziiert werden. Die Hemmschwelle über Schuldgefühle zu sprechen wurde deshalb als höher angenommen, als über Situationen mit „schlechtem Gewissen" zu sprechen. Schlechtes Gewissen, so wird zumindest angenommen, wird in seinem alltagssprachlichen Gebrauch für weniger schwerwiegendes Fehlverhalten verwendet und sollte demnach das Sprechen über den Themenbereich erleichtern. Es wird angenommen, dass beide Bezeichnungen für den gleichen emotionalen Prozess verwendet werden. Die Gespräche wurden nach etwa 15-20 Minuten von der Versuchsleiterin beendet. Es wurde dabei durch kurzes Hineinhören in die Gespräche (via Kopfhörer vom technischen Aufnahmeraum aus) auf den Diskussionsstand der Paare Rücksicht genommen und entsprechend früher bzw. später die Situation beendet. Die Paare befanden sich wie erwähnt während des Gespräches alleine im Aufnahmeraum. Die Versuchleiterin war lediglich zu Beginn und Ende des Gespräches anwesend.

Anschließend an das Paargespräch wurden beide Partner getrennt voneinander zu einem Nachinterview gebeten, das den Zweck erfüllte, Rückmeldung zum Erleben der Personen zu erhalten und diesen Gelegenheit zu geben, allfällige Anmerkungen vorzunehmen. Alle Untersuchungsteilnehmer erhielten folgende Fragen:

Nachinterview:
- Wie haben Sie die ungewohnte Situation, vor laufender Videokamera über ein oftmals sehr intimes Beziehungsthema zu sprechen, empfunden?
- Hat Sie die Situation gehemmt? Haben Sie Ihr Verhalten eher kontrolliert als in einer normalen Gesprächssituation?
- Welche Gefühle sind bei Ihnen im Laufe des Gespräches aufgetreten? (Ev. Genauere Nachfrage zur Beschreibung dieser).
- Gibt es dazu noch weitere Dinge, die aus der Aufzeichnung heraus nicht verstehbar sind und wozu Sie noch etwas anmerken möchten?
- Wie haben Sie Ihren Partner in dieser Situation erlebt?

Abschließend wurde den Paaren noch eine Einverständniserklärung vorgelegt, in der sie in die Verwendung des Videomaterials für die Untersuchung im Rahmen der vorliegenden Dissertation einwilligten, sowie entschieden, in welchem Ausmaß das Material für weiter- führende Forschung und Lehre genutzt werden darf.

8 Auswertungsmethoden

Die Auswahl, der zur Untersuchung der Fragestellung verwendeten Methoden, zentrierte um das Kriterium, dass eine adäquate Erfassung sowohl des verbalen wie nonverbalen Interaktionsgeschehens best möglich sein sollte. Im Folgenden werden zunächst die verwendeten Methoden im Einzelnen beschrieben, sowie die Kriterien für die Auswahl der mikroanalytisch untersuchten Sequenzen definiert (8.1–8-4). Anschließend erfolgt eine detaillierte Darstellung des methodischen Vorgehens, der zugrunde liegenden Operationalisierungen einzelner Konzepte und Begriffe, sowie eine Darlegung der jeweils verwendeten Datenbasis zur Beantwortung der einzelnen Fragen der Fragenkomplexe 1-3 (8.5). Das Vorgehen und Ergebnis der Reliabilitätsüberprüfung der Kodierung prototypischer affektiver Mikrosequenzen (PAMs) erfolgt unter 8.6.

8.1 Transkription der Gespräche

Alle aufgezeichneten Gespräche wurden vollständig transkribiert. Die Transkripte dienten als Grundlage für die inhaltliche Auswertung des verbalen Dialoges mittels frame reported (vgl. 8.2) sowie Elementen aus der Konversationsanalyse (vgl. 8.3).

Die Gespräche wurden in zehn Sekunden Abschnitten unter Anwendung folgender Kriterien transkribiert:

- Das verbale Verhalten der beiden Partner wurde einander gegenüberstellend transkribiert, um einen Überblick über das wechselseitig interaktive Verhalten zu erleichtern.
- Gleichzeitiges Sprechen der Interaktanden wurde durch Unterstreichen der parallel geäußerten Worte gekennzeichnet
- Im Gespräch auftretende Unterbrechungen der Satzproduktion und Pausen wurden mit drei Punkten gekennzeichnet (es wurde keine genauere Markierung der unterschiedlichen Längen der Pausen und Unterbrechungen vorgenommen)
- Hörbares Lachen wurde in Klammer angefügt und im Falle eines gleichzeitigen hörbaren Lachens beider Partner dies entsprechend durch Unterstreichung gekennzeichnet.
- Der sprachliche Dialekt der Personen wurde, was die Lautsprache betrifft, aufgrund einer besseren Lesbarkeit in zum Teil hochdeutscher Schreibweise transkribiert. Dialektspezifische grammatikalische Konstruktionen wurden unverändert übernommen.

8.2 Frame-reported

Der „frame reported" gibt theoriegeleitet alle wesentlichen Elemente eines, Schuldgefühlen zugrunde liegenden, Über-Ich Konfliktes vor. Die Methode wurde entwickelt, um die Manifestationen von Über-Ich Konflikten, sowie deren interaktive Ausgestaltung in der therapeutischen Beziehung zu untersuchen (Widmer, 1997), mit dem Ziel, Aufschluss über die Implementierung spezifischer Beziehungsmuster in der therapeutischen Interaktion zu erlangen. Für die vorliegende Untersuchung wurde der „frame reported" als Instrument verwendet, um jene narrativen Episoden zu extrahieren und inhaltlich zu analysieren, die von den Untersuchungsteilnehmerinnen und – teilnehmern als schuldgefühlauslösend erzählt wurden.

Der „frame reported" umfasst acht Elemente, die als konstitutiv für Über-Ich Konflikte angenommen werden. Es handelt sich dabei um die Elemente *„Subjekt"*, *„Aktion"*, *„Objekt"*, *„Autoritätsfigur"*, *„Reaktion der Autoritätsfigur"*, *„Projektionsfigur"*, *„Affektive Rückmeldung"*, sowie *„Durch Rückmeldung motivierte Handlung und Abwehr"*. Jedes dieser Elemente wird durch eine Reihe von „slots" ausdifferenziert. Etwa enthält das Element Aktion – definiert als die Handlung/Situation/Phantasie, aufgrund derer ein schlechtes Gewissen erlebt wird - sieben „slots", in denen der in der jeweiligen Erzählung enthaltene Inhalt der Aktion, die Lokalisierung der Aktualisierung, der locus of control, der Realitätsgrad der Aktion etc. bestimmt wird. Eine Übersicht über alle Elemente und entsprechenden „slots" des frame reported gibt Tab. 3 (nach Widmer, 1997):

```
ELEMENT SUBJEKT
        Subjekt
        Zeitpunkt der erzählten Episode
        Affekt des Subjekts
        Kontext
ELEMENT AKTION
        Inhalt der Aktion
        lokakt (Lokalisierung der Aktualisierung)
        loc (locus of control)
        real (Realitätsgrad der Aktion)
        Auswirkung der Aktion
        Durch Auswirkung bewirkter Affekt
        Lokalisation des Affekts
ELEMENT OBJEKT
        Objekt der Aktion
ELEMENT AUTORITÄTSFIGUR
        Autoritätsfigur
        Anwesenheit der Autoritätsfigur
        Funktion der Autoritätsfigur
        Beziehung zwischen Autoritätsfigur und Subjekt
ELEMENT REAKTION DER AUTORITÄTSFIGUR
        Reaktion der Autoritätsfigur
```

Zeitpunkt der Reaktion
Realitätsgrad der Reaktion
ELEMENT AFFEKTIVE RÜCKMELDUNG
  Affektive Rückmeldung des Über-Ichs
  Zeitpunkt der Rückmeldung
ELEMENT PROJEKTIONSFIGUR
  Projektionsfigur
  Anwesenheit der Projektionsfigur
  Beziehung zwischen Projektionsfigur und Subjekt
  Reaktion der Projektionsfigur
  Realitätsgrad der Reaktion
ELEMENT   DURCH   RÜCKMELDUNG   MOTIVIERTE
HANDLUNG UND ABWEHR
  Durch Rückmeldung motivierte Handlung/Abwehr
  Zeitpunkt der Handlung und Abwehr

Tab. 3: Elemente und „slots" des „frame reported"

Die Kriterien der Auswahl der narrativen Episoden wurden von Widmer (1997) für die Analyse therapeutischer Transkripte festgelegt und für die vorliegende Untersuchung adaptiert. In einem ersten Schritt werden all jene Episoden extrahiert in denen sich direkte Indikatoren für einen zugrunde liegenden Über-Ich-Konflikt finden lassen. Widmer (1997) nennt dafür als spezifische Indikatoren die Erwähnung von Schuldgefühlen, schlechtem Gewissen, Scham, Strafangst oder Selbstvorwürfe, sowie die Erwähnung einer direkten Reaktion einer Autoritätsfigur. Da die in dieser Untersuchung vorgegebene Instruktion eine direkte Verwendung der Begriffe „schlechtes Gewissen" und „Schuldgefühle" impliziert, zentrierte ein Großteil der extrahierten Episoden um direkte Erzählungen von Schuldgefühlsituationen. Weiters wurden auch jene Episoden extrahiert, in denen eine direkte Nennung des schlechten Gewissens oder von Schuldgefühlen nicht direkt enthalten war, sondern als Reaktion auf eine Frage des Partners oder als Fortsetzung einer bereits an früherer Stelle erwähnten Sequenz vorgenommen wurde. Die so extrahierten Sequenzen wurden gemäß der Reihenfolge ihres Auftretens nummeriert.

Insgesamt konnten in den Gesprächen der zehn untersuchten Dyaden 101 narrative Episoden extrahiert werden, die einer inhaltlichen Analyse mit dem „frame reported" unterzogen wurde. Dabei wurden die in den Episoden enthaltenen relevanten Äußerungen und Informationen den einzelnen slots zugeordnet wurden. Für alle zehn Dyaden wurden diese Analysen entsprechend ihrem zeitlichen Verlauf erfasst, um eine Übersicht über möglicherweise abfolgende und sich wiederholende Themen zu erhalten.

8.3 Facial Action Coding System (FACS)

Das Facial Action Coding System (Ekman & Friesen, 1978; Ekman, Friesen & Hager, 2001) ist ein objektives Kodiersystem mimischen Verhaltens, das auf der funktionellen Anatomie des menschlichen Gesichtes aufbaut. Jede unterscheidbare Bewegung eines oder mehrer Gesichtsmuskeln im Gesicht kann objektiv und reliabel kodiert werden. Die einzelnen unterscheidbaren Gesichtsbewegungen werden im FACS als ACTION UNITS (AU) bezeichnet. Insgesamt werden 44 einzelne Gesichtsbewegungen unterschieden – davon 35 Action Units und 9 sogenannte Action Descriptors.

Mit dem Facial Action Coding System ist es möglich, das sehr schnell ablaufende mimische Geschehen im Kontext der Affektregulierung einer Dyade durch die sehr hohe zeitliche Auflösung des Verfahrens mikroanalytisch zu untersuchen. Mit FACS ist eine Kodierung des mimischen Verhaltens auf 4/100 Sekunden genau möglich. Der entscheidende Vorteil des Facial Action Coding Systems im Vergleich zu anderen mimischen Kodiersystemen liegt in der Trennung von Deskription und Inferenz. Mimisches Verhalten wird zunächst beschreibend erfasst und erst in einem zweiten Schritt mit möglichen Bedeutungszuordnungen versehen.

Das Facial Action Coding System zeichnet sich zudem durch eine hohe Interrater-Reliabilität aus, die für die Kodierung einzelner Ausdrucksmuster bei einem kappa von .70-.80 (Sayette, Cohn, Wertz, Perrott, & Parrott, 2001) liegt.

8.4 Konversationsanalyse

Die von Sacks und Schegloff (z.B. Sacks, 1992) enwickelte Konversations-analyse setzt an einer Analyse der strukturellen Merkmale eines verbalen Dialoges an. Das dahinter stehende Interesse liegt darin, wie Menschen durch eine spezifische Art der Interaktion bestimmte Prozesse verhandeln und gemeinsam konstituieren. Dabei wird von der zentralen Prämisse ausgegangen, dass Gesprächsteilnehmer einander aufzeigen, welchen Sinn und welche Bedeutungen sie ihren Äußerungen wechselseitig zuschreiben (Deppermann, 2001; ten Have, 2000). Der Vorteil der Methodik besteht darin, dass es sich um ein Auswertungsverfahren handelt, das direkt an der Analyse der verbal-sprachlichen Interaktion ansetzt. Dabei werden sehr kleine Analyseeinheiten ausgewählt und der gesprochene Dialog auf „turn by turn"-Basis analysiert. Die konversationsanalytische Vorgehensweise wird aufgrunddessen als sehr sinnvolle Ergänzung des, in dieser Untersuchung im Vordergrund stehenden, mikroanalytischen Forschungsansatzes zur Erfassung des affektiven Regulierungsgeschehens in einer Dyade gesehen. Für die folgende Arbeit kommen folgende Elemente konversationsanalytischen Vorgehens zur Anwendung (z.B. Lepper, 2000; ten Have, 2000):

1. Analyse der Gesamtstruktur der Interaktion nach den Merkmalen „Eröffnungssequenz", „Hauptsequenz", „Lösung" und „Beendigung".
2. Organisation der Redebeiträge („turn taking organisation").
3. Gestaltung eines Redebeitrages („turn design").

8.5 Auswahl der mikroanalytisch untersuchten Sequenzen

Die Auswahl der mittels des mikroanalytischen Forschungsansatzes (vgl. Kapitel 5) untersuchten Sequenzen des Affektregulierungsgeschehens in der Dyade erfolgte mittels der durch die Anwendung des „frame reported" identifizierten Episoden, sowie der unter Anwendung konversationsanalytischer Methoden erstellten Gesamtstruktur der Interaktion. Des Weiteren kamen bei der Auswahl der Mikroanalysen die bestehenden Konzepte der PAMs und traps (Bänninger-Huber, 1996) zum Tragen, die mittels entsprechender Operationalisierungen (vgl. 8.6.1) theoriegeleitet im Material identifiziert wurden. Das verbal-inhaltliche, sowie nonverbale Interaktionsgeschehen wurde in einem Verlaufsprotokoll zusammengefasst und davon ausgehend die Auswahl der Sequenzen vorgenommen (vgl. Anhang IV).

8.6 Operationalisierung der Fragenkomplexe 1-3

8.6.1 Fragenkomplex 1: Welche interaktiven affektiven Regulierungsprozesse treten im Kontext von Schuldgefühlen in Paarbeziehungen auf?

Methodisches Vorgehen und zugrunde liegendes Material zur Beantwortung der Fragen 1 a – e:

a. Lassen sich in Paar-Interaktionen im Kontext von Schuldgefühlen traps und PAMs identifizieren?
b. Treten diese Prozesse in zur psychotherapeutischen Interaktion vergleichbaren Kombinationen (vgl. Tab 1.; Kap. 3.3.1) auf?
c. Tritt das von Bänninger-Huber & Widmer (1999) bezeichnete Beziehungsmuster der „Alltagsinteraktion" aus gelingender PAM und gelingender trap tatsächlich als häufigstes Beziehungsmuster in den Paar-Interaktionen auf?
d. Welche Funktionen erfüllen diese Prozesse hinsichtlich der affektiven Regulierung von Schuldgefühlen in den untersuchten Paar-Interaktionen?
e. Welche Gemeinsamkeiten und Unterschiede ergeben sich bezüglich Phänomenologie und Funktion der identifizierten Regulierungsmuster im Vergleich zur psychotherapeutischen Interaktion?

Die Identifizierung der für die affektive Regulierung von Schuldgefühlen bedeutsamen Interaktionssequenzen erfolgte in mehreren Schritten. Erst wurden unter Anwendung des „frame reported" (Widmer, 1997) alle schuldgefühlrelevanten narrativen Episoden identifiziert und analysiert. Parallel dazu wurde das Gespräch mehrmals auf Video angesehen und das inhaltliche Geschehen, so wie auffallende nonverbale Verhaltensweisen in einem

Verlaufsprotokoll zusammengefasst (vgl. Anhang IV). In einem nächsten Schritt erfolgte die Identifizierung von PAMs und traps am Videomaterial, wobei auf vorhandene und an mehreren Untersuchungen (z.b. Bänninger-Huber et.al, 1990; Langebner, 2000; Mair & Geir, 2001; Müller, 1999) erprobte Operationalisierungen der beiden Konzepte zurückgegriffen werden konnte.

---

1. Eine beobachtbare Störung in der Affektregulierung der Person muss voran gehen. Als Indikatoren für das Vorliegen einer Störung in der Affektregulierung werden folgende verbalen und nonverbalen Verhaltensweisen definiert:
- im verbalen Bereich: z.b. Unterbrechungen, Wiederholungen, Stottern
- im nonverbalen Bereich: z.b. Adaptoren wie Lippen schlecken oder auf die Lippen beißen (AU 32, 37); verschiedene Formen von Lächeln und Lacheln wie z.b. masking smiles, dampened smiles oder miserable smiles; Mimische Indikatoren negativer Emotionen.

2. Es erfolgt ein Lächel- und/oder Lachangebot eines der beiden Interaktionspartner, das durch ein „felt smile" charakterisiert ist (AU 6+12).

3. Je nachdem, in welcher Art und Weise der Parntner das Lächeln und/oder Lachen erwidert, wird die PAM als gelingend, nicht-gelingend oder +/- kategorisiert
- gelingende PAMs: der Partner erwidert das Lächeln und/oder Lachen und zeigt ebenfalls ein „felt smile" (AU 6+12) in vergleichbarer Intensität.
- Nicht-gelingende PAMs: der Partner erwidert das Lächeln und/oder Lachen nicht. Die AU 12 ist in seinem mimischen Verhalten nicht zu beobachten.
- +/- PAMs: der Partner erwidert das Lächeln und/oder Lachen, allerdings entweder in deutlich geringerer Intensität und/oder mit gleichzeitigem Auftreten von Indikatoren negativer Emotionen.

Tab. 4: Operationalisierung: Prototypische Affektive Mikrosequenzen (PAMs)

Das beobachtbare Verhalten beider Interaktionspartner wurde aufeinander bezogen ausgewertet, wobei der Schwerpunkt auf der Analyse des mimischen Verhaltens lag. Dieses wurde unter Verwendung des Facial Action Coding Systems (FACS) für die ausgewählten Sequenzen kodiert. Das beobachtete Verhalten wurde dann in Bezug gesetzt zu existierenden emotionspsychologischen Konzepten (Funktion mimischer Verhaltensweisen, Basisemotionen, strukturelle Emotionen, Funktion einzelner emotionaler Prozesse), psychoanalytischen Modellvorstellungen über die Affektregulierung in Beziehungssituationen sowie Konzepten und Ergebnissen aus der Psychotherapieforschung (vgl. Kap. 5.2 Mikroanalytischer Forschungsansatz/ Unterscheidung von low und high level Konzepten).

1. Auf der verbalen Ebene des Verhaltens äußert der Interaktionspartner, bei dem es zum Auftreten von Schuldgefühlen kommt, oftmals urteilende Kommentare zu der mit Schuldgefühlen verknüpften Situation.
   - Häufig wird dabei das eigene Verhalten oder die Reaktion des Gegenübers darauf kommentiert.
   - Kennzeichnend sind auch direkte oder indirekte Fragen an den Interaktionspartner, die das eigene Fehlverhalten relativieren z.B. „Aber das war ja nicht so schlimm, oder?"

2. Auf der nonverbalen Ebene kommt es zu deutlichen Sprecherwechselsignale am Ende des traps (Blickzuwendung, Abfall der Tonhöhe, Pause).

3. Zusätzlich wird die Äußerung und anschließende Aufforderung zum Sprecherwechseln häufig begleitet durch einen spezifischen mimischen Ausdruck z.b. durch eine bestimmte Art zu Lächeln oder durch beobachtbare Indikatoren negativer Emotionen.

Tab. 5: Operationalisierung Traps

Alle zehn Paarinteraktionen wurden hinsichtlich des Auftretens von PAMs und traps, sowie deren Kombinationen vollständig analysiert. Die identifizierten Interaktionsmuster wurden jeweils extrahiert, das mimisch-affektive Verhalten beider Interaktionspartner kodiert und in Bezug gesetzt zu emotionspsychologischen und psychoanalytischen Modellvorstellungen.

Methodisches Vorgehen und zugrunde liegendes Material zur Beantwortung der Fragen 1 f -g

 f. In welchem Kontext treten Geständnisse auf und welche Funktion erfüllen sie hinsichtlich der Regulierung von Schuldgefühlen?

 g. Lassen sich spezifische Interaktionsmuster identifizieren, die die Funktion einer Wiedergutmachungshandlung im Kontext der Regulierung von Schuldgefühlen erfüllen?

Zur Beantwortung dieser Fragen wurde zusätzlich zum bereits beschriebenen mikroanalytischen Forschungsansatz, das Hauptaugenmerk auf die verbalen Inhalte in den identifizierten Interaktionssequenzen gelegt. Die Identifizierung dieser Regulierungsstrategien erfolgte unter Verwendung mehrerer Methoden. Basierend auf der Annahme, dass sich erzählte Konflikte in der aktuellen Interaktion reinszenieren können, wurde ein besonderes Augenmerk auf den Inhalt der nachfolgenden verbalen Interaktion gelegt. Wie reagiert der Partner verbal auf die Erzählung des anderen? Welche Reaktion erfolgt daraufhin vom anderen Partner? Um diese Fragen einer systematischen Analyse zu unterziehen wurden zusätzlich zur Kodierung des mimisch-affektiven Verhaltens Elemente aus der Konversationsanalyse angewandt und eine Integration der Ergebnisse der Verbalanalyse mit dem nonverbalen Interaktionsgeschehen unternommen.

Für alle zehn Paarinteraktionen wurde mittels einem auf konversationsanalytischen Prinzipien basierenden Vorgehens eine Gesamtstruktur der Interaktion erstellt (vgl. Anhang V). Die Funktion der bereits in den Verlaufsprotokollen und Mikroanalysen identifizierten Prozesse wurde hinsichtlich der oben gestellten Fragen analysiert.

Zusätzlich wurden alle Geständnisse, die in den Gesprächen auftreten, extrahiert und in ihrem Bezug zum jeweiligen vorhergehenden und nachfolgenden verbalen und nonverbalen Kontext gesetzt. Dabei wurde in Ahnlehnung an Bänninger-Huber, Peham & Juen (2002) und Widmer (1997) folgende Definition von Geständnissen zu grunde gelegt:

Geständnisse lassen sich als Sequenzen der Interaktion definieren, in denen Partner A Partner B gegenüber seine Schuldgefühle aufgrund eines bestimmten Fehlverhaltens, das er ihm gegenüber begangen hat, gesteht. Partner A stellt sich dabei als schuldig dar und übernimmt die Verantwortung für das begangene Fehlverhalten.

Tab. 6: Definition Geständnisse

Eine Vielzahl, der in den Paarinteraktionen auftretenden Geständnisse wurde durch die sehr direkt gehaltene Instruktion, über gegenseitiges schlechten Gewissen zu sprechen, „provoziert" und basierten nicht auf einem aus Gründen der eigenen affektiven Regulierungsnotwendigkeit entstehenden „freiwilligen" Geständnis. Diese Einschränkung oder Vorgabe, die bereits durch die Instruktion erfolgt, wirkt sich insofern auf das methodische Vorgehen aus, als bei einem Großteil der Geständnisse im Material nicht von einer primär schuldgefühlmotivierten Funktion ausgegangen werden kann, da ein durch die Instruktion vorgegebenes „Geständnismuss" vorlag. Dennoch wurde angenommen, dass sich durch die wechselseitigen Geständnisse von Situationen, in denen die Partner ein schlechtes Gewissen gegenüber einander erlebten, in der aktuellen Interaktion schuldgefühlbezogene Konflikte re-aktualisieren und speziell diese Kontexte für eine Bestimmung der Funktion von Geständnissen relevant sein werden.

Von diesen Überlegungen ausgehend wurden vor allem jene Geständnisse einer genaueren Analyse unterzogen, in denen die affektive Beteiligung an der Erzählung des Geständnisses als hoch eingestuft wurde. Für diese Einschätzung wurden folgende beobachtbare Kriterien zugrunde gelegt:

1. während des Geständnisses sind im mimischen Verhalten der Person starke Anzeichen für das Auftreten negativer Emotionen zu beobachten und/oder

2. es folgen auf der Ebene des interaktiven Verhaltens der Person als prototypische affektive Mikrosequenzen und/oder traps identifizierbare Sequenzen, die auf eine Störung in der affektiven Selbst- und Beziehungsregulierung hinweisen.

Zur Identifizierung von Regulierungsprozessen, die als Wiedergutmachung eines Fehlverhaltens von Partner A Partner B gegenüber verstanden werden können, wurde folgende Arbeitsdefinition von Wiedergutmachunghandlungen festgelegt:

1. Als Wiedergutmachungshandlungen im Kontext der Regulierung von Schuldgefühlen werden all jene verbalen und nonverbalen Verhaltensweisen verstanden, die zur „Reparierung" der Beziehung aufgrund eines dem Partner zugefügten „Schadens" eingesetzt werden. 2. Als Voraussetzung für die Identifizierung von Prozessen der Wiedergutmachung, müssen im verbalen und/oder nonverbalen Verhalten deutliche Indikatoren für eine Störung in der Selbst- und/oder Beziehungsregulierung bei einem der beiden Partner ersichtlich sein.

Tab. 7: Definition Wiedergutmachungshandlung

Es wird angenommen, dass die Identifizierung von Wiedergutmachungshandlungen entsprechend davon abhängt, ob in den Interaktionen im Kontext der Besprechung von Schuldgefühlen tatsächlich Störungen in der affektiven Selbst- und Beziehungsregulierung bei einem der beiden Partner, bedingt durch ein Fehlverhalten des anderen, auftreten. Die gesamten zehn Interaktionen der Paare wurden entsprechend der oben beschriebenen Methoden auf derartige auftretende Regulierungsstörungen untersucht. Da die Identifizierung von Prototypischen Affektiven Mikrosequenzen per Definition an das Auftreten derartiger Regulierungsstörungen gebunden ist (vgl. Operationalisierung PAMs), wurden speziell das im Kontext dieser Sequenzen auftretende verbale und nonverbale Verhalten beider Partner unter Einbezug des Interaktionskontextes analysiert.

Methodisches Vorgehen und zugrunde liegendes Material zur Beantwortung der Fragen 1 h:

h. Bezogen auf die in dieser Untersuchung gewählte Personengruppe stellt sich die Frage, ob sich im Kontext von Schuldgefühlen bei allen Paaren phänomenologisch und funktional vergleichbare Regulierungsprozesse identifizieren lassen?

Die Ergebnisse der Fragen 1a – g wurden einer quantitativen und qualitativen Vergleichsanalyse unterzogen. Dabei wurden die resultierenden quantitativen Daten einer Signifikanzprüfung mittels eines Mittelwertsvergleiches für abhängige Stichproben (Wilcoxon-Test) unterzogen.

8.6.2 Fragenkomplex 2: Treten im Kontext der Regulierung von Schuldgefühlen in Paarbeziehungen Versuche von Schuldgefühlinduktion auf?

a. Lassen sich Versuche der Induktion von Schuldgefühlen eines Partners an den jeweils Anderen identifizieren?

b. Wenn ja, in welchen interaktiven Kontexten treten diese Versuche der Schuldgefühlinduktion auf?

c. Lassen sich damit verbundene charakteristische verbale und nonverbale Verhaltensweisen identifizieren?

Um eine Beantwortung dieser Frage leisten zu können, wurde der Begriff der Schuldgefühlinduktion basierend auf bisherigen theoretischen und empirischen Ansätzen (Miceli, 1992; Baumeister, Stillwell & Heatherton, 1995; Vangelisti et al, 1991) folgendermaßen definiert und funktional konzeptualisiert:

Unter schuldgefühlinduzierende Strategien werden spezifische verbale und nonverbale Verhaltensweisen von Partner A verstanden, die darauf abzielen Partner B aufgrund eines bestimmten Fehlverhaltens Schuldgefühle zu induzieren. Die primären Funktionen der Schuldgefühlinduktion sollten darin liegen, vom Interaktionspartner 1. über ein Geständnis der Schuldgefühle eine positive Rückmeldung über den Status der Beziehung zu bekommen (beziehungsstärkende Funktion von Schuldgefühlen) und/oder 2. den anderen zu einer Verhaltensänderung in der vom „Opfer" gewünschten Richtung zu bewegen. Letzterer Aspekt kann vor allem unter der Kontroll- und Machtfunktion, die der Induktion von Schuldgefühlen zukommt, verstanden werden.

Die Identifizierung jener Sequenzen, in denen ein Versuch der Schuldgefühlinduktion eines Partners an den jeweils anderen erfolgt, wurde auf Basis der mittels konversationanalytischer Methoden extrahierten Interaktionssequenzen vorgenommen. Als Kriterien zur Identifizierung der Versuche von Schuldgefühlinduktion wurden anhand der Ergebnisse der Untersuchung von Vangelisit et al. (1991; vgl. 4.2.5) folgende verbale Äußerungen als potentiell schuldgefühlinduzierend angenommen:

1. Direkte Fragen nach dem schlechten Gewissen des Partners
2. Forderungen nach einem schlechten Gewissen eines Partners (z.B. Du musst ein schlechtes Gewissen haben)
3. Betonungen der Legitimität des schlechten Gewissens (z.B. Es ist schon recht, wenn du ein schlechtes Gewissen hast)
4. Vorwürfe, die dem anderen Ärger über eine bestimmte Verhaltensweise signalisieren;
5. Ermahnungen, Warnungen und Wünsche von Partner A an Partner B.

Es wird angenommen, dass diese Äußerungen die potentielle Funktion erfüllen, im Gegenüber Schuldgfühle zu induzieren. Die mittels Konversationsanalyse identifizierten Sequenzen wurden hinsichtlich des Auftretens oben genannter verbaler Äußerungen untersucht und bei Vorhandensein dieser, als Sequenzen, in denen ein Versuch der Schuldgefühlinduktion unternommen wird, identifiziert. Diese darin enthaltenen Äußerungen wurden bezüglich des interaktiven Kontextes, in dem sie auftreten analysiert. Dabei wurde sowohl das vorhergehende interaktive Geschehen, sowie das auf den Versuch der Schuldgefühlinduktion folgende verbale wie nonverbale Verhalten des Partners als Kontextinformation benutzt. Aus der Analyse der Kontextinformationen wurden schlussendlich übergreifende Kategorien erstellt, die jeweils ähnliche Auftretenskontexte der unterschiedlichen verbalen Äußerungen systematisieren und zusammenfassen. Aus jeder der so erstellten Kategorien wurde je eine prototypische Sequenz ausgewählt und mikroanalytisch untersucht.

8.6.3 Fragenkomplex 3: Lassen sich in der interaktiven Regulierung von Schuldgefühlen geschlechtsspezifische Unterschiede finden?

a. Unterscheiden sich Männer und Frauen in den auftretenden Häufigkeiten und Arten von traps und PAMs?
b. Unterscheiden sich Männer und Frauen in den Häufigkeiten des Versuches einer Schuldgefühlinduktion?
c. Unterscheiden sich Männer und Frauen in den Kontexten, in denen Versuche einer Schuldgefühlinduktion auftreten?

Die gesamten identifizierten Regulierungsprozesse und Interaktionsmuster in den zehn Dyaden wurden einem geschlechtsspezifischen Vergleich unterzogen. Die Auftretenshäufigkeiten und Formen der je einzelnen identifizierten PAMs und traps bei Männern und Frauen wurden einem Mittelwertsvergleich für abhängige Stichproben (Wilcoxon-Test) unterzogen. Die Strategien der Schuldgefühlinduktion wurden mittels eines Mittelwertsvergleiches für unabhängige Stichproben (Mann-Whitney-Test) auf ihre geschlechtsspezifische Unterschiedlichkeit überprüft.

8.7 Reliabilitätsprüfung der Kodierung Prototypischer Affektiver Mikrosequenzen (PAMs)

Die Kodierung der Prototypischen Affektiven wurde einer Reliabilitätsprüfung unterzogen. Die gesamte Interaktion von zwei der zehn Dyaden (Dyaden 4 und 8) wurde von einer zweiten Kodiererin anhand der vorliegenden Operationalisierung (vgl. 8.6.1) hinsichtlich des Auftretens Prototypischer Affektiver Mikrosequenzen kodiert. Dies entspricht einem Anteil von 20% des insgesamt kodierten Materials. Es erfolgte dabei eine on/off Kodierung der

PAMs, sowie eine Kategorisierung der PAMs als gelingend, nicht-gelingend oder +/-.

Alle Kodierungen, in denen Kodiererin 1 und Kodiererin 2 sowohl hinsichtlich des Auftretens einer PAM, als auch deren Kategorisierung als gelingend, nicht-gelingend oder +/- übereinstimmten, wurden mit dem Wert „1" versehen, nicht-Übereinstimmungen mit dem Wert „0". Das Vorgehen ist beispielhaft in Tab. 8 dargestellt.

PAM	Kodiererin 1	Kodiererin 2	Übereinstimmung
1	gelingend	gelingend	1
2	-	+/-	0
3	Nicht-gelingend	+/-	0
4	Nicht-gelingend	Nicht-gelingend	1

Tab. 8: Interrater-Reliabilität den Kodierungen von PAMs

Eine entsprechende Reliabilitätsüberprüfung (intraclass correlation coefficient; ein-weg zufällig) brachte für die Kodierung Prototypischer Affektiver Mikrosequenzen in Dyade 4 eine Korrelation von .83 und für Dyade 8 von .85 und kann somit als zufriedenstellend betrachtet werden.

9 Ergebnisse

Ausgehend von der Fragestellung, ob und welche interaktiven Regulierungsstrategien sich im Kontext von Schuldgefühlen in Paarbeziehungen beobachten lassen, werden zunächst die Ergebnisse zu den im vorliegenden Material identifizierten traps und trap/PAM-Kombinationen, deren Phänomenologie und Funktion, deren Gemeinsamkeiten und Unterschiede im Vergleich zur psychotherapeutischen Interaktion, sowie zu paar- und geschlechtsspezifischen Gemeinsamkeiten und Unterschieden dargestellt. Anschließend werden die Ergebnisse zu Aufretenshäufigkeiten, Arten, sowie erneut zu paar- und geschlechtsspezifischen Unterschieden identifizierter Prototypischer Affektiver Mikrosequenzen erläutert. Zum Abschluss des ersten Ergebniskapitels wird eine mikroanalytisch untersuchte Sequenz eines für Paarbeziehungen charakteristischen interaktiven Regulierungsmusters detailliert beschrieben und diskutiert. Der zweite Schwerpunkt der Ergebnisdarstellung liegt auf der Darstellung der Resultate zu Versuchen der Schuldgefühlinduktion. Die Ergebnisse zu Häufigkeiten, sowie den jeweiligen Auftretenskontexten und Arten von Schuldgefühlinduktionsversuchen werden wiederum gefolgt von paar- und geschlechtsspezifischen Unterschieden in der Anwendung dieser Strategien. Das zweite Ergebniskapitel abschließend werden die Resultate anhand einer mikroanalytisch untersuchten Sequenz beispielhaft erläutert, sowie im Kontext einer Schuldgefühlinduktion auftretende verbale und nonverbale Verhaltensweisen verdeutlicht. Im dritten Ergebniskapitel schließen sich die Darstellung der identifizierten Funktionen von Geständnissen, sowie als Wiedergutmachung zu verstehende Regulierungsprozesse an, die wiederum abschließend anhand einer mikroanalytisch untersuchten Sequenz beispielhaft erläutert und diskutiert werden.

9.1. Beschreibung der Stichprobe

An der Untersuchung nahmen zehn Paare teil, die die Kriterien bezüglich der Dauer der Beziehung (min. 3 Jahre) und bezüglich des gemeinsamen Wohnens (min. 1 Jahr) erfüllten. Tabelle 9 gibt einen Überblick über die Daten zu Alter und Beziehungsdauer der Paare. Das durchschnittliche Alter der weiblichen Probandinnen lag bei 26,3 Jahren, jenes der Männer bei 28,6 Jahren.
Die Beziehungsdauer betrug im Mittel fünf Jahre. Alle Paare waren zum Zeitpunkt der Untersuchung nicht verheiratet und keines der Paare hatte Kinder. Alle teilnehmenden Personen hatten Maturaabschluss und/oder einen akademischen Abschluss.

Paar	Alter F	Alter M	Dauer der Beziehung	Dauer der Gespräche
1	23	23	3,5 Jahre	14'56
2	28	30	6,5 Jahre	17'11
3	27	24	4,0 Jahre	22'07
4	27	27	3,5 Jahre	17'04
5	28	31	5,0 Jahre	26'21
6	23	31	3,5 Jahre	18'05
7	29	35	3,5 Jahre	18'53
8	25	28	6,0 Jahre	16'57
9	25	26	5,0 Jahre	27'27
10	28	31	8,0 Jahre	26'11
Ø	26,3	28,6	5,0 Jahre	20'52

Tab. 9: Alter und Beziehungsdauer der untersuchten Dyaden

Die Repräsentativität der Stichprobe ist durch diese Konzentration auf hochgebildete, junge, unverheiratete und kinderlose Paare eingeschränkt. Dennoch zeichnet sich die Untersuchungsgruppe durch die Homogenität der Paare untereinander aus. Die Dauer der Gespräche über gegenseitig erlebte Schuldgefühle betrug im Mittel 20 Minuten 52 Sekunden (min. 14'56 – max. 27'27).

9.2 Traps und PAMs im Kontext von Schuldgefühlregulierung

In den untersuchten zehn Dyaden konnten traps, PAMs, sowie unterschiedliche trap/PAM Kombinationen systematisch identifiziert werden. Die Konzeptualisierung von traps als Interaktionsmuster, die spezifisch im Kontext der Regulierung von Schuldgefühlen auftreten (z.B. Bänninger-Huber, 1996), kann mittels der vorliegenden Ergebnisse bestätigt werden. Allerdings unterscheiden sich die in den Paarinteraktionen identifizierten nicht-gelingenden traps hinsichtlich bestimmter phänomenologischer Merkmale von bisher in der therapeutischen Interaktion identifizierten nicht-gelingenden traps. Im Mittelpunkt der folgenden Darstellung stehen zunächst die Ergebnisse zu Anzahl und Art der in den Paarbeziehungen auftretenden traps (9.3.1). Anschließend erfolgt eine Darlegung der Unterschiede zwischen den in den Paarebeziehungen beobachteten nicht-gelingenden traps und trap/PAM Kombinationen im Vergleich zur psychotherapeutischen Interaktion (9.3.2 und 9.3.3). Im Weiteren erfolgt eine Darstellung der Anzahl und Art identifizierter PAMs. Die Ergebnisse zu den Fragen nach paar- (Fragenkomplex 1/Frage h) und geschlechtsspezifischen (Fragenkomplex 3/Frage a) Unterschieden werden jeweils anschließend an die Darstellung von Anzahl und Art der identifizierten interaktiven Regulierungsprozesse präsentiert. Um die Resultate hinsichtlich der im Kontext von Schuldgefühlen identifizierten interaktiven Regulierungsprozesse zu verdeutlichen, wird zum Abschluss des ersten Ergebniskapitels eine mikroanalytisch untersuchte Sequenz einer nicht-gelingenden trap detailliert beschrieben und hinsichtlich ihrer Bedeutung für das Affektregulierungsgeschehen im Kontext von Schuldgefühlen diskutiert.

9.2.1 Gesamthäufigkeit identifizierter Traps

In den 10 untersuchten Dyaden konnten im Kontext der Regulierung von Schuldgefühlen insgesamt 17 traps identifiziert werden (vgl. Abb.1).

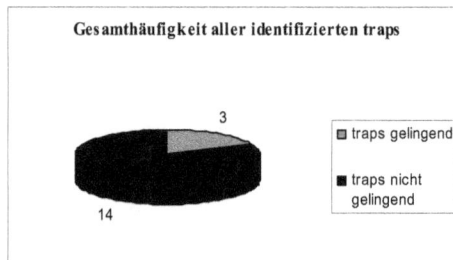

Abb. 1: Gesamthäufigkeit aller identifizierten traps

Von den 17 traps wurden 3 als gelingende und 14 als nicht-gelingende traps kategorisiert. Im Fall der gelingenden traps übernimmt Partner B die gewünschte Reaktion der Autoritätsfigur und entlastet die Schuldgefühle von Partner A. Es kann angenommen werden, dass in diesen Sequenzen die Regulierung von Schuldgefühlen im Sinne einer Vermeidung oder Reduktion dieser erfolgreich ist. In 14 der 17 Fälle reagiert Partner B nicht in gewünschter Art und Weise auf die trap von Partner A. Entsprechend wurden diese traps als nicht-gelingend kategorisiert. Im Fall der nicht-gelingenden traps muss die Vermeidung oder Reduzierung von Schuldgefühlen mit Hilfe des Partners als nicht erfolgreich eingestuft werden. Insgesamt konnte die angenommene Funktion von traps, damit entweder eine drohende Konfliktreaktivierung im Kontext der Regulierung eigener Schuldgefühle zu vermeiden oder die Folgen einer bereits aufgetreten Konfliktreaktivierung zu kontrollieren (z.B. Bänninger-Huber & Widmer, 1999) in den identifizierten Sequenzen bestätigt werden.

    Allerdings erweist sich die Gruppe der nicht-gelingenden traps als heterogene Kategorie, die sich ausgehend von der Reaktion von Partner B auf die trap von Partner A, in drei unterschiedliche trap-Formen differenzieren lässt:

9.2.2 Phänomenologische Differenzierung von drei Formen nicht-gelingender traps

In insgesamt 13 der 14 identifizierten nicht-gelingenden traps entsprechen die Reaktionsweisen von Partner B auf die traps von Partner A nicht jener Reaktion, wie sie für eine nicht-gelingende trap als charakteristisch definiert wurde. Per Definition gelingt eine trap dann nicht, wenn der Partner die angebotene Rolle der Autoritätsfigur nicht übernimmt und/oder nicht mit dem gewünschten verbalen Kommentar reagiert (Bänninger-Huber, 1996). Diese Form von nicht-gelingender trap konnte in nur einer aus den insgesamt vierzehn identifizierten nicht-gelingenden traps klassifiziert werden. Die übrigen dreizehn auftretenden traps unterscheiden sich insofern von der „klassischen Definition", als Partner B auf eine trap von Partner A nicht nur in den gelingenden, sondern auch in den nicht-gelingenden traps die jeweils angebotene Rolle der Autoritätsfigur übernimmt. Diese Übernahme erfolgt allerdings in einer Art und Weise, die für Partner A aufgrund des spezifischen Verhaltens von Partner B nicht-entlastend ist. Dabei lassen sich folgende zwei Varianten dieser Rollenübernahme differenzieren:

1. Partner B reagiert widersprüchlich auf die trap von Partner A

Partner B übernimmt die angebotene Rolle der Autoritätsfigur und reagiert auf einer verbalen Ebene in der von Partner A gewünschten Weise mit einer Entlastung. Das gleichzeitig auftretende nonverbale Verhalten von Partner B wirkt aber dieser entlastenden Äußerung eindeutig entgegen und hebt damit die Wirkung der verbalen Entlastung auf. Zudem erweisen sich die meisten, der auf den ersten Blick entlastenden verbalen Äußerungen bei einer genaueren, auf konversationsanalytischen Methoden basierenden Untersuchung, als nicht eindeutig entlastend.

2. Partner B reagiert mit einer negativen Bewertung auf die trap von Partner A

Partner B übernimmt die Rolle der Autoritätsfigur und reagiert mit einer negativen Bewertung des Verhaltens des Partners. Es folgen etwa direkte Zuweisungen der Legitimität eines schlechten Gewissens wie etwa „Ich hätte an deiner Stelle ein schlechtes Gewissen" (P3/trap 1) oder Vorwürfe wie etwa „Na es geht oft einmal um Prioritäten, ja das haben wir eh schon x-mal gehabt, um, um Prioritäten einfach" (P2/trap2). Im Unterschied zur psychotherapeutischen Reaktion wird also nicht vorrangig eine Reaktion unterlassen und die Rolle der Autoritätsfigur nicht angenommen, sondern viel mehr in einer negativ verstärkenden Weise das Fehlverhalten und/oder Schuldgefühl des Partners kommentiert.

Entsprechend der Reaktionen der Partner B auf die traps von Partner A und der sich daraus ergebenden Unterschiede zur Beschreibung nicht-gelingender traps in der psychotherapeutischen Interaktion, wird eine Differenzierung in drei unterschiedliche Formen nicht-gelingender traps vorgenommen:

1. **Nicht-gelingende traps mit widersprüchlicher Reaktion**
   (im Folgenden: trap -/widersprüchlich)
2. **Nicht-gelingende traps mit einhergehender negativer**
   Bewertung
   (im Folgenden: trap -/neg.Bewertung)
3. **„Klassische" Nicht-gelingende traps**
   (im folgenden: trap -/"klassisch")

Wie Abbildung 2 zeigt, konnten 7 der 14 nicht-gelingenden traps als nicht-gelingend/widersprüchliche traps klassifiziert werden. Nicht-gelingende Traps mit einer negativen Bewertung des Verhaltens und/oder schlechten Gewissens des Trap-Inititators treten in 6 der 14 nicht-gelingenden traps auf. Nur eine der nicht-gelingenden traps konnte im Sinne der von Bänninger-Huber (1996) definierten nicht-gelingenden traps, in denen die Übernahme der Rolle der Autoritätsfigur durch Partner B nicht erfolgt, kategorisiert werden. Somit bestätigt sich im vorliegenden Material die Annahme, dass die unterschiedlichen Anforderungen an die Selbst- und Beziehungsregulierung in der therapeutischen Interaktion und in Alltagsinteraktionen sich auf phänomenologisch unterschiedlich ausfallende interaktive Regulierungsprozesse auswirken. In Alltagsinteraktionen sind beide Partner primär an ihrer affektiven Selbstregulierung interessiert sind und es kann angenommen werden, dass die Rollenangebote des Partners A, entsprechend der je eigenen Affektregulierungsbedürfnisse von Partner B beantwortet werden.

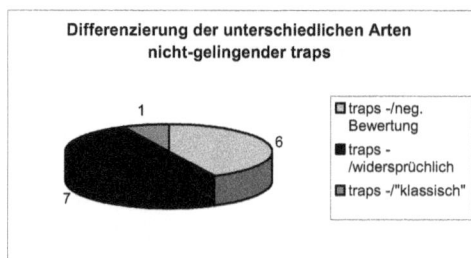

Abb. 2: Differenzierung der unterschiedlichen Arten nicht-gelingender traps

Die von Bänninger-Huber (z.B. 1996) und Bänninger-Huber & Widmer (z.B. 1997, 1999, 2000) entwickelten Kriterien zur Kategorisierung nicht-gelingender traps in der psychotherapeutischen Interaktion, werden für die in den

Paarinteraktionen identifizierten nicht-gelingenden traps entsprechend modifiziert. Die Kriterien des Nicht-Gelingens einer trap in den Paarinteraktionen werden im Folgenden für die nicht-gelingend/widersprüchlichen traps und die nicht-gelingend/negativ bewertenden traps neu definiert. Für die nicht-gelingend/"klassischen" traps gilt die Definition von Bänninger-Huber (1996) und Bänninger-Huber & Widmer (1999, 2000). Alle drei Formen werden im Folgenden erst definiert, und anschließend anhand eines Beispieles sowie den entsprechenden Auftretenshäufigkeiten in den einzelnen Dyaden dargestellt.

9.2.2.1 Nicht-gelingende Traps mit widersprüchlicher Reaktion

Wie bereits unter 9.3.2 beschrieben, können 7 der 14 als nicht-gelingend klassifzierten traps der Gruppe der nicht-gelingend/widersprüchlichen traps zugerechnet werden. Entsprechend der Reaktion von Partner B auf die trap von Partner A werden nicht-gelingend/widersprüchliche traps folgendermaßen definiert:

Phänomenologische Definition nicht-gelingend/widersprüchlicher traps:

- Auf eine trap von Partner A erfolgt eine Reaktion von Parntner B, die durch einen Widerspruch zwischem verbalem und nonverbalem Verhalten charakterisiert ist.

- Partner B reagiert in seiner verbalen Äußerung entlastend auf die trap von Partner A. Gleichzeitig relativiert sein nonverbales Verhalten die entlastende verbale Botschaft z.B. etwa durch das Zeigen negativer Emotionen im mimischen Ausdruck, durch eine zeitlich verzögerte verbale Reaktion, durch das Zeigen von Adaptoren, Satzunterbrechungen oder zögerlichem Tonfall.

- Bei genauerer Analyse der verbalen Äußerung lassen sich auch hier Hinweise auf eine nicht eindeutige Entlastung finden.

- Die Klassifizierung der trap als nicht-gelingend kann zudem an der folgenden Reaktion von Partner A validiert werden. Meist lässt sich bei Partner A im Anschluss entweder eine erneute trap identifizieren (also der Versuch einer erneuten Schulgefühlregulierung mit Hilfe des Partners) und/oder es bleiben deutliche Anzeichen einer Störung in seiner affektiven Selbstregulierung beobachtbar (z.B. Indikatoren für negative Emotionen im mimischen Ausdruck, eine Reduktion des Lächelns, Adaptoren, lange Pausen).

Tab. 10: Phänomenologische Definition nicht-gelingend/widersprüchlicher traps

Diese Art der widersprüchlichen Reaktionsweise auf traps des Partners konnte in sechs Dyaden identifziert werden und wurde insgesamt von sieben unterschiedlichen Personen gezeigt (vgl. Tab. 11). Es wird daher angenommen, dass es sich dabei nicht um ein personen- oder dyadenspezifisches Phänomen handelt, sondern die nicht-gelingend/widersprüchliche Form der traps ein möglicherweise für Alltagsinteraktionen charakteristisches Regulierungsphänomen darstellt.

Nicht-Gelingend/Widersprüchliche Traps						
P01 trap 1 M	P02 trap 3 M	P04 trap 2 F	P06 trap 3 M	P06 trap 4 F	P08 trap 1 F	P10 trap 1 F

Tab. 11: Verteilung der nicht-gelingend/widersprüchlichen traps über Dyaden und Personen

M und F stehen in Tabelle 11 für den jeweiligen Trap-Initiator. Beispielsweise wird bei Paar 01 die erste trap von M initiiert, und F reagiert entsprechend widersprüchlich auf diese. Insgesamt reagieren vier Männer und drei Frauen mit einer widersprüchlichen Verhaltensweise auf die trap ihrer Partner. Folgendes Beispiel aus Dyade 2 soll die Definition nicht-gelingend/widersprüchlicher traps verdeutlichen:

Beispiel: Nicht-gelingend/widersprüchliche trap (P02/ trap 3 M) (1:28:52-1:29:12)

Kontextinformation

Dyade zwei lässt sich durch ein wiederkehrendes Konfliktmuster charakterisieren: F[1] fühlt sich von M oftmals vernachlässigt, weil er wiederholt für sie wichtige Beziehungs-verpflichtungen nicht einhält. F wirft M vor, sich nicht an Verabredungen zu halten, sie überhaupt „hängen zu lassen" und sie durch seine mangelnde Prioritätensetzung der Beziehung gegenüber wiederholt zu verletzen. M negiert seine Verantwortlichkeit und sein schlechtes Gewissen in diesen Situationen, schiebt den Grund dafür auf Termine und vermittelt F wiederholt, dass sie ihn zu Unrecht beschuldigt und er sich durch ihre Vorwürfe verletzt fühlt. F wiederum erlebt aufgrund dieser zu Unrecht geschehenen Beschuldigungen ein schlechtes Gewissen. Dieses Konfliktmuster reinszeniert sich in der beschriebenen Form in der aktuellen Interaktion zwischen M und F.

Beginn der Sequenz

F beginnt diese Sequenz mit der Erzählung einer Situation, die bei ihr

---

[1] F und M werden aus Gründen einer ökonomischeren und die Lesbarkeit erleichternden Darstellung in diesem und allen folgenden Beispielen als Abkürzung für „die Frau" und „der Mann" bzw. „die Partnerin" und „der Partner" verwendet.

regelmäßig ein schlechtes Gewissen auslöst: Wenn sich ihr Tagesablauf ändert und sie z.b. noch weggeht, M darüber aber nicht Bescheid weiß und sie sich dann erst später bei ihm meldet. M reagiert darauf mit einem Geständnis, dass die gleiche Situation – er geht noch weg und meldet sich nicht – auch bei ihm zu einem schlechten Gewissen führt, er sich aber trotzdem nicht bei F meldet. Das liege ihm trotz des schlechten Gewissens fern. F hakt hier ein und insistiert, dass sie dann schon zu Hause anrufe, M das jedoch nicht mache.

Versuch einer Trap von M

M erwidert auf diese Äußerung von F, er denke sich dann andererseits wieder, dass man auch sonst viele Dinge in die Beziehung einbringe und dann könne man über so gewisse schwarze Punkte drüberpinseln: *„Und einerseits denk i ma dann wieder, dass ma relativ sonst a wieder einiges in die Beziehung einbringt, dann kann ma so gewisse Si...ah...kann man oft amol über kleine...drüberpinseln...über kleine schwarze Punkte"*

Bei „kann man oft einmal über kleine" zeigt er in seinem mimischen Verhalten Indikatoren für negative Emotionen – er zieht die Mundwinkel nach unten und schiebt das Kinn nach oben (15D+17), pausiert dann, blickt F an und zeigt anschließend ein leichtes Lächeln (12B). Er setzt schließlich fort mit „drüberpinseln...über kleine schwarze Punkte", intensiviert sein Lächeln und blickt F an (6+12C+25). Die Aufforderung von M und der damit verbundene Wunsch an F kann so verstanden werden, dass F das „drüberpinseln" bestätigen und damit die Relevanz von Schuldgefühlen auf Seiten von M entlasten soll.

F reagiert mit einem hörbaren Lachen (6+7+12D+25+26) auf das Lächelangebot von M und blickt ihn an. M lacht ebenfalls hörbar (6+12C+25+26), womit die Herstellung affektiver Resonanz gelingt (gelingende PAM; 1:29:26:18-29:19). Noch steht allerdings eine Stellungnahme von F zur trap von M aus. Sie reagiert verbal vorerst nicht, reduziert ihr Lächeln am Ende der PAM als erste und zeigt anschließend in ihrem mimischen Verhalten Indikatoren für negative Emotionen (AU 10C+12B+23).

M blickt sie nun von der Seite an und fragt direkt nach „*oder?*". Mit dieser direkten Frage fordert er F auf, konkret zu seiner Äußerung Stellung zu nehmen und steigert damit die Strategie, von F die gewünschte entlastende Reaktion zu bekommen. Das direkte „oder?" erhöht den Aufforderungscharakter an F mit der gewünschten Bejahung der Frage zu reagieren.

Reaktion von F auf die trap von M

Nach etwa einer Sekunde reagiert F verbal mit einem *„Ja"*. Rein verbal betrachtet, entspricht diese Reaktion einer Entlastung und die trap könnte entsprechend als gelingend gewertet werden. Nonverbal jedoch widerspricht F ihrer verbalen Botschaft: Sie schüttelt den Kopf während sie „Ja" sagt, blickt weg, spannt die Lippen leicht an und lächelt nur sehr leicht mit gleichzeitigem Hochziehen der Oberlippen (10B+12A; 1:29:13:00). Ihr Tonfall ist zögerlich, es entsteht der Eindruck eines gezwungenen „Ja".

M erweckt daraufhin den Eindruck skeptisch zu sein. Er blickt F von der Seite an, hat sein Lächeln reduziert und zieht seine Oberlippe unilateral hoch (L10B). Dann produziert er einen Lidschlag und blickt weg. An der Reaktion von M wird deutlich, dass F´s Reaktion nicht entlastend ist und für M nicht das „ja", sondern die Art und Weise der nonverbalen Präsentation zählt.

Auf die Abwendung von M reagiert F schließlich mit der Äußerung: *„ja das ham ma noch jedes Mal übertaucht, des war nie a Drama, weil...".* Damit entlastet sie zwar scheinbar erneut, dennoch signalisiert sie, dass die von M angesprochenen „schwarzen Punkte" etwas zum „übertauchen" sind. D.h., die „schwarzen Punkte", die M anspricht und womit sein Fehlverhalten angedeutet ist, sind Angelegenheiten, die in F´s Sicht als konflikthaft zu betrachten sind und nicht wirklich gelöst werden. Zudem ist die Äußerung von F gekennzeichnet von einem offenen und unausgesprochenen Ende: Sie führt nicht aus, warum das kein Drama ist.

Die trap von M bleibt insgesamt nicht-gelingend und wird aufgrund des Verhaltens von F als *nicht-gelingend/widersprüchliche trap* klassifiziert.

Funktional ist dieses Beziehungsmuster der nicht-gelingend/widersprüchlichen traps analog der definierten Funktion von traps zu verstehen. Es kann angenommen werden, dass der Mann hier versucht, durch die als Vorwurf zu verstehende Bemerkung seiner Partnerin, eine Reaktivierung von Schuldgefühlen zu vermeiden bzw. bereits entstandene Schuldgefühle zu reduzieren. Aus dem Gesamtkontext der dyadischen Interaktion und des Konfliktmusters dieses Paares ist eher anzunehmen, dass der Mann um eine Vermeidung der Entstehung von Schuldgefühlen bemüht ist. Zudem kann das beschriebene Interaktionsmuster mit einem Ausverhandeln von Grenzen und Möglichkeiten autonomer Handlungen in der Paarbeziehung in Zusammenhang gebracht werden. Inhaltlich zentriert die trap des Mannes hier um die Thematik, dass er wiederholt alleine weggeht ohne F darüber Bescheid zu geben. Die entsprechende Funktion der trap des Mannes könnte so verstanden werden, dass er versucht mittels einer Entlastung von F die Legitimität dieser autonomen Handlungen innerhalb der Paarbeziehung abzusichern und für künftige derartige Unternehmungen einem Beziehungskonflikt vorzubeugen. D.h. würde F hier eindeutig entlasten und M zustimmen, dass derartige Verhaltensweisen „nicht so schlimm" sind und jeder der Beziehungspartner das Recht hat, manchmal solche „Regelverletzungen" zu begehen, würde damit die Grenze autonomer Handlungsmöglichkeiten innerhalb der Paarbeziehung erweitert.

Die widersprüchlichen Reaktionen der Partner B im Kontext von trap-Versuchen des Partners A können zum einen damit in Zusammenhang stehen, dass die Partner B eigentlich nicht entlasten wollen, der Aufforderungscharakter in bestimmter Art und Weise zu antworten aber derart hoch ist, dass im ersten Moment verbal entlastend reagiert wird. Die Widersprüchlichkeit der Reaktion entkommt jedoch im Sinne einer „leakage" im nonverbalen Verhalten (z.b. Ekman, O'Sullivan, Friesen & Scherer, 1991). Zum anderen kann angenommen werden, dass eine nicht-Entlastung des Partners in diesen Kontexten bedeutet, den Partner in der Situation „hängen" zu lassen, ihn nicht unterstützen, was mitunter das Beziehungsgleichgewicht gefährden könnte. Die widersprüchliche Art der Reaktion dient möglicherweise dazu, auf Beziehungsebene einen Konflikt zu vermeiden. Gleichzeitig wird der Partner mit der widersprüchlichen Reaktionsweise auch in einer Unsicherheit gelassen, da die verbale Entlastung durch das nonverbale Verhalten zwar eindeutig nicht entlastend wirkt, jedoch angenommen werden muss, dass es für Partner A nicht einfach sein dürfte die „Quelle" der nicht-Entlastung auch festzumachen. Es muss angenommen werden, dass diese Prozesse nicht bewusst ablaufen, sondern beim Partner A einfach zu einem Unbehagen, zur Wahrnehmung dessen, das etwas nicht stimmt führen, jedoch die Möglichkeiten fehlen dies an der nonverbalen Reaktion von Partner B festzumachen. Ein ausführlicher beschriebenes Beispiel einer nicht-gelingend/widersprüchlichen trap wird unter 9.2.8 mikroanalytisch dargestellt und diskutiert.

9.2.2.2 Nicht-gelingende Traps mit einhergehender negativer Bewertung

Insgesamt 6 der 14 nicht-gelingenden traps können der Gruppe der nicht-gelingend/negativ bewertenden traps zugerechnet werden. Entsprechend der Reaktion von Partner B auf die trap von Partner A werden nicht-gelingend/negativ bewertende traps folgendermaßen definiert:

Phänomenologische Definition nicht-gelingend/negativ bewertender traps:

- Partner B reagiert auf eine trap von Partner A mit einer verbal-negativen Bewertung des Verhaltens von Partner A. Das Fehlverhalten von Partner A und/oder dessen Schuldgefühle werden in einer negativ verstärkenden Weise kommentiert: Es folgen etwa direkte Zuweisungen der Legitimität eines schlechten Gewissens in Form von „Du sollst da auch ein schlechtes Gewissen haben" oder Vorwürfe etwa in Form von „Dein Verhalten empfinde ich auch wirklich als störend".

- Im Unterschied zur psychotherapeutischen Interaktion wird also nicht vorrangig eine Reaktion unterlassen und die Rolle der Autoritätsfigur nicht angenommen, sondern das Fehlverhalten und/oder Schuldgefühl des Partners direkt negativ kommentiert.

> • Im Unterschied zu den nicht-gelingend/widersprüchlichen traps, die durch eine auf den ersten Blick verbale Entlastung charakterisiert sind, und das nicht-Gelingen der traps vorrangig am nonverbalen Verhalten festzumachen ist, erfolgt bei den nicht-gelingend/negativ bewertenden traps eine direkt verbal geäußerte negative Bewertung des Verhaltens von Partner A.

Tab. 12: Phänomenologische Definition nicht-gelingend/negativ bewertender traps

Diese Art der negativ bewertenden Reaktionsweise auf jeweilige traps der Partner konnte in fünf der zehn Dyaden identifiziert werden und wurde insgesamt von sechs unterschiedlichen Personen gezeigt (vgl. Tab. 13). Es wird daher analog zu den nicht-gelingend/widersprüchlichen traps angenommen, dass es sich dabei nicht um ein primär personen- oder dyadenspezifisches Phänomen handelt, sondern auch diese Form der traps ein möglicherweise für Alltagsinteraktionen kennzeichnendes Regulierungsphänomen darstellt.

Nicht-gelingend/Negativ bewertende traps					
P01 trap 2	P02 trap 1	P02 trap 2	P03 trap 1	P06 trap 1	P07 trap 1
F	F	M	F	M	M

Tab. 13: Verteilung der nicht-gelingend/neg. bewertenden traps über Dyaden und Personen

M und F stehen in Tab. 14 wiederum jeweils für den Trap-Initiator. So wird beispielsweise bei Paar 1 die trap 2 von F initiiert und M reagiert entsprechend mit einer negativen Bewertung auf diese. Insgesamt reagieren drei Männer, sowie drei Frauen mit einer negativ bewertenden Reaktion auf die trap ihres Partners. Folgendes Beispiel aus Dyade 3 soll die Definition nicht-gelingend/widersprüchlicher traps verdeutlichen:

> **Beispiel: Nicht-gelingend/negative bewertende trap (P03/trap 1 F)**
> **(02:02:05-02:02:16)**
>
> **Kontextinformation**
>
> F wurde von M in der aktuellen Interaktion in ihrem Vorhaben „ertappt", am Abend ohne M mit einem anderen Mann ausgehen zu wollen. Die anschließende Interaktion ist von gegenseitigen Vorwürfen geprägt. M reagiert auf F´s Vorhaben mit Äußerungen wie „Das kannst du total vergessen" und „Dann brauchst du nicht mehr nach Hause kommen". F verteidigt sich, wirft M vor, er habe nie Zeit und Lust mit ihr auszugehen, weshalb sie ihre Abendplanung nun nach ihren Wünschen ausgerichtet hat.
>
> **Versuch einer trap von F**

Es wird angenommen, dass die sehr vehementen Vorwürfe, Drohungen und wiederholten Versuche einer Schuldgefühlinduktion seitens M, bei F zu einer drohenden oder bereits vollzogenen Aktivierung eines schlechtes Gewissens führen, was sich an unterschiedlichen Indikatoren in ihrem verbalen und nonverbalen Verhalten festmachen lässt. Sie errötet stark, zeigt in ihrem mimischen Verhalten Indikatoren negativer Emotionen (AU 9 und 10) und versucht mehrmals durch ein gemeinsames Lächeln affektive Resonanz mit dem Partner herzustellen (PAMs 14, 15 und 16).

Nachdem M sie wiederholt direkt nach ihrem schlechten Gewissen gefragt hat, meint F schließlich: *„Aber ich denk ma halt, dass ich kein schlechtes Gewissen haben muss, wenn ich ausgehe...mit..."*

Diese Äußerung tritt gepaart mit einer spezifischen Art des Lächelns auf, was den Aufforderungscharakter an M, in bestimmter Art und Weise zu reagieren, erhöht. F zeigt in ihrem mimischen Verhalten eine Ausdruckskombination aus einem unilateralen Hochziehen der linken Augenbraue und einem intensiven Hochziehen der Mundwinkel und Wangenregion. Gleichzeitig neigt sie den Kopf zur Seite (AU L2+6+12D+25+26+55B).

Die mit der trap verbundene, gewünschte Reaktion könnte hier etwa lauten „Ja stimmt, du brauchst deswegen kein schlechtes Gewissen zu haben und kannst ruhig mit diesem Mann ausgehen".

Reaktion von M auf die trap von F

M reagiert zunächst mit der Äußerung: *„Denkst du mal...sollst nicht zu viel denken, das Denken ist net gut"* und setzt anschließend nach: *„Egal, jedenfalls hätt i an deiner Stelle ein schlechtes Gewissen".*

Damit erfolgt eine Reaktion von M, die als konträr zu der von F gewünschten Antwort gesehen werden kann. Er äußert sich zunächst abwertend über F´s Denkkapazitäten und verstärkt dann den Konflikt von F, in dem er sie darauf hinweist, dass er an ihrer Stelle ein schlechtes Gewissen hätte d.h., ihr die Botschaft vermittelt „Du solltest ein schlechtes Gewissen haben". Damit entlastet M die trap von F nicht und es ist anzunehmen, dass F´s Konflikt dadurch aufrechterhalten bleibt. Die trap wird entsprechend der Reaktion von M als *nicht-gelingend/negativ bewertend* kategorisiert.

Erneut steht in diesem Beispiel die Thematik von Autonomie im Vordergrund. F möchte gerne mit einem anderen Mann ausgehen, ist dabei aber mit Vorwürfen und Ärger seitens M konfrontiert, der sie am Ausgehen mit diesem Mann hindern möchte. Die Funktion der trap besteht vermutlich darin, reaktivierte Schuldgefühle zu regulieren. Ähnlich wie im Beispiel einer nicht-gelingend/widersprüchlichen traps ist anzunehmen, dass hier die Funktion auf Beziehungsebene darin bestehen könnte, vom Partner die Erlaubnis für autonome Handlungen zu bekommen und damit die Grenzen von Autonomiemöglichkeiten in der Paarbeziehung zu erweitern. Die negativ-bewertende Reaktion von M kann in diesem Kontext so verstanden werden, dass dem Aufforderungscharakter eine bestimmte Reaktion zu zeigen, hier leichter widerstanden werden kann, da das Thema als zu beziehungsbedrohend wahrgenommen wird, als dass noch eine uneindeutige oder gar entlastende Reaktion möglich wäre. Möglicherweise tritt eine eindeutig negativ bewertende Reaktion im Kontext der Regulierung von Schuldgefühlen dann auf, wenn Partner B durch das Fehlverhalten oder auch das mangelnde Schuldgefühl von Partner A gekränkt wird. Die negativ-bewertende Reaktion von Partner B könnte sich also aus der Störung dessen eigener affektiven Selbstregulierung verstehen lassen, die dann mittels direkter und zum Teil aggressiver Reaktionen bewältigt wird.

9.2.2.3 Nicht-gelingende traps im „klassischen" Sinn

Als nicht-gelingende traps im „klassischen" Sinn werden jene Interaktionsmuster verstanden, wie sie von Bänninger-Huber (1996) und Bänninger-Huber & Widmer (1999, 2000) für die psychotherapeutische Interaktion definiert wurden: Während in gelingenden traps die Therapeutin verbal mit dem von der Klientin erwünschten Kommentar reagiert, wird in „nicht-gelingenden traps hingegen [...] eine solche Bestätigung vermieden, die interaktive Ausregulierung der Schuldgefühle gelingt nicht" (Bänninger-Huber & Widmer, 2000, 444).

Entsprechend dieser Definition konnte von den insgesamt 14 nicht-gelingenden traps, lediglich eine trap als nicht-gelingend/"klassisch" kategorisiert werden. Der Mann unterlässt hier eine verbale Reaktion auf die trap der Partnerin und erwidert ihr Lächeln nur schwach. Zur Verdeutlichung des Unterschiedes dieser Art der Reaktion auf traps im Vergleich zu den bereits beschriebenen widersprüchlichen und negativ-bewertenden Reaktionen der Partner, wird diese „klassische" nicht-gelingende trap im Folgenden kurz dargestellt. Das Beispiel stammt aus Dyade 6 und stellt die zweite auftretende trap dar:

**Beispiel: Nicht-gelingende Trap/"Klassisch" (P06/ trap 2 F)
(00:56:10-00:56:32)**

Kontextinformation:

In der vorhergehenden Sequenz hatte F einen trap-Versuch von M mit einer negativen Bewertung erwidert, in dem sie die mangelnde Sensibilität von M, auf ihre Bedürfnisse adäquat Rücksicht zu nehmen, indirekt in Frage stellt. Direkt anschließend daran wechselt F das Thema und erzählt eine neue Situation, in der sie M gegenüber ein schlechtes Gewissen erlebt hat:

Versuch einer trap von F

F erlebt ein schlechtes Gewissen, wenn M ihr beispielsweise die Aufgabe zuteilt, dass sie für das Zusammenpacken der Jause fürs Bergsteigen verantwortlich ist und sie dann ausgerechnet das Jausengeschirr zu Hause auf dem Tisch liegen lässt. Wenn M sie dann im Auto daran erinnert, hat F ein schlechtes Gewissen und sie denkt sich dann oft „K.[2] *du bist ein kleines Kipferl".* Gleichzeitig mit dieser Äußerung, in der sie sich selbst moderat beschuldigt, initiiert sie ein Lächeln, blickt M an, errötet und lacht dann hörbar (AU 6+12D+25+26).

Es wird angenommen, dass F durch ihre Art der Selbstpräsentation („Kipferl" ist etwas „kleines, niedliches") M dazu auffordert, ihr zu sagen, dass solche Dinge nicht wirklich schlimm sind und sie deswegen   kein schlechtes Gewissen zu haben braucht.

Reaktion von M auf die trap von F:

M steigt auf das Lachen von F nicht ein und blickt sie nicht an; er zeigt jedoch in abgewandter Position ein leichtes Lächeln (12B). Die Herstellung affektiver Resonanz über gemeinsames Lachen und Lächeln gelingt hier zwar nicht, jedoch lässt M durch sein Lächeln den Resonanzfaden auf Beziehungsebene nicht abreißen (+/- PAM). Ansonsten reagiert M weder verbal noch nonverbal auf die trap von F. Er unterlässt es hier die von F angebotene Rolle der Autoritätsfigur zu übernehmen und kommentiert ihr Verhalten nicht in der von ihr gewünschten Weise. Entsprechend wird die trap als nicht-gelingend kategorisiert, und entspricht aufgrund der Reaktion von M einer „klassisch" nicht-gelingenden trap.

Erneuter Versuch von F

F reagiert auf das Verhalten von M mit einer Reduktion ihres Lächelns. Sie zeigt zusätzlich einige Indikatoren negativer Emotionen in ihrem Ausdruck (AU 14, 15, 23), die auf eine Störung in ihrer affektiven Regulierung hindeuten, die durch M´s nicht entlastende Reaktion aktiviert worden sein dürfte. Sie fährt schließlich fort, „ja das sind so die Sachen, wo...". Sie unterbricht den Satz, beendet ihn nicht und wartet auf eine Reaktion von M. Neuerlich versucht sie von M eine Stellungnahme in gewünschter Art und Weise zu erhalten.

Reaktion von M auf den neuerlichen Versuch

M reagiert erneut weder verbal noch nonverbal. Er erweckt hier den Eindruck, als sei er mit seiner eigenen affektiven Regulierung beschäftigt, die mutmaßlich aus der der Sequenz vorher gehenden Interaktion noch gestört sein dürfte (nicht-gelingend/negativ bewertende trap – F hatte ihn nicht entlastet). Die trap von F bleibt insgesamt nicht-gelingend und wird gemäß der unterlassenden Reaktion von M als *„klassische" nicht-gelingende trap* bewertet.

---

[2] F nennt sich hier beim Namen

Diese Form einer nicht-gelingenden trap tritt ein einziges Mal auf und scheint daher eine für Paarinteraktionen untypische Reaktion auf traps des Partners zu sein. Wie das Beispiel zeigt, sind im Unterschied zur psychotherapeutischen Interaktion in Alltagsinteraktionen beide Interaktionspartner primär mit ihrer eigenen Selbstregulierung beschäftigt und an dieser interessiert. M übernimmt hier die Rolle der Autoritätsfigur nicht und reagiert nicht in der von F gewünschten entlastenden Art und Weise auf ihre trap. Dies erfolgt jedoch nicht, wie etwa in der psychotherapeutischen Interaktion, vor dem Hintergrund von Überlegungen, ob und welche Reaktion auf das Gegenüber günstig ist oder nicht, sondern vor dem Hintergrund der je eigenen momentan zur Verfügung stehenden Affektregulierungskapazitäten von M. In diesem Fall dürfte M so mit seiner eigenen affektiven Regulierung beschäftigt sein, dass ihm ein Eingehen auf die Erwartung und den Wunsch von F nicht möglich ist.

9.2.3 Autonomie und Bindung als inhaltliche Hauptthemen von traps

Die 17 identifizierten traps zentrieren inhaltlich meist um die Thematik von Autonomie und Bindung. Unter dieser Thematik sind Konflikte zu verstehen, die darum zentrieren, dass einer der beiden Partner eigene Ziele, Bedürfnisse und Interessen verfolgt, die nur für ihn von Interesse sind, und die Beziehung oder den Partner dadurch vernachlässigt. Dabei handelt es sich konkret um die Inhalte alleine auszugehen, sowie allgemein Themen, in denen das Verfolgen eigener Ziele, Bedürfnisse und Interessen im Vordergrund steht und dadurch eine Vernachlässigung des Partners droht bzw. wiederholt passiert. Weiters findet sich die Thematik, dass der trap-Initiator Schuldgefühle darüber empfindet, den Partner in seinen autonomen Bestrebungen durch Vorwürfe, Ärger und Versuche der Schuldgefühlinduktion zu sehr einzuschränken. Insgesamt 12 der 17 auftretenden traps zentrieren inhaltlich um diese Themen. Tab. 14 fasst die unterschiedlichen Themen und deren Auftretenshäufigkeiten zusammen.
Verfolgt ein Partner also in einem zu hohen Ausmaß seine eigenen Wünsche und Bedürfnisse, die in Widerstreit stehen zu jenen des Partners, führt dies zu einem Konflikt auf Beziehungsebene, weil Partner B wiederum seine Bedürfnisse nach Gemeinsamkeit, Verbundenheit und Bestätigung der Beziehung anmeldet. Zumindest in den hier untersuchten Paarbeziehungen scheint es für Partner B, dem „Opfer" des Fehlverhaltens von Partner A, in den wenigsten Fällen möglich zu sein, von der eigenen davon betroffenen Affektregulierungsstörung Abstand zu nehmen, auf die Bedürfnisse und Wünsche des Partners einzugehen und das schlechte Gewissen von Partner A zu entlasten.

		traps			
		-/ widerspr	-/ neg. bew.	-/ klass.	+
Themen	Ohne den Partner abends ausgehen; zu lange ausgehen	2	2		1
	Den Partner durch die Verfolgung eigener Ziele, Interessen und Bedürfnisse vernachlässigen	1	4		
	Schuldgefühlinduktion, Vorwürfe, Ärger d.h. den Partner in der Verfolgung eigener Ziele einschränken	2			

Tab. 14: Autonomiebezogene Themen im Kontext von traps

Wie Tab. 14 zeigt, treten 5 der 7 nicht-gelingend-widersprüchlichen traps, sowie alle 6 identifizierten nicht-gelingend/negativ bewertenden traps im Kontext von Konflikten um Autonomie und Bindung auf. Die Autonomie des Partners wird in diesen Fällen relativ direkt eingeschränkt. Daraus leitet sich wiederum die postulierte Bindungsfunktion von Schuldgefühlen ab – der Partner wird nicht entlastet, sondern soll viel mehr dazu gebracht werden die Schuldgefühle zu gestehen, sein Fehlverhalten einzusehen und dem Partner möglicherweise zu signalisieren, dass ein derartiges Verhalten in Zukunft nicht mehr passieren wird. Die Bedeutung der Beziehung und des Wohlergehens des Partners soll so über eigene Bedürfnisse und Ziele gestellt werden. Die verbleibenden fünf traps zentrieren um die Themen „zu wenig im Haushalt tun" (2x), Vergessen etwas zu tun („Jausengeschirr daheim am Tisch liegen lassen"), den Partner in der Öffentlichkeit zu kritisieren sowie sich den Eltern des Partners gegenüber ärgerlich zu verhalten.

9.2.4 Trap/PAM – Kombinationen in den Paarinteraktionen

Das von Bänninger-Huber & Widmer (1999, 2000) erstellte Klassifikationsschema unterschiedlicher trap/PAM Kombinationen konnte anhand des vorliegenden Materials nicht vollends bestätigt werden. Die auftretenden nicht-gelingenden traps wurden zum einen, wie bereits erläutert, in drei Formen unterteilt, was die Vielfalt des Auftretens unterschiedlicher trap/PAM Kombinationen im vorliegenden Material erhöht. Zum anderen ließen sich kaum trap/PAM Kombinationen identifizieren, die den von Bänninger-Huber und Widmer (1999, 2000) erstellten Kategorien entsprechen. Weiters tritt zwar ein Großteil der traps mit der gleichzeitigen Initiierung einer PAM auf, jedoch treten auch traps mit einer, erst im späteren interaktiven Kontext folgenden PAM auf. Weiters ließen sich traps, die von keiner PAM begleitet werden, identifizieren.

Von den insgesamt 17 identifizierten traps, treten 10 in Kombination mit der gleichzeitigen Initiierung einer PAM auf. Die restlichen 7 traps lassen sich in zwei Gruppen teilen. Zum einen tritt in 3 der 7 verbleibenden traps im unmmittelbar folgenden interaktiven Kontext eine PAM auf. Diese wird jedoch nicht vom Trap-Initiator begonnen, sondern von Partner B, der in nicht-entlastender Art und Weise auf die trap von Partner A reagiert hatte. Zum anderen findet sich eine weitere Gruppe von 4 traps, in der weder unmittelbar mit der trap, noch im anschließenden interaktiven Kontext eine PAM auftritt. Diese unterschiedlichen Ergebnisse werden im Folgenden detaillierter erläutert:

a. Traps mit gleichzeitig auftretender PAM („klass." trap/PAM Kombinationen)

Die Gruppe der 10 traps, in der gleichzeitig mit der trap auch eine PAM initiiert wird, kann zu den von Bänninger-Huber & Widmer (1999, 2000) definierten trap/PAM Kombinationen in Bezug gesetzt werden. Die letzten beiden Spalten der Tabelle 15 bilden jene trap/PAM-Kombinationen und deren jeweils definierte Funktion, wie sie für die Affektregulierung in der psychotherapeutischen Interaktion vorgenommen wurden, ab. Weiters wurden die nicht-gelingenden traps entsprechend der bereits dargestellten unterschiedlichen Formen differenziert, womit sich ein sehr heterogenes Bild der auftretenden trap/PAM-Kombinationen ergibt.

Von den sieben nicht-gelingend/widersprüchlichen traps (vgl. 9.2.2) treten vier in einer Kombination mit einer PAM auf. Je eine davon mit einer nicht-gelingenden und einer +/- PAM, sowie zwei mit einer gelingenden PAM. Die nicht-gelingend/negativ bewertenden traps, die insgesamt sechs Mal identifiziert wurden (vgl. 9.2.2), treten drei Mal mit einer PAM auf: Zwei Mal mit einer gelingenden sowie einmal mit einer +/- PAM. Die „klassischen" von Bänninger-Huber & Widmer definierten trap/PAM-Kombinationen treten lediglich in zwei Formen auf: Zum einen in einer Kombination aus nicht-gelingend/"klassischer" trap mit einer +/- PAM (für die psychotherapeutische Interaktion als „Höfliche Zurückweisung" bezeichnet). Zum anderen in je zwei Kombinationen aus einer gelingenden trap und einer +/- PAM (für die psychotherapeutische Interaktion als „Höfliche Bestätigung" bezeichnet).

		TRAP			
		Nicht-gelingend/ widerspr.	Nicht-gelingend/ neg. bewertend	Nicht-gelingend/ „klassisch"	Gelingend
				Klassische Abstinenz	Zurück–haltende Bestätigung
	Nicht-Gelingend	1	-	-	-
PAM				Freundliche Zurück–weisung	Alltags–interaktion
	Gelingend	2	2	-	-
				Höfliche Zurück–weisung	Höfliche Bestätigung
	+/-	1	1	1	2

Tab. 15: Trap/Pam-Kombinationen in den Paarinteraktionen (in Anlehnung an Bänninger-Huber & Widmer, 2000)

Wie Tabelle 15 zeigt, konnte kein einziges Interaktionsmuster, das von Bänninger-Huber & Widmer (1999, 2000) als „Alltagsinteraktion" (gelingende trap und gelingende PAM) bezeichnet wurde, identifiziert werden. Die Bezeichnung „Alltagsinteraktion" kann daher nicht als tatsächlich charakteristisches Auftretensmuster von traps und PAMs in Alltagsinteraktionen bestätigt werden. Diese Annahme legen auch weitere Arbeiten von Geir & Mair (2001), sowie Peham & Ganzer (2002) nahe, in denen je eine trap/PAM-Kombination im Kontext der Schuldgefühlregulierung in Freundschaftsbeziehungen, sowie in Mutter-Tochter Beziehungen beschrieben wurde. Diese entsprachen ebenfalls nicht dem Muster der „Alltagsinteraktion". Allerdings muss hier berücksichtigt werden, dass die Definition „Alltagsinteraktion" für das therapeutische Setting vorgenommen wurde, in dem die Interaktionspartner nicht direkt mit wechselseitigen Geständnissen eines schlechten Gewissens konfrontiert waren. Dadurch unterscheidet sich dass Setting der psychotherapeutischen Interaktion maßgeblich von jenem der vorliegenden und weiterer genannten Untersuchungen, in denen sich die „Kontrahenten" direkt gegenüber sitzen. Es könnte angenommen werden, dass sich das Muster der „Alltagsinteraktion" aus gelingender trap und gelingender PAM vor allem dann findet, wenn mit dem Interaktionspartner über

Schuldgefühle einer dritten Person (z.B. dem Partner) gegenüber gesprochen wird.

Zusammenfassend kann festgestellt werden, dass keine der möglichen Trap/PAM-Kombinationen als ein für Paarbeziehungen charakteristisches Interaktionsmuster im Kontext der Regulierung von Schuldgefühlen identifiziert werden konnte. Die Verteilung der Kombinationen fällt sehr heterogen aus. Was jedoch auffällt ist, dass nicht-gelingende traps in sieben der acht Fälle von einer gelingenden oder +/- PAM begleitet sind. Dies könnte so interpretiert werden, dass bei einer nicht erfolgten Entlastung des Partners auf eine trap, die Beziehungsebene dennoch als sicher signalisiert wird. D.h., lässt man den Partner zwar in seinem Versuch, Hilfe bei seiner Schuldgefühlregulierung zu bekommen „im Stich", so wird dieses „hängen lassen" auf der Beziehungsebene durch gemeinsames Lächeln aufgefangen.

Die von Bänninger-Huber & Widmer (2000) entwickelten Kurzbezeichnungen (z.B. „Klassische Abstinenz" oder „Freundliche Zurückweisung") der unterschiedlichen trap/PAM Kombinationen, die deren je unterschiedliche Funktion für die Regulierung der therapeutischen Beziehung widerspiegeln, kann in dieser Form für Paarbeziehungen nicht übernommen werden. Am Beispiel der Bezeichnung der „Alltagsinteraktion" wurde dies bereits dargestellt. Ein weiteres Beispiel stellt die bereits kurz unter 9.2.3.3 dargestellte nicht-gelingend/"klassische" trap in Dyade 6 dar. Diese trap tritt gemeinsam mit einer +/- PAM auf und würde entsprechend der Klassifikaton von Bänninger-Huber & Widmer als „Höfliche Zurückweisung" bezeichnet. Wie sich jedoch zeigte, übernimmt der Mann die angebotene Rolle der Autoritätsfigur vermutlich deshalb nicht, weil er mit seiner eigenen affektiven Selbstregulierung – die wiederum aufgrund der vorhergehenden Sequenz, in der F ihn nicht entlastet hat, noch gestört sein dürfte - zu sehr beschäftigt ist, als auf F eingehen zu können. M erweckt hier den Eindruck, als sei er interaktiv nicht anwesend und würde den Regulierungsversuch von F gar nicht wahrnehmen. Er verhält sich also nicht „klassisch abstinent", sondern eher „reduziert interaktionsfähig". Das Beispiel dieser trap/PAM-Kombination veranschaulicht, wie komplex die wechselseitigen Prozesse der Affektregulierung in alltäglichen zwischenmenschlichen Beziehungen gestaltet sind. Dadurch, dass das Thema wechselseitig erlebter Schuldgefühle beide Partner unmittelbar in ihrer Selbstregulierung „trifft" und gleichzeitig auch die Ebene der Beziehung aufgrund des Konfliktcharakters der Aufgabenstellung ständig reguliert muss, ist anzunehmen, dass die jeweilige Ausgestaltung der beobachtbaren interaktiven Regulierungsprozesse sehr wesentlich von dieser Regulierungsanforderung beeinflusst wird. Jeder der beiden Partner kann nur im Rahmen seiner eigenen, aber auch im Rahmen der dyadischen Regulierungs"kapazitäten" auf den jeweils anderen reagieren und dies spiegelt sich, angesichts der großen Anzahl unterschiedlicher Regulierungsmöglichkeiten, in einer entsprechenden Heterogenität der beobachtbaren interaktiven Regulierungsprozesse wider.

Wie bereits dargestellt, konnten zwei weitere Gruppen von traps identifiziert werden, die sich durch das Fehlen von PAMs oder durch erst im späteren interaktiven Kontext auftretende PAMs kennzeichnen lassen:

b. Traps mit PAM im nachfolgenden interaktiven Kontext

Eine Gruppe von 3 traps ist durch eine im unmittelbar anschließenden interaktiven Kontext auftretende Prototypische Affektive Mikrosequenz gekennzeichnet. Diese PAM wird von jenem Partner initiiert, der unmittelbar zuvor die trap von Partner A zurückgewiesen d.h. nicht in der gewünschten Art und Weise beantwortet hatte.

	Trap Partner A	
	Nicht-gelingend/neg. bewertend	Nicht-gelingend/ widersprüchlich
PAM Gelingend/ Partner B	2	1

Tab. 16: Traps mit PAM im unmmittelbar folgenden interaktiven Kontext

Wie aus Tab. 16 hervorgeht, können alle drei traps dieser Gruppe als nicht-gelingende traps kategorisiert werden. Zwei davon können der Kategorie nicht-gelingend/neg. bewertender traps und einer der Kategorie nicht-gelingend/widersprüchlicher traps zugeordnet werden. Anschließend an die nicht-gelingende trap initiiert Partner B eine gelingende PAM. Es könnte angenommen werden, dass das „Hängen lassen" des Partners aufgrund einer Unterlassung einer entlastenden bzw. legitimierenden Reaktion auf die trap von Partner A, bei Partner B zu einer Störung in seiner affektiven Selbstregulierung führt und zur Regulierung auf Beziehungsebene eine PAM initiiert wird. Ein Beispiel für eine derartige Kombination aus trap und PAM wird in der Mikroanalyse einer nicht-gelingend/widersprüchlichen trap unter 9.2.8 detailliert beschrieben und diskutiert.

c. Traps ohne PAMs

Insgesamt 4 der 17 traps werden weder von einer PAM des trap-Initiators, noch von einer PAM im unmittelbar darauffolgenden interaktiven Kontext begleitet. Diese Gruppe von traps besteht aus einer nicht-gelingend/negativ bewertenden trap, zwei nicht-gelingend/widersprüchlichen traps und einer gelingenden trap (vgl. Tab.17).

TRAP		
Nicht-gelingend/neg. bewertend	Nicht-gelingend/ widersprüchlich	Gelingend
1	2	1

Tab. 17: Traps ohne PAM

Das Auftreten von traps ohne PAMs könnte sich in diesen Fällen dadurch erklären, dass in zwei dieser vier traps Themen behandelt werden, deren Konfliktpotential als eher niedrig eingestuft werden muss. In einer der beiden traps entlastet der Partner völlig (P8/trap 2), im anderen Fall entlastet der Partner verbal ebenfalls, allerdings verhält er sich nonverbal widersprüchlich dazu, weshalb die trap als nicht-gelingend/widersprüchlich eingestuft wurde (vgl. P6/trap 4). Beide Male handelt es sich um Themen, die nicht mit dem jeweiligen Hauptkonflikt des Paares in Zusammenhang stehen. Diese Erklärung bleibt jedoch deshalb unzufriedenstellend, da für das Auftreten einer trap ein gewisses Ausmaß an intrapsychischer affektiver Störung vorliegen muss, für deren Lösung man vom Partner einen gewissen Beistand wünscht. Die Beantwortung der hier aufgeworfenen Frage, wann die affektive Regulierung über PAMs notwendig wird (d.h. wann die Sicherheit der Beziehung und die affektive Bindung zum Partner so sehr in Gefahr ist, dass ein Lächeln zur Beziehungssicherung gesetzt werden muss), ist zum gegenwärtigen Zeitpunkt nicht ausreichend beantwortbar. Es ist zu vermuten, dass je unterschiedliche personen- wie auch dyadenspezifische Merkmale wie etwa die Regulierung von Nähe/Distanz, von Autonomie und Bindung oder aber auch je individuell wirksame internalisierte Objekt- und Beziehungsrepräsentanzen (also wie stabil und sicher sind der Partner und die Beziehung repräsentiert? Über welche Kapazitäten der stabilen Bindungsrepräsentation verfügt eine Person? etc.) beeinflussend wirken können (vgl. auch 9.2.5 und 9.2.6).

Einen möglichen Schritt in Richtung Verständnis der je unterschiedlichen Auftretenskontexte von PAMs, bringt die Betrachtung der zwei weiteren in dieser Gruppe auftretenden traps. Diese zwei traps treten in Kontexten auf, in denen das aktuelle dyadische Konfliktniveau hoch ist. In der ersten der beiden traps versucht M eine Konfliktreaktivierung zu vermeiden, in dem er sich auf sein mangelhaftes Zeitmanagement, das Schuld an seinem nicht Einhalten von Verabredungen ist, beruft. F reagiert darauf mit Vorwürfen, dass es darum nicht gehe, sondern es eine Frage der Prioritäten sei, die man setzt (vgl. P2/trap 2). Der Konflikt, um das mangelnde Schuldgefühl von M aufgrund von Versäumnissen die Beziehung betreffend, dominiert die gesamte Interaktion. Die Regulierung des Konfliktes ist über weite Strecken des Gespräches von gegenseitigen Vorwürfen und gegenseitigem Unverständnis geprägt.

Die zweite dieser beiden traps erfolgt im Kontext eines Geständnisses von F in Dyade 10, die M gegenüber wiederholt ein schlechtes Gewissen erlebt, weil sie auf Einmischungen seiner Eltern in das Beziehungsleben des Paares häufig ärgerlich reagiert. M reagiert auf das Geständnis von F damit, dass er die Perspektive seiner Eltern vertritt und F in der aktuellen Interaktion nicht unterstützt. Im Gegenteil, er signalisiert seinen Ärger über F's Verhalten und reagiert schulgefühlinduzierend, in dem er F unterstellt, sie würde sich den Eltern gegenüber „immer" so verhalten. F reagiert darauf mit deutlichen Anzeichen einer Kränkung (verbal wie nonverbal) und fragt direkt, ob das wohl nicht immer so sei. M entlastet sie anschließend nicht. In beiden dieser kurz skizzierten traps ist die Konfliktspannung sehr hoch. Es ist anzunehmen, dass aus diesem Grund die Regulierung des Konfliktes über positiv reziproke Signale, wie etwa gemeinsames Lächeln nicht mehr möglich ist. In Kontexten mit hoher Konfliktspannung dürfte der „Ernst der Lage" zu groß sein, als dass der Konflikt noch mittels eines gemeinsamen Lächelns reguliert werden kann d.h. es könnte angenommen werden, dass PAMs vor allem in Kontexten moderater Konfliktspannung auftreten. Offen, und ein wichtiger Ansatzpunkt für weiterführende Untersuchungen ist, eine kontextbezogene Ausdifferenzierung des Auftretens von PAMs vorzunehmen. Personen- und dyadenspezifische Merkmale je unterschiedlicher „Affektregulierungsrepertoires" (Bänninger-Huber, 1996) könnten sich als mögliche Einflussfaktoren auf Häufigkeit und Art des Auftretens von PAMs erweisen.

Inwiefern die im vorliegenden Material identifizierten interaktiven Regulierungsmuster in ihrer Art und Auftretenshäufigkeit innerhalb der zehn Dyaden sowie in Bezug auf Geschlechtsunterschiede variieren, und inwieweit daraus Rückschlüsse auf etwaige Einflussfaktoren auf die Ausgestaltung der auftretenden Regulierungsprozesse gezogen werden können, wird im nächsten Kapitel thematisiert.

9.2.5 Paar- und gesschlechtsspezifische Unterschiede in den identifizierten traps

Die identifizierten traps verteilen sich in ihrer Auftretenshäufigkeit über acht der zehn untersuchten Dyaden (Abb. 3). In zwei der acht Dyaden tritt je eine trap auf: eine nicht-gelingend/negativ bewertende in Dyade 3 und eine nicht-gelingend/widersprüchliche trap in Dyade 10. Vier der acht Dyaden sind durch je zwei auftretende traps gekennzeichnet (Dyaden 1, 4, 7 und 8). In Dyade 2 treten drei traps auf – eine nicht-gelingend/widersprüchliche und zwei nicht-gelingend/negativ bewertende traps. Insgesamt vier der siebzehn traps treten in Dyade 6 auf, die damit die größte Anzahl von traps auf sich vereinen kann. Alle vier traps in dieser Dyade wurden als nicht-gelingend kategorisiert: je eine nicht-gelingend/negativ bewertende und nicht-gelingend/"klassische" trap, sowie zwei nicht-gelingend/widersprüchliche traps.

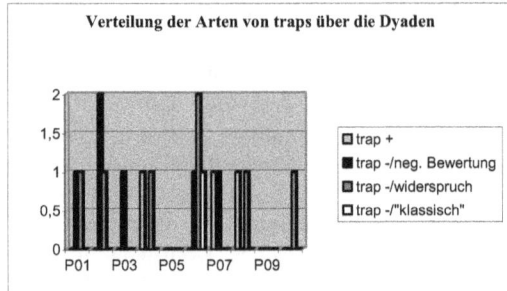

Abb. 3 Verteilung der Arten von traps über die Dyaden

In jeder der acht Dyaden tritt zumindest eine nicht-gelingende trap auf. Die drei als gelingend kategorisierten traps treten in drei unterschiedlichen Dyaden (Dyaden 4, 7 und 8) auf, wobei in allen drei Dyaden zusätzlich eine nicht-gelingend/negativ bewertende oder eine nicht-gelingend/widersprüchliche trap auftritt. In keiner der acht Dyaden erfolgt also eine ausschließliche gegenseitige Entlastung im Kontext der Regulierung von Schuldgefühlen über traps, die sich in einem alleinigen Auftreten gelingender traps spiegeln würde. Viel mehr weisen diese Ergebnisse darauf hin, dass die Tendenz in den acht Dyaden darin besteht, sich im Kontext der Regulierung von Schuldgefühlen negativ zu verstärken d.h., sich gegenseitig eher zu be- als zu entlasten.

In den Dyaden 5 und 9 ließen sich keine traps identifizieren. In Dyade 9 stehen vor allem Versuche der Schuldgefühlinduktion der Frau an den Mann im Vordergrund, die nur mäßig von Erfolg sind d.h. kaum von einem Geständnis des Partners gefolgt werden. Im Kontext gegenseitiger Schuldgefühlgeständnisse entlasten sich die Partner in Dyade 9 kein einziges Mal. In Dyade 5 kommen sowohl wechselseitige Geständnisse, die auch hier von den Partnern jeweils nicht entlastet werden, wie auch gegenseitige Versuche der Schuldgefühlinduktion vor. Vor allem der männliche Partner reagiert auf Versuche der Schuldgefühlinduktion durch die Frau damit, dass er deutlich macht, sich in seinen Autonomietendenzen nicht einschränken zu lassen. Insofern stellen diese beiden Paare im Vergleich zu den anderen acht Dyaden keine Ausnahmen dar und zeichnen sich ebenso durch eine nicht-entlastende Art und Weise des Umgangs mit gegenseitigen Schuldgefühlen aus. Dyade 5 und 9 fügen sich in den Trend der anderen acht Paare ein, nach dem eher mit einer fehlenden Entlastung oder einer deutlichen Belastung auf Versuche der Schuldgefühlregulierung des Partners reagiert wird.

Mögliche Erklärungen für die unterschiedlichen Auftretenshäufigkeiten der traps in den einzelnen Dyaden können vielfältig diskutiert werden. Zum einen ist das Auftreten von traps an eine drohende oder bereits eingetretene Reaktivierung eines um Schuldgefühle zentrierenden Konfliktes gebunden. Es könnte angenommen werden, dass die tatsächliche Reaktivierung von derartigen Konflikten je Person nur in begrenztem Ausmaß durch das Setting der

Untersuchung gelungen ist und sich deshalb in manchen Dyaden mehr, in anderen weniger traps identifizieren lassen. Zum anderen muss berücksichtigt werden, dass die Regulierung von Schuldgefühlen über traps nur eine von vielen Regulierungsmöglichkeiten von Schuldgefühlen darstellt. Da die Größe der Stichprobe zudem gering ist, spricht der Umstand, dass angesichts dieser vielfältigen Regulierungsmöglichkeiten insgesamt siebzehn traps identifziert werden konnten, dafür, dass es sich dabei um ein Interaktionsmuster handelt, das regelmäßig zur Regulierung von Schuldgefühlen eingesetzt wird.

Weiters könnte angenommen werden, dass als Einflussfaktoren auf die Anzahl und Art auftretender traps auch paarspezifische Muster der Affektregulierung zum Tragen kommen. Möglicherweise lassen sich Paare darin unterscheiden, in welchem Ausmaß die jeweiligen Partner einer wechselseitige Hilfestellung für die affektive Regulierung je eigener, negativer Emotionen bedürfen bzw. inwieweit primär eine eher partnerunabhängige autonome Regulierung erfolgt. Beispielsweise unterscheidet sich die Dyade 6 mit einer Auftretenshäufigkeit von vier traps in dieser Hinsicht deutlich von Dyade 5, in der keine einzige trap auftritt. Während in Dyade 6 beide Partner in gleichem Ausmaß die Regulierungshilfe des anderen suchen, ist Dyade 5 dadurch charakterisiert, dass beide Partner – trotz in etwa gleich hoher Konfliktspannung wie in Dyade 6 – vornehmlich autonom zu regulieren scheinen, in dem sie sich zwar wechselseitig Vorwürfe machen und Schuldgefühle induzieren, jedoch jeder der beiden für sich klar seinen Standpunkt signalisiert und vertritt. Inwieweit die Verteilung der Auftretenshäufigkeiten von traps auf geschlechtsspezifische Unterschiede zurückgeht geht aus Abb. 4 hervor. Insgesamt werden 10 der 17 traps von Frauen initiiert und 7 der 17 traps von Männern.

Abb. 4: Geschlechtsunterschiede in der Auftretenshäufigkeit der unterschiedlichen Arten von Traps

Frauen initiieren somit in den hier untersuchten Dyaden tendenziell häufiger traps. Dieser Unterschied bleibt jedoch nicht-signifikant (Wilcoxon-Test; 2-seitig, p= 0,462), ein Ergebnis das in den noch folgenden Ausführungen zur geschlechtsspezifischen Verteilung der traps innerhalb der einzelnen Dyaden eine nähere Interpretation erfahren wird (vgl. Abb. 5).

Betrachtet man die geschlechtsspezifische Verteilung in den unterschiedlichen trap-Kategorien separat, zeigen sich kaum bis keine Unterschiede zwischen Männern und Frauen. Frauen verbuchen insgesamt nur je eine gelingende, eine nicht-gelingend/widersprüchliche, sowie eine nicht-gelingend/"klassische" trap mehr als Männer. Dieser geringe Unterschied wird – auch aufgrund der sehr geringen Fallzahlen – in keiner der Kategorien signifikant (Wilcoxon; 2-seitig; p < 0,1). Aus Abb. 4 kann weiters abgeleitet werden, dass sich Frauen und Männer in der Art ihrer Reaktion auf eine trap des jeweiligen Partners nicht unterscheiden. Sowohl Frauen wie Männer reagieren in etwa gleichem Ausmaß mit einer Zurückweisung der trap des Partners und entlasten so dessen Schuldgefühle nicht.

Der nicht signifikant werdende Unterschied in der Gesamthäufigkeit initiierter traps von Frauen und Männern erfährt eine nähere Erläuterung, betrachtet man die Häufigkeit der Bindungen d.h. die Anzahl jener Dyaden, in denen Frauen und Männer gleich viele traps zeigen. In vier der zehn Dyaden (Dyaden 1, 5, 6, 9) ist die Auftretenshäufigkeit von traps zwischen Männern und Frauen gleich verteilt. Daraus ergibt sich, dass nur eine Anzahl von 6 Dyaden zur statistischen Unterschiedsprüfung herangezogen werden kann. In diesen sechs Dyaden liegen, bei Formulierung der einseitig gerichteten Hypothese, dass Frauen mehr traps zeigen als Männer, nur vier der zehn Dyaden in diesem geschlechtsspezifischen Trend (Dyaden 3, 4, 8 und 10). Die Dyaden 2 und 7 verhalten sich gegenläufig zum geschlechtsspezifischen Trend, in dem hier die Männer häufiger eine trap initiieren als ihre weiblichen Partnerinnen.

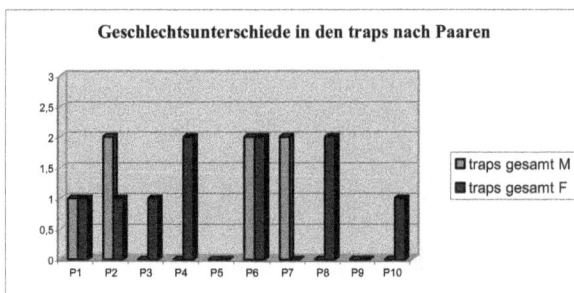

Abb. 5: Geschlechtsunterschiede in den traps nach Paaren

Vergleicht man jedoch die Gesamtanzahl der Frauen und Männer, die traps zeigen, so zeigen insgesamt 7 von 10 Frauen zumindest eine trap, während nur 4 der 10 Männer dies tun. Dieser Unterschied wird bei einseitiger Signifikanzprüfung mit einem p von 0,089 tendenziell signifikant (chi-Quadrat; p < 0,1). Es initiieren also mit einem tendenziell signifikant werdenden Unterschied mehr Frauen als Männer zumindest eine trap.

Zusammenfassend initiieren Frauen insgesamt häufiger traps, ein Unterschied der jedoch aufgrund der diskutierten Gründe nicht signifikant wird. Insgesamt versuchen nur in vier der zehn Dyaden Frauen tatsächlich häufiger eine trap als ihre Partner. Dennoch initiieren insgesamt mehr Frauen als Männer eine trap, ein Unterschied, der unter Annahme der Wahrscheinlichkeit von $p <$ 0,1 tendenziell signifikant wird. Die Gründe für diesen tendenziellen Geschlechtsunterschied in der Regulierung von Schuldgefühlen könnten darauf hinweisen, dass geschlechtsspezifische internalisierte Rollenanforderungen an Frauen, die – wie häufig diskutiert – auf eine stärkere Ausrichtung am Wohlergehen anderer, insbesondere nahe stehender Personen, abzielen, wirken. Möglicherweise erleben Frauen aufgrund eines eigenen Fehlverhaltens leichter Schuldgefühle als Männer und versuchen im Sinne der beziehungsstärkenden Funktion von Schuldgefühlen, diese auch entsprechend interaktiv zu regulieren. Möglicherweise ist diese Art der Schuldgefühlregulierung über traps auch mit einer bestimmten Art der Geschlechtsrollenverteilung bzw. mit wirkenden geschlechtsstereotypen Repräsentanzen innerhalb einer Paarbeziehung verbunden. Eine trap zu initiieren heißt den anderen zur Autoritätsfigur zu machen, die das eigene Handeln beurteilen soll: Männer werden entsprechend häufiger als Frauen von ihren Partnern in die Rolle von Autoritätsfiguren gebracht, was möglicherweise auf nach wie vor wirkende internalisierten Erwartungen an die Rolle der Männer hindeutet. Aufgrund der geringen Geschlechtsunterschiede und der sehr kleine Stichprobe, sowie der bisher mangelnden empirischen Untersuchung von Geschlechtsunterschieden bezüglich der Regulierung von Schuldgefühlen (z.B. Ferguson & Eyre, 2000), sind diese Erklärungsmöglichkeiten jedoch mit Vorbehalt zu betrachten und in weiterführenden Studien detaillierter zu untersuchen.

Nach dieser Ergebnisdarstellung zu Auftretenshäufigkeiten, Phänomenologie und Funktion von traps, sowie deren geschlechts- und paarspezifischen Auftretensunterschiede, werden im folgenden die Ergebnisse zu Auftreten, Arten und wiederum geschlechts- und paarspezifischen Unterschieden von PAMs im Kontext der Regulierung von Schuldgefühlen dargestellt und diskutiert. PAMs sind im Unterschied zu traps nicht als primär im Kontext der Regulierung von Schuldgefühlen auftretende Phänomene zu verstehen, sondern treten allgemein in Kontexten der intrapsychischen und interaktiven Konfliktregulierung im Kontext unterschiedlicher Emotionen (z.B. Ärger, Eifersucht, Scham) auf. Eine Darstellung der Häufigkeiten und Verteilung auftretender PAMs soll dazu dienen, zu einem Gesamtbild des Affektregulierungsgeschehens im Kontext der Regulierung von Schuldgefühlen beizutragen.

9.2.6 Häufigkeit und Art Prototypischer Affektiver Mikrosequenzen (PAMs)

Wie aus Tab. 18 ersichtlich wird, treten PAMs im Kontext der Regulierung von Schuldgefühlen in Paarbeziehungen sehr häufig auf. In den zehn Dyaden wurden insgesamt 160 PAMs identifiziert, die sich in gelingende, nicht-gelingende und +/- PAMs unterscheiden lassen. Pro Dyade treten im Kontext der Regulierung von Schuldgefühlen durchschnittlich 16 PAMs auf.

		PAMs			
	Gelingend	Nicht-gelingend	+/-	Gesamt	Ø / Dyade
Anzahl	105	14	41	160	16

Tabelle 18: Gesamthäufigkeiten und Arten von PAMs (absolute Häufigkeiten)

Abb. 6 liegen die relativen Häufigkeiten auftretender PAMs zugrunde. Da die Gesprächsdauer zwischen den einzelnen Paaren zum Teil deutliche Unterschiede aufwies, wurden die absoluten Häufigkeiten auf ihr Auftreten je zehn Minuten Gesprächsdauer relativiert. Es lassen sich im Wesentlichen drei Gruppen von Dyaden nach einer hohen, mittleren und geringen Auftretenshäufigkeit von PAMs unterscheiden.

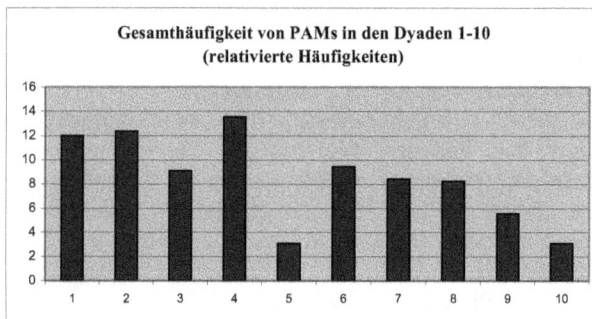

Abb. 6: Gesamthäufigkeit von PAMs in den Dyaden 1-10 (relativierte Häufigkeiten)

Die Dyaden 1, 2 und 4 weisen Häufigkeiten von 12 oder mehr PAMs pro zehn Minuten Gesprächsdauer auf. Im Bereich der Auftretenshäufigkeiten von etwa fünf bis neun PAMs je zehn Minuten finden sich die Dyaden 3, 6, 7, 8 und 9. Den unteren Bereich stellen mit etwa drei Pams je 10 Minuten die Dyaden 5 und 10 dar. Diese unterschiedlichen Auftretenshäufigkeiten innerhalb der einzelnen Dyaden können vielfältige Gründe haben. Anhand der beiden Dyaden 5 und 10, die sehr wenig PAMs zeigen, werden diese im Folgenden einer näheren Darstellung und Interpretation unterzogen. Die Auftretenshäufigkeiten in den beiden Dyaden zeigen die unterschiedliche Relevanz, die PAMs für die Konfliktregulierung in einer Dyade einnehmen können. In Dyade 5 ist die Konfliktspannung trotzdem die Partner hier wechselseitig die Geständnisse des anderen nicht entlasten und gegenseitige Versuche der Schuldgefühlinduktion auftreten, insgesamt wenig hoch. Die beiden Partner kommen zum Abschluss der jeweiligen Themen meist zu einem Konsens und signalisieren, dass der Standpunkt des anderen akzeptiert wird. PAMs treten vor allem in den zwischen den Sequenzen auftretenden Gesprächsphasen auf. Es ist anzunehmen, dass bei diesem Paar der dyadische Regulierungsbedarf hinsichtlich der Schuldthematik wenig hoch ist, was sich auch in der geringen Anzahl von PAMs ausdrückt. Anders in Dyade 10: Die Interaktion ist dadurch geprägt, dass M F in der Interaktion wiederholt vor den Kopf stösst oder irritiert, die Initiierung von PAMs aber hauptsächlich von F ausgeht. Das Konfliktpotential der Themen ist hoch, wobei der Eindruck entsteht dass ein Ausregulieren des Konfliktes über wechselseitige PAMs nicht möglich ist. Diese jeweiligen Unterschiede in den Auftretenshäufigkeiten von PAMs in den beiden Dyaden könnten mit der wahrgenommenen Beziehungszufriedenheit in Zusammenhang stehen. Wie Köhler (2002) nahe legt, unterscheiden sich zufriedene von unzufriedenen Paaren sowohl in der Anzahl als auch in der Art auftretender PAMs. Zufriedene Paare zeigen sowohl insgesamt häufiger PAMs, als auch signifikant häufiger gelingende PAMs im Vergleich zu unzufriedenen Paaren. PAMs könnten also einen möglichen Indikator für das Funktionieren von Paarbeziehungen darstellen.

9.2.7 Paar- und geschlechtsspezifische Unterschiede in den Arten auftretender PAMs

Wie aus Abb. 7 ersichtlich wird, treten in allen Dyaden, mit Ausnahme der Dyade 10, gelingende PAMs am häufigsten auf. PAMs die als +/- klassifiziert wurden, folgen als zeithäufigste Gruppe in allen Dyaden, wiederum mit Ausnahme der Dyade 10. Nicht-gelingende PAMs treten in insgesamt 7 der 10 Dyaden auf und stellen in allen Dyaden die am wenigsten häufig auftretende PAM-Form dar.
Dyade 10 ist im Unterschied zu den anderen 9 Dyaden dadurch gekennzeichnet, dass +/- PAMs die häufigste Gruppe kodierter PAMs umfassen, gefolgt von gelingenden PAMs. Am wenigsten häufig treten auch in Dyade 10 nicht-gelingende PAMs auf.

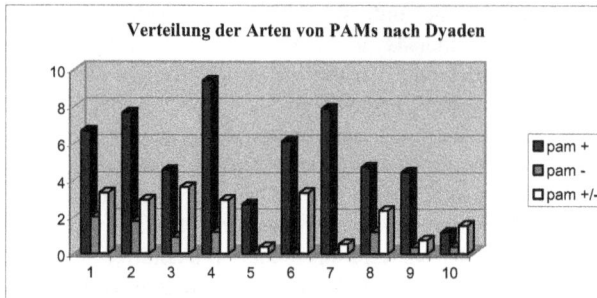

Abb. 7: Verteilung der Arten von PAMs über P1 - P10
(rel. auf 10 Minuten)

Zusammenfassend ist festzuhalten, dass in den Dyaden die wechselseitige Regulierung von Schuldgefühlkonflikten über ein gemeinsames Lächeln und Lachen und die damit verbundene Herstellung affektiver Resonanz auf Beziehungsebene großteils gelingt. Die Ergebnisse zu Dyade 10 bestätigen den bereits diskutierten möglichen Zusammenhang mit der Beziehungszufriedenheit, eine Vermutung die angesichts fehlender Daten allerdings hypothetisch bleiben muss.

Geschlechtsspezifische Unterschiede ergeben sich in den Auftretenshäufigkeiten von PAMs insofern, als Frauen insgesamt 84 PAMs zeigen, wovon sich die Männer mit einer etwas geringeren Auftretenshäufigkeit von insgesamt 76 PAMs unterscheiden (Abb. 8). Dieser Unterschied verteilt sich über die unterschiedlichen Arten von PAMs wie folgt: In der Gruppe der gelingenden PAMs zeigen Frauen insgesamt 52, Männer insgesamt 53 PAMs. Nicht-gelingende PAMs können bei den Frauen 8 Mal, bei den Männern sechs Mal identifiziert werden. Der gemessen größte Unterschied in den Auftretenshäufigkeiten besteht in der Gruppe der +/- PAMs, die bei Frauen 24 Mal und bei Männern 17 Mal auftreten.

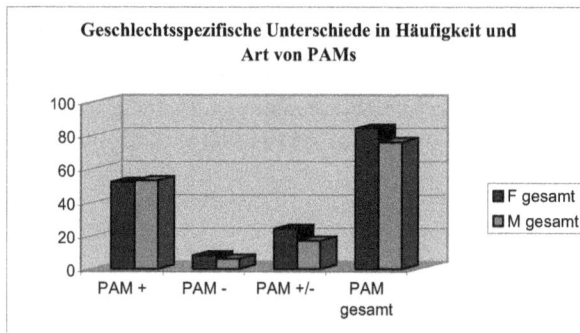

Abb. 8: Geschlechtsspezifische Unterschiede in Anzahl und Art von PAMs

Die Unterschiede erweisen sich sowohl in den Gesamthäufigkeiten (Wilcoxon; p=0,759; zwei-seitig), als auch in den einzelnen Gruppen als nicht signifikant (Wilcoxon; gelingend p= 0,799; nicht-gelingend p=0,833; +/- p=,508; zwei-seitig).

Die geschlechtsspezifische Verteilung der Häufigkeiten je initiierter PAMs fällt in den zehn Dyaden unterschiedlich aus (Abb. 9).

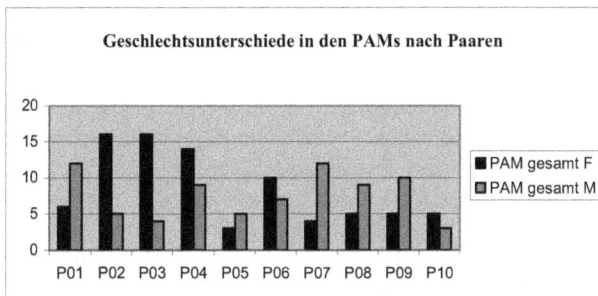

Abb. 9: Geschlechtsunterschiede in den PAMs nach Paaren

Es zeigt sich, dass in fünf der zehn Dyaden Frauen häufiger als ihre Partner PAMs initiieren (Dyaden 2, 3, 4, 6 und 10), wobei hier die Unterschiede vor allem in den Dyaden zwei, drei und vier sehr hoch ausfallen. Demgegenüber beginnen in fünf Dyaden die Männer häufiger PAMs als ihre Frauen (Dyaden 1, 5, 7, 8 und 9). Somit kann auch aus dieser dyadenspezifischen Darstellung der Auftretenshäufigkeiten von PAMs bestätigt, werden, dass sich Männer und Frauen in den Auftretenshäufigkeiten von PAMs nicht unterscheiden. Möglicherweise spielen hier dyadenspezifische Muster oder Anpassungsprozesse der wechselseitigen Affekt- und Konfliktregulierung eine Rolle, die unabhängig von geschlechtsspezifischen Rollenverteilungen zu konzeptualisieren sind. Erneut zeigt sich die Notwendigkeit einer detaillierteren Untersuchung der jeweiligen Parameter, die das Auftreten von PAMs und deren Zusammenhänge mit spezifischen Merkmalen der Dyade sowie der einzelnen Individuen näher erklären könnten.

In der folgenden detaillierten Darstellung einer Mikroanalyse sollen die bisherigen Ergebnisse verdeutlicht werden. Zum einen wurde dieses Beispiel ausgewählt, da das neu definierte und in den untersuchten Paarbeziehungen am häufigsten auftretende Interaktionsmuster einer nicht-gelingend/widersprüchlichen trap in seiner Phänomenologie und Funktion näher dargestellt werden soll. Zum anderen kann die inhaltliche Thematik dieser trap als charakteristisch für die untersuchten Paarbeziehungen gesehen werden: Im Mittelpunkt steht die bereits diskutierte Problematik von Autonomie und Bindung, um die die Schuldgefühlregulierung in den untersuchten Paarbeziehungen zentrieren dürfte.

9.2.8 Mikroanalyse einer nicht gelingenden/widersprüchlichen trap „Oder is des unsensibel?"

Die ausgewählte Sequenz beginnt einige Minuten nach erfolgter Instruktion und dauert 1´32 Sekunden. Sie enthält einen nicht-gelingenden trap-Versuch des männlichen Partners, wobei aufgrund der Reaktion der weiblichen Partnerin die trap des Mannes als nicht-gelingend/widersprüchlich im unter 9.2.3.1 definierten Sinne kategorisiert wurde. Unmittelbar anschließend an die Sequenz der nicht-gelingend/widersprüchlichen trap initiiert die Frau eine gelingende PAM.

Bevor die Sequenz im Detail dargestellt wird, werden zum besseren Verständnis der Kontexteinbettung der Mikroanalyse, wesentliche Merkmale der Dyade bezüglich der auftretenden Themen und Regulierungsprozesse erläutert. Das Hauptkonfliktmuster des Paares besteht darin, dass die Frau wiederholt Schuldgefühle erlebt, wenn sie ihren Partner bei der Durchführung für ihn wichtiger Projekte stört und er sie anschließend darauf hinweist, dass ihr Verhalten nicht in Ordnung ist. Der Mann gesteht, aufgrund des in diesen Situationen auftretenden „rhetorischen Niederbügelns" von F ein schlechtes Gewissen zu erleben. Die Schuldgefühlthematik der Frau wird im Gesprächsverlauf insgesamt drei Mal besprochen. Auf Seiten des Mannes steht die Thematik der egoistischen Verfolgung von Zielen und Projekten, die nur für ihn wichtig sind, als zentrales Konfliktmuster im Vordergrund. Im Verlauf der Interaktion wird diese Thematik vier Mal besprochen, wobei der Mann zwei Mal eine trap versucht, die beides Mal nicht gelingt. Eine davon wird in der folgenden Mikroanalyse detailliert dargestellt. Der Hauptkonflikt des Paares zentriert um die in den untersuchten Paarbeziehungen im Kontext von Schuldgefühlen dominante Autonomiethematik. Insgesamt zeichnet sich das Paar dadurch aus, dass sowohl in den Kontexten dieses Hauptkonfliktes, als auch in den übrigen Kontexten, in denen schuldgefühlbezogenen Konflikte besprochen werden, meist gelingende PAMs auftreten, die eine positive interaktive Ausregulierung von Störungen der Affektregulierung auf beiden Seiten zu ermöglichen scheinen. Insgesamt scheint die wechselseitige Affektregulierung des Paares in für das Paar adaptiver Weise aufeinander abgestimmt zu sein.

Zu Beginn der Sequenz spricht der Mann über ein Thema, das eine Variante seines Hauptkonfliktes darstellt. Es geht dabei um die Vernachlässigung von F aufgrund von beiden als „Egoismus" bezeichneten Handlungsweisen, mit denen M Projekte und Ziele verfolgt, die nur für ihn wichtig sind.

Bevor die Sequenz dargestellt wird, wird zur besseren Verständlichkeit und Lesbarkeit der Mikroanalyse zunächst das Verbatim-Transkript der Sequenz angeführt:

Transkript der Sequenz „Oder is des unsensibel?"

F	Zeit	M
	57:21-30	Ja i mein sicher hat man, wenn wenn jetzt solche Sachen auftauchen, wo ma a bissl egoistisch unterwegs is...und man de....die
	57:31-40	Bedürfnisse von...deine Bedürfnisse jetzt net so realisier', weil i eben gerad was zu erreichen hab, in dem i üb' oder in dem i konsequent was durchzieh, was nur mi
Mhm	57:41-50	betrifft... aber da bin i dann oft, da komm i dann aus meiner Person gar net so ausser, aus meiner Rolle... dass des schlechte Gewissen was vielleicht....eh ganz
	57:51-58:00	konstruktiv wär', sich gar net entwickelt.... ...dann, dann.... und .... i bi... da hab i eigentlich keine ...kaum, kaum a schlechtes Gewissen,
Mhm	58:01-10	Dass i da jetzat bei Familienfeiern weggeh weil was weiß i irgendein KIT-Einsatz is oder irgend....ahhhh.....oder i a Prob' hab oder so
Mhm	58:11-20	Des entwickelt sich...ja vielleicht is des a Selbstschutz, dass i mi net selber... Oder is des unsensibel? (Pause 4 sec.)
Na....kommt mir net so vor, na I denk ma, des san deine Verpflichtungen, die hast, die akzeptiert a jeder...und ...ja ...	58:21-30	
des passt	58:31-40	Und so, so richtige, unter Anführungszeichen, „Dinge, Sachen"...die...

		die di verletzen und wo i a schlechtes Gewissen hab, passieren eigentlich fast net,
Mmm (verneinend) Mmm (verneinend) (schüttelt Kopf) (lacht) Na stimmt, stimmt	58:41-50	oder? Also irgendwie.... (lacht) Fallt dir da was ein?
Na	58:51-59:00	(leise) mir net, schwer

1. M realisiert Bedürfnisse von F nicht

M greift die Thematik seiner egoistischen Verfolgung eigener Ziele und der damit verbundenen Vernachlässigung der Bedürfnisse von F auf, in dem er meint: *„Ja i mein sicher hat man, wenn wenn jetzt solche Sachen auftauchen, wo ma a bissl egoistisch unterwegs is...und man de...die Bedürfnisse von...deine Bedürfnisse jetzt net so realisier', weil i eben gerad was zu erreichen hab, in dem i üb' oder in dem i konsequent was durchzieh, was nur mi betrifft...aber da bin i dann oft, da komm i dann aus meiner Person gar net so ausser, aus meiner Rolle... Dass des schlechte Gewissen was vielleicht... eh ganz konstruktiv wär', sich gar net entwickelt...“*

M beginnt zunächst in der allgemein sprachlichen "man"-Form von sich zu sprechen. Er abstrahiert sein Verhalten damit von seiner Person. Er versucht zunächst auch die Bedürfnisse von seiner Partnerin zu abstrahieren (*de...Bedürfnisse von*), wechselt dann aber auf die persönliche Ebene und spricht F direkt an (*deine Bedürfnisse*). Anschließend wechselt er auch bezüglich seiner Person auf die „ich-Ebene". Für die folgende Beschreibung seiner „egoistischen" Verhaltensweisen liegt nun die Zuschreibung der Verantwortlichkeit für sein Verhalten direkt bei ihm (*Weil i eben gerad was zu erreichen hab'...*). Indikatoren für eine Störung in seiner affektiven Selbstregulierung finden sich zum einen in den wiederholten Satzunterbrechungen, etwa bevor er auf die direkte Personenebene (*man de...die Bedürfnisse von...deine Bedürfnisse...*) wechselt. Zudem bleibt der begonnene Satz, der von seiner grammatikalischen Funktion auf ein Geständnis eines schlechten Gewissens ausgerichtet ist, unvollständig. *Ja i mein sicher hat man...* wird nicht zu Ende gebracht, ein direktes Geständnis des schlechten Gewissens bleibt aus.

Nach dieser Eröffnungssequenz folgt eine Erklärung, weshalb sich das schlechte Gewissen nicht entwickelt. Er beginnt mit einem „aber" und startet so einen Legitimationsversuch, warum er ihre Bedürfnisse manchmal nicht realisiert: Weil er aus seiner Person, seiner Rolle nicht herauskommt. Erneut bricht er eine begonnen Satzbildung ab und beginnt einen neuen Satz *(aber da bin i dann oft, da komm i ...)*.

2. Reaktion von F auf die Eröffnung von M

F zeigt in ihrem mimischen Verhalten während der Äußerung von M eine Reihe von Adaptoren. Sie schleckt sich die Lippen (37), rollt die Lippen nach innen und schiebt das Kinn hoch (17+28), spannt die Mundwinkel und Lippen an (14, 23). Adaptoren können als Anzeichen von Anspannung und als Indikatoren für stattfindende affektive Kontrollprozesse verstanden werden (vgl. Bänninger-Huber, Moser & Steiner, 1990; Ceschi & Scherer, 2003). Entsprechend können die von F gezeigten mimischen Verhaltensweisen als Indikatoren für eine Störung in ihrer affektiven Selbstregulierung, die durch das erneute Ansprechen des Konfliktes durch M entstanden sein dürfte, interpretiert werden. F hatte auch in den vorhergehenden Sequenzen, in denen das Thema abgehandelt wurde, mit jeweils ähnlichen mimischen Verhaltensweisen reagiert. Als interaktive Botschaft übermitteln diese Ausdrucksmuster das deutliche Signal, dass F der Äußerung von M nicht zustimmt. Verbal reagiert sie zunächst mit einem *„mhm"* auf M´s *„gar net so außer aus meiner Rolle"*. In diesem Fall kann das „mhm" von F nicht primär als Zuhörersignal verstanden werden, sondern wird durch die Art des Tonfalles zu einem negativ bewertenden Kommentar der Äußerung von M.

3. M setzt fort: Das schlechte Gewissen entwickelt sich nicht

M fährt daraufhin mit der Erklärung fort, dass *sich das an sich konstruktive schlechte Gewissen gar nicht entwickeln würde*. Dies steht in Widerspruch zu seinem Satzbeginn, in dem er mit „Ja sicher hat man" das schlechte Gewissen andeutete, jedoch wie bereits beschrieben, nicht ausspricht. Möglicherweise ist dieser Beginn zu verstehen als „ja sicher sollte man haben, aber...es gibt gute Gründe, keines zu haben".

Sein nonverbales Verhalten ist gekennzeichnet durch eine sehr konstante Blickzuwendung zu F, die er mit dem Wort „egoistischer" aufnimmt. Insgesamt blickt der Mann seine Partnerin während dieser Verbalisierung häufiger an, als umgekehrt seine Partnerin ihn. In seinem mimischen Verhalten zeigt er zum Abschluss der Verbalisierung ein Hochziehen der Oberlippe, ein Hinabziehen seiner Mundwinkel, sowie ein Hochschieben des Kinns. Das Ausdrucksmuster tritt gemeinsam mit einem Schulter zucken auf (**AU 10C+15E+17; Abb. 10/Bild 1: 00:57:53:03**).

Abb. 10: Bild 1 – 00:57:53:03
(Mikroanalyse I)

In seiner intrapsychischen Funktion könnte dem Ausdruck eine Relativierung der Relevanz von Schuldgefühlen zukommen. Der Mann könnte in seiner intrapsychischen Affektregulierung von einer drohenden Reaktivierung eines Schuldgefühlkonfliktes bedroht sein, ausgelöst durch die wiederholte Einbringung der Thematik seines egoistischen Handelns. Gleichzeitig kommt dem mimischen Verhalten - vor allem auch durch den bestehenden Blickkontakt (vgl. z.B. Benecke, 2002; Merten, 1996) - eine interaktive Funktion zu: hier wäre vorstellbar, dass der Ausdruck eine Art Entschuldigungsfunktion für das fehlende schlechte Gewissen einnimmt. Ebenso vorstellbar ist, dass das Verhalten von M in seiner interaktiven Funktion dazu dienen soll, die Frau davon zu überzeugen, dass ein Konflikt auf Beziehungsebene aufgrund seines egoistischen Verhaltens nicht notwendig ist. Er macht mit seiner Verbalisierung klar, dass er die Bedürfnisverletzung von F sieht, schreibt jedoch gleichzeitig den Grund dafür seinem Gefangensein in einer bestimmten Rolle zu. Es könnte angenommen werden, dass mittels dieser spezifischen verbalen Äußerung und dem beschriebenen nonverbalen Ausdruck vor allem die Funktion der intrapsychischen, aber auch der interaktiven Abwehr eines schlechten Gewissens aufgrund seines egoistischen Handelns im Vordergrund steht. M blickt F am Ende seiner Verbalisierung an und pausiert; F ist aufgefordert die Sprecherrolle zu übernehmen.

4. F bewertet das Verhalten von M negativ

F übernimmt die Sprecherrolle in diesem Fall nicht. Zum Zeitpunkt, an dem eine Übernahme der Sprecherrolle möglich wäre, produziert sie einen sehr langen Lidschlag. Es kann angenommen werden, dass F sich dadurch einer Übernahme der Sprecherrolle verweigert. Sie blickt anschließend auch weg und produziert einen mimischen Ausdruck, der aus einem Anspannen der Mundwinkel und einem Anspannen der Lippen besteht (**AU 14+23; Abb. 11/Bild 2: 00:57:54:24**).

Abb. 11: Bild 2 - 00:57:54:24
(Mikroanalyse I)

In konversationsanalytischem Sinn kann dies als eigener „turn" gewertet werden d.h. F kommentiert hier M´s Versuch einer Abwehr von Schuldgefühlen nonverbal. Diese Ausdruckkombination kann mit einem möglichen Ärger-Erleben, das allerdings in kontrollierter Art und Weise ausgedrückt wird, in Zusammenhang gebracht werden (Ekman, Friesen & Hager/FACSAID, 2004). Dies ist vor allem auf das Vorhandensein der AU 23 zurückzuführen, die als ein Indikator für kontrollierten Ärger gesehen wird. Das Anspannen der Mundwinkel (AU 14) wird auch in Zusammenhang mit einem möglichen Ausdruck für Verachtung interpretiert, jedoch vor allem dann, wenn die Bewegung unilateral auftritt. Unter Einbezug des interaktiven Kontextes, im dem der Ausdruck auftritt, wird angenommen, dass die Interpretation des Ausdrucksmusters in seiner intrapsychischen Funktion mit mit einer Kontrolle des eigenen Ärgererlebens in Zusammenhang gebracht werden kann. M versucht sich in der vorangehenden Äußerung durch die Zuschreibung der Verantwortlichkeit seines Handels an eine bestimmte Rolle und der Negation der Entwicklung eines schlechten Gewissens, „aus der Affäre" zu ziehen. Für F bedeutet dies, dass M aufgrund der wiederholten Verletzung ihrer Bedürfnisse durch sein egoistisches Handeln kein schlechtes Gewissen erlebt, was sie hier mit ihrem Ausdrucksmuster klar negativ bewertet. Da sie gleichzeitig mit dem Zeigen des Ausdrucksmusters ihren Blick abwendet, könnte angenommen werden, dass die interaktive Wirkung des Ausdrucksmusters dadurch abgeschwächt wird. Ärger, wie auch Verachtung und Ekel, können in ihrer interaktiven Funktion zu den aggressiv-distanzierenden Affekten gezählt werden und vermitteln eine klare Botschaft an das Gegenüber „Das was du machst gefällt mir nicht – ändere es" (z.B. de Rivera, 1977; Krause, 1997). Durch die Blickabwendung distanziert sie sich zwar deutlich von M´s Aussage, ohne jedoch das interaktive Konfliktpotential, das dem Ausdruck bei direktem Blickkontakt zu kommen könnte, zusätzlich zu steigern. Die durch das Anspannen der Lippen kontrollierte Form ihres Ausdrucks trägt zu dieser Interpretation bei. Bei M, der – wie Abb. 2 zeigt – Blickkontakt hält und das Ausdrucksmuster sieht, dürfte der Ausdruck als klar missbilligende Bewertung seiner Aussage ankommen.

Dies lässt sich auch anhand der nächsten Reaktion von M validieren. Er versucht nochmals seine Sprecherrolle abzugeben – *„dann, dann…"*, unterbricht hier, pausiert, versucht es nochmals mit *„und…"*, ohne jedoch den Satz zu Ende zu bringen. Diese mehrmaligen Unterbrechungen und Pausen können als Indikatoren für eine Störung in seiner affektiven Selbstregulierung interpretiert werden. Es dürfte M deutlich geworden sein, dass F ihm hier nicht zustimmt und vor allem seinen Versuch der Abwehr des Konfliktes hier nicht unterstützt. Insgesamt erstreckt sich der wiederholte Versuch von M die Sprecherrolle abzugeben und die Weigerung von F diese zu übernehmen, über einen Zeitraum von 5,37 Sekunden. Das Schweigen von F, trotz wiederholter Aufforderung von M, die Sprecherrolle zu übernehmen, kann hier als sehr machtvolles Instrument in der Interaktion gesehen werden. Sie überlässt es hier M nachzudenken, was er als nächstes tun soll und wie er ihren Kommentar zu verstehen hat.

5. M setzt fort: Kaum schlechtes Gewissen, wenn er von Familienfeiern weggeht…

Schließlich fährt M fort: *„I bi… da hab i eigentlich keine …kaum, kaum a schlechtes Gewissen, dass i da jetzat bei Familienfeiern weggeh weil was weiß i irgendein KIT-Einsatz is oder irgend…ahhhh…oder i a Prob' hab oder so…"*. Der Mann beginnt zögerlich, bricht den Satz zwei Mal ab und beginnt dann erneut sein mangelndes schlechtes Gewissen zu formulieren. Interessant ist, dass er zu Beginn ansetzt von *„eigentlich keine[n]"* Schuldgefühlen zu sprechen, sich unmittelbar korrigiert und auf *„kaum, kaum a schlechtes Gewissen"* wechselt. Er gesteht damit in einer sehr indirekten Art und Weise, dass er hin und wieder doch ein schlechtes Gewissen aufgrund seines Fehlverhaltens erlebt. „Kaum" impliziert in seiner positiv umformulierten Bedeutung, dass es „manchmal" zu einem Erleben von Schuldgefühlen kommt.

F reagiert auf die Äußerung *„oder i a Prob hab oder so"* erneut mit der Äußerung „mhm", einem sehr intensiven Anspannen der Mundwinkel und gleichzeitiger Blick- und Kopfabwendung (AU 14+53+63). Ihr Verhalten erfüllt erneut die Funktion einen missbilligenden Kommentar zu M's Verhalten, sowie möglicherweise auch zu seiner gegenwärtigen Vermeidung des Geständnisses von Schuldgefühlen, abzugeben. In seiner intrapsychischen Funktion könnte die AU 14 hier erneut mit intrapsychischen Kontrollprozessen des - aufgrund von M's Verhalten resultierenden - negativ-emotionalen Erlebens von F in Zusammenhang stehen (vgl. z.B. Ceschi & Scherer, 2003). Der Mann verletzt hier scheinbar eine Beziehungsnorm, in dem er aufgrund der Verfolgung eigener Ziele und der daraus resultierenden Vernachlässigung der Partnerin zu wenig schlechtes Gewissen empfindet bzw. dieses über den Versuch, sein Verhalten aufgrund von Rollenzuschreibungen zu legitimieren, abzuwehren versucht. In konversationsanalytischer Terminologie kann das Verhalten von F als sogenannte „back-channel-communication" verstanden werden (vgl. Lepper, 2000). „Back-channeling" wird hier nicht im meist verwendeten Sinn eines

„listener reponses" verstanden, sondern als diskrepante Information auf zwei unterschiedlichen Kanälen, wobei auf einem der Kanäle kommuniziert wird, was mit einer Äußerung wirklich gemeint ist. Es geht also auf einem Kommunikationskanal (meist dem Verbalen) sozusagen die „offizielle" Version des Gesagten hinaus, während auf einem anderen Kanal, meist dem Nonverbalen, diese offizielle Version durch eine spezifische Art des Verhaltens widerlegt wird. In diesem Fall gibt F ihrem Partner durch ihr „mhm" eigentlich einen verbal-zustimmendes Zuhörersignal, das jedoch durch die Art und Weise in der es geäußert wird, in seiner Bedeutung modifiziert wird. Die Kritik an M´s Verhalten wird über Tonfall und Mimik mitgeteilt. Ein Kennzeichen von back-channel-communication ist weiters, dass der Partner im Folgenden auf die „back-channel"-Information und nicht die „offiziell" mitgeteilte Information reagiert. Auf die erneute missbilligende Reaktion von F reagiert er mit der Äußerung *„Des entwickelt sich...ja vielleicht is des a Selbstschutz, dass i mi net selber...".* Er pausiert hier und blickt F erneut an. Verbal lenkt er damit etwas ein, in dem er genau jenen Prozess andeutet, der seinem Verhalten wahrscheinlich zugrunde liegt. „Selbstschutz" kann auch als verbal geäußerter Hinweis auf stattfindende Prozesse der Abwehr interpretiert werden. Gleichzeitig kann durch den Abbruch des Satzes, der Blickzuwendung zu F und der Pause angenommen werden, dass F wiederum aufgefordert wird die Sprecherrolle zu übernehmen.

Genau zu jenem Zeitpunkt jedoch, als F ansetzt diese zu ergreifen, unterbricht M sie und stellt ihr eine direkte Frage. Es ist anzunehmen, dass F mit ihrer bisherigen nonverbal kritischen Reaktionsweise, M klar signalisiert, dass sie nicht deshalb zu sprechen ansetzt, um M zu entlasten, sondern um ihre Kritik mitzuteilen. Bevor F also ihren Redebeitrag starten kann, kommt M ihr mit seiner Äußerung zuvor und macht jenen Umstand zur Frage einer Entlastung, den F ihm womöglich vorgeworfen hätte: seine mangelnde Sensibilität was die Berücksichtigung der Bedürfnisse seiner Partnerin anbelangt.

6. TRAP M „Oder is des unsensibel?"

Es wird angenommen, dass M durch die bisher skeptischen und kritischen nonverbalen Verhaltensweisen von F, in seiner affektive Selbstregulierung zunehmend gestört wird, seine Versuche der Abwehr eines schlechten Gewissens nicht mehr gelingen und er nun mittels einer direkten Frage an F einen Entlastungsversuch unternimmt, um diese intrapsychische affektive Störung mittels einer bestimmten Reaktion seiner Partnerin zu regulieren: Er initiiert eine trap, in dem er fragt *„oder is des unsensibel?"* Dabei sieht er F an und zeigt während des Wartens auf die Reaktion von F einen Adaptor (Lippen schlecken, **AU 37**; vgl. **Abb.12/Bild 3: 00:58:18:23**), was die Interpretation einer Störung in seiner affektiven Selbstregulierung unterstützt. Die trap erfüllt hier die Funktion eine durch die mangelnde Entlastung von F drohende Reaktivierung des schlechten Gewissens zu verhindern bzw. die möglicherweise schon reaktivierten Schuldgefühle aufgrund des eigenen Fehlverhaltens zu reduzieren.

Abb. 12: Bild 3 - 00:58:18:23
(Mikroanalyse I)

Durch die direkte Frage und dem gleichzeitigen nonverbalen Verhalten von M, ist der Aufforderungscharakter an F in bestimmter Art und Weise zu reagieren hoch. Die gewünschte Reaktion könnte etwa darin bestehen zu sagen „Nein, das ist nicht unsensibel. Es ist schon in Ordnung für mich, wie du das machst". Die Art der Frage von M ist eine Frage, deren Antwortmöglichkeiten sich auf eine Ja/Nein-Dimension beschränken, wobei ein „Ja" aus den bereits diskutierten Gründen nicht die von M intendierte Antwort sein dürfte. Da M bisher durch indirekt gehaltene Aufforderungen an F, in gewünschter Art und Weise zu reagieren, nicht erfolgreich war, kann diese direkte Frage auch als Steigerung seiner Strategie, eine entlastende und sein Verhalten legitimierende Reaktion von F zu bekommen, interpretiert werden. Ein weiterer Aspekt dieser direkten Frage, kann wiederum mit der bereits beschriebenen „back channel communication" in Zusammenhang gebracht werden. M kommt mit seiner Frage einer kritischen Reaktion von F zuvor d.h. auch, dass er damit auf die nonverbal kommunizierte back-channel-Information von F reagiert und nicht auf ihre verbal geäußerte Zustimmung in Form des „mhm". M behält über seine direkte Frage auch die Kontrolle über das Geschehen. Mit dem Stellen einer Frage wird gleichzeitig das Recht erworben, später wieder etwas antworten zu können und sich so den nächsten „turn" sicher zu stellen (ten Have, 1999; Lepper, 2000).

7. F reagiert nicht entlastend

F reagiert vorerst weder verbal noch nonverbal auf seine Frage und schaut nach unten. Erst nach einer Pause von vier Sekunden beginnt sie auf die Frage von M zu antworten. Diese viersekündige Pause auf eine, als mit einer ja/nein Antwortmöglichkeit konzipierte Frage, kann als Interrupt in der Interaktion interpretiert werden, der auf eine Störung in der Beziehungsregulierung hinweist. Sie meint schließlich: „...Na kommt mir net so vor, na... Ich denk ma, des san deine Verpflichtungen, die hast, die akzeptiert a jeder ... und ja ... des passt". Verbal gibt sie ihrem Partner auf den ersten Blick die gewünschte

Bestätigung dafür, dass sein Verhalten legitim ist und er keine Schuldgefühle zu haben braucht. Ihre nonverbalen Verhaltensweisen relativieren jedoch diese Aussage: Ihr Tonfall ist zögerlich, sie blickt ihren Partner nicht an, zuckt mit den Schultern und schließt ihre Verbalisierung mit einem Gesichtsausdruck ab, der aus einem erneuten Anspannen ihrer Mundwinkel und Lippen besteht. Zusätzlich spannt sie auch die unteren Augenlider an und zieht die Lippen horizontal zur Seite (**AU 7+14+20+23; Abb. 13/Bild 4: 00:58:32:11**).

Abb. 13: Bild 4 - 00:58:32:11
(Mikroanalyse I)

Ihr Ausdruck kann in seiner intrapsychischen Funktion erneut als Indikator für einen stattfindenden Kontrollprozess verstanden werden. Der Ausdruck tritt zudem unmittelbar nach der verbalen Äußerung *„des passt"* auf und widerspricht dieser auf einer nonverbalen Ebene. Somit kommt dem Ausdruck hier die Funktion zu, den verbalen Inhalt zu modifizieren. Ihr Verhalten ist hier wiederum damit zu charakterisieren, dass sie verbal etwas kommuniziert, das in seiner Bedeutung durch das nonverbale Verhalten widerlegt wird und bereits als „back channel communication" beschrieben wurde. Bei näherer Betrachtung des verbalen Inhaltes der Äußerung von F wird deutlich, dass sie eine Erklärung dafür bringt, warum das Verhalten von M nicht als unsensibel qualifiziert werden kann: Sie führt auf einer allgemein abstrakten Ebene M´s Verpflichtungen, die „jeder" akzeptieren würde, ein, und wechselt damit auf eine unpersönliche Ebene des Sprechens über den Konflikt. Auffallend ist, dass sie damit an M´s Äußerung vom Anfang der Sequenz anknüpft, der ebenfalls durch eine unpersönlich gehaltene Wortwahl (*„man"* und *„die Bedürfnisse"*) versuchte, einen Konflikt (sowohl intrapsychisch wie auch interaktiv) zu vermeiden. In konversationsanalytischer Terminologie werden derartige Phänomene als „format tying" bezeichnet. Darunter ist zu verstehen, dass eine frühere Struktur benutzt wird, um eine neue, darauf bezogene Struktur zu produzieren (Goodwin, 2002). F weicht damit einer konkreten, persönlichen Stellungnahme aus, womit angenommen werden kann, dass dadurch ein Konflikt auf Beziehungsebene vermieden werden soll, der entstehen würde, wenn F klar sagen würde „Das stört mich und ich finde das unsensibel".

M reagiert in seiner nächsten Äußerung auf diese nonverbal widersprüchliche Information, in dem er noch während F spricht einen erneuten Versuch der Entlastung startet. Die verbal zwar auf den ersten Blick entlastende, aber nonverbal klar widersprüchliche Reaktion von F führt bei M scheinbar nicht zur gewünschten Schuldgefühlentlastung. Bereits während F spricht, blickt er weg, zeigt mimisch sehr subtile Bewegungen um den Mund (so als würde er nach einer Reaktion suchen), schluckt, scheint gar nicht mehr weiter zuzuhören und unterbricht F dann.

8. M startet einen neuen Versuch: „So richtige Dinge, die di verletzen...passieren eigentlich fast net, oder?"

M versucht erneut mittels einer direkten Frage von F die gewünschte entlastende Reaktion zu erreichen: *„Und so, so richtige unter Anführungszeichen Dinge, Sachen ... die di verletzen und wo i a schlechtes Gewissen hab passieren eigentlich fast net, oder?"*. Nach Beendigung der Frage blickt er F direkt an. Erneut steht die Aufforderung und der Wunsch im Raum, F möge sein Verhalten in entlastender Art und Weise etwa durch ein „Nein solche Dinge passieren nicht, du verletzt mich nicht und brauchst kein schlechtes Gewissen zu haben" zu kommentieren. Die Frage von M kann erneut als ja/nein Frage verstanden werden. Zusätzlich kann diese Frage als sogenannter „negative interrogative" interpretiert werden (Heritage, 2002). „Negative Interrogatives" sind dadurch gekennzeichnet, dass mit der Frage bereits eine Form der Feststellung oder Behauptung getätigt wird. In diesem Fall besteht diese darin, dass M feststellt, dass verletzende Verhaltensweisen seinerseits kaum passieren. Erst durch den fragenden Zusatz des „oder?" erhält die Aussage den Charakter einer Frage. In der von M getätigten Formulierung ist also bereits eine Negation dieser Ereignisse inkludiert. Er könnte etwa alternativ auch fragen „Passieren solche Dinge, die dich verletzen und ich ein schlechtes Gewissen haben muss?". Es erfolgt also bereits durch die Art der Formulierung der Frage eine deutliche Einschränkung der Antwortmöglichkeiten des Gegenübers. In diesem Fall ist es erneut kaum möglich die Frage zu bejahen. Auffallend ist auch, dass M hier von „Dingen" spricht „die passieren", was als Externalisierungstendenz seiner Verhaltensweisen betrachtet werden kann. Nicht er setzt bestimmte Verhaltensweisen, die verletzend wirken, sondern diese passieren ihm.

9. F reagiert widersprüchlich. M wird nicht eindeutig entlastet

F reagiert auf diesen erneuten trap-Versuch sehr zögerlich mit zwei verneinenden Lautäußerungen – „mmm, mmm". Gleichzeitig schüttelt sie den Kopf und blickt nach oben. Erneut erfolgt so keine direkte Entlastung von M. Zwar verneint F die Frage von M, jedoch vermeidet sie eine klare Verbalisierung und wendet zusätzlich den Blick ab (**Abb. 14/Bild 5: 00:58:42:04**).

Abb. 14: Bild 5 - 00:58:42:04
(Mikroanalyse I)

Diese Verhaltensweisen wirken für M auch offenbar nicht entlastend genug, so dass er nachdoppelt *„also irgendwie..."* und wiederum zu seiner Partnerin hinblickt. Auch dieses Mal gelingt dem Mann die Ausregulierung seiner Schuldgefühle mit Hilfe der Partnerin nicht und die trap wird durch das „kanaldiskrepante" Verhalten von F insgesamt als nicht-gelingend/widersprüchlich kategorisiert.

Anschließend an das *„also irgendwie"* beginnt F zu lächeln, fährt sich mit der Zunge über die Lippen und schüttelt den Kopf. Gleichzeitig zur Innervation des zygomaticus major und orbicularis oculi (6+12C) zeigt sie in ihrem mimischen Ausdruck auch Indikatoren für negative Emotionen: Sie zieht die Oberlippen nach oben und spannt ihre Lippen leicht an (**AU 6+10C+12C+23; Abb. 15/Bild 6: 00:58:45:24**).

Abb. 15: Bild 6 - 00.58:45:24
(Mikroanalyse I)

Ihr Lächeln kann als sog. „masking smile" klassifiziert werden, das im Unterschied zu einem „echten" Lächeln nicht mit dem Erleben positiver Emotionen einhergeht (z.B. (Ekman & Friesen, 1982). Viel mehr wird angenommen, dass „masking smiles" aufteten, wenn negative Affekte vorherrschen, diese jedoch mittels des Ausdruckes positiver Emotionen maskiert werden. Es wird angenommen, dass masking smiles die Funktion erfüllen, negative Emotionen in einer sozial akzeptablen Form auszudrücken (Bänninger-Huber, 1996; Bänninger-Huber & Rauber-Kaiser, 1996). In seiner intrapsychischen Funktion könnte das „masking smile", wie bereits angedeutet, dazu dienen eigene erlebte negative Affekte, die aufgrund der nicht eindeutig entlastenden Reaktion auf die Äußerung von M, sowie der Missbilligung seiner Verhaltensweisen entstanden sind, zu regulieren. Möglicherweise ist das „masking smile" Ausdruck ihrer Wahrnehmung, dass ihre Aussage nicht der Wahrheit entspricht und sie diese nur M „zuliebe" gemacht hat. Dafür spricht, dass sie unmittelbar im Anschluß an das Lächeln auch stark errötet. Das Erröten dürfte in diesem Kontext in Zusammenhang damit stehen, dass M sie hier vor der Kamera bei einer nicht ehrlich gemeinten Antwort „ertappt". Das Erröten von F unterstützt die Annahme, dass F in ihrer affektiven Selbstregulierung durch ihr widersprüchliches Verhalten gestört ist. Interaktiv betrachtet könnte das Lächeln als Beziehungsangebot an M verstanden werden, das zur Regulierung der affektiven Störung auf Beziehungsebene eingesetzt wird.

M reagiert zunächst irritiert auf das Lächeln von F – er neigt sich etwas nach vorne und nickt fragend.

10. F initiiert eine PAM

Die Partnerin verstärkt daraufhin ihr Lächeln zu einem „felt smile" (6+12D+25+26) und bricht in hörbares Lachen aus. Der Partner zeigt ebenfalls ein felt smile (6+12C+25+26) stimmt sofort in ihr Lachen ein (**Abb. 16/Bild 7: 00:58:47:11**).

Abb. 16: Bild 7 - 00:58:47:11
(Mikroanalyse I)

Diese gemeinsame Lächel- und Lachsequenz kann als gelingende Prototypische Affektive Mikrosequenz (PAM) klassifiziert werden. Das Lächeln und Lachen erfüllt in diesem Kontext die Funktion, die, durch die mangelnde Entlastung der Frau auf Beziehungsebene entstandene Regulierungsstörung, über gemeinsames Lachen zu beseitigen und für kurze Zeit wieder affektive Resonanz zwischen den Partnern herzustellen. Zudem kann das gemeinsame Lachen auch in Zusammenhang mit einer Interruptfunktion interpretiert werden. Das gemeinsame Lachen unterbricht für kurze Zeit die vorherrschenden negativen Affekte und es kann angenommen werden, dass dadurch eine Reorganisation der Dyade möglich wird (vgl. z.B. Bänninger-Huber, Moser & Steiner, 1990; Bänninger-Huber, 1996).

11. Störung bei F bleibt erhalten

Nach der gelingenden PAM fragt M nochmals „fällt dir da was ein", was F verbal verneint. Mit dieser Frage eröffnet M ihr nun den Spielraum etwas zu sagen, da er durch die offen gehaltene Formulierung durchaus nach einer Meinung oder Schilderung von konkreten Ereignissen fragt. Auffallend ist, dass F diese Frage, wie eine ja/nein Frage behandelt, mit „nein" antwortet und damit den Schluss der Sequenz signalisiert. Nonverbal bleibt ihr Verhalten widersprüchlich, da sie gleichzeitig mit der Verneinung erneut errötet, den Blick abwendet und mit dem Oberkörper nach unten geht. F begibt sich so für kurze Zeit aus der Interaktion, was möglicherweise in Zusammenhang mit der restriktiven Bewegungssituation vor der Kamera gesehen werden kann, aufgrund der ein Aufstehen und ein sich von M Wegbewegen schwer möglich ist. F beisst sich anschließend zusätzlich auf die Lippen, was als Indikator für eine bei ihr erneut vorhandene Störung in ihrer affektiven Selbstregulierung angenommen werden kann (**AU 32; Abb. 17/Bild 8: 00:58:51:23**).

Abb. 17: Bild 8 - 00:58:51:23
(Mikroanalyse I)

M meint noch leise, ihm falle nichts ein, er wird dabei von F unterbrochen, die das Thema wechselt und mit der Erzählung einer neuen Schuldgefühlsituation eine neue Sequenz einleitet.

Interpretation der Sequenz hinsichtlich ihrer Bedeutung für die Regulierung von Schuldgefühlen in Paarbeziehungen:

Das in dieser Mikroanalyse detailliert dargestellte dyadische Affektregulierungsgeschehen verdeutlich zum einen phänomenologische und funktionale Merkmale der häufigsten Kategorie auftretender nicht-gelingender traps in den untersuchten Paarbeziehungen. Die widersprüchliche Reaktionsweise der Partnerin auf eine trap von M stellt ein möglicherweise für Alltagsinteraktionen kennzeichnendes dyadisches Regulierungsphänomen dar. Das Beispiel veranschaulicht weiters eine Kombination von trap und PAM, die daraus besteht, dass nicht der trap-Initiator eine PAM beginnt, sondern hier die Partnerin, die die trap des Mannes nicht entlastet, eine PAM initiiert. Es kann angenommen werden, dass F aufgrund der nicht eindeutig entlastenden Reaktion und dem Verschweigen ihrer tatsächlichen Einstellung zu M´s Verhalten, in ihrer affektiven Selbstregulierung gestört wird, und sie diese mittels einer PAM reguliert. Zudem wird damit auf Beziehungsebene positive Resonanz hergestellt, was M signalisieren könnte, dass F zwar seine Ansicht nicht teilt, dies jedoch auf Bezieungsebene keine ernsthafte Regulierungsstörung nach sich zieht. Die Beziehungsebene also trotz dieses Konfliktes des Paares als sicher zu betrachten ist. Weiters steht die bereits besprochene Autonomiethematik, die in den hier untersuchten Paarbeziehungen im Kontext der Regulierung von Schuldgefühlen dominiert, im Zentrum dieses Konfliktes. M verfolgt durch sein Handeln autonome Ziele und sieht das im Grunde auch als legitim an. Dies wird durch spätere Aussagen im Gespräch bestätigt, in dem die Beziehungsphilosophie des Paares mit „keiner soll sich für die Paarbeziehung aufgeben müssen und auf eigene Unternehmungen zu viel verzichten müssen" betitelt werden kann. Aus der intrapsychischen Sicht des Mannes könnte es also sein, dass sein Schwellenwert zur Entstehung eines schlechten Gewissens ein relativ hoher ist d.h. er an sich bei seinen autonomen Handlungen keinen Grund sieht ein schlechtes Gewissen zu haben. Andererseits wird deutlich, dass er F durch seine „egoistische" Verfolgung von Zielen immer wieder vernachlässigt. Erst dadurch, dass F signalisiert, dass sie sein Verhalten als Vernachlässigung empfindet, könnte es bei M über die Verletzung einer Beziehungsnorm zur drohenden Konfliktreaktivierung kommen. Möglicherweise dient die hier von M getätigte trap dazu, diese Beziehungsnorm zu verändern und die Bestätigung einer prinzipiellen Legitimität autonomen Handelns zu erreichen. Vor diesem Hintergrund könnte die trap also in Zusammenhang mit der Ausverhandlung der Grenzen von Autonomie stehen.

Da F sich durch M´s „autonome" Handlungen wiederholt vernachlässigt fühlt, kann angenommen werden, dass für sie die Grenzen der Autonomie in der Beziehung möglicherweise enger gesteckt sind und sie das Ansinnen von M, durch eine Legitimierung seiner Handlung die Grenzen der Autonomie auszuweiten, nicht unterstützen kann. Gleichzeitig scheint es in dieser Paarbeziehung jedoch den Wert zu geben, dass das Zugestehen wechselseitiger Freiräume einen wichtigen Apekt einer gut funktionierenden Paarbeziehung darstellt. Aus diesem Blickwinkel entsteht für F ein Konflikt zwischen eigenen Bedürfnissen nach mehr Nähe und Beziehung und der Norm (die wahrscheinlich von M stärker vertreten wird als von ihr) eines Zugestehens von Freiheitsgraden für das „Durchziehen" eigener Ziele. Verstärkt wird dies durch M´s Reaktion, der sie, wenn sie versucht mehr Nähe zu bekommen (Kaffee gehen), darauf aufmerksam macht, dass das nicht in Ordnung ist, ihn zu stören. Sie erlebt dann ein schlechtes Gewissen, weil sie gegen diese Norm verstößt.

9.2 Schuldgefühlinduktion in Paarbeziehungen

Im vorliegenden Material konnten sowohl Versuche einer Schuldgefühlinduktion identifiziert, wie auch unterschiedliche Kontexte, in denen diese Versuche auftreten, bestimmt werden. Zudem zeigten sich in den Versuchen von Schuldgefühlinduktion sowohl paar- wie geschlechtsspezifische Unterschiede. Anhand der Darstellung einer ausgewählten, mikroanalytisch untersuchten Sequenz wird ein Beispiel für die interaktive Enstehung von Schuldgefühlen über einen erfolgreichen Versuch der Schuldgefühlinduktion präsentiert.

9.2.1 Häufigkeit der identifizierten Sequenzen

Insgesamt konnten 42 Sequenzen identifiziert werden, in denen einer der Partner einen Versuch der Schuldgefühlinduktion über eine der operationalisierten verbalen Äußerungen (vgl. 8.6.2) unternimmt. Dies entspricht einem prozentualen Anteil von 35,8% der insgesamt auftretenden Interaktionssequenzen, in denen jeweils die in der Paarbeziehung schuldgefühlrelevanten Themen besprochen wurden. Tabelle 19 gibt einen Überblick über die je Paar identifizierten Sequenzen im Verhältnis zu den insgesamt identifizierten Interaktionssequenzen, die um die Erzählung eines Schuldgefühlthemas zentrieren. Die Tabelle ist so zu verstehen, dass die unter „Interaktion gesamt" angeführten Häufigkeiten den mittels Konversationsanalyse identifizierten interaktiven Sequenzen entsprechen. Eine interaktive Sequenz besteht aus der Behandlung eines schuldgefühlrelevanten Themas in den Paarbeziehungen d.h. in Dyade 1 etwa wurden insgesamt 9 Sequenzen identifiziert, in denen jeweils eine schuldgefühlbezogene Thematik eines der beiden Partner besprochen wurde. Dabei konnten sich die behandelten Themen in unterschiedlichen Sequenzen durchaus wiederholen (z.B. in Sequenz 1: Thematik Ausgehen von M; Sequenz 6: Wiederholung dieser Thematik).

Die in Tab. 19 unter „Versuch Schuldgefühlinduktion" angeführten Häufigkeiten entsprechen der Anzahl von interaktiven Sequenzen, in denen einer der beiden Partner einen Versuch der Schuldgefühlinduktion initiiert hat. Die jeweiligen prozentualen Angaben ergeben sich entsprechend aus der Anzahl der Sequenzen, in denen ein Versuch der Schuldgefühlinduktion erfolgt, im Verhältnis zur Gesamtanzahl der identifizierten Sequenzen.

	P1	P2	P3	P4	P5	P6	P7	P8	P9	P10	Gesamt
Interaktion Gesamt	9	9	12	9	11	13	11	12	18	14	120
Versuch SG-Induktion	5	7	4	3	5	2	4	1	10	2	43
Anteil in %	55,5 %	77,7 %	33,3 %	33,3 %	45,5 %	15,4 %	36,4 %	8,3 %	55,5 %	14,3 %	35,8 %

Tab. 19: Häufigkeit des Auftretens von Versuchen der Schuldgefühlinduktion im Vergleich zur Gesamthäufigkeit der besprochenen Themen

Es zeigt sich, dass in allen untersuchten Paarinteraktionen Versuche der Schuldgefühlinduktion eines Partners an den jeweils Anderen auftreten. Dieses Ergebnis kann als Unterstützung der theoretischen Annahme von Baumeister et al. (1994, 1995a) gesehen werden, die die manipulative Funktion von Schuldgefühlen als eine der drei Hauptfunktionen von Schuldgefühlen postulieren. Die Funktion von Schuldgefühlen, sie als Mittel dazu einzusetzen, um vom Partner eine bestimmte Reaktion zu bekommen und so sein Verhalten in bestimmter Art und Weise zu beeinflussen, scheint in Paarbeziehungen eine wesentliche Rolle zu spielen. Aus Abb. 18 wird ersichtlich, dass zwischen den Paaren zum Teil sehr große Unterschiede in der Verwendung dieser manipulativen Funktion von Schuldgefühlen bestehen.

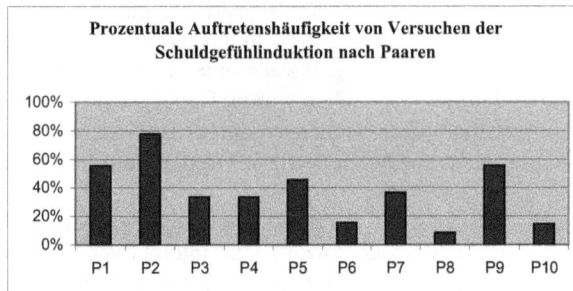

Abb. 18: Prozentuale Auftretenshäufigkeit von Versuchen der Schuldgefühlinduktion nach Paaren

In drei der zehn untersuchten Paarbeziehungen traten Episoden der Schuldgefühlinduktion deutlich häufiger auf als in den restlichen sechs Paarinteraktionen. Die Dyaden 1, 2 und 9 weisen im Vergleich zu den restlichen Dyaden einen prozentualen Anteil der versuchten Schuldgefühlinduktion auf, der deutlich über dem durchschnittlichen Anteil der Schuldgefühlinduktion an der Gesamthäufigkeit der auftretenden Interaktionssequenzen von 35,8% liegt. Davon unterscheiden sich vor allem die Dyaden 6, 8, und 10, die in ihren

Versuchen der Schuldgefühlinduktion deutlich unter dem durchschnittlichen Anteil liegen. Vier der zehn Dyaden (3, 4, 5, und 7) liegen in den Versuchen von Schuldgefühlinduktion im Bereich des durchschnittlichen Anteiles von 35,8%. Diese Unterschiede in den Häufigkeiten der Versuche von Schuldgefühlinduktion weisen darauf hin, dass das Mittel der Schuldgefühlinduktion in den Paarbeziehungen je unterschiedliche Bedeutung einzunehmen scheint. Die unterschiedliche Bedeutung schuldgefühlinduzierender Strategien könnte sich zum einen aus einer Gleich- bzw. Ungleichverteilung von Schuldgefühlen und/oder dem Fehlverhalten der einzelnen Partner erklären. In den Dyaden 2 und 9 etwa stehen beide Männer, wenn auch aus unterschiedlichen Gründen, in einer Art „Bringschuld" den Frauen gegenüber. Beide Männer finden kaum Situationen, in denen sie ein schlechtes Gewissen der Partnerin gegenüber erleben, während die Partnerinnen andererseits genügend Situationen einbringen, in denen die Männer ein schlechtes Gewissen hätten haben sollen. Die Männer reagieren je abwehrend auf die Versuche der Schuldgefühlinduktion der Frauen und gestehen ihr schlechtes Gewissen in den von den Frauen intendierten Situationen nicht. Dies wiederum führt dazu, dass beide Frauen sowohl Anzahl wie Art der schuldgefühlinduzierenden Verbalisierungen erhöhen. Etwa konfrontiert die Frau in Dyade 2 ihren Partner mit dem Vorwurf, dass er sie *„überhaupt hängen lasse"* und die Frau in Dyade 9 spricht ihrem Partner schließlich die Existenz eines Gewissens ab – *„Du hast wahrscheinlich gar kein Gewissen"*. Möglicherweise steht die Anzahl dieser Versuche von Schuldgefühlinduktion auch in Bezug zur Zufriedenheit mit dem Partner und der Paarbeziehung: Je mehr das Verhalten des Partners als störend und nicht den eigenen Vorstellungen in Bezug auf wichtige Beziehungsthemen entspricht, desto häufiger könnte ein Versuch resultieren, den Partner über die Induktion von Schuldgefühlen zu einer Änderung seines Verhaltens in die gewünschte Richtung zu bewegen.

Funktional können diese Versuche der Schuldgefühlinduktion mit mehreren Aspekten in Zusammenhang gebracht werden. Der schuldgefühlinduzierende Partner A erfährt über ein Geständnis eines schlechten Gewissens von Partner B, die Rückmeldung, dass Partner B aufgrund der Verletzung von Partner A leidet, sich um ihn sorgt und er der Verletzung von A nicht mit Gleichgültigkeit begegnet. In diesem Zusammenhang kann von einer beziehungsstärkenden Funktion von Geständnissen eines schlechten Gewissens ausgegangen werden, die mit der Schuldgefühlinduktion erreicht werden soll. Zudem können die Versuche einer Schuldgefühlinduktion im vorliegenden Material in Zusammenhang mit der von Baumeister et al. (1994, 1995a) angenommenen Neu- oder Gleichverteilung emotionalen Leides gebracht werden. Durch eine gelingende Schuldgefühlinduktion erlebt auch Partner B negative Emotionen. Partner A wiederum erfährt über die beziehungsbestätigende Funktion der Schuldgefühle eine Rückmeldung, die sein Leiden reduzieren dürfte. Diese Funktion der Schuldgefühlinduktion kann etwa an Aussagen, die nach einer gelungenen Schuldgefühlinduktion getätigt werden, festgemacht werden. Beispielsweise meint die Frau in Dyade 9 nach einem endlich erfolgten Geständnis des Mannes „das ist gut" und lächelt anschließend. Ein weiterer wesentlicher Aspekt im Kontext der Schuldgefühlinduktion ist jener der Macht und Kontrolle, die dabei über das Verhalten des Partners ausgeübt werden kann. Über die Induktion von Schuldgefühlen kann das Verhalten des Partners in gewünschter Art und Weise indirekt beeinflusst werden, in dem er etwa zukünftig bestimmte verletzenden und vernachlässigenden Verhaltensweisen aufgrund der antizipativen Vermeidung von Schuldgefühlen, nicht mehr ausführt (vgl. Baumeister et al., 1994; 1995a).

Dass die Häufigkeit, mit der schuldgefühlinduzierende Strategien eingesetzt werden durchaus auch auf personenspezifische Unterschiede im Einsatz dieses Mittels zurückgeht, zeigt Tabelle 20. Betrachtet man die in den Paarbeziehungen auftretenden Versuche von Schuldgefühlinduktion aus einer personenspezifischen Perspektive, so zeigt sich zunächst, dass 17 der insgesamt 20 Personen im Verlauf des Gespräches über Schuldgefühle zumindest einmal den Versuch unternahmen, dem Partner Schuldgefühle zu induzieren.

	P1	P2	P3	P4	P5	P6	P7	P8	P9	P10
F	4	6	0	1	4	0	1	1	8	1
M	1	1	4	2	1	2	3	0	2	1

Tab. 20: Personenspezifische Häufigkeiten der Initiierung eines Versuches der Schuldgefühlinduktion

Es zeigen sich jedoch deutliche personenspezifische Unterschiede in der Häufigkeit der versuchten Schuldgefühlinduktion. Wie aus Tab. 20 ersichtlich wird, gehen die Versuche von Schuldgefühlinduktion in den Dyaden 2 und 9 beinahe ausschließlich auf die weiblichen Personen zurück. Diese beiden Frauen zeigen auch insgesamt am häufigsten von allen Personen einen Versuch der Schuldgefühlinduktion. Demgegenüber steht eine größere Anzahl von Personen, die nur je einen Versuch der Schuldgefühlinduktion unternehmen. Es ist anzunehmen, dass diese Unterschiede auf je personenspezifische Unterschiede der Bereitschaft der Anwendung schuldgefühlinduzierender Strategien zurückgehen könnten. Vangelisit et. al (1991) fanden etwa signifikante Zusammenhänge zwischen der tatsächlichen Anwendung schulgefühlinduzierender Strategien und personenspezifischen Merkmalen der Schüchternheit und Aggressivität. Personen, die sich sozial weniger gut behaupten können, würden entsprechend eher dazu tendieren, indirekte Formen der Beeinflussung anderer wie etwa jene der Schuldgefühlinduktion verwenden. Der positive Zusammenhang zwischen der Anwendung von Schuldgefühlinduktion und Aggressivität weist zudem darauf hin, dass Strategien der Schuldgefühlinduktion als Form der Aggression dem Partner gegenüber betrachtet werden können. Insgesamt bestätigt dieses Ergebnis, die Annahme von Baumeister et. al. (1994), dass eine wesentliche Funktion von

Schuldgefühlen in ihrem manipulativen Einsatz, den Partner zu einer gewünschten Reaktion zu bringen, besteht. Weiters können die Annahmen von Vangelisti et. al. (1991) bestätigt werden, die ausgehend von Ergebnissen unter Verwendung eines narrativ-autobiographischen Ansatzes vermuteten, dass es sich bei der Induktion von Schuldgefühlen um ein Phänomen handelt, das in Alltagsinteraktionen sehr häufig auftritt. Wie effizient die im vorliegenden Material untersuchten Versuche der Schuldgefühlinduktion sind d.h. ob der Partner tatsächlich ein Geständnis abliefert oder tatsächlich sein Verhalten ändert, muss vorerst unbeantwortet bleiben.

9.2.2 Interaktive Kontexte des Auftretens von Versuchen der Schuldgefühlinduktion

Die Versuche einer Schuldgefühlinduktion traten im vorliegenden Material in drei unterschiedlichen interaktiven Kontexten auf. Zum einen werden sehr direkte Versuche der Schuldgefühlinduktion unternommen, in denen Partner A eine ganz bestimmte Situation anspricht, in der Partner B ein schlechtes Gewissen hätte haben sollen. Zum anderen wird auf Geständnisse von Partner B oftmals mit einer klaren Bestätigung des schlechten Gewissens und/oder einer negativen Bewertung des Fehlverhaltens reagiert. Schließlich traten die Versuche einer Schuldgefühlinduktion in Kontexten auf, in denen die Geständnisse eines schlechten Gewissens von Partner A dazu dienten, Partner B Schuldgefühle zu induzieren. Im Folgenden werden diese identifizierten interaktiven Kontexte einer Schuldgefühlinduktion näher dargestellt und anhand von Beispielen verdeutlicht. Im ersten identifizierten interaktiven Kontext, in dem ein Versuch der Schuldgefühlinduktion auftritt, spricht Parnter A direkt eine Situation an, in der Partner B ein schlechtes Gewissen gehabt haben sollte.

Interaktiver Kontext 1: Partner A bringt für Partner B eine Situation ein, in der B ein schlechtes Gewissen haben sollte.

Variante A: Die Zuweisung des schlechten Gewissens erfolgt durch eine Frage an den Partner, die meist aus folgender Formulierung besteht „Hast du nicht ein/kein schlechtes Gewissen, wenn..."

Variante B: Die Zuweisung des schlechten Gewissens erfolgt über eine direkte Formulierung wie etwa „Du solltest deswegen ein schlechtes Gewissen haben..."

Tab. 21: Schuldgefühlinduktion: Interaktiver Kontext 1

Die Schuldgefühlinduktionsversuche erfolgen hier über direkte Fragen oder direkte Zuweisungen eines schlechten Gewissens an Partner B. Entsprechend werden in der Definition des interaktiven Kontextes 1 zwei Varianten (A und B) differenziert. Versuche einer Schuldgefühlinduktion im Interaktiven Kontext 1 traten in insgesamt 23 der 43 identifizierten Sequenzen auf. Zwei Beispiele der Versuche von Schuldgefühlinduktion im interaktiven Kontext 1 sollen die beiden definierten Varianten A und B verdeutlichen:

Beispiel 1: Interaktiver Kontext 1 - Variante A (Dyade 5/Sequenz 5)

M hatte zuvor negiert, ein schlechtes Gewissen zu haben, wenn er zu einem Großteil die Gestaltung der Freizeitaktivität des Paares bestimmt. F unterbricht ihn hier und bringt eine neue Episode ein, in der M ein schlechtes Gewissen hätte haben sollen. Sie wendet sich mit einer Frage in Form von „Hast du damals kein schlechtes Gewissen gehabt?" an M:

> *F1: „Ja na jetzt fällt mir noch was ein: Hasch damals eigentlich*
> *kein schlechtes Gewissen gehabt, wo du in Sardinien wieder ohne*
> *Helm mit'm Radl gefahren bisch, mir gegenüber?"*
> *M1: Null! Null!*
> *F2: Ah net? Ja weil di nicht mehr erinnern kannsch'*
> *M2: (lacht)*

In der anschließenden weiteren Interaktion erklärt M ausführlich warum er kein schlechtes Gewissen hatte. Er betont, dass er diese Dinge nicht absichtlich mache um F zu beunruhigen oder ihr Angst zu machen, sondern weil er das einfach für sich brauche. Die Sequenz wird mit der beidseitigen Feststellung abgeschlossen, dass sie sich beide nicht gegenseitig bewachen wollten. Der Versuch der Schuldgefühlinduktion von F gelingt hier – zumindest soweit sich dies am beobachtbaren Verhalten von M festmachen lässt – nicht: In diesem Fall gesteht M sein schlechten Gewissen nicht.

Beispiel 2: Interaktiver Kontext 1 - Variante B (Dyade 5/ Sequenz 1)

M beginnt das Gespräch mit zwei Geständnissen eines schlechten Gewissens. Anschließend wechselt er das Thema und wendet sich mit einer direkten Feststellung an F, sie sollte ein schlechtes Gewissen haben, wenn sie von der Arbeit nicht nach Hause kommt:

> *M1: Und du solltest nu a schlechtes Gewissen haben, wenn'sd von*
> *der Arbeit net heim kommst (lächelt)*
> *F1: (lächelt) da hab i eigentlich nie a schlechtes Gewissen*
> *M2: Nie?*
> *F2: Na, weil da kann i net aus meiner Haut außer, des...muss i tun*

Die anschließende Interaktion zentriert darum, dass beide unterschiedliche Lebensmittelpunkte haben. Für F ist ihre Arbeit sehr wichtig, für M hingegen steht vor allem die Gestaltung seiner Freizeitaktivitäten im Vordergrund. F erklärt wiederholt, dass sie bezüglich ihrer Arbeit kein schlechtes Gewissen hat, denn das müsse sie einfach tun. Die Sequenz endet mit der Feststellung von M, dass es in Ordnung sei, so wie es ist.

Beide Beispiele machen ein weiteres sehr häufig auftretendes Verhalten im Kontext einer Schuldgefühlinduktion deutlich: Auf eine Negation des schlechten Gewissens seitens des Partners wird mit einer erneuten Frage und/oder einem erneuten direkten oder indirekten Insistieren auf dem schlechten Gewissen reagiert.

Der zweite identifizierte interaktive Kontext, in dem Versuche einer Schuldgefühlinduktion auftreten, zentriert um die Reaktionen der Partner A auf ein Geständnis eines Fehlverhaltens von Partner B. Diese Reaktionen sind dadurch charakterisiert, dass das Geständnis von Partner B nicht mit einer Entlastung oder einer neutralen Aufnahme der Erzählung kommentiert wird, sondern viel mehr das Fehlverhalten und/oder die Legitimität des schlechten Gewissens bestätigt wird. Dabei lassen sich wiederum zwei Varianten in den Reaktionsweisen der Partner A unterscheiden. Variante A besteht darin, dass einem Geständnis von Partner B eine direkte Bestätigung der Legitimität des schlechten Gewissens durch Partner A folgt. Äußerungen, die sich direkt auf das Fehlverhalten des Partners beziehen und Vorwurfscharakter haben, wurden als Variante B kategorisiert. Entsprechend kann der Interaktive Kontext 2 folgendermaßen definiert werden:

Interaktiver Kontext 2: Auf Geständnisse von Partner B reagiert Partner A mit einer Bestätigung und/oder Betonung der Legitimität des schlechten Gewissens und/oder des Fehlverhaltens von Partner B.

Variante A: Dem Geständnis von Partner B folgt eine direkte Bestätigung der Legitimität seines schlechten Gewissens, etwa in Form der Äußerung „Du solltest da auch ein schlechtes Gewissen haben,…"

Variante B: Dem Geständnis von Partner B folgt eine Äußerung, die sich direkt auf das Fehlverhalten des Partners bezieht und Vorwurfscharakter innehat.

Tab. 22: Schuldgefühlinduktion - Interaktiver Kontext 2

Insgesamt 8 der 43 Versuche einer Schuldgefühlinduktion treten im Interaktiven Kontext 2 auf. Folgende Beispiele sollen diese Art der Schuldgefühlinduktion in den jeweiligen Varianten A und B verdeutlichen:

Beispiel 3: Interaktiver Kontext 2 -Variante A (Dyade 1/ Sequenz 2)

M gesteht sein schlechtes Gewissen, wenn F etwas unternehmen will, er aber nicht und die Unternehmung dann nicht stattfindet. Im Anschluss an dieses Geständnis bestärkt F ihn in seinem schlechten Gewissen, in dem sie ihn nochmals direkt nach diesem fragt:

> *M1: Wenn du immer etwas tun willsch' und mi zipfst volle an*
> *und dann tun mir's doch netta, dann bisch du...*
> *F1: Ja aber d...des, i mein du könntesch echt öfter einmal*
> *a schlechtes Gewissen haben wenn i allweil aktiv sein will und*
> *du liegsch lei daheim ... "na i bin so müd"*
> *M2: Ja was soll i tun, wenn's ma net, wenn i net so...so...*
> *F2: Ja na eh, aber hasch jetz' amal a schlechts Gewissen?*
> *M3: Na sem tu i mi lei über mi ärgern, dass i so a Schlappi bin...*
> *du kannst ja wohl laufen gehen...*

Auf die Negation des schlechten Gewissens durch M folgt im weiteren Verlauf des Gespräches eine erneute direkte Frage nach dem schlechten Gewissen durch F. M meint schließlich, dass er in diesen Situationen hin und wieder ein schlechtes Gewissen hätte, allerdings nicht so schlimm, als dass er sich dafür bei F entschuldigen müsste. Damit wird die Sequenz abgeschlossen und es folgt ein Themawechsel.

Beispiel 4: Interaktiver Kontext 2 - Variante B (Paar 5/Sequenz 3)

M gesteht sein schlechtes Gewissen, wenn er F's Eltern lange nicht mehr besucht hat. F kontert darauf mit einem Vorwurf, in dem sie das Verhalten von M direkt negativ bewertet:

> *M1: Ma schlechtes Gewissen hab i zum Beispiel, wenn i lang*
> *nimma deine Eltern gesehen hab, da denk i ma, ma i muss*
> *doch da mal hinfahren, die sein in I. und so weiter, aber des...*
> *F1: Des find i eigentlich a total blöd...weil mir echt oft zu*
> *deine Eltern fahren und du da, und zwar fahren mir da net*
> *kurz zum Kaffee, sondern exzessiv...*
> *M2: J...ja...ja des is irgendwie witzig, ja*
> *F2: Und...Und i mi da eigentlich a drum bemüh und du di*
> *umgekehrt eigentlich null bemühsch'*
> *M3: Na das stimmt ne... null bemühen, das is irgendwie net,*
> *keine Ahnung, da ham ma, da hab i keine Kultur, das is*
> *irgendwie...aber da hab i oft...*

Im weiteren Verlauf des Gespräches insistiert F auf dem Fehlverhalten von M. M versucht sich wiederholt zu rechtfertigen und gesteht weitere zwei Mal sein schlechtes Gewissen. Die Sequenz wird beendet durch die Feststellung von M, dass er deswegen aber nicht schlecht schlafe. Es folgt ein gemeinsames Lächeln (gelingende PAM).

Der dritte interaktive Kontext, in dem Versuche der Schuldgefühlinduktion auftreten, ist durch Geständnisse von Partner A charakterisiert, die vorrangig die Funktion erfüllen, bei Partner B Schuldgefühle zu induzieren. Die Geständnisse treten zum einen verknüpft mit einem Vorwurf an Partner B in Form von „Du bist Schuld an meinem schlechten Gewissen" auf (Variante A). Zum anderen treten Geständnisse auf, mittels derer Partner A Partner B verdeutlicht, dass Verhaltensweisen, die bei B zu keinem schlechten Gewissen führen, dies bei A sehr wohl tun. Damit verbunden ist der Vorwurf an Partner B „Nur du hast kein schlechtes Gewissen, wenn du mich verletzt". Der interaktive Kontext drei wurde entsprechend folgendermaßen definiert:

Interaktiver Kontext 3: Partner A gesteht aufgrund eines bestimmten Verhaltens ein schlechtes Gewissen zu haben. Das Geständnis erfüllt jedoch primär die Funktion Partner B Schuldgefühle zu induzieren, wobei sich folgende zwei Varianten unterscheiden lassen:

Variante A: Direkt anschließend an das Geständnis oder noch vor dem Geständnis erfolgt ein Vorwurf an Partner B der in seiner Botschaft etwa in Form der Äußerung „Ich habe das schlechte Gewissen nur, weil du dich ... verhältst" verstanden werden kann. Partner A vermittelt, dass der Grund für sein schlechtes Gewissen im Verhalten von Partner B liegt.

Variante B: Partner A bringt ein Geständnis des eigenen schlechten Gewissens aufgrund eines Verhaltens, das auch für Partner B Anlass für Schuldgefühle sein sollte. Damit verbunden ist der direkte oder indirekte Vorwurf „Ich leide wegen dir, aber du nicht wegen mir".

Tab. 23: Schuldgefühlinduktion - Interaktiver Kontext 3

Diese Form der versuchten Schuldgefühlinduktion ließ sich in 12 der 43 Sequenzen identifizieren. Folgende Beispiele erläutern wiederum die Varianten A und B der Schuldgefühlinduktion in diesem Kontext:

Beispiel 5: Interaktiver Kontext 3 – Variante A (Dyade 9/Sequenz 6)

F erzählt eine Situation, in der sie ein schlechtes Gewissen M gegenüber hatte. Sie beginnt jedoch nicht mit einem direkten Geständnis ihres schlechten Gewissens, sondern stellt erst ein Fehlverhalten von M in den Vordergrund: Wenn sie zu sich nach Hause fährt und M dann nur aus Töpfen isst. Sie hat dann ein schlechtes Gewissen und bekommt fast Tränen in den Augen. M reagiert darauf mit der Äußerung, das sei nicht ihre Schuld (M2). F erneuert ihr Geständnis und bringt nun gleichzeitig den Vorwurf, wenn sie da wäre, dann würde M normal tun. F findet M's Verhalten „volle traurig" (F4).

> *F1: Na aber zum Beispiel wenn i nach X. fahr und und i weiß,*
> *dass du dann, dass du dann net amal auf...von...von einem Teller*
> *ißsch, sondern dass du nur alles in die Töpfe... aufwärmst und*
> *von die Töpfe raus isst...*
> *M1: (lacht) dann hasch du a schlechtes Gewissen?*
> *F2: Dann hab i a a schlechtes Gewissen. Dann krieg i fascht*
> *Tränen in die Augen, wenn i dran denken muss.*
> *M2: Ja aber hell isch ja net deine Schuld (lacht)*
> *F3: Ja aber dann hab i trotzdem a schlechtes Gewissen, weil du*
> *mir einfach leid tusch ...und dann denk i ma, wenn i da war, dann...*
> *M3: Ja aber für mi isch's ganz normal*
> *F4: ...tätesch du des net, dann tätesch du halt...normal... und net*
> *so...weil des find i echt volle traurig*
> *M4: Ja i aber net.*

In der daran anschließenden Interaktion reagiert F gekränkt, weil M sein schlechtes Gewissen nicht gesteht. Sie meint schließlich, dass M wohl kein Gewissen habe. Es folgt eine Diskussion, in der M diesen Vorwurf entkräftet, in dem er die oftmaligen „kleinen schlechten Gewissen" F gegenüber, nicht als richtig schlechtes Gewissen bezeichnen würde. Anschließend lenkt F vom Thema ab und kommt auf Situationen zu sprechen, in denen sie ihren Eltern gegenüber ein schlechtes Gewissen hatte.

Beispiel 6: Interaktiver Kontext 3 – Variante B (Dyade 9/Sequenz 1)

F leitet das Gespräch damit ein, dass sie direkt für M eine Situation anspricht, in der er ein schlechtes Gewissen haben sollte. M weiß sofort worum es geht: Wenn er nicht zu Hause anruft. Er verneint jedoch in diesen Situationen ein schlechtes Gewissen zu haben. Daraufhin insisitiert F, er sollte ein schlechtes Gewissen haben und gesteht ihm Anschluss, dass sie dann schon ein schlechtes Gewissen hat, wenn sie weg ist, erst später heimkommt und M nicht anruft. Anschließend wirft sie M vor, dass nur er das nicht habe:

> *F1: Na solltesch' du aber...weil i hab dann schon ein schlechtes*
> *Gewissen, wenn...wenn i weggeh und i sag i komm dann und dann*
> *und dann komm i später und i ruf net bei dir an, dann hab i schon*
> *ein schlechtes Gewissen*
> *M1: mhm*
> *F2: Nur du hasch des net*
> *M2: Ja stimmt vielleicht. Ja weil i's einfach net gewöhnt bin...*

F3: Hm
M3: ... von früher oder so

M gesteht sein schlechtes Gewissen auch in der anschließenden Interaktion nicht. Die Sequenz wird von ihm beendet, in dem er auf die Gesprächsinstruktion Bezug nimmt und mögliche Situationen eines schlechten Gewissens zu überlegen beginnt.

Abb. 19 zeigt in einem zusammenfassenden Überblick die jeweiligen Auftretenshäufigkeiten der Versuche einer Schuldgefühlinduktion in den jeweiligen interaktiven Kontexten.

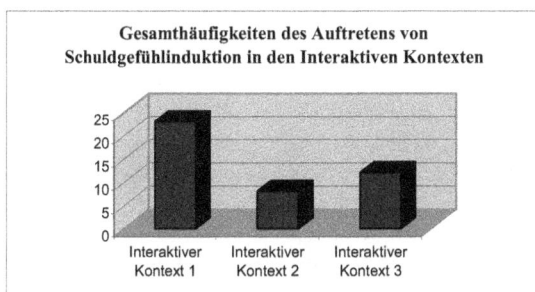

Abb. 19: Gesamthäufigkeiten des Auftretens von Versuchen der Schuldgefühlinduktion in den Interaktiven Kontexten 1-3

Am häufigsten treten Versuche einer Schuldgefühlinduktion im Interaktiven Kontext 1 auf. 23 der 43 identifizierten Sequenzen konnten hier zugeordnet werden. Es handelt sich dabei um einen sehr direkten Einsatz der Induktion von Schuldgefühlen, in dem das Fehlverhalten von Partner B direkt benannt wird und/oder eine direkte Frage nach dem schlechten Gewissen erfolgt. Die hier eingesetzten Fragen implizieren bereits durch die Art der Formulierung, dass Partner B ein schlechtes Gewissen haben sollte. Unter konversationsanalytischem Gesichtspunkt kann ein Großteil dieser Fragen als sogenannte „negative interrogatives" klassifiziert werden. Es handelt sich dabei um Fragen, die bereits die Feststellung eines Sachverhaltes enthalten – in diesem Fall etwa „Du hast ein schlechtes Gewissen zu haben" und dadurch die Antwortmöglichkeit des Gegenübers einschränken (Heritage, 2002). Als zweithäufigster Kontext, in dem ein Versuch der Schuldgefühlinduktion stattfindet, konnte der interaktive Kontext 3 identifiziert werden. Versuche einer Schuldgefühlinduktion innerhalb dieses Kontextes erfolgen über ein Geständnis eines schlechten Gewissens von Partner A, wobei eine Verantwortungszuweisung für das schlechte Gewissen an Partner B erfolgt. Partner B wird als Urheber des ungerechtfertigten Leidens von Partner A präsentiert. Versuchte Schuldgefühlinduktion im Interaktiven Kontext 2 tritt in 8 von den insgesamt 43 identifizierten Sequenzen auf. Diese Versuche zentrieren um die negativen Reaktionen auf Geständnisse und/oder das Fehlverhalten des Partners. Die Geständnisse werden so nicht entlastet, sondern es folgt eine Bestätigung oder Verstärkung des schlechten Gewissens. Dieses Ergebnis kann in Zusammenhang gesetzt werden mit den Resultaten der im vorliegenden Material identifizierten traps. Wie bereits ausführlich dargestellt, lassen sich die Paarinteraktionen durch nicht-entlastende Reaktionen auf Versuche der Schuldgefühlregulierung eines Partners über eine trap charakterisieren. Es wurden davon ausgehend zwei neue Kategorien von nicht-gelingenden traps gebildet (nicht-gelingend/negativ bewertende und nicht-gelingend/widersprüchliche traps). Dieses Ergebnis wird zum einen bestätigt durch die Gesamthäufigkeit der Versuche Schuldgefühlinduktion d.h. es wird sehr häufig mit der Suche nach Situationen eines schlechten Gewissens und der Bestätigung von vorhandenem schlechten Gewissen dem Partner gegenüber reagiert, und sehr selten mit gegenseitigen Versicherungen, dass ein schlechtes Gewissen beiderseitig nicht notwendig ist. Zum anderen wird das Ergebnis der nicht-gelingenden trap-Formen speziell durch die Versuche von Schuldgefühlinduktion im interaktiven Kontext 2 bestätigt. Die auf Geständnisse von Partner B folgenden negativen Bewertungen und Bestätigungen der Legitimität des schlechten Gewissens durch Partner A, fügen sich in den Paarbeziehungen in den Trend der nicht erfolgenden Entlastung auf traps ein.

9.2.3 Paarspezifische Unterschiede in den Auftretenshäufigkeiten von Versuchen der Schuldgefühlinduktion

Im Folgenden werden die jeweiligen paarspezifischen Unterschiede in Anzahl und Art der auftretenden Versuche von Schuldgefühlinduktion dargestellt. Wie bereits unter 9.2.1 beschrieben, unterscheiden sich die Paare in der Gesamthäufigkeit des Auftretens von Versuchen einer Schuldgefühlinduktion zum Teil sehr deutlich voneinander. Betrachtet man die unterschiedlichen Auftretenshäufigkeiten versuchter Schuldgefühlinduktion nach Kontexten differenziert, so ist erneut zu sehen, dass die Verteilung der jeweiligen Kontexte in den Paarbeziehungen sehr heterogen ausfällt (Abb. 20).

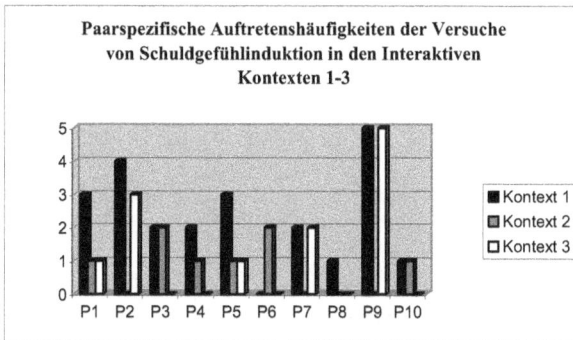

Abb. 20: Paarspezifische Auftretenshäufigkeiten der Versuche
von Schuldgefühlinduktion in den Interaktiven Kontexten 1-3

Es zeigt sich, dass mit Ausnahme von Dyade 6, in allen Paarbeziehungen versucht wurde, Schuldgefühle durch das direkte Einbringen einer Situation, in der der Partner ein schlechtes Gewissen hätte haben sollen (interaktiver Kontext 1), zu induzieren. Insgesamt zeigt sich bezüglich der Auftretenshäufigkeit der Schuldgefühlinduktion im Interaktiven Kontext 1 ein heterogenes Bild. Die jeweiligen Häufigkeiten schwanken von sieben Versuchen einer Schuldgefühlinduktion in Dyade 9, über vier in Dyade 2, drei in den Dyaden 1 und 5, zwei in den Dyaden 3, 4, und 7, bis zu nur je einer in den Dyaden 8 und 10.

In insgesamt sechs der zehn Dyaden konnte ein Versuch der Schuldgefühlinduktion im Interaktiven Kontext 2, der schuldgefühlverstärkenden Reaktion auf ein Geständnis des Partners, identifiziert werden. Demgegenüber stehen Versuche der Schuldgefühlinduktion über eigene Geständnisse (interaktiver Kontext 3) in fünf der zehn Dyaden (Dyaden 1, 2, 5, 7 und 9), wobei hier die einzelnen Auftretenshäufigkeiten zwischen fünf in Dyade 9 bis zu nur je einem Versuch in den Dyaden 1 und 5 schwanken.

Die Häufigkeit der Versuche von Schuldgefühlinduktion im Kontext 1 im Vergleich zu den Kontexten 2 und 3 könnte auf die Direktheit der Strategien und der damit möglicherweise einhergehenden höheren „Effizienz" in Bezug auf eine gelingende Schuldgefühlinduktion zurückgeführt werden. Je direkter die Strategie, desto deutlicher wird dem Partner die Notwendigkeit eines schlechten Gewissens nahe gelegt. Andererseits kann argumentiert werden, dass dadurch auch das Risiko steigt, die „Kosten" der Schuldgefühlinduktion, wie Baumeister et al. (1994, 1995) es bezeichnen, tragen zu müssen: Direkte Strategien könnten durch ihre Offensichtlichkeit eher zu Ärgerreaktionen und/oder Gegenvorwürfen des Partners über den Versuch der Schuldgefühlinduktion führen und so im eigentlichen Schuldgefühlinduzierer „metaguilt" hervorrufen. Dieser Aspekt der Schuldgefühlinduktion wurde im Rahmen der Untersuchung nicht systematisch untersucht, jedoch liefern erste unsystematische Beobachtungen zumindest

Hinweise darauf, dass die „Kosten" von Schuldgefühlinduktion 1. tatsächlich in einer Verärgerung des Partners liegen können (z.b. Paar 1, Paar 2, Paar 8) und 2. Schuldgefühle aufgrund der Schuldgefühlinduktion entstehen (z.b. in Dyade 2). Zudem bestätigen die unsystematischen Beobachtungen die Vermutung (z.B. Baumeister et. al., 1994, 1995; Vangelisit et. al., 1991), dass die Induktion von Schuldgefühlen selbst gegen eine Norm verstoßen dürfte: In Dyade zwei etwa wird durch die Feststellung von F - „*ein schlechtes Gewissen einreden tut man nicht*" – explizit benannt.

9.2.4 Geschlechtsspezifische Unterschiede in den Auftretenshäufigkeiten von Versuchen der Schuldgefühlinduktion

Insgesamt versuchen die Frauen der zehn Dyaden im Vergleich zu den Männern häufiger dem Partner mittels spezifischer verbaler Äußerungen in den je unterschiedlichen interaktiven Kontexten Schuldgefühle zu induzieren. Insgesamt begannen in 26 der ingesamt 43 Sequenzen die Frauen mit einem Versuch der Schuldgefühlinduktion an ihren Partner, während in 17 der 43 Sequenzen die Männer einen Versuch der Schuldgefühlinduktion initiierten (Abb. 21).

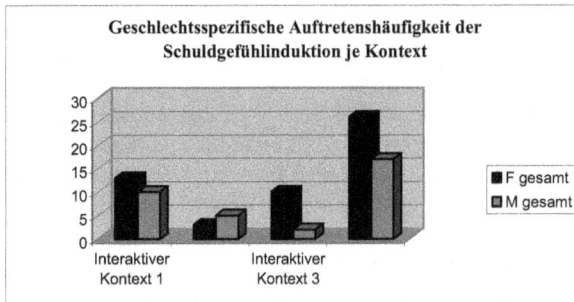

Abb. 21: Geschlechtsspezifische Auftretenshäufigkeit der Schuldgefühlinduktion je Kontext

Versuche einer Schuldgefühlinduktion werden von Frauen im Vergleich zu Männern häufiger in den Interaktiven Kontexten 1 und 3 angewandt. Im Interaktiven Kontext 1 konnte ein Versuch der Schuldgefühlinduktion von Frauen insgesamt 13 Mal im Vergleich zu nur 10 Mal bei den Männern, identifiziert werden. Im Interaktiven Kontext 3 erreichen die Frauen eine Häufigkeit von insgesamt zehn Versuchen, im Vergleich zu nur zwei Versuchen der Männer. Im interaktiven Kontext 2 hingegen erreichen die Männer eine Auftretenshäufigkeit von fünf Versuchen, im Vergleich zu drei Versuchen auf seiten der Frauen.
Der Unterschied in der Gesamthäufigkeit an initiierten Versuchen der Schuldgefühlinduktion zwischen Männern und Frauen erweist sich als nicht

signifikant (U-Test; p= 0,875; zwei-seitig). Die Unterschiedsprüfungen für die interaktiven Kontexte 1 und 2 erreichten ebenfalls kein signifikantes Niveau (U-Test; Interaktiver Kontext 1: p= 0,78; zwei-seitig; Interaktiver Kontext 2: p= 0,778; zwei-seitig). Eine Ausnahme davon stellt die Unterschiedsprüfung im interaktiven Kontext 3 dar, die hier bei einseitiger Signifikanzprüfung ein p von 0,068 erzielte, was als tendenziell signifikant interpretiert werden kann (U-test; p< 0,1). Davon ausgehend könnte für weiterführende Untersuchungen die Hypothese formuliert werden, dass Frauen häufiger den Versuch einer Schuldgefühlinduktion mittels eigener Geständnisse, bei gleichzeitiger Zuschreibung der Verantwortung für das schlechte Gewissen an den männlichen Partner, unternehmen.

Betrachtet man von diesen wenig signifikanten Ergebnissen ausgehend, die paarspezifischen Verteilungen der Unterschiede zwischen Männern und Frauen in der je gezeigten Gesamthäufigkeit von Versuchen der Schuldgefühlinduktion, erfahren diese Ergebnisse eine nähere Erläuterung (Abb. 22).

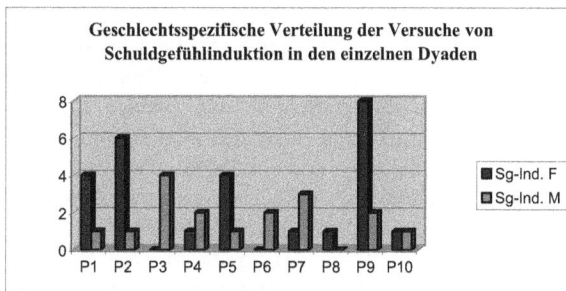

Abb. 22: Geschlechtsspezifische Verteilung der Versuche von Schuldgefühlinduktion in den einzelnen Dyaden

Wie aus Abb. 23 hervorgeht, zeigen Frauen in fünf der zehn Dyaden (Dyaden 1, 2, 5, 8 und 9) häufiger einen Versuch der Schuldgefühlinduktion als ihre männlichen Partner. In vier der zehn Dyaden sind es jedoch die Männer, die häufiger einen Versuch der Schuldgefühlinduktion initiieren (Dyaden 3, 4, 6 und 7). In Dyade 10 sind die Häufigkeiten mit je einem Versuch von Mann und Frau gleich verteilt. Daraus wird deutlich, dass die insgesamt häufigeren Versuche einer Schuldgefühlinduktion seitens der Frauen im Wesentlichen auf die Frauen der Dyaden 1, 2, 5 und 9 zurückgehen und sich insgesamt nur fünf der zehn Dyaden in den angenommenen geschlechtsspezifischen Trend einfügen. Somit lässt sich die Annahme, dass Frauen aufgrund ihrer hypothetisch angenommenen geringeren Verfügbarkeit von Mitteln einer offensiven Machtausübung in Beziehungen, häufiger zu Mitteln der indirekten Beeinflussung des Partners - wie etwa jenem der Schuldgefühlinduktion - greifen, nicht vollends bestätigen. Zwar zeigt sich in den insgesamten

Häufigkeiten von Versuchen einer Schuldgefühlinduktion ein geschlechtsspezifischer Trend, jedoch geht dieser vor allem auf die sehr häufigen Schuldgefühlinduktionsversuche der Frauen der Dyaden 1, 2, 5, und 9 zurück. Diese Ergebnisse könnten einerseits darauf hinweisen, dass die Annahme einer geschlechtsrollenspezifischen unterschiedlichen Machtverteilung in Beziehungen durch moderne, egalitäre Beziehungsformen zunehmend verworfen werden muss. Die Paare stammen alle aus einer sehr hohen Bildungsschicht, sind jung, unverheiratet und ohne Kinder. Sowohl Frauen wie Männer haben das gleiche Bildungsniveau und verfolgen ihre eigenen Studien bzw. Berufe. Die aus dieser Untersuchung resultierenden Ergebnisse können möglicherweise nur auf diese sehr spezifische Form von eher egalitären Paarbeziehungen angewendet werden. Es könnte angenommen werden, dass die Ergebnisse in eher traditionell geführten Beziehungen mit einer klaren Geschlechtsrollenverteilung eher die theoretischen Annahmen von Baumeister et. al. (1994, 1995a) stützen könnten. Eine wesentliche daraus folgende Implikation würde darin bestehen, diese manipulative Funktion von Schuldgefühlen je nach zugrunde liegendem Modell der Paarbeziehung unterschiedlich konzeptualisieren zu müssen.

In den häufigen Versuchen von Schuldgefühlinduktion der Frauen aus den Dyaden 1, 2, 5 und 9 könnten sich je spezifische Konfliktkonstellationen der jeweiligen Paarbeziehungen reflektieren. In den Dyaden 2 und 5 scheint die Funktion im Vordergrund zu stehen, über die intendierten Schuldgefühle des Partners eine positive Rückmeldung und ein Signal der Wertschätzung dieser zu bekommen. In diesem Kontext kann vor allem von einer Bindungsfunktion von Schuldgefühlinduktion gesprochen werden. In den Dyaden 1 und 9 hingegen scheint zudem die Kontrollfunktion der Induktion von Schuldgefühlen eine bedeutende Rolle zu spielen. Die wiederholten Versuche der Frauen zentrieren vor allem darum, das Handeln des Partners zu kontrollieren d.h. den Partner dazu zu bringen ein und mehrere Fehlverhalten zu gestehen, die er begangen hat, ohne es zu sagen. Indirekt steht diese kontrollierende Funktion der Schuldgefühlinduktion wiederum in Zusammenhang mit der Bindungsfunktion. Dadurch, dass der Partner aufgrund von Überschreitungen geltender Beziehungsnormen ein schlechtes Gewissen erlebt, signalisiert er gleichzeitig, dass er diese Beziehungsnormen auch anerkennt, sowie unter der Verletzung seiner Partnerin leidet.

Die Ausweitung der Analyse von Versuchen der Induktion von Schuldgefühlen für alle im Kontext der identifizierten 43 Sequenzen auftretenden Äußerungen, sowie des interaktiven Zusammenspiels der beiden Partner im Kontext der Schuldgefühlinduktion konnte im Rahmen dieser Arbeit nur für einige wenige ausgewählte Sequenzen geleistet werden, die einer mikroanalytischen Untersuchung des Geschehens unterzogen wurden. Die folgende Darstellung einer mikroanalytischen Unterschung des dyadischen Zusammenspiels im Kontext eines Versuches von Schuldgefühlinduktion soll zu einem besseren Verständnis der bisherigen Ergebnisse beitragen. Ausgewählt wurde ein Versuch der Schuldgefühlinduktion aus dem Interaktiven Kontext 1, da diesem die Versuche der Schuldgefühlinduktion mit Abstand am häufigsten zugeordnet werden konnten. Zudem wurde aufgrund des resultierenden geschlechtsspezifischen Trends ein Versuch der Schuldgefühlinduktion einer jener Frauen ausgewählt, die in den Interaktionen besonders häufig Schuldgefühlinduktionsversuche unternahmen (Frauen der Dyaden 1, 2, 5, und 9). Erneut steht auch hier die Thematik von Autonomie und Bindung inhaltlich im Vordergrund.

9.2.5 Mikroanalyse eines Versuches von Schuldgefühlinduktion: „Hasch wohl a schlechtes Gewissen sem?"

Die Sequenz stammt aus Dyade 1, die sich als eines jener drei Paare charakterisieren lässt, in denen Versuche der Schuldgefühlinduktion im Vergleich zu den restlichen sechs Paaren häufig auftreten und vor allem von der weiblichen Partnerin vorgenommen werden. Die Sequenz wurde als Versuch der Schuldgefühlinduktion innerhalb des interaktiven Kontextes 1 kategorisiert. F versucht hier über die Einbringung einer Situation, in der M ein schlechtes Gewissen hätte haben sollte, eine Schuldgefühlinduktion zu erreichen. Das Beispiel stellt einen gelingenden Versuch einer Schuldgefühlinduktion durch den Einsatz einer spezifischen verbalen und nonverbalen Verhaltensweise von F dar und verdeutlicht die Phänomenologie und Funktion von, im Kontext der Schuldgefühlinduktion zur Anwendung kommenden, interaktiven Strategien.

Die Sequenz tritt eine Minute und fünfzehn Sekunden nach Beginn des Gespräches auf und beinhaltet das erste Thema, das von Paar 1 behandelt wird. Die Dauer der analysierten Sequenz beträgt 51 Sekunden (00:48:36-00:49:27). F beginnt über ihren oftmaligen Ärger zu sprechen, der entsteht, wenn M zu lange ausgeht und erst früh morgens nach Hause kommt. Um die verbal-inhaltliche Orientierung in der folgenden mikroanalytischen Darstellung zu erleichtern, wird zunächst das Verbatim-Transkript der analysierten Sequenz angeführt:

Transkript: Mikroanalyse „Hasch wohl a schlechtes Gewissen sem?"

F	Zeit	M
	48:31-40	
I mein was mi... Was mi oft amal ... ...mmm...		
I mein was mi oft amal schon etwas anzipft isch so wenn du ...sagsch, ja...i mein mir is eigentlich eh wurscht nachand...im nachhinein wenn du so ausgehsch´, lei zipft mi halt nachand oft einmal an,	48:41-50	
wenn du erscht um ...wenn du ausgehsch´ und du kimmsch´ dann erscht um sechs in der Früh heim (lacht) <u>Sell</u> zipft mi oft an, aber schlechtes Gewissen... hasch´ sem nie a schlechtes Gewissen?	48:51-49:00	Ja, <u>aber</u> (lacht)...
	49:01-10	Ja wohl hie und da...ja sicher hie und da, ja, i glaub wenn´s dann später wird,
Ja, <u>weil oft einmal</u>...i mein mir is eh wurscht wenn du ausgehsch´, lei wenn du dann irgendwann erscht, was weiß i um fünf,		<u>aber...</u>
sechs daherschuachsch´ und dann, dann zipft´s mi wohl allweil an...dann denk i ma, na könntesch´ wohl a ein wenig früher heimgehen. Hasch wohl a schlechtes Gewissen sem?	49:11-20	
		Ja na aber net immer, lei...
	49:21-30	Ja i weiß net, wenn´s ganz brutal hergeht
(lacht)		(lacht)
Was isch...was isch selle wenn´s ganz <u>brutal hergeht</u>		<u>Ja sem</u>...eher s´schlechte Gewissen ghabt, wie ma bei der Harter Bar gefetet haben

1. Ärger von F über das lange Ausgehen von M

F beginnt mit „*I mein was mi...was mi oft amal...mmm...*". Während sie „*was mi*" ausspricht, spannt sie ihre Mundwinkel an (AU 14), schluckt und pausiert anschließend kurz. Sie fährt fort „*was mi oft einmal*", sie pausiert erneut und gibt einen zögernden Laut von sich („*mmm*"). Dabei zeigt sie ein leichtes Lächeln, schiebt ihr Kinn hoch, zieht beide Lippen nach innen und zuckt mit den Schultern (AU 12B+17+28). Sie blickt M während der gesamten Zeit nicht an, sondern nach rechts oben. Der von oftmaligen Pausen unterbrochene Versuch von F, ihren Ärger zu formulieren, sowie die dabei gezeigten mimischen Verhaltensweisen können als Ausdruck ihrer möglichen Schwierigkeit, M gegenüber ihren Ärger zu zeigen, interpretiert werden. Die gemeinsam mit dem Lächeln auftretenden Indikatoren für negative Emotionen weisen in ihrer intrapsychischen Funktion auf eine Störung in F's affektiver Selbstregulierung hin. Das Einrollen der Lippen (AU 28) kann zudem als Indikator für das Stattfinden eines intrapsychischen Kontrollprozesses interpretiert werden (Ceschi & Scherer, 2003).

F setzt fort „*was mi oft einmal anzipft, is, wenn du*". Hier unterbricht sie den Satz und meint „*ja...i mein mir is eigentlich eh wurscht nachand...im nach hinein wenn du so ausgehsch*". Damit erfolgt noch vor der Formulierung ihres Ärgers eine Relativierung desselben, indem sie ihre „eigentliche" Gleichgültigkeit darüber ausspricht. Anschließend blickt sie M an und fährt fort „*lei zipft mi halt nachand oft einmal an, wenn du erscht um ...wenn du ausgehsch' und du kimmsch' dann erscht um sechs in der Früh heim*". Während sie „*sechs in der Früh*" ausspricht, zeigt sie einen mimischen Ausdruck, der aus einem Hochziehen der Augenbrauen, einer gleichzeitigen Vergrößerung ihrer Augenöffnung, einem unilateralen Hochziehen des linken Nasenflügels, einem Hochziehen ihrer Oberlippen, sowie dem Hochziehen der Mundwinkel besteht (**AU 1+2+5B+L9+10B+12B; Abb. 23/Bild 1: 00:48:53:18**). Im Vordergrund scheint dabei die, über die im Ausdruck enthaltenen Indikatoren negativer Emotionen, negative Bewertung von M's Handlung zu stehen. Das Hochziehen der Augenbrauen und die leicht geöffneten Augen (AU 1+2+5) unterstreichen diese Botschaft und signalisieren M, dass seine Handlungen als störend empfunden werden. Durch das gleichzeitige Lächeln erfährt diese negative Bewertung eine Abschwächung, was als interaktives Signal interpretiert werden kann, dass der Vorwurf nicht als Androhung ernsthaft negativer Konsequenzen auf der Beziehungsebene zu verstehen ist.

Abb. 23: Bild 1 - 00:48:53:18
(Mikroanalyse II)

M reagiert auf diese Äußerung und den mimischen Ausdruck von F mit einem kurz dauernden Anspannen seiner Mundwinkel und einem leichten Zusammenpressen seiner Lippen (**AU 14+24; Bild 2**). Dieses Ausdrucksmuster kann in seiner intrapsychischen Funktion mit stattfindenen Kontrollprozessen in Zusammenhang gebracht werden. AU 14 und 24 werden gemäß der Affektprädiktionstabellen von Ekman & Friesen (1982) in Verbindung gebracht mit kontrolliertem Ärger. Möglich wäre, dass M sich über den Vorwurf von F ärgert, diesen jedoch über den mimischen Ausdruck kontrolliert.

Nach ihrer Verbalisierung beginnt F hörbar zu lachen (6+12D+25+26). Ihr Lachen kann hier einerseits die Funktion erfüllen, ihre intrapsychisch erlebte affektive Regulierungsstörung durch die Äußerung eines Vorwurfes an M kurz zu unterbrechen. In diesem Sinne kommt dem Lachen hier eine Interrupt-Funktion zu, die darin besteht, eigene unangenehm erlebte Affekte durch ein Lachen zu unterbrechen (vgl. Bänninger-Huber, Moser & Steiner, 1990). Gleichzeitig erfüllt das Lachen auch wesentliche interaktive Regulierungsfunktion, in dem dem Partner damit signalisiert wird, dass die Situation und der Vorwurf nicht so ernst zu nehmen sind und die affektive Resonanz auf Beziehungsebene seitens F dadurch nicht gefährdet wird.

2. Reaktion von M auf den Vorwurf von F

M reagiert auf die Äußerung und das anschließende Lachen von F mit einem leichten Lächeln (12B), er blickt sie an und meint „ja...". Während er einen Lidschlag produziert – möglicherweise um sich gegen die Affektinduktion durch das Lachen von F zu wehren - meint er „aber...", zieht die linke Oberlippe hoch, die Mundwinkel leicht nach unten und bewegt dabei das Kinn zur Seite (**L10C+12C+15B+30; Abb. 24/Bild 2: 00:48:55:23**). Dadurch ensteht der Eindruck einer Art schelmischen Lächelns, als handle es sich um ein Kavaliersdelikt, das nicht wirklich zur Entstehung eines schlechten Gewissens bei M führt.

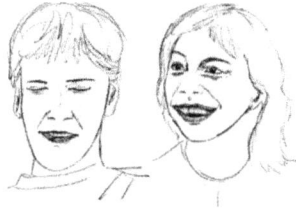

Abb. 24: Bild 2 - 00:48:55:23
(Mikroanalyse II)

3. Direkte SG-Induktion von F: „Hasch sem nie a schlechtes Gewissen?"

F wiederholt, das ärgere sie hin und wieder, sie wendet dabei den Blick von M ab, und meint noch „aber schlechtes Gewissen". Sie wendet sich anschließend abrupt M zu und fragt ihn direkt, *„Hasch sem nie a schlechtes Gewissen?"*. Gleichzeitig mit der Verbalisierung von „Hasch" zeigt sie die Ausdruckskombination 1+2+7+10B+12B (00:48:58:21). Sie zieht die Augenbrauen hoch, spannt die unteren Augenlider an und zeigt ein gleichzeitiges Hochziehen der Mundwinkel und Oberlippen. Ihr mimischer Ausdruck muss wiederum unter dem Aspekt der Multifunktionalität mimischer Verhaltensweisen betrachtet werden. Zum einen unterstreicht sie mit dem Hochziehen der Augenbrauen ihre Frage und verstärkt damit den Aufforderungscharakter an M, in bestimmter Art und Weise zu antworten. Das Anspannen der Augenlider kann als Bestandteil der Emotion Ärger betrachtet werden und möglicherweise hier die Signalfunktion erfüllen, dass M´s Verhalten als störend empfunden und negativ bewertet wird (Ekman & Friesen, 1982). Das Lächeln von F tritt gemeinsam mit einem Indikator für negative Emotionen (AU 10) auf und kann als sog. *„masking smile"* klassifiziert werden. „Masking smiles" erfüllen die Funktion, eigene negativ erlebte Affekte mit einem Lächeln zu regulieren und diese dadurch auch in sozial akzeptabler Weise auszudrücken (Bänninger-Huber & Rauber-Kaiser, 1989). Ihre Art der Formulierung der Frage kann als spezifisch für die in den Paarinteraktionen auftretenden schuldgefühlinduzierenden Fragen betrachtet werden. Sie formuliert keine direkte Frage wie etwa „Hast du da ein schlechtes Gewissen?", sondern eine Negation „Hasch sem nie...", die bereits impliziert, dass M ein schlechtes Gewissen haben sollte. Wie bereits unter 9.2.2 erwähnt werden derartige Fragen in der Konversationsanalyse als sog. „negative interrogatives" bezeichnet (Heritage, 2002). Durch die Art und Weise der Formulierung und des begleitenden nonverbalen Verhaltens von F, wird angenommen, dass diese Frage die Funktion erfüllt, M ein schlechtes Gewissen zu induzieren und zu einem Geständnis desselben zu bringen. Während sie die Worte „schlechtes Gewissen" ausspricht, zeigt sie ein Anspannen der unteren Augenlider, ein intensives Hochziehen der Oberlippe und gleichzeitig ein leichtes Hochziehen der Mundwinkel, woraus der Eindruck eines „ins Gewissen redens" verstärkt wird (**AU 7+10D+12B, Abb. 25/Bild 3: 00:48:59:08**).

Abb. 25: Bild 3 - 00:48:59:08
(Mikroanalyse II)

4. M gesteht nur „partiell"

M wendet während der Frage den Blick von F ab, blickt sie dann wieder an und reagiert nicht sofort. F hebt daraufhin nochmals ihre Augenbrauen (1B+2B+10+12C+25+26), was als Verstärkung ihrer Frage und des Aufforderungscharakters an M, zu gestehen, verstanden werden kann. Als er zu sprechen beginnt, wendet M Blick und Kopf von F ab und meint in zögerlichem Tonfall, mit einem Schulter zucken *„Ja wohl hie und da...ja sicher hie und da, ja, i glaub wenn's dann später wird..."*. Anschließend hängt er ein relativierendes *„aber"* an, mit dem er andeutet, dass sein langes Ausgehen für ihn scheinbar nicht wirklich als Grund gesehen wird, ein schlechtes Gewissen zu haben. Während er *„Ja sicher"* ausspricht, zeigt er ein intensives unilaterales Hochziehen seiner Oberlippe. Gleichzeitig spannt er seine unteren Augenlider an, zieht seine Mundwinkel nach unten und parallel dazu leicht hoch (AU 7+L10E+12C+15C). Das von F intendierte Geständnis eines schlechten Gewissens bleibt hier partiell. Sowohl auf einer verbal-inhaltlichen Ebene, als auch auf der Ebene seines nonverbalen Verhaltens relativiert er die Relevanz eines schlechten Gewissens in diesen Situationen.

5. Direkte Schuldgefühlinduktion von F: „Hasch wohl a schlechtes Gewissen sem?"

F wiederholt ihren Vorwurf. Eigentlich sei es ihr eh egal wenn er ausgehe, aber es ärgere sie, wenn er dann erst um fünf oder sechs Uhr in der Früh heimkomme. Sie denke sich dann, er könne wohl schon (L9+12B; 49:15:19) etwas früher heimgehen. Anschließend fragt sie M erneut direkt *„Hasch wohl a schlechtes Gewissen sem?"*. Bei „wohl ein" zeigt sie die AU-Kombination L9+10+12C+50+46 (**Abb. 26/Bild 4: 00:49:16:20**). Sie blickt M dabei an und zwinkert zusätzlich mit dem rechten Auge. Nach dem Ende ihrer Frage, intensiviert sie ihr Lächeln (6+12D+25+26; 49:18:09) und blickt M an.

Abb. 26: Bild 4 - 00:49:16:20
(Mikroanalyse II)

Die Art und Weise, in der sie ihre Frage formuliert – erneut kann diese Frage als „negative interrogative" verstanden werden – kombiniert mit der Art und Weise der nonverbalen Präsentation, kann als deutliche Aufforderung an M interpretiert werden, das Zögern aufzugeben und das schlechte Gewissen zu gestehen. Durch das zusätzliche Augenzwinkern erscheint eine andere Reaktion, als die des Geständnisses kaum möglich. Das intensive Lächeln von F kann als Versuch verstanden werden, trotz des im Raum stehenden Konfliktes, affektive Resonanz auf Beziehungsebene herzustellen (PAM Versuch von F) und möglicherweise „präventiv" einer Entstehung von Ärger auf Seiten von M entgegen zu wirken.

6. M gesteht nur partiell

M reagiert auf die induktive Frage von F zunächst mit einer Blickabwendung, mit der er sich scheinbar gegen die Affektinduktion durch das intensive Lächeln von F zu wehren scheint. Er antwortet *„ja na, aber net immer, lei..."* - dabei zeigt er erst ein Hochziehen der Oberlippe (10B), anschließend zieht er seine Lippen lateral zurück (**10B+L20C; Abb. 27/Bild 5: 00:49:18:15**).

Abb. 27: Bild 5 - 00:49:18:15
(Mikroanalyse II)

Das Lächeln von F erwidert er nicht, womit die PAM von F als nicht-gelingend kategorisiert werden muss (Nicht-Gelingende PAM F; 49:16:21-49:21:09). M signalisiert hier deutlich seinen Ärger. Die von ihm gezeigte Ausdruckskombination kann dabei sowohl als negative Bewertung des Vorwurfes und der Schuldgefühlinduktion von F interpretiert werden, als auch als Anzeige seines Ärgers, der durch F´s Verhalten entstanden ist. Auf einer interaktiven Ebene signalisiert der Ausdruck, dass F mit ihrem Versuch der

Schuldgefühlinduktion möglicherweise zu weit gegangen ist und M dadurch verärgert hat.

Bei „lei" produziert er einen Lidschlag, pausiert, schüttelt den Kopf und blickt F ernst an (**Abb. 28/Bild 6: 00:49:20:14**). Es entsteht so der Eindruck eines nonverbalen Vorwurfes von M, der sich gegen die Forderung von F, er solle aufgrund seines Ausgehverhaltens ein schlechtes Gewissen ihr gegenüber erleben, richtet. F reduziert daraufhin die Intensität ihres Lächelns, behält es jedoch weiterhin bei (6+12C+25+26). Sie scheint immer noch auf ein Einlenken von M zu warten. Während sie den Kopf zurück wirft, reduziert sie die Intensität ihres Lächelns weiter und blickt M mit leicht erhobenen Kopf an (49:21:16). Möglicherweise erfüllt dieses nonverbale Verhalten die erneute Funktion einer Schuldgefühlinduktion. F signalisiert hier vor allem durch das Anheben des Kopfes, dass M nur schwer mit einer Negation eines schlechten Gewissens reagieren kann. Es entsteht der Eindruck, als ermahne sie ihn, sich gut zu überlegen wie er reagiert.

M blickt F ständig an und erwidert schließlich *„Ja i weiß net, wenn's ganz brutal hergeht"*. Er beginnt dabei zu lächeln, zieht die Augenbrauen hoch und blickt F dabei ständig an (1+2+12B).

Abb. 28: Bild 6 – 00:49:20:14
(Mikroanalyse II)

M gesteht hier schlussendlich, in bestimmten Situationen des Ausgehens ein schlechtes Gewissen F gegenüber zu erleben. Das Hochziehen der Augenbrauen tritt parallel zu „brutal hergeht" auf. Gleichzeitig dazu beginnt M auch zu lächeln. Es kann angenommen werden, dass M mit dem Lächeln und auch dem verbalen Einlenken einen Versuch unternimmt, den Konflikt auf Beziehungsebene über den Versuch einer Herstellung affektiver Resonanz zu regulieren. F erwidert das Lächeln sofort und beginnt gleichzeitig mit M hörbar zu lachen. Die beiden blicken sich dabei an. Die von M initiierte PAM gelingt hier (Gelingende PAM M; 49:23:14-49:27:04; **Abb. 29/Bild 7: 00:49:27:14**). Funktional gesehen wird die durch den Vorwurf von F und die zunächst zögerliche, dann ebenfalls ärgerliche Reaktion von M, gestörte Beziehungsregulierung durch das gemeinsame Lächeln und Lachen „repariert" und affektive Resonanz wiederhergestellt. F wirft ihren Kopf noch ein Stück weiter zurück, lacht weiter hörbar und fragt dann M, was das sei, wenn es brutal hergehe.

Abb. 29: Bild 7 - 00:49:27:14
(Mikroanalyse II)

7. Geständnis von M: Schlechtes Gewissen aufgrund zu exzessiven Feierns

M schleckt sich während des Lachens kurz die Lippen, lacht weiter und bringt anschließend an F´s Frage ein Geständnis seines schlechten Gewissens, als er bei einer bestimmten Bar sehr ausgiebig und ohne F gefeiert hat (1+2+10B+12C+15B).

Anschließend an das Geständnis versucht er die trap „*blöd wo decht muscht denken den lass i nicht mehr alleine ausgehen*" (trap 1/M, 49:39-49:54). Während des Geständnisses sind in seinem mimischen Verhalten immer wieder Indikatoren für negative Emotionen und Adaptoren zu beobachten (AU 10, 15, 37). Die Annahme, dass dieses Geständnis tatsächlich aufgrund einer Reaktivierung eines schlechten Gewissens bei M durch die Schuldgefühlinduktion von F erfolgt, muss hypothetisch bleiben. Beobachtbar ist, dass auf den wiederholten Versuch der Schuldgefühlinduktion von F, schlussendlich ein Geständnis von M folgt, das mit deutlichen Indikatoren negativer Emotionen verbunden ist und in dessen Kontext eine trap auftritt d.h., M einen Versuch unternimmt, mit Hilfe von F seine möglicherweise reaktivierten Schuldgefühle zu regulieren. Diese beobachtbaren Indikatoren zusammengenommen, legen nahe, dass der Schluss auf zugrunde liegende Schuldgefühle bei M valide erscheint.

Interpretation der Sequenz in ihrer Bedeutung für Versuche der Schuldgefühlinduktion in Paarbeziehungen:

Die in dieser Sequenz beschriebenen wechselseitigen Affektregulierungsprozesse sollten ein Beispiel für die in den untersuchten Paarinteraktionen beobachtbaren Versuche einer Schuldgefühlinduktion darstellen und zu einer Verdeutlichung der Entstehung von Schuldgefühlen über spezifische verbale und nonverbale Verhaltensweisen beitragen. Die dargestellte, in den untersuchten Paarbeziehungen sehr häufig zu beobachtende direkte Strategie der Schuldgefühlinduktion, ist in diesem Beispiel erfolgreich: Der Mann gesteht schlussendlich sein schlechtes Gewissen aufgrund zu langen Ausgehens F gegenüber. Nicht in allen Paarinteraktionen passieren Versuche einer Schuldgefühlinduktion durch eine derart „charmante", aber nichts weniger hoch induktive Art und Weise, wie sie hier von F gezeigt wird. Charakteristisch ist jedoch, dass durch die Art der Verbalisierung und der nonverbalen Verhaltensweisen von F, für den Mann kaum eine andere Möglichkeit besteht, als zu gestehen. Die inhaltliche Gesamtthematik dieser Sequenz kann erneut in Zusammenhang mit der in Paarbeziehungen dominierenden Thematik der Autonomie gebracht werden. Im Prinzip verfolgt M mit dem langen Ausgehen beziehungsautonome Verhaltensweisen. F schränkt diese Autonomie durch den Versuch der Schuldgefühlinduktion ein: sie signalisiert, dass sie das Verhalten von M stört und sie sich wiederholt darüber ärgert. Sie fordert ihn direkt dazu auf, deswegen ein schlechtes Gewissen ihr gegenüber zu erleben. Das Ansinnen, M aufgrund des langen Ausgehens ein schlechtes Gewissen zu induzieren, kann mit einer Bindungsfunktion von Schuldgefühlen in Zusammenhang gebracht werden. Über das Erleben von Schuldgefühlen bleibt der Partner an die Beziehung gebunden und handelt nicht zu autonom. Zudem zeigt er durch sein schlechtes Gewissen an, dass er sich an Beziehungsverpflichtungen hält und bei Verletzung dieser „leidet". Das wiederum dürfte F signalisieren, dass ihm die Beziehung wichtig ist und er diese wertschätzt. Die Sequenz kann weiters vor dem Hintergrund der Frage betrachtet werden, wie Paare die Unsicherheit der gegenseitigen Liebe und Bindung regulieren. Ausgehen ohne den Partner birgt die potentielle Gefahr, jemand anderen zu treffen, der den Bestand der Beziehung in Gefahr bringen könnte. Die Induktion von Schuldgefühlen seitens F könnte von dieser Überlegung ausgehend angst- oder auch eifersuchtsmotiviert, mit einem im Vordergrund stehenden gefürchteten Bindungsverlust, sein. Die Schuldgefühlinduktion kann unter diesem Aspekt erneut als Bindungsverhalten interpretiert werden. Das Beispiel veranschaulicht weiters, dass eine Induktion von Schuldgefühlen auch eine gewisse Kontrollfunktion übernehmen kann: indem die Schuldgefühlinduktion gelingt, wird damit auch eine gewisse Kontrollinstanz installiert, die zumindest dafür sorgt, dass M´s Vergnügen alleine bis früh morgens auszugehen zumindest durch das Erleben von Schuldgefühlen F gegenüber etwas eingeschränkt wird.

Wie bereits aus der Darstellung von Versuchen der Schuldgefühlinduktion im interaktiven Kontext 3 hervorgeht, können Geständnisse im Kontext der Regulierung unterschiedliche Funktion einnehmen. Diskutiert werden Geständnisse vor allem hinsichtlich ihrer schuldgefühlregulierenden Funktion (z.B. Widmer, 1997). Die Ergebnisse zu möglichen   Funktionen von Geständnissen im vorliegenden Material werden im folgenden, anknüpfend and die Ergebnisse zur Schuldgefühlinduktion im interaktiven Kontext 3, dargestellt und wiederum durch das Beispiel einer Mikroanalyse verdeutlich und diskutiert.

9.3 Geständnisse und Wiedergutmachungshandlungen im Kontext der Regulierung von Schuldgefühlen

Aus allen analysierten Geständnissequenzen in den Paargesprächen über gegenseitig erlebte Schuldgefühle konnten zwei Funktionen von Geständnissen identifiziert werden, die im vorliegenden Material als die Bedeutungsvollsten hinsichtlich der Regulierung von Schuldgefühlen betrachtet werden: Zum wurden Geständnisse identifiziert, die die primäre Funktion erfüllen, den Partner ebenfalls zu einem Geständnis eines schlechten Gewissen zu motivieren und die entsprechend ihrer angenommenen Funktion als schuldgefühlinduzierende Geständnisse bezeichnet werden. Zum anderen treten in den untersuchten Dyaden im Kontext aktueller Kränkungen des Partners direkt anschließend Geständnisse auf, die in mit einer Funktion der Wiedergutmachung Zusammenhang gebracht werden können und entsprechend als Geständnisse mit "Wiedergutmachungsfunktion" bezeichnet werden. In Kontexten der Wiedergutmachung treten zudem Prototypische Affektive Mikrosequenzen auf, die die verbal geäußerte Wiedergutmachung auf einer nonverbalen Ebene sehr wesentlich unterstützen.

9.3.1 Funktion 1: Schuldgefühlinduzierende Geständnisse

Schuldgefühlinduzierende Geständnisse wurden bereits unter 9.2.2. als ein Kontext identifiziert, im dem Versuche einer Schuldgefühlinduktion unternommen werden (Interaktiver Kontext 3). Dabei steht nicht das eigene schlechte Gewissen und dessen Geständnis im Vordergrund, sondern der Aufforderungscharakter an Partner B, ebenfalls ein Geständnis eines schlechten Gewissens zu bringen. Schuldgefühlinduzierende Geständnisse können demnach als Geständnisse definiert werden, die die primäre Funktion erfüllen, den Partner zu einem Geständnis seines schlechten Gewissens zu bringen. Es steht also nicht das Geständnis in seiner „klassischen" Definition im Sinne eines Gestehens eigenen Fehlverhaltens im Vordergrund. Diese schuldgefühlinduzierende Funktion von Geständnissen konnte in 5 der 10 Dyaden identifiziert werden (vgl. Abb. 20).

Innerhalb dieser Gruppe von schuldgefühlinduzierenden Geständnissen ließen sich zwei unterschiedliche Formen identifizieren, die in der phänomenologischen Definition des Interaktiven Kontextes 3 als Varianten A und B beschrieben wurden (vgl. 9.2.2). Die erste Form kann charakterisiert werden durch Geständnisse, in denen gleichzeitig ein Vorwurf an Partner B enthalten ist. Partner A vermittelt dabei, dass die Verantwortung für das eigene schlechte Gewissen im Verhalten von Partner B liegt. Demgegenüber steht die zweite Form von Geständnissen, in der das eigene Geständnis eines schlechten Gewissens dazu führen soll, dass auch Partner B sein schlechtes Gewissen in diesen Situationen gesteht. Inhaltlich zentrieren diese Geständnisse um Verhaltensweisen, aufgrund derer Partner A möchte, dass Partner B ein schlechtes Gewissen erlebt. Mit dieser Form des Geständnisses verbunden ist der direkte oder indirekte Vorwurf „Ich leide wegen dir, aber du nicht wegen mir". In Tab. 24 sind diese Ergebnisse nochmals zusammengefasst:

Schuldgefühlinduzierende Geständnisse	
Variante A	Variante B
Geständnisse von Partner A enthalten einen gleichzeitigen Vorwurf an Partner B. Dabei steht die Botschaft „Du bist verantwortlich für mein schlechtes Gewissen" im Vordergrund.	Partner A bringt ein Geständnis eines schlechten Gewissens, das um Verhaltensweisen zentriert, aufgrund derer Partner B ein schlechtes Gewissen haben sollte. Das eigene Geständnis eines schlechten Gewissens soll auch Partner B zu einem Geständnis motivieren.

Tab. 24: Unterscheidung von zwei Formen schuldgefühlinduzierender Geständnisse

Wie aus der Analyse der geschlechts- und paarspezifischen Unterschiede der Auftretenshäufigkeit der jeweiligen Schuldgefühlsinduktionskontexte hervorgeht, zeigen sich bezüglich dieser Geständnisform sowohl geschlechts- wie paarspezifische Unterschiede (vgl. 9.2.3). Frauen zeigen mit einer tendenziell signifikant werdenden Häufigkeit mehr Versuche einer Schuldgefühlinduktion über das Einbringen eigener Geständnisse. Wie aus Abb. 23 ersichtlich wird, beschränkt sich die Anwendung dieser Art des Versuches einer Schuldgefühlinduktion auf vier der insgesamt zehn Frauen. Dabei ist der wesentliche Anteil an der Auftretenshäufigkeit schuldgefühlinduzierender Geständnisse auf die Frauen der Dyaden 2 und 9 zurückzuführen, die diese Strategie der Schuldgefühlinduktion jeweils 3 bzw. 5 Mal anwenden. Auf männlicher Seite ist dieser Versuch der Schuldgefühlinduktion lediglich in Dyade 7 zu beobachten. Der Mann dieser Dyade zeigt zwei der insgesamt 12 identifizierten schuldgefühlinduzierenden Geständnisse. Beide dieser

Geständnisse fallen in die als Variante A bezeichnete Form, in der gleichzeitig mit dem Geständnis ein Vorwurf an die Partnerin/den Partner erfolgt.

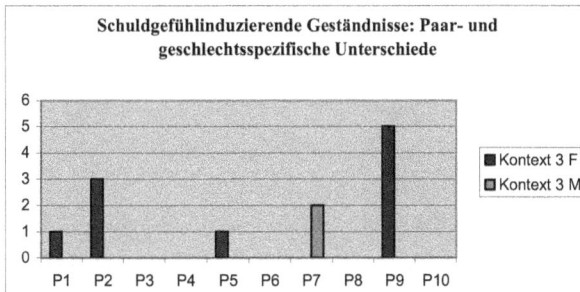

Abb. 30: Schuldgefühlinduzierende Geständnisse: Paar- und geschlechtsspezifische Verteilung

Diese Variante A schuldgefühlinduzierender Geständnisse konnte bei allen fünf Personen und insgesamt in 10 der 12 hier zugeordneten Sequenzen identifiziert werden. Schuldgefühlinduzierende Geständnisse der Variante B konnten nur zwei Mal identifiziert werden. Beide Male wurde diese Form des Geständnisses von der Frau aus Dyade 9 gezeigt, die zudem von allen Personen insgesamt am häufigsten Versuche einer Schuldgefühlinduktion initiiert, woraus sich auf ein mögliches Wirken einer personenspezifischen Neigung zur Verwendung des Mittels der Schuldgefühlinduktion schließen lässt.

Von dieser Form der schuldgefühlinduzierenden Geständnisse unterscheiden sich Geständnisse, die als primär wiedergutmachende Phänomene zu verstehen sind. Dieser Geständnistyp wird im Folgenden näher dargestellt:

9.3.2 Funktion 2: Geständnisse mit "Wiedergutmachungsfunktion"

Geständnisse mit „Wiedergutmachungsfunktion" treten in Kontexten auf, in denen in der unmittelbar vorhergehenden Interaktion eine Kränkung von Partner B durch Partner A erfolgt ist. Gemäß ihrer beziehungs"reparierenden" Funktion werden diese Geständnisse als Geständnisse mit Wiedergutmachungsfunktion bezeichnet. Diese Geständnisse sind inhaltlich dadurch charakterisiert, dass sie um Themen zentrieren, die im Vergleich zu anderen Geständnissen derselben Person nur kleinere und vermutlich nur in sehr geringem Ausmaß von Schuldgefühlen begleitete Vergehen, darstellen. Ähnlich zu den schuldgefühlinduzierenden Geständnissen erfolgen Geständnisse mit „Wiedergutmachungsfunktion" nicht primär aus Gründen eines intensiven eigenen schlechten Gewissens, sondern vorrangig aufgrund ihrer Funktion, die sie auf der Ebene der Beziehungsregulierung erfüllen. Dem Partner wird nach einer erfolgten Kränkung über das Geständnis signalisiert, dass man aufgrund dieser Verletzung zu „leiden" bereit ist und die Beziehung zum Partner als wertvoll erachtet. Wie aus Tab. 25 hervorgeht, wurden sechs Geständnisse als wiedergutmachende Geständnisse identifiziert. In sechs Fällen folgte also auf eine in der konkreten Interaktion stattfindende Verletzung und Kränkung des Partners B durch Partner A, im unmittelbar darauf folgenden interaktiven Kontext ein Geständnis, das im oben beschriebenen Sinn vornehmlich zur Wiedergutmachung des „Schadens" auf Beziehungsebene eingesetzt wird.

Geständnisse mit Wiedergutmachungsfunktion					
P02 M (Sequ. 5)	P03 M (Sequ. 1)	P03 M (Sequ. 4)	P03 M (Sequ. 9)	P09 M (Sequ. 14)	P10 M (Sequ. 10)

Tab. 25: Verteilung der Geständnisse mit Wiedergutmachungsfunktion über Dyaden und Personen

Folgendes Beispiel aus Dyade 3 soll diese als Wiedergutmachungshandlung kategorisierten Geständnisse verdeutlichen:
In dieser Dyade M kränkt F drei Mal sehr direkt, in dem er einmal ihr jetziges im Vergleich zu ihrem früheren Aussehen kritisiert, ein zweites Mal auf ein Geständnis von F direkt negativ bewertend reagiert und ein drittes Mal, in dem er in Anspielung auf ihre Attraktivität meint, ein bestimmter anderer Mann würde sowieso nicht mit ihr ausgehen wollen. In allen drei Fällen reagiert M auf die Anzeichen von Kränkung bei F mit einem unmittelbar darauf folgendem Geständnis eines schlechten Gewissens aufgrund eines eigenen Fehlverhaltens. Das folgende Beispiel beschreibt die dritte genannte Sequenz, in der M F klar macht, dass ein bestimmter Mann sowieso nicht mir ihr ausgehen wird. Nachfolgend gesteht er sein schlechtes Gewissen F gegenüber, wenn er zu lange ausgeht.

Beispiel: Geständnis mit Wiedergutmachungsfunktion (Dyade 3/M) (02:03:05-02:03:40)
Kontextinformation:
In der vorangehenden Interaktion steht eine vehement geführt Debatte im Zentrum, in der F´s Vorhaben, alleine mit einem anderen Mann ausgehen zu wollen, im Mittelpunkt steht. M reagiert auf darauf mit sehr direkten Vorwürfen und Androhungen – etwa „Das kannst du total vergessen, da brauchst du überhaupt nicht mehr nach Hause kommen". Er wendet mehrmals sehr direkte Strategien der Schuldgefühlinduktion an, in dem er wiederholt meint „Und du hast kein schlechtes Gewissen dabei?". F verteidigt sich, negiert ihr schlechtes Gewissen und wirft M vor, er habe ja keine Lust gehabt, mit ihr auszugehen. Es folgen wiederum sehr direkte Vorwürfe von M. F versucht schließlich eine trap, in der sie mittels der Frage „Aber ich denke mal,

dass ich kein schlechtes Gewissen haben muss, wenn ich ausgehen mit...?" und einem gleichzeitig gezeigten Lächeln M auffordert, ihr Denken zu bestätigen und sie damit von etwaigen Schulgefühlen zu entlasten. M reagiert darauf gegenteilig und verstärkt „Ich an deiner Stelle hätte ein schlechtes Gewissen" (nicht-gelingend/negativ bewertende trap; vgl. 9.2.3.2).

M kränkt F

F gesteht erneut nicht, sondern kontert „Warum denn? Du gehst doch auch aus wie du willst, oder?". M bestätigt das und meint dann direkt anschließend *„Der geht sowieso net mit dir aus"*. Aus dem Kontext des Gespräches (die Attraktivität von F war in der Interaktion bereits einmal Thema einer Kränkung) und dem begleitenden Tonfall kann die Botschaft an F so verstanden werden, dass sie als Person nicht genügt, als dass ein anderer Mann mit ihr ausgehen würde. Es ist anzunehmen, dass diese – wie auch die beiden vorhergehenden – Beleidigungen von F, von M eingesetzt werden, wenn anderweitige Strategien der Schuldgefühlinduktion nicht zum Erfolg führen. In diesem Fall hatte M bereits mit Vorwürfen, Drohungen und direkten Forderungen des schlechten Gewissens versucht, F zu einem Geständnis ihres schlechten Gewissens zu bringen und zudem dadurch gleichzeitig zu verhindern, dass F mit diesem Mann ausgeht. F hatte bisher keinerlei Zugeständnisse gemacht, sondern sich verteidigt, ihren Standpunkt vertreten und von M eher Hilfestellung bei der Abwehr von Schuldgefühlen (trap) gefordert. Die nun erfolgende Beleidigung von F, dürfte aus M´s eigener, durch F´s Vorhaben und der nicht-gelingenden Versuche, sie davon abzuhalten, Kränkung resultieren. Über die Abwertung von F, reguliert er in diesem Fall seine Affekte über eine direkt aggressiv-interaktive Handlung.

Reaktion von F auf die Kränkung

F reagiert verbal nicht. Auf der Ebene ihres nonverbalen Verhaltens dreht sie sich von M weg und atmet tief durch. Sie blickt M wieder an, neigt den Kopf zur Seite und sieht in ernst an (etwa „Musste das jetzt sein?").

M blickt F an, sieht diese Reaktion von ihr und reagiert darauf mit einem hörbaren „hä, hä", das er mit einem Lächeln (12C) und hoch erhobenen Kopf äußert. (Botschaft „ich hab´s dir heimgezahlt"). Das Lachen von M kann als triumphierendes Lachen verstanden werden, das er zeigt, als er sieht, dass er F mit seiner Beleidigung getroffen hat.

F reagiert verbal nicht. Sie wendet den Blick ab und zeigt eine Reihe von Adaptoren – sie schleckt sich die Lippen (37), rollt diese nach innen (28) und schließt ein sehr lange dauerndes Lippen beissen an (32). F scheint durch M´s Verhalten deutlich in ihrer affektiven Selbstregulierung gestört. Schließlich löst die die 32 und blickt weiterhin nach unten. Erst nach **5,80 Sekunden** blickt sie M wieder an, ernst und ohne kodierbaren mimische Veränderungen.

M reagiert auf diesen Blick von F mit einem *„Was is jetzt los?"* d.h. es ist anzunehmen, dass er merkt, dass er zu weit gegangen ist.

F meint daraufhin, dass sie nur kurz überlegt habe und meint dann, was sie denn noch reden könnten. Aus der Art ihre Verbalisierung lässt sich vermuten, dass sie hier gezwungenermaßen, um einen größeren Konflikt zu vermeiden, einlenkt.

Es entsteht eine erneute Gesprächspause, diesmal von 9 Sekunden. Diese langen Pausen sind als Interrupt der Beziehungsregulierung zu verstehen, die hier eine deutliche Störung erfährt. Beide Interaktionspartner scheinen vorrangig mit ihrer eigenen Affektregulierung beschäftigt, die Ausregulierung der Störung gelingt hier nicht.

M gesteht ein schlechtes Gewissen

M beendet schließlich die lange Pause mit einem Geständnis: **„Manchmal hab i schon a bissl a schlechtes Gewissen, wenn i so lange aus war in der Nacht, ein bisschen".**

Es wird angenommen, dass er damit einen Schritt zur Versöhnung von F setzt und versucht den „Schaden", der durch die Kränkung entstanden ist, wieder gut zu machen. F nimmt das Geständnis sofort an, sie lenkt ein, dass er das schlechte Gewissen nicht zu haben brauche und sie ihm deswegen auch keine Vorwürfe mache. Sie leitet dann direkt dazu über, dass sie aber deshalb auch das Recht habe, so etwas zu machen. Die nachfolgende Interaktion ist durch eine deutlich niedrigere Konfliktspannung gekennzeichnet, was die Interpretation der Wiedergutmachungsfunktion des Geständnisses unterstützt. Beide legen ihre jeweiligen Standpunkte dar, hören zu und signalisieren schließlich Verständnis füreinander.

Auffallend ist, dass diese Form von Geständnissen mit „Wiedergutmachungsfunktion" nur von Männern, und insbesondere vom Mann aus Dyade 3 gezeigt wird. Dies würde die Interpretation nahe legen, dass Männer in den beobachteten Interaktionen häufiger in die Rolle kommen, ein Vergehen wieder gut machen zu müssen. Genauso könnte jedoch die Schlussfolgerung gezogen werden, dass Frauen weniger dazu tendieren einen „Schaden" wieder gut zu machen. Für eine differenziertere Erklärung dieses Ergebnisses muss zum einen auf ein geschlechtsspezifisches Ungleichgewicht in den beobachtbaren Fällen der Kränkung eines Partners durch den anderen hingewiesen werden. Zum anderen müssen methodische Aspekte des Vorgehens bei der Identifizierung dieser Sequenzen miteinbezogen werden.

Zunächst zur Schilderung des geschlechtsspezifischen Ungleichgewichtes in den beobachtbaren Kränkungen: Eine in der aktuellen Interaktion erfolgende Kränkung von Partner A durch Partner B ließ sich mit einer Ausnahme nur auf Seiten der Männer feststellen. Dabei wiederum stehen die Männer der Dyaden 2, 3, 9 und 10 im Vordergrund, die durch ein spezifisches Verhalten eine an deutlichen Indikatoren des nonverbalen Verhaltens (Adaptoren, intensive negative Affektausdrücke, Gesprächsabbruch) festmachbare Kränkung ihrer Partnerinnen verursachen. Diese Kränkungen sind dabei einerseits charakterisiert durch direkte verbale Angriffe auf die Partnerin (Dyaden 2, 3 und 10) und über die Verweigerung von Schuldgefühlgeständnissen (Dyaden 2 und 9) andererseits. Auf Seite der Frauen konnten nur zwei Sequenzen identifiziert werden, in denen der Partner deutlich gekränkt wird. Die Frau aus Dyade 9 reagiert auf die mangelnden Schuldgefühlgeständnisse von M schließlich mit dem Vorwurf „Du hast wahrscheinlich gar kein Gewissen". M reagiert daraufhin sichtlich irritiert, zeigt Indikatoren negativer Emotionen und eine Unterbrechung des Gesprächsflusses resultiert. F zeigt anschließend daran keine als Wiedergutmachungsfunktion zu kategorisierende Handlung. Die zweite Sequenz stammt aus Dyade 1, in der F auf einen Versuch der Schuldgefühlinduktion von M nicht mit einem Geständnis des schlechten Gewissens reagiert. M ist danach sichtlich gekränkt, was sich an Indikatoren negativer Emotionen im mimischen Ausdruck sowie einer zusätzlichen verbalen Selbstabwertung zeigt. Diese letzte Episode wird unter 9.3.4 mikroanalytisch dargestellt, da sich in diesem Kontext eine spezifische Art der Wiedergutmachung von F beobachten lässt.

Was sich somit festhalten lässt ist, dass es häufiger aufgrund eines Verhaltens der Männer zu einer Kränkung der Partnerin kommt als umgekehrt. Entsprechend ergeben sich für die Männer der zehn Dyaden mehr Anlässe, eine Wiedergutmachungshandlung zu zeigen, als dies für die Frauen der Fall ist.

Zu den methodischen Aspekten der Identifizierung dieser Funktion von Geständnissen ist zu erläutern, dass nur diejenigen Sequenzen näher analysiert wurden, in denen eine Kränkung des Partners an eindeutigen Indikatoren im verbalen und nonverbalen Verhalten festgemacht werden konnte (vgl. die Operationalisierung unter 8.6.2). Diese Indikatoren bestanden in einem Auftreten negativer Affektausdrücke, von Adaptoren und Unterbrechungen des Gesprächsflusses - also jenen Indikatoren, die darauf hinweisen, dass die affektive Selbstregulierung einer Person eine Störung erfahren hat (vgl. Bänninger-Huber, Moser & Steiner, 1990). Es könnte möglich sein, dass unter Ausdehnung der Kriterien oder bei einer noch detaillierteren Sichtung des Materials auch subtilere Formen der Kränkung identifiziert werden könnten, und sich entsprechend häufiger als Wiedergutmachung zu klassifizierende Geständnisse oder auch weitere Formen der Wiedergutmachung feststellen ließen.

Unter Berücksichtigung dieser Aspekte sind die geschlechtsspezifischen Unterschiede im Ausmaß des Zeigens von Geständnissen mit „Wiedergutmachungsfunktion" vorsichtig zu interpretieren. Es könnte etwa vor dem Hintergrund unterschiedlicher geschlechtsspezifischer Umgangsweisen mit direkter Aggression, durchaus sein, dass diese offensiven und direkten Verletzungen des Partners eher „männliche" Strategien darstellen, während Frauen möglicherweise eher indirekte und subtilere Strategien der Kränkung des Partners verwenden.

Es ist aufgrund dessen davon Abstand zu nehmen, die Männer hier als „Aggressoren" darzustellen, vor allem auch deshalb, da der Trend in den Versuchen der Schuldgefühlinduktion eher auf eine vermehrte Verwendung dieser Strategien durch Frauen hinweist. Wie bereits diskutiert, sind auch Versuche der Schuldgefühlinduktion durchaus mit aggressiven Verhaltensweisen in Zusammenhang zu bringen, was wiederum auf einen geschlechtsspezifisch differenten Umgang mit direkter vs. indirekter Aggression hinweisen könnte.

Als wesentliches Ergebnis ist fest zu halten, dass Geständnisse durchaus unterschiedliche Funktionen im Kontext der Regulierung von Schulgefühlen erfüllen können. Es wurde angenommen, dass Geständnisse funktional mit der Regulierung eigener Schuldgefühle in Zusammenhang gebracht werden können (vgl. 6; Baumeister, Stillwell & Heatherton, 1995a). Diese Funktion lässt sich durch diese Geständnisse mit „Wiedergutmachungsfunktion" vermutlich bestätigen, auch wenn eine definitive Aussage darüber, ob diese Geständnisse nun als tatsächlich schuldgefühlmotiviert betrachtet werden können, nicht getroffen werden kann. Es ist vor dem Hintergrund der bisherigen empirischen Ergebnisse, dass Schuldgefühle hauptsächlich dann erlebt werden, wenn eine nahe stehende Person verletzt wird (vgl. z.B. (Tangney, 1995; Baumeister et al., 1995a), nahe liegend anzunehmen, dass die aktuellen Verletzungen eines Partners in der Interaktion zur Entstehung von Schuldgefühlen führen können und diese wiederum das nachfolgende Geständnis eines schlechten Gewissens motivieren. Alternativ könnte jedoch auch angenommen werden, dass je internalisierte Regeln darüber, „was man tut", wenn man einen anderen verletzt, diese Wiedergutmachungs-handlungen initiiert d.h. man „weiß", dass ein wiedergutmachendes Verhalten aus Gründen der Beziehungsregulierung notwendig und angebracht ist, womit jedoch ein entsprechendes Erleben von Schuldgefühlen nicht einhergehen muss - das Handeln also aufgrund von vorrangig kognitiv repräsentierten emotionalen Scripts geleitet wird.

In Kontexten einer Wiedergutmachung ließen sich zudem wiederholt PAMs beobachten, die zum Gelingen dieser ganz wesentlich beizutragen scheinen. Diese Funktion von PAMs wird im Folgenden Kapitel genauer ausdifferenziert:

9.3.3 PAMs als Bestandteile von Wiedergutmachung

Insgesamt konnten fünf PAMs identifiziert werden, die im Kontext einer Wiedergutmachung nach erfolgter Kränkung des Partners auftreten (Tab. 26). Vier der fünf PAMs treten im Kontext der bereits dargestellten Geständnisse mit Wiedergutmachungsfunktion auf (Dyaden 2 und 9). Eine PAM tritt im Kontext eines erfolglos bleibenden Versuches von Schuldgefühlinduktion durch den männlichen Partner in Dyade 1 auf. F negiert ihr schlechtes Gewissen, was bei M in der aktuellen Interaktion zu einer Kränkung führt. Anschließend daran zeigt F ein bestimmtes verbales und nonverbales Verhalten und versucht mittels einer PAM den „Schaden" auf Beziehungsebene zu „reparieren".

Als Regulierungsstrategien, die zur Wiedergutmachung von Kränkungen des Partners eingesetzt werden, scheinen PAMs die wesentliche Funktion zu erfüllen, dem Partner über ein Lächelangebot eine Entschuldigung anzubieten und über die positive beziehungsstärkende Funktion des Lächelns zu einer Wiedergutmachung des „Schadens" beizutragen. Die Funktion von PAMs, im Falle ihres Gelingens die affektive Resonanz zwischen den Interaktionspartnern wiederherzustellen, dürfte in den Kontexten der Wiedergutmachung sehr wesentlich sein.

Gelingende PAMs als Bestandteile von Wiedergutmachung				
P01/F	P2/M	P02/M	P09/M	P09/M

Tab. 26 Verteilung von PAMs als Bestandteile von Wiedergutmachung über Dyaden und Personen

Zu Verdeutlichung der so eben beschriebenen Phänomene und Funktionen von Geständnissen und PAMs als Bestandteil von Wiedergutmachungshandlungen, wird im Folgenden eine Mikroanalyse dargestellt, in der ein bestimmtes verbales und nonverbales Verhalten der weiblichen Partnerin als Wiedergutmachung interpretiert wird. Im Kontext dieser Wiedergutmachung tritt eine gelingende PAM auf. Es wird angenommen, dass diese PAM ganz wesentlich dazu beiträgt, die entstandene Kränkung von M über ein gemeinsames Lachen und die damit gelingende Wiederherstellung affektiver Resonanz zwischen den Partnern, wieder gut zu machen.

9.3.4 Mikroanalyse einer Wiedergutmachung : „Hätte ich eines haben sollen?"

Die ausgewählte Sequenz, die hier genauer vorgestellt werden soll, beginnt 10 Minuten nach Beginn des Gesprächs und dauert 1´43 Sekunden. Das Gespräch des Paares ist vor Beginn dieser Sequenz dadurch gekennzeichnet, dass die Frau wiederholt Situationen für ihren Partner findet, in denen er ein schlechtes Gewissen hätte haben sollen (ein Beispiel für einen derartigen Versuch von Schuldgefühlinduktion in dieser Dyade wurde bereits unter 9.2.5 dargestellt). Gleichzeitig gesteht F sehr wenig und weist wiederholt darauf hin, dass sie keine Situation findet, in der sie selbst ein schlechtes Gewissen dem Partner gegenüber hatte. Der Mann hingegen hat zu diesem Zeitpunkt bereits zwei Geständnisse abgelegt, und fordert F in leicht ärgerlichem Tonfall auf, nun auch etwas zu sagen. F wiederholt, dass ihr nichts einfällt. Es folgt eine kurze Pause, in der beide überlegen. Anschließend beginnt der Mann eine Situation für F einzubringen, in der sie ein schlechtes Gewissen hätte haben müssen. Er hatte sich über F geärgert, als sie auf einem Fest etwas Bestimmtes zu ihm gesagt habe. F negiert, deswegen ein schlechtes Gewissen gehabt zu haben, was bei M zu einer Kränkung führt. Anschließend an die Kränkung zeigt F eine bestimmte Art des verbalen und nonverbalen Verhaltens, das zur Wiedergutmachung dieser Kränkung dienen dürfte.

Um einen Überblick über das Geschehen in der Sequenz zu gewährleisten, ist ein Teilausschnitt des Transkriptes der Sequenz hier beigefügt. Aufgrund der Länge dieser Sequenz wurde nur jener Ausschnitt des Dialoges ausgewählt, der den wesentlichen Teil der Sequenz beinhaltet. Ein Teil dieser Mikrosequenz wurde bereits in Bänninger-Huber, Juen & Peham (2004) dargestellt.

Transkriptausschnitt der Sequenz „Hätte ich eines haben sollen?"

F	Zeit	M
	56:51-57:00	Na, weil i voll rauschig war.... und dann.... und und....und.... und di da was gfragt zu der einen
(lacht)	57:01-10	..dann haben die einen gsagt, „ah so wolltsch eine?", jetzt hasch du des gsagt... hab i gsagt es stimmt ja gar netta und nachand... bin i, bin i volle launig gewesen...
(lacht) Ah jetzt weiß i wieder Ah na i weiß net ob i da schlechtes Gewissen ghabt hab... (lacht)	57:11-20	lacht) Spinnsch´ du! Sicher...aber...
Na i kann mi net Na hab i kein schlechtes Gewissen gehabt Des war ja lei a Schmäh Ja	57:21-30	Ja sicher, da musch eines haben Isch ja lei wegen mir Ja aber i war rauschig Und da macht ma keine Schmähs mehr über
(lachend) Ja Da hab i eigentlich kein schlechts Gewissen gehabt....	57:31-40	solche Dinge (lacht)

Na (lacht)		
Hätt i eines haben sollen?		
(lacht)		Ja, na...ja sicher (lacht)

1. M fragt nach dem schlechten Gewissen von F

Der Mann wendet sich nach einer kurzen Gesprächspause, in der beide über weitere Schuldgefühlthemen überlegen, mit einer schnellen Kopfbewegung seiner Partnerin zu. Er fragt sie „*Die Almfete hast da ein schlechtes Gewissen gehabt?*" Er blickt die Partnerin dabei an und zeigt in seinem mimischen Verhalten Indikatoren, die auf die Emotion Ärger schließen lassen. Er spannt die unteren Augenlider an, zieht seine Oberlippe nach oben und spannt die Lippen leicht an (**AU7+10C+23; Abb. 31/Bild 1: 00:56:01:20**). Unter Einbezug des Kontextes des bisherigen Gesprächsverlaufes und seines Tonfalles, während er die Frage stellt, übernimmt sein Verhalten eine deutliche interaktive Signalwirkung. Die Botschaft an die Partnerin könnte etwa zu verstehen als „Du hättest ein schlechtes Gewissen haben sollen und sag jetzt ja nicht `nein´".

Abb. 31: Bild 1 - 00:56:01:20
(Mikroanalyse III)

2. M verbalisiert und zeigt Ärger aufgrund eines Verhaltens von F

Die Frau fragt zurück: „*Was war Almfete? Was war, welche Almfete?*". Damit unterbricht sie den Konflikt vorerst, denn M beginnt nun zu überlegen, welche Almfete es war. Schließlich fährt M fort „*Da haben wir uns oben getroffen auf dem Klo, da hab ich einen vollen Schleim ghabt auf di...weil du da was gesagt hasch*". Damit verbalisiert er seinen Ärger konkret und weist F auch daraufhin, welche Situation er genau meint. Erneut sind in seinem mimischen Ausdruck während des Sprechens Ärgerindikatoren zu beobachten (**AU 1+2+7+10B+12+23; Abb. 32/Bild 2: 56:32:16**).

Abb. 32: Bild 2 - 00:56:32:16
(Mikroanalyse III)

F unterbricht ihn hier kurz mit einem Lachen, das M nur schwach erwidert und daraufhin unmittelbar seinen Ärger formuliert. Er signalisiert damit, dass es sich um keine belustigende Situation handelt, über die man gemeinsam lachen könnte. Auf M´s Ärger und seine Andeutung, dass F etwas Bestimmtes zu ihm gesagt habe, reagiert F mit *„Na jetzt weiß i nimma, jetzt muss i kurz nachdenken"*. Sie wendet den Kopf ab und lacht leicht hörbar. Gleichzeitig beisst sie sich jedoch auch auf die Unterlippe (6+12C+25+37+63), was als Indikator für eine Störung in ihrer Affektregulierung, die durch den Ärger von M entstanden sein könnte, interpretiert werden kann. Gleichzeitig entsteht jedoch der Eindruck, dass sie das „Rätsel raten" hier eher belustigt verfolgt und gemessen an der ärgerlichen Reaktion von M sehr wenig betroffen reagiert. M verhält sich in dieser Zeit abwartend, zeigt keine verbale oder nonverbale Reaktion, blickt F jedoch ständig an. Nach einigen Sekunden wiederholt sie, dass sie es nicht mehr wisse und fragt M *„Was war denn sem?"*. Der Mann reagiert darauf verbal nicht, so dass F den Vorschlag bringt *„Weil i gelacht hab wegen dem Clemens"*. Sie beginnt dabei intensiv zu lächeln und hörbar zu lachen (6+7+12D+25+26). Das Lachen und Lächeln von F scheint hier wie bereits diskutiert, weniger mit einer Unterbrechung und Regulierung eigener negativer Affekte zu stehen in Zusammenhang, sondern eher mit ihrer Belustigung und Erheiterung, die sie der Situation entgegen bringt. Außer einem einmaligen Adaptor im früheren Verlauf des Gespräches (37) zeigt F keinerlei Anzeichen für eine Störung in ihrer Affektregulierung.

M verneint den Vorschlag von F und beginnt erneut seinen Ärger dazulegen. Das Lachen von F erwidert er wiederum nur kurz und mit deutlichen Indikatoren negativer Emotionen (6+10B+12C+23+50). Er sei betrunken gewesen und F hätte etwas Bestimmtes zu ihm gesagt, was ihm nicht passte, worauf er *„volle launig gewesen..."* sei.

3. Kein schlechtes Gewissen bei F - Ärger und Kränkung darüber bei M

In diesem Augenblick erinnert sich die Partnerin wieder an die Situation, streitet aber ab, damals ein schlechtes Gewissen gehabt zu haben: *„ah jetzt weiss i wieder, ah na i weiss net ob i da schlechtes Gewissen gehabt hab, na i hab kein schlechtes Gewissen gehabt.* Sie beginnt dabei hörbar zu lachen und behält das

Lächeln auch bei, während sie ihr schlechtes Gewissen negiert (6+12D+26+26). Es entsteht erneut der Eindruck, dass die Situation für F nicht wirklich ernst ist und sie auch den Ärger von M bisher nicht allzu Ernst genommen hat. Die Funktion ihres Lächelns und Lachen kann hier wiederum weniger primär in Zusammenhang mit einer Interruptfunktion eigener negativer Affekte, als viel mehr mit ihrer Belustigung über die damalige Situation gesehen werden. Durch ihre hier stattfindende Blickabwendung von M wird angenommen, dass das Lächeln und Lachen ebenso keine primär interaktive Funktion übernimmt (vgl. Merten, 1996). Diese Differenzierung der unterschiedlichen Funktionen, die ein Lachen und Lächeln einnehmen kann, muss natürlich als hypothetisch und rein aus dem interaktiven Kontext erschlossen betrachtet werden. Als nützlich erweist sich dabei zudem ein Prinzip der Konversationsanalyse, nach der die Interpretation eines „turns" an der jeweiligen folgenden Reaktion des Partners validiert wird.

In diesem Fall reagiert M auf die Äußerung und das Lachen von F mit einem in lautem und aggressivem Tonfall geäußerten *„Spinnst du, sicher!"*. Dabei zieht er erst seine Augenbrauen hoch, reduziert sein vorher vorhandenes Lächeln und schleckt sich anschließend die Lippen. M scheint deutlich verärgert über das mangelnde schlechte Gewissen (AU 1+2+12B; 37

F reagiert darauf mit einem erneuten hörbaren Lachen und einer Negation ihres schlechten Gewissens. Sie beendet ihr Lachen, als sie M´s Reaktion darauf sieht. Er steigt nicht in das Lachen und Lächeln ein sondern insisiert *„aber... ja sicher, da musch eines haben"*.

Erneut negiert F ihr schlechtes Gewissen. M blickt nach unten, zieht seinen Mundwinkel hinunter und die Oberlippe nach oben und meint *„ isch ja lei wegen mir"* (**10B+15B; Abb. 33/Bild 3: 00:57:25:11**).

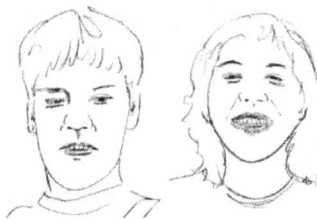

Abb. 33: Bild 3 - 00:57:25:11
(Mikroanalyse III)

Bei der Aussprache von „mir" intensiviert er das Hochziehen der Oberlippe unilateral auf L10C. Eine unilaterale 10 wird meist als Indikator für die Emotion Verachtung interpretiert. Verachtung zeichnet sich im Unterschied zu Ärger, von ihrer interaktiven Botschaft durch den Wunsch aus, der Partner möge abwesend sein (de Rivera, 1977; Krause, 1997). Die von Bänninger-Huber, Moser & Steiner (1990) geäußerte Vermutung nach der Übergänge von Ärger in Verachtung dann drohen, wenn auf Ärger nicht die gewünschte Änderung bzw.

Anzeichen einer Änderungsbereitschaft folgen, könnte hier bestätigt werden. In seiner intrapsychischen Funktion, kann der mimische Ausdruck von M in diesem Fall im Sinne einer Selbstverachtung als indikativ für die verbal geäußerte Selbstabwertung von M verstanden werden. Es ist ja „nur" seine Person, im Sinne einer mangelnden Wertschätzung dieser, die F hier belächelt anstatt ein schlechtes Gewissen aufgrund der Kränkung, die M dadurch erlebt, zu haben. Es wird also angenommen, dass es durch das in der aktuellen Interaktion stattfindende „Belächeln" des Ereignisses durch F, sowie ihrer mehrmaligen Negation eines schlechten Gewissens, zu einer Störung in der affektiven Selbstregulierung des Mannes kommt.

F reagiert auf die Kränkung von M mit der Verbalisierung *„das war ja nur ein Schmäh"* (österreichisch für Scherz). Dabei zieht sie ihre Augenbrauen zusammen und lächelt gleichzeitig leicht (4+12B+50). Die Innervation der AU 4 bei gleichzeitiger verbaler Äußerung, dass M einen Scherz als ernsthafte Angelegenheit missverstanden hat, kann als negative Bewertung von M´s Verhalten und gleichzeitig als interaktives Signal an M verstanden werden, dass bei weiterer Fortführung seines Ärgers ebenso Ärger seitens F über seine leichte Kränkbarkeit droht. F reagiert hier also auf die von M geäußerte Kränkung nicht mit einem Einlenken im Sinne eines Geständnisses, sondern signalisiert, dass es aufgrund des „Schmäh"-Charakters der Äußerung keinen Grund gibt, gekränkt zu sein.

4. M signalisiert erneut Ärger

M reagiert auf F´s Äußerung mit einer kurzen Pause, blickt nach unten, zieht kurz die Oberlippe nach oben (AU 10) und meint anschließend *„ja, aber...i war rauschig und da macht man keine Schmähs mehr über solche Dinge"*. Während er meint „Ja, aber i war rauschig" zieht er beide Augenbrauen hoch und lächelt leicht (1+2+12B). Dies erzeugt, gemeinsam mit der Art seiner Verbalisierung, den Eindruck einer Art entschuldigenden Lächelns, dass sein gekränktes Verhalten auf seinen kognitiv-affektiven Ausnahmezustand des Betrunkenseins zurückzuführen und daher nicht als eine bei ihm alltäglich auftretende Reaktion zu sehen ist. Damit reagiert auf die von F signalisiert negative Bewertung seiner Kränkung mit einer Abschwächung seines Verhaltens. Möglicherweise übernimmt M hier die negative Bewertung von F sozusagen als Teil der Selbstabwertung seines Verhaltens. Anschließend insistiert er jedoch erneut auf dem Fehlverhalten von F, die trotz seines Zustandes noch „Schmähs" über ihn macht. Er zeigt dabei erneut AU10, die nun allerdings durch das gleichzeitig auftretende leichte Lächeln in ihrer interaktiven Wirkung abgeschwächt wird (**10C+12B; Abb. 34/Bild 4: 00:57:29:20**). Durch den dabei bestehenden Blickkontakt signalisiert dieser Ausdruck der Partnerin einerseits erneut, dass ihr Fehlverhalten bei M zu Ärger und Kränkung führt. Es ist anzunehmen, dass die Störung in der affektiven Selbstregulierung des Mannes nach wie vor aufrechterhalten ist. Weiters kommt dem gleichzeitigen Lächeln die wesentliche

Funktion zu, trotz des Vorhandeseins negativer Affekte auf Beziehungsebene Resonanz zu signalisieren.

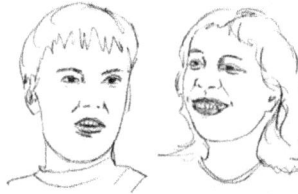

Abb. 34: Bild 4 - 00:57:29:20
(Mikroanalyse III)

Die Partnerin zeigt während der gesamten Äußerung des Mannes ein Lächeln, blickt ihn mit leicht erhobenem Kopf an und reagiert schließlich erneut mit einem hörbaren Lachen. M erwidert das hörbare Lachen von F mit einem leichten asymmetrischen Lächeln und nach wie vor vorhandenen Indikatoren für negative Emotionen (10B+A12C). Das Lächeln des Mannes kann erneut als „masking smile" klassifiziert werden (z.b. Ekman, 1985; Bänninger-Huber & Rauber-Kaiser, 1989). Im Unterschied zu einem als felt smile bezeichneten Lächeln, das als Indikator für das Vorhandensein eines erleben positiven Affektes angenommen wird, werden bei einem masking smile die vorhandenen negativen Affektes durch einen positiven Affekt überdeckt. Dies kann sowohl mit einer intrapsychischen Regulierungsfunktion im Sinne eines Versuches, die eigenen erlebten negativen Affekte zu regulieren, als auch mit einer interaktiven Regulierungsfunktion, trotz des Vorhandenseins negativer Affekte, das „Beziehungsband" zum Gegenüber zu erhalten, in Verbindung gebracht werden. Erneut wiederholt F lächelnd und lachend *„da hab ich eigentlich kein schlechtes Gewissen gehabt, na"*. Dabei wendet sie ihren Blick von M ab, schüttelt den Kopf und blickt nach links oben. M blickt sie dabei konstant an und reduziert im Laufe ihrer Äußerung sein Lächeln auf eine 12B, blickt weg und reduziert sein Lächeln vollständig. Es kann angenommen werden, dass das erneute Lachen von F, gemeinsam mit der erneuten Negation des schlechten Gewissens M neuerlich enttäuscht. Er blickt nach unten und sieht ernst aus.

5. F „lenkt" ein – „Hätte ich eines haben sollen?"

Die Partnerin zeigt daraufhin folgendes Verhalten: Sie beginnt zu sprechen, neigt den Kopf leicht nach links, schielt zu M hinüber (62D) und zeigt während sie spricht die AU-Kombination 6+12D+17+50. Sie wendet sich so mit der Frage *„Hätte ich eines haben sollen?"* an M (**Abb. 35/Bild 5: 00:57:37:17**). Ihr Lächeln kann als sogenanntes „dampened smile" klassifziert werden, ein gedämpftes Lächeln, das nach Ekman (1985) die Funktion erfüllt den Ausdruck und möglicherweise damit einhergend auch das Erleben (im Sinne der emotionsregulierenden Wirkung via facial feedback) einer positiven Emotion zu dämpfen. Mit Bänninger-Huber (1996) könnte angenommen werden, dass diese Dämpung des positiven Audrucks hier deshalb erfolgt, da die von F bisher gezeigten felt smiles als angenommene Ausdrucksmuster erlebter positiver Affekte, „auf Kosten" von M gingen und wie bereits beschrieben, zur erneuten Kränkung von M beigetragen haben dürften.

Abb. 35: Bild 5 - 00:57:37:17
(Mikroanalyse III)

M blickt sie währenddessen an und zeigt ein sehr schwaches Lächeln und Hochziehen seiner Oberlippe (10A+12A). Am Ende ihrer Äußerung blickt F ihren Partner an, zeigt nach wie vor das gedämpfte Lächeln und beisst sich zusätzlich auf die Unterlippe (AU 6+12D+17+32+25+26). Ihr mimisches Verhalten scheint einer Inszenierung eines schlechten Gewissens gleichzukommen, wobei aus dem bisherigen Verlauf der Sequenz nicht angenommen werden kann, dass F dieses tatsächlich erlebt (was im Falle selbstreflexiver Emotionen immer nur aus dem Kontext hypothetisch erschließbar ist). Viel mehr nehme ich an, dass F mittels ihres Verhaltens M hier die Möglichkeit gibt, die Angebrachtheit eines schlechten Gewissens zu bestätigen. Gleichzeitig kommt der Art ihrer Präsentation der Frage ein sehr hoher induktiver Aufforderungscharakter gemeinsam darüber zu Lachen und so auf Beziehungsebene den Konflikt „zu reparieren" zu. Von seiner interaktiven Wirkung dürfte es schwierig sein, diese Art des Lächelns nicht zu erwidern.

M wendet den Blick zunächst nach unten und dreht zusätzlich seinen Kopf von F weg. Zudem zeigt er die AU Kombination 9+10C+12C+15B. Es kann angenommen werden, dass M sich gegen die, durch das intensive Lächeln von F erfolgte Affektinduktion vorerst wehrt, und noch nicht dazu bereit ist, den Konflikt tatsächlich zu bereinigen. Sein Lächeln kann erneut als „masking smile" klassifiziert werden (**AU 9+10C+12C+15B+25+26; Abb. 36/Bild 6: 00:57:40:04**).

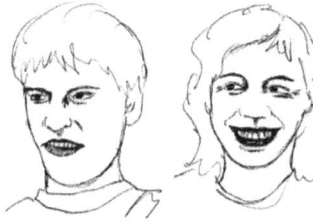

Abb. 36: Bild 6 - 00:57:40:04
(Mikroanalyse III)

Offenbar braucht M noch etwas Zeit, um seine negativen Affekte auszuregulieren. Die Frau lächelt ihren Partner nach wie vor sehr intensiv an. Nach ca. 2 Sekunden lässt er sich von ihrem intensiven Lächeln anstecken, blickt sie an und stimmt in ihr Lachen ein **(AU 6+12+25+26; Abb. 37/Bild 7: 57:40:19)**. Auf beiden Seiten ist ein „felt smile" zu beobachten und die Sequenz kann daher als gelingende PAM klassifiziert werden. Durch das gemeinsame Lächeln und Lachen wird ein positiver resonanter Affektzustand hergestellt, mit dem es gelingt, die Störung in der Affektregulierung der beiden Partner auszubalancieren.

Abb. 37: Bild 7 - 00:57:40:19
(Mikroanalyse III)

Interpretation der Sequenz in Hinblick auf mögliche Wiedergutmachungshandlungen im Kontext der Regulierung von Schuldgefühlen:

Die Darstellung dieser Sequenz sollte als Beispiel dafür dienen, wie mittels einer mikroanalytischen Untersuchung einzelner Interaktionssequenzen zeitlich sehr schnell ablaufende Regulierungsprozesse der „Reparierung" einer Kränkung und Verletzung des Partners in ihrem Ablauf und ihrer Funktion besser verstanden werden können. Die hier gezeigte Sequenz wird insofern als Wiedergutmachung interpretiert, als F nach erfolgter Kränkung von M, die an verbalen und nonverbalen Verhaltensweisen deutlich festzumachen ist, durch ein spezifisches verbales und nonverbales Verhalten den entstandenen „Schaden" zu reparieren versucht. Das Gelingen eines derartigen Versuches hängt ganz wesentlich davon ab, ob der Beziehungspartner diese reparierende Strategie positiv erwidert und annimmt. Im hier dargestellten Beispiel muss M′s Ärger und Kränkung über das Verhalten von F und ihr nicht erfolgtes Geständnis eines schlechten Gewissens an sich als nicht gelöst betrachtet werden. Dennoch nimmt er das beziehungsreparierende Angebot von F an und lacht mir ihr gemeinsam darüber. Wie auch schon anhand der Mikroanalyse eines Versuches von Schuldgefühlinduktion diskutiert, ist der Schluss auf der Wiedergutmachung von F zugrunde liegende Schuldgefühle schwierig zu treffen. In diesem Fall ist aus der kontextuellen Einbettung ihres Verhaltens zu vermuten, dass ihr Verhalten weniger schuldgefühlmotiviert, denn generell konfliktregulierend eingesetzt wird. Im Vordergrund scheinen eine Regulierung ihrer eigenen affektiven Störung aufgrund der Schuldgefühlinduktion und des Ärger von M zu stehen, als viel mehr zu verhindern, dass es aufgrund des Ärgers und der Kränkung von m zu einem Interrupt auf Beziehungsebene kommt. Eine Trennung der beiden Ebenen Emotions- und Konfliktregulierung ist jedoch wiederum schwierig, da beide wechselseitig aufeinanderbezogen sind und Konflikte sowie deren Regulierung wesentlich durch Emotionen motiviert werden. Gemäß der Funktion des Verhaltens von F, die Kränkung von M und den daraus resultierenden Konflikt auf Beziehungsebene zu „reparieren", wurde diese Sequenz unter dem Aspekt einer Wiedergutmachungshandlung im Kontext der Regulierung von Schuldgefühlen interpretiert.

10 Zusammenfassung und Diskussion der Ergebnisse

Das Ziel der vorliegenden Arbeit bestand darin, Prozesse der interaktiven Regulierung von Schuldgefühlen in Paarbeziehungen zu untersuchen. Dabei stand zum einen die Frage im Mittelpunkt, welche interaktiven affektiven Regulierungsprozesse im Kontext von Schuldgefühlen auftreten, ob und in welcher Art und Weise sich diese Prozesse in Alltagsinteraktionen von bisher in der psychotherapeutischen Interaktion identifizierten Regulierungsmustern unterscheiden, sowie welche Funktion diese Prozesse hinsichtlich der intrapsychischen und interaktiven affektiven Regulierung von Schuldgefühlen erfüllen.

Zum anderen stellte sich die zentrale Frage nach der Phänomenologie und Funktion von Versuchen der Schuldgefühlinduktion in Paarbeziehungen. Da derartige Prozesse bisher in tatsächlichen face-to-face Interaktionen unter besonderer Berücksichtigung des mimisch-affektiven Verhaltens beider Personen noch nicht untersucht worden waren, stellten sich die Fragen, ob sich schuldgefühlinduzierende Verhaltensweisen im Kontext von Schuldgefühlen identifizieren lassen, in welchen interaktiven Kontexten diese Auftreten, durch welche verbalen und nonverbalen Verhaltensweisen sie charakterisiert werden können, sowie welche Funktion sie hinsichtlich der Beziehungsregulierung der Dyade erfüllen.

Als letzter Schwerpunkt dieser Arbeit standen - aufgrund bisher mangelnder empirischer Ergebnisse zur geschlechtsspezifischen Regulierung emotionaler Prozesse - Fragen nach den geschlechtsspezifischen Unterschieden in den beobachtbaren Regulierungsstrategien, sowie im Einsatz des Mittels der Schuldgefühlinduktion im Vordergrund.

Die Ergebnisse der vorliegenden Untersuchung belegen das Auftreten spezifischer Formen der interaktiven Affektregulierung im Kontext von Schuldgefühlen in Paarbeziehungen, die sich in bestimmten phänomenologischen und funktionalen Merkmalen von den in der psychotherapeutischen Interaktion identifizierten affektiven Regulierungsprozessen unterscheiden ließen. Zudem konnte die wesentliche Funktion von Schuldgefühlen für die Beziehungsregulierung in Paarbeziehungen bestätigt werden. Das Mittel der Schuldgefühlinduktion wurde häufig und in unterschiedlichen interaktiven Kontexten eingesetzt. Als wesentliche Regulierungsdimension im Kontext von Schuldgefühlen in Paarbeziehungen konnte jene von Autonomie und Bindung postuliert werden. Geschlechtsspezifische Unterschiede zeigten sich sowohl in den auftretenden traps und PAMs, wie auch den Versuchen von Schuldgefühlinduktion nur sehr wenige, die zudem auf je unterschiedliche personen- und dyadenspezifische Regulierungsprozesse zurückgehen könnten. Im Folgenden werden die Ergebnisse der Untersuchung gemäß den drei Hauptfragestellungen zusammengefasst und diskutiert. Anschließend werden das methodische Vorgehen, dessen Vor- und Nachteile, sowie Grenzen und Möglichkeiten der

Untersuchung emotionaler Prozesse in der direkten Interaktion, reflektiert. Die sich aus den inhaltlichen Ergebnissen sowie der Diskussion der methodischen Vorgehensweise ergebenden Schlussfolgerungen hinsichtlich der Regulierung und Funktion von Schuldgefühlen in Paarbeziehungen und daran anschließende mögliche Forschungsperspektiven werden, die Arbeit abschließend, diskutiert.

10.1 Interaktive kognitiv-affektive Regulierungsprozesse im Kontext von Schuldgefühlen in Paarbeziehungen

In den untersuchten Paarinteraktionen ließen sich traps, PAMs sowie trap/PAM Kombinationen systematisch identifizieren. Insgesamt traten im Kontext der Regulierung von Schuldgefühlen in den untersuchten Paaren 17 traps auf, wovon drei als gelingende traps und 14 als nicht-gelingende traps klassifiziert wurden. In den untersuchten Paarbeziehungen erwies sich die Gruppe der nicht-gelingenden traps als heterogene Kategorie, die in drei unterschiedliche Formen nicht-gelingender traps differenziert wurde. Gemäß der Reaktion des Partners B auf eine trap von Partner A ließen sich nicht-gelingend/widersprüchliche, nicht-gelingend/negativ bewertende sowie nicht-gelingend/"klassische" traps identifizieren. Nicht-gelingend/widersprüchliche traps sind dadurch gekennzeichnet, dass Partner B zwar eine verbale Entlastung der Schuldgefühle und/oder des Fehlverhaltens von Partner A vornimmt, sein nonverbales Verhalten dieser Entlastung jedoch widerspricht und diese aufhebt. Im Unterschied dazu erfolgt in nicht-gelingend/negativ bewertenden traps keine verbale Entlastung der Schuldgefühle und/oder des Fehlverhaltens von Partner A, sondern viel mehr eine direkte Bestätigung des Fehlverhaltens und/oder eine direkte Betonung der Notwendigkeit des schlechten Gewissens von Partner A. Im Unterschied zur psychotherapeutischen Interaktion wird in diesen beiden Formen nicht-gelingender traps also nicht vorrangig eine Reaktion unterlassen und die Rolle der Autoritätsfigur nicht angenommen, sondern diese Rolle in einer die Schuldgefühle und das Fehlverhalten des Partners verstärkenden Art und Weise gestaltet. Die in der vorliegenden Arbeit als nicht-gelingend/"klassisch" bezeichneten traps reflektieren die für die psychotherapeutische Interaktion definierte abstinente Haltung desjenigen Partners, der in entlastender Weise reagieren sollte, jedoch eine derartige Reaktion unterlässt und die Rolle der Autoritätsfigur nicht übernimmt (vgl. Bänninger-Huber, 1996; Bänninger-Huber & Widmer, 1999, 2000). In den Paarbeziehungen spielt letztere Form nicht-gelingender traps eine marginale Rolle und tritt nur in einer der vierzehn identifizierten traps auf. Als sehr häufig hingegen erwies sich das Auftreten nicht-gelingend/widersprüchlicher traps (in 7 von 14 nicht-gelingenden traps) sowie jenes der nicht-gelingend/negativ bewertenden traps (in 6 der 14 nicht-gelingenden traps).

Die in Alltagsinteraktionen auftretenden trap/PAM-Kombinationen unterscheiden sich von der für die psychotherapeutische Beziehung vorgenommenen Klassifikation (Bänninger-Huber & Widmer, 1999, 2000) zum einen dadurch, dass entsprechend der drei unterschiedlichen Formen nicht-gelingender traps, eine größere Anzahl von Kombinationsmöglichkeiten auftrat. Zudem konnte das im psychotherapeutischen Kontext als „Alltagsinteraktion" bezeichnete Muster aus gelingender trap und gelingender PAM in den untersuchten Paarbeziehungen kein einziges Mal identifiziert werden. Dies ist mitunter darauf zurückzuführen, dass sich in den untersuchten Paarbeziehungen, im Unterschied zum therapeutischen Setting, „Täter" und „Opfer" direkt gegenüber sitzen und so der jeweils eine Partner vom Fehlverhalten des Anderen direkt betroffen ist.

Eine zentrale Erklärung für diese zur psychotherapeutischen Interaktion divergierenden Ergebnisse scheint darin zu liegen, dass in Alltagsinteraktionen beide Personen primär mit ihrer eigenen affektiven Selbstregulierung beschäftigt sind und sich zudem die Thematik wechselseitiger Schuldgefühle meist mit zentralen Konfliktthemen der Dyade überschneidet. In Paarbeziehungen steht dabei meist das Thema der Vernachlässigung und Verletzung eines Partners A durch die Verfolgung von eigenen Wünschen und Bedürfnissen von Partner B im Vordergrund. Die zugrunde liegende vorherrschende Konfliktdimension kann als jene der Regulierung von Autonomie und Bindung angenommen werden. Inhaltlich zentriert ein Großteil der traps um die Thematik der Autonomie, die somit im Kontext der Regulierung von Schuldgefühlen in Paarbeziehungen eine bedeutende Rolle spielen dürfte. Dabei steht zum einen der Versuch im Mittelpunkt, von Schuldgefühlen, die aufgrund zu autonomer Handlungsweisen (z.B. alleine Ausgehen, eigene Bedürfnisse, Wünsche und Ziele verfolgen) entstehen, entlastet zu werden. Zum anderen lassen sich die trap-Versuche auch mit der Funktion einer Vermeidung von Schuldgefühlen und einer damit verbundenen Legitimierung der autonomen Handlungsweisen in Zusammenhang bringen. Es kann angenommen werden, dass über den Versuch, den Partner zu einer Bestätigung der Legitimität des autonomen Handelns zu veranlassen, eine Ausdehnung der Grenzen der Autonomiemöglichkeiten innerhalb der Paarbeziehung erzielt werden soll.

In den untersuchten Paarinteraktionen konnten im Kontext der Regulierung von Schuldgefühlen zudem zwei Funktionen von Geständnissen identifiziert werden. Zum einen wird das Gestehen von eigenen Schuldgefühlen eingesetzt, um dem Partner Schuldgefühle zu induzieren. Diese Funktion von Geständnissen wurde in fünf der zehn Dyaden beobachtet und wird hauptsächlich von den Frauen gezeigt. Zudem konnten Geständnisse mit einer „Wiedergutmachungsfunktion" identifiziert werden, die nach einer vorangehenden Kränkung des Partners auftreten und dazu dienen den „Schaden" auf Beziehungebene zu „reparieren". Geständnisse mit „Wiedergutmachungsfunktion" traten in vier der zehn Dyaden auf und wurden nur von Männern gezeigt. In Kontexten der Wiedergutmachung treten zudem PAMs auf, die wesentlich dazu beizutragen scheinen, dass die Wiedergutmachung auch gelingt. Somit konnte in der vorliegenden Arbeit ein Beitrag dazu geleistet werden, wie sich die häufig in der Literatur postulierten schuldgefühlbezogenen Regulierungsprozesse von Geständnissen und Wiedergutmachungshandlungen (z.b. Bänninger-Huber & Widmer, 2002; Baumeister, Stillwell & Heatherton, 1994; Keltner & Haidt, 2001) in der konkreten interaktiven Regulierung von Schuldgefühlen beobachten lassen und sich deren wesentliche Funktionen im Kontext der Regulierung von Schuldgefühlen bestätigen lassen.

10.2 Schuldgefühlinduktion im Kontext der Regulierung von Schuldgefühlen in Paarbeziehungen

Versuche einer Schuldgefühlinduktion von Partner A an Partner B traten im vorliegenden Material in etwas mehr als einem Drittel (35,8%) aller von den Paaren besprochenen Schuldgefühlthemen auf. Damit kann bestätigt werden, dass Schuldgefühlen in zwischenmenschlichen Beziehungen eine wesentliche manipulative Funktion zukommt, die zudem in Kontexten der Regulierung von Schuldgefühlen sehr häufig aufzutritt (Baumeister et al., 1994, 1995a; Vangelisiti et al., 1991).

Die Versuche von Schuldgefühlinduktion konnten in drei interaktiven Kontexten identifiziert werden. Im interaktiven Kontext 1 erfolgt die Induktion von Schuldgefühlen über das direkte Einbringen einer Situation für den Partner, in der er ein schlechtes Gewissen hätte haben sollen. Es zeigte sich, dass vor allem in diesem Kontext häufig eine bestimmte Form der Frage, die in der Konversationanalyse als „negative interrogative" bezeichnet wird, eingesetzt wird. Diese Fragen sind dadurch charakterisiert, dass mit der Frage bereits eine Feststellung getroffen wird, die die Antwortmöglichkeiten des Gegenübers deutlich einschränkt bzw. in eine bestimmte Richtung vorgibt. Charakteristische Fragen im Kontext der Schuldgefühlinduktion sind etwa „Hast du kein schlechtes Gewissen, wenn...?" oder „Hast du wohl ein schlechtes Gewissen, wenn...?" Anhand der mikroanalytischen Darstellung einer Sequenz der Schuldgefühlinduktion im interaktiven Kontext 1 konnte dieses Phänomen verdeutlicht werden. Zudem treten in einem zweiten interaktiven Kontext Versuche einer Schuldgefühlinduktion in Form von schuldgefühlbestätigendenen Reaktionen auf Geständnisse des Partners auf. Die Partner werden dabei in ihren Geständnissen von Schuldgefühlen direkt mit ihrem Fehlverhalten konfrontiert und/oder die Legitimität ihres schlechten Gewissens in diesen Situationen klar bestätigt. Als dritter interaktiver Kontext, im dem Versuche der Schuldgefühlinduktion auftreten, konnten Geständnisse identifiziert werden, die nicht die primäre Funktion des Gestehens eines eigenen schlechten Gewissen erfüllen, sondern viel mehr von der Art ihrer verbalen und nonverbalen „Präsentation" schuldgefühlinduzierend wirken. Diese Geständnisse sind etwa sehr häufig von einem Vorwurf in der Form von „Du bist Schuld, dass ich ein schlechtes Gewissen haben muss" begleitet.

Es zeigte sich, dass in allen zehn untersuchten Paarbeziehungen sowie bei 17 der insgesamt 20 Personen zumindest ein Versuch einer Schuldgefühlinduktion beobachtet werden konnte. Dies bestätigt die wesentliche Funktion von Schuldgefühlen als Mittel, den Partner zu beeinflussen und bestimmte seiner Verhaltensweisen eher zu fördern bzw. zu hemmen.

Wie Baumeister et. al (1994, 1995a) postulieren, erfüllen Schuldgefühle die sehr wesentliche Funktion über deren Induktion im Partner Macht und Kontrolle in der Beziehung zu erlangen bzw. auszuüben. Diese Funktion bestätigte sich im vorliegenden Material, allerdings scheint darüber hinaus die bereits postulierte Regulierungsdimension von Autonomie und Bindung auch im Kontext der Schuldgefühlinduktion eine entscheidende Rolle zu spielen. Über die Induktion von Schuldgefühlen können autonome Bestrebungen des Partners – wie etwa das wiederholte Ausgehen ohne den Partner oder das berufliche Fortkommen in der Prioritätenliste über die Bedeutung der Paarbeziehung zu stellen – eingeschränkt werden. Es ist zu vermuten, dass diese Funktion der Einschränkung der Autonomie des Partners als vom schuldgefühlinduzierenden Partner intendierter Zweck der Schuldgefühlinduktion betrachtet werden kann. Dass sich dabei je unterschiedliche Beziehungsdynamiken abbilden können bzw. sich auch personenspezifische Unterschiede im Einsatz des Mittels der Schuldgefühlinduktion ergeben, bestätigen die vorliegenden Ergebnisse. So konnten bei drei der zehn Paare sehr häufig Versuche einer Schuldgefühlinduktion beobachtet werden, wohingegen vier Paare selten zu diesem Mittel der zwischenmenschlichen Beeinflussung griffen. Diese Ergebnisse müssen natürlich vor dem Hintergrund des Settings der Untersuchung betrachtet werden. So galt die primäre Instruktion nicht der wechselseitigen Schuldgefühlinduktion, sondern einem Gespräch über wechselseitig erlebte Schuldgefühle. Dass sich in diesem Kontext dennoch sehr häufig und auch paar- und personenspezifisch unterschiedlich häufige Versuche einer Schuldgefühlinduktion finden lassen, bestätigt einmal mehr die wesentliche Funktion schuldgefühlinduzierender Verhaltensweisen in engen zwischenmenschlichen Beziehungen.

10.3 Geschlechtsspezifische Unterschiede in der Regulierung von Schuldgefühlen

Insgesamt konnten nur sehr geringe geschlechtsspezifische Unterschiede sowohl in den auftretenden interaktiven Regulierungsmustern von traps und PAMs, wie auch in den Versuchen von Schulgefühlinduktion identifiziert werden. Dieses Ergebnis bestätigt bisherige empirische Ergebnisse zu ingesamt geringen geschlechtsspezifischen Unterschieden hinsichtlich der Häufigkeit und Art emotionalen Erlebens im Allgemeinen, sowie zu Schuldgefühlen im Besonderen (Ferguson & Eyre, 2000). Allerdings müssen derartige Aussagen mit Vorbehalt getroffen werden, da aufgrund mangelnder und inkonsistenter empirischer Forschungsergebnisse hier noch großer Erklärungsbedarf besteht und es vor allem notwendig sein wird, differenzierte und theoretisch begründete Forschungsansätze zu verfolgen.

Im Detail ergeben sich tendenzielle Geschlechtsunterschiede in der Auftretenshäufigkeit von traps. Frauen zeigen etwas mehr traps als Männer, wobei dieser Unterschied statistisch nicht signifikant wird. Dies ist vor allem dadurch zu erklären, dass sich lediglich fünf der zehn Dyaden in diesen geschlechtsspezifischen Trend einfügen, während sich in vier Dyaden der gegenläufige Trend (Männer zeigen mehr traps als ihre Partnerinnen) beobachten lässt. Mögliche zugrundeliegende paarspezifische Konflikt- und Affektregulierungsdynamiken könnten sich hier als Erklärung heranziehen lassen. Insgesamt zeigen jedoch mit einem tendenziell signifikant werdenden Unterschied (p<0,1) mehr Frauen als Männer (7 Frauen zu 4 Männern) zumindest eine trap. Möglicherweise spiegeln sich hier je unterschiedliche emotionale Regulierungsstrategien von Männern und Frauen, insofern, als Frauen in ihrer Emotionsregulierung mehr auf das Gegenüber bezogen sind als Männer. Weiters möglich wäre, dass sich nach wie vor existierende internalisierte geschlechtsstereotype Vorstellungen abbilden, nach denen Männern eher die Rolle einer Autoritätsfigur – die in Zusammenhang mit traps dem jeweils anderen angetragen wird – zugesprochen wird als es umgekehrt für die Frauen der Fall ist. Aufgrund des nur tendenziell signifikant werdenden Unterschiedes, der geringen Größe der Stichprobe sowie des mangelnden empirischen Wissens über weibliche und männliche Emotionsregulierungsstrategien sind diese Ergebnisse mit Vorbehalt zu betrachten.

Geschlechtsspezifische Unterschiede konnten zudem im Kontext der Schuldgefühlinduktion identifiziert werden. Insgesamt zeigen die weiblichen Untersuchungsteilnehmerinnen häufiger Versuche der Schuldgefühlinduktion als die männlichen Untersuchungsteilnehmer (26 Versuche der Frauen, 17 Versuche der Männer), ein Unterschied der sich allerdings als statistisch wiederum nicht signifikant erwies. Lediglich im Kontext der Schuldgefühlinduktion über eigenen Geständnisse (interaktiver Kontext) 3 wurde der Unterschied zwischen Männern und Frauen tendenziell signifikant (p< 0,1). Gleich wie bei der geschlechtsspezifischen Verteilung von traps in den einzelnen Dyaden, zeigen sich auch hier dyadenspezifische Unterschiede. In fünf der zehn Dyaden zeigten Frauen häufiger einen Versuch der Schuldgefühlinduktion als Männer, während sich in vier Dyaden der gegenläufige Trend – Männer zeigen häufiger Schuldgefühlinduktionsversuche als Frauen - beobachten ließ. Zudem geht der Großteil der weiblichen Schuldgefühlinduktionsversuche auf vier der zehn Frauen zurück, woraus sich möglicherweise personen- und/oder auch dyadenspezifische Prozesse der Affektregulierung erschließen lassen können. Die von Baumeister et al. (1994, 1995a) getroffene Annahme, dass aufgrund einer geschlechtsrollenspezifischen Machtverteilung in Beziehungen, in der den Frauen die meist schwächere Position hinsichtlich der Verfügbarkeit von Mitteln der direkten Ausübung von

Macht zukommen sollte, Frauen häufiger zu indirekten Mitteln der Machtausübung – wie etwa jenem der Schuldgefühlinduktion – greifen, kann somit nicht vollends bestätigt werden. Da sich die Stichprobe der in der vorliegenden Arbeit untersuchten Paarbeziehungen durch eine egalitäre Form des Lebens von Paarbeziehungen auszuzeichnen scheint (alle Paare waren jung, unverheiratet, ohne Kinder, hatten beide das gleiche (hohe) Bildungsniveau), könnte angenommen werden, dass die Annahme einer geschlechtsspezifischen unterschiedlichen Machtverteilung in partnerschaftlichen Beziehungen zumindest für diese egalitären Beziehungsformen verworfen werden muss bzw. sich hier weniger geschlechtsspezifische als viel mehr personen- oder dyadenspezifische Unterschiede finden lassen.

10.4 Diskussion des methodischen Vorgehens

In der vorliegenden Arbeit wurde versucht, mittels eines mikroanalytischen Vorgehens der Untersuchung ausgewählter Interaktionssequenzen zu einem differenzierteren Verständnis der kognitiv-affektiven Regulierungsprozesse von Schuldgefühlen in Alltagsinteraktionen beizutragen. Der Schwerpunkt der Analyse lag dabei auf der objektiven Kodierung des mimischen Verhaltens beider Interaktionspartner in diesen Sequenzen. Zusätzlich wurden Elemente aus der Konversationsanalyse miteinbezogen, um das verbal-interaktive Geschehen differenzierter erfassen zu können.

Ausgehend von zum Teil bereits existierenden Konzepten und Operationalisierungen (PAMs und traps), sowie zum Teil selbst auf Basis bisheriger Forschungsergebnisse entwickelter Operationalisierungen (Geständnisse, Wiedergutmachungs -handlungen, Schuldgefühlinduktion), wurde versucht das interaktive Geschehen im Kontext der Regulierung von Schuldgefühlen zu erfassen. Kennzeichnend für dieses explorative Vorgehen ist ein ständiges Pendeln zwischen objektiv beobachtbarem verbalem und nonverbalem Verhalten und existierenden emotionspsychologischen Konzepten und Modellen. Das Ziel dieses Vorgehens bestand darin, neue Erkenntnisse über interaktiv stattfindende Regulierungsprozesse und deren Funktion für die Beziehungsregulierung einer Dyade im Kontext von Schuldgefühlen zu erlangen.

Der Vorteil dieses Ansatzes besteht darin, dass die Trennung zwischen Beobachtungs- und Interpretationsebene klar vollzogen wird, und so die ständige Auseinandersetzung und das Hin- und Herpendeln zwischen Daten- und Konzeptebene transparent und nachvollziehbar wird. Wie auch Bänninger-Huber (1996) anmerkt, besteht eine der wesentlichen Schwierigkeiten darin, von „harten" und von aussen beobachtbaren Verhaltensweisen auf intrapsychische Prozesse zu schließen, zumal im Bereich der Affektregulierung differenzierte Modelle über die Verknüpfung zwischen intrapsychischer und interaktiver Regulierung noch wenig elaboriert sind. Umso wichtiger erscheint es, die Komplexität dieser Verknüpfung aufzuzeigen und anhand der direkt zugänglichen beobachtbaren Prozesse, Modifikationen und Neuentwicklungen in dieser Richtung voranzutreiben. Vor allem für das Verständnis von adapativen und maladaptiven Prozessen der Affektregulierung im Alltag wie in der psychotherapeutischen Interakion können aus der detaillierten Untersuchung einzelner Interaktionssequenzen sehr wesentliche Erkenntnisse gewonnen werden, die mittels einer Erhebung via Fragebogen oder Interviewmethoden nicht zugänglich wären.

Ein wesentlicher Nachteil dieses Vorgehens liegt darin, dass der zeitliche Aufwand für die Kodierung des mimisch-affektiven Verhaltens und des Erstellens eines Prozessmodelles des Affektregulierungsgeschehens sehr hoch ist. Dadurch bleibt ein derartiges Vorgehen auf sehr wenige Fallzahlen und meist auf eine Darstellung am Einzelfall beschränkt. Zudem erfordert das Vorgehen ein fundiertes theoretisches Wissen über zugrundeliegende Konzepte und Modelle und stellt wesentliche Anforderungen an die Disziplin des Forschers, sich den der Beobachtung zugänglichen Verhaltensweisen zunächst fern jeder Interpretation zu nähern. Da auch Forscher nicht von den psychologischen Mechanismen der Eindrucksbildung ausgenommen sind, erfordert dies ein ausreichendes Ausmaß an Selbstreflexion so wie eine ausreichende Intervision mit Kollegen.

Ein Manko des methodischen Vorgehens in der vorliegenden Arbeit bestand darin, dass ein Aussenkriterium, an dem die Ergebnisse in einem bestimmten Ausmaß validiert werden konnten, fehlt. In zukünftigen Untersuchungen sollten die je auftretenden Regulierungsprozesse vermehrt mit Merkmalen der Person und der Dyade in Beziehung gesetzt werden, sowie es weiters notwendig sein wird, die resultierenden Ergebnisse an größeren Fallzahlen zu prüfen. Zudem erwies sich der Miteinbezug der ansatzweisen Analyse der verbal-sprachlichen Interaktion als sehr vielversprechend. Da an Affektregulierungsprozessen ganz wesentlich auch verbal-sprachliche Prozesse beteiligt sind, sollte vor allem dieser Aspekt zusätzlich zur detaillierten Analyse des nonverbalen, speziell mimisch-affektiven Verhaltens, in künftigen Untersuchungen verstärkt miteinbezogen werden. Erst durch eine Synthese der unterschiedlichen „Regulierungskanäle" dürfte ein umfassendes Verständnis affektiver Regulierungsprozesse möglich werden.

Eine weitere Frage, die sich stellt ist, inwieweit das Setting der Untersuchung das beobachtbare interaktive Affektregulierungsgeschehen beeinflusst. Es ist anzunehmen, dass sich die Öffentlichkeit der Situation auf eine Steigerung der affektiven Regulierungsanforderungen auswirkt und entsprechend die Regulierung von Unsicherheit und Nervosität vor der Kamera im Vordergrund steht. In dieser Untersuchung wurde versucht, dem vorzubeugen, in dem sich die Paare in einer anfänglichen Aufwärmphase mit der Situation vertraut machen konnten. Dennoch ist der Einfluss der Videosituation auf die beobachtbaren Affektregulierungsprozesse natürlich nicht auszuschließen, kann jedoch aufgrund fehlender alternativer Möglichkeiten,

Zugang zur Beobachtung interaktiver Prozesse der Emotionsentstehung und – regulierung zu erlangen, auch schwer determiniert werden.

10.5 Schlussfolgerungen und Forschungsperspektiven

Zusammenfassend kann angenommen werden, dass die auftretenden individuellen und dyadischen Regulierungsprozesse im Kontext von Schuldgefühlen dadurch beeinflusst werden, wie a. das jeweilige individuelle „Affektregulierungsrepertoire" der Personen gestaltet ist, inwieweit b. der Partner in die Regulierung eigener Affekte miteinbezogen wird, und c. welche Rolle Schuldgefühle generell hinsichtlich der Beziehungsregulierung der Dyade spielen. Die Inhalte, die bei den jeweiligen Personen dazu führen dem Beziehungspartner gegenüber ein schlechtes Gewissen zu erleben, werden zudem sehr stark davon beeinflusst sein, über welches internalisierte System an Regeln und Normen bezüglich des Lebens von Beziehungen im Allgemeinen und jenes einer Paarbeziehung im Speziellen die Person verfügt. Unterschiedliche internalisierte Objektbeziehungsstrukturen können durchaus sehr unterschiedliche Anlassfälle zur Entstehung eines Schuldgefühles dem Beziehungspartner gegenüber bewirken.

Vor dem Hintergrund der Regulierung des Konfliktes von Autonomie und Bindung könnten sich je unterschiedlichen wechselseitige „Schuldgefühldynamiken" in Paarbeziehungen entwickeln. Es könnte angenommen werden, dass jeder der beiden Beziehungspartner über einen intrapsychisch repräsentierten „Schwellenwert" verfügt, wann die Grenzen und Möglichkeiten autonomer Handlungsweisen in der Paarbeziehung überschritten werden bzw. wie viel wechselseitige Autonomie möglich ist, ohne die Bindung zu gefährden. Dabei ist vorstellbar, dass diese „Schwellenwerte" in Bezug auf autonome Handlungsweisen bezüglich der eigenen Person anders gestaltet sind, als jene „Schwellenwerte", die auf ähnlich gelagerte Verhaltensweisen des Partners angewandt werden. Eigene autonome Verhaltensweisen könnten schneller oder langsamer zur Entstehung von Schuldgefühlen dem Partner gegenüber führen als aufgrund ähnlicher Verhaltensweisen vom Partner das Erleben eines schlechten Gewissens eingefordert wird. Möglicherweise beeinflusst eine entsprechende „Passung" beider Partner hinsichtlich dieser Schwellenwerte die Zufriedenheit, aber auch die Dauer der Paarbeziehung. Die Untersuchung emotionsspezifischer dyadischer Anpassungsprozesse, sowie auch den je unterschiedlichen Konfliktmustern von Paaren inhärente emotionale „Kerne" könnte sowohl hinsichtlich der weiteren Erforschung emotionaler Prozesse in Paarbeziehungenm als auch hinsichtlich des Funktionierens oder Scheiterns von Paarbeziehungen von Interesse sein.

Schuldgefühle aufgrund eigenen Fehlverhaltens könnten zudem als Bindeglied zwischen der Verfolgung eigener Wünsche und Bedürfnisse und der Aufrechterhaltung der Bindung zum Partner gesehen werden. Die Verfolgung eigener Ambitionen erfolgt dann zwar zum einen um den gleichzeitigen Preis, dafür in mehr oder wenig hoher Intensität ein schlechtes Gewissen zu empfinden, gleichzeitig wird dem Partner jedoch signalisiert, dass man sich sorgt und die Beziehung zu ihm wertschätzt und als bedeutungsvoll erachtet. Ob diese hier interpretierte Dynamik „günstig" für das Leben einer langfristigen Paarbeziehung ist oder nicht, kann nur unter Rückgriff auf je individuelle Bedürfnis- und Wunschlagen beider Partner beantwortet werden. Zudem spielen bei Annahmen über Prädiktoren für einen langfristig zufrieden stellenden Beziehungsverlauf immer auch Vorstellungen darüber, wie eine „ideale" Paarbeziehung zu konzeptualisieren sei, eine Rolle. Diese Vorstellungen ändern sich gerade in den letzten Jahrzehnten sehr stark und möglicherweise spiegelt dieser „Ambivalenzkonflikt" im Kontext der Regulierung von Schuldgefühlen eine, auf der Ebene der Idealvorstellung von Partnerschaft vorherrschende, ambivalente Bedürfnislage wider. Auf der einen Seite steht ein Streben nach Unabhängigkeit und Autonomie, der Möglichkeit eigene Ziele zu verwirklichen, sich darüber wechselseitig auf der Basis einer egalitären Beziehung auszutauschen, dem basalen Wunsch nach Sicherheit, Geborgenheit und positiv konnotierter Abhängigkeit auf der anderen Seite gegenüber. Es wäre natürlich zu weit gegriffen von der hier untersuchten geringen Anzahl von Paarbeziehungen auf gesellschaftliche Trends zu schließen, zumal derartige emotionsbezogene Dynamiken auch sehr wesentlich von je kulturellen, individuellen und dyadenbezogenen Merkmalen der Affektregulierung und je unterschiedlichen Vorstellungen zum Leben einer Paarbeziehung beeinflusst sein dürften. Als ergebnisgeleitete Interpretation könnte diese Vermutung jedoch in mögliche weitere Untersuchungen zur Funktion von Schuldgefühlen in Paarbeziehungen als zugrunde liegende Idee eingehen.

Ob jedoch Schuldgefühle in Paarbeziehungen immer in ihrer beziehungsstärkenden, wertschätzenden Funktion konzeptualisiert werden können, ist zu bezweifeln. Wie die Untersuchung belegen konnte, spielen Schuldgefühle eine wesentliche Funktion hinsichtlich der Signalisierung von Wertschätzung und Fürsorge sowie der Stärkung von Bindung dem Partner gegenüber. Diese positive beziehungsstützende Funktion von Schuldgefühlen dürfte in Paarbeziehungen jedoch nur so lange wirksam sein, als sich beide Partner aus „freien Stücken" daran halten. Wenn Schuldgefühle auf Kosten der eigenen Autonomie gehen d.h. man sich auch aufgrund kleinster autonomer Handlungen verpflichtet fühlt, Rechenschaft dem Partner gegenüber abzulegen bzw. dies vice versa vom Partner fordert und dadurch Schuldgefühle hinsichtlich der Beziehungsregulierung des Paares eine zu starke Bindungsfunktion einnehmen, dürfte sich das als nicht günstig erweisen. Diese mögliche maladaptive Funktion von Schuldgefühlen, die in Zusammenhang mit mangelnden Autonomiemöglichkeiten zu verstehen ist, wurde etwa von Weiss (1986) als „separation guilt" konzeptualisiert und korreliert, wie neuere Studien belegen, mit einer Anzahl psychologischer Probleme (z.B. O´Connor, Berry & Weiss, 1999). Die Entstehung und Wirkung unterschiedlicher „Schuldgefühldynamiken" in zwischenmenschlichen Beziehungen könnte zukünftig etwa in einem Vergleich von „gesunden" Paarbeziehungen und Paarbeziehungen, die sich in gemeinsamer psychotherapeutischer Behandlung befinden, detaillierter untersucht werden.

Zudem sollte es sich für ein besseres Verständnis der je unterschiedlichen Phänomenologie Funktion der Regulierung spezifischer emotionaler Prozesse in zwischenmenschlichen Beziehungen als zielführend erweisen, einen Vergleich von Interaktionen derselben Dyaden in unterschiedlichen emotionalen Kontexten anzustellen. Würde man etwa Paare zu unterschiedlichen emotionalen Themen (etwa Schuldgefühle, Ärger, Eifersucht) interagieren lassen, könnte die Frage nach tatsächlichen emotionsspezifischen Interaktionsmustern, oder möglicherweise eher von der jeweiligen generellen Konfliktregulierung des Paares dominierten affektiven Regulierunsprozesse, eine nähere Klärung erfahren. Untersuchenswert wäre zudem, welche Unterschiede sich in den interaktiven affektiven Regulierungsmustern einer einzelnen Person in Interaktion mit unterschiedlichen Partnern (Beziehungspartner, Freund/Freundin, Mutter/Vater) zeigen.

Da die Untersuchung der Funktion mimisch-affektiven Verhaltens im Kontext emotionaler Prozesse in zwischenmenschlichen Interaktionen noch sehr wenig fortgeschritten ist, sollte in künftigen Forschungsprojekten das sehr wertvolle mikroanalytische Vorgehen mit einer übergreifenden Analyse des mimisch-affektiven Verhaltens in Alltagsinteraktionen erfolgen, um etwa komplexere Zusammenhänge zwischen einzelnen auftretenden Mustern und übergreifenden Abstimmungen im mimisch-affektiven Verhalten zweier Interaktionspartner zu erhellen. Zudem wird es sehr wesentlich sein, die Zusammenhänge zwischen je individuellem und interaktivem mimisch-affektivem Verhalten sowie auftretenden dyadischen Regulierungsmustern und Variablen der Beziehungszufriedenheit, aber auch der jeweiligen Affektregulierungskompetenzen der Einzelpersonen zu klären.

Abschließend könnte die vorliegende Differenzierung unterschiedlicher Formen nicht-gelingender traps, die sich durch je unterschiedliche Reaktionsweisen der Partner auf die Beziehungsangebote der trap-Initiatoren definieren ließen, in weiterführenden Untersuchungen der therapeutischen Beziehung als ergebnisgeleitete Heuristik mit eingehen. Möglicherweise finden sich gerade in diesem Bereich des je unterschiedlichen Reagierens der Therapeuten auf Beziehungsangebote der Patienten Unterschiede hinsichtlich erfolgreich und wenig erfolgreich verlaufender Psychotherapien. Es ist anzunehmen, dass sich vor allen Dingen natürlich die negativ-bewertende Form der Reaktion in der psychotherapeutischen Interaktion kaum finden lassen wird (bzw. sich kaum finden lassen sollte), und wenn, mit einem ungünstigen, da die Beziehungsmuster der Patienten in maladaptiver Weise aufrechterhaltend und verstärkend, Therapieerfolg in Zusammenhang steht. Von größerem Interesse könnte diesbezüglich die Gruppe der nicht-gelingend/widersprüchlich ausfallenden Reaktionen auf traps der Patienten sein, in denen möglicherweise eine ambivalente therapeutische Haltung den Konflikten des Klienten gegenüber zum Ausdruck kommen könnte. Vor allem etwa in Bezug auf psychodynamische und psychoanalytische Behandlungsformen könnten sich darin mögliche Gegenübertragungsprozesse des Therapeuten reflektieren, die dieser direkt in die Interaktion zum Patienten einbringt. Dies wiederum könnte in vermutlichen negativem Zusammenhang zum Therapieerfolg stehen bzw. sich für veränderungswirksame Prozesse innerhalb der therapeutischen Beziehung als eher ungünstig erweisen.

11 Literatur

Abel, M. H. (2002). *An empirical reflection on the smile.* Lewiston, Queenston, Lampeter: Edwin Mellen.

Adams, R. B. & Kleck, R. E. (in press). Effects of direct and averted gaze on the perception of facially communicated emotion.

Albani, C., Blaser, G., Körner, A., Geyer, M., Volkart, R., O'Connor, L., Berry, J. & Brähler, E. (2002). Der "Fragebogen zu interpersonellen Schuldgefühlen" (FIS). Anwendung in einer repräsentativen Bevölkerungsstichprobe und bei PsychotherapiepatientInnen. *Psychotherapie, Psychosomatik, Medizinische Psychologie, 52,* 189-197.

Albs, B. (1998). Ein Beitrag zur Messung moralischer Emotionen: Das State-Trait-Schuldgefühle Ausdrucksinventar. In Reichle, B., & Schmitt, M. (Hrsg.). *Verantwortung, Gerechtigkeit und Moral. Zum psychologischen Verstaendnis ethischer Aspekte im menschlichen Verhalten* (pp. 163-172). Weinheim: Juventa.

Alvarado, N., & Jameson, K. A. (2002). Varieties of anger: The relation between emotion terms and components of anger expressions. *Motivation and Emotion, 26* (2), 153-182.

Arbeitskreis OPD. (2001). *Operationalisierte Psychodynamische Diagnostik. Grundlagen und Manual* (3. akt. und korr. Auflage). Bern, Göttingen, Toronto, Seattle: Hans Huber.

Arnold, M. (1960). *Emotion and personality.* New York: Columbia University Press.

Ausubel, D. B. (1955). Relationships between shame and guilt in the socializing process. *Psychological Review, 62,* 378-390.

Averill, J. R. (1994). In the eyes of the beholder. In Ekman, P. & Davidson, R.J. (Eds.), *The nature of emotion. Fundamental questions* (pp. 7-14). New York, Oxford: Oxford University Press.

Bachorowski, J.-A., & Owren, M. J. (2001). Not all laughs are alike: Voiced but not unvoiced laughter elicits positive affect in listeners. *Psychological Science, 12*(3), 252-257.

Bänninger-Huber, E. (1992). Prototypical affective microsequences in psychotherapeutic interaction. *Psychotherapy Research, 2,* 291-306.

Bänninger-Huber, E. (1995). Die Untersuchung von Schuldgefühlen in der psychotherapeutischen Interaktion. Eine mimische Mikroanalyse. In Koch, G. (Hrsg.), *Auge und Affekt. Wahrnehmung und Interaktion* (pp. 39-55). Frankfurt/Main: Fischer.

Bänninger-Huber, E. (1996). *Mimik-Übertragung-Interaktion. Die Untersuchung affektiver Prozesse in der Psychotherapie.* Bern: Hans Huber.

Bänninger-Huber, E., Brauchle, G., & Krampl, M. (2001). Schuldgefühle nach traumatischen Ereignissen. *Psychologische Nothilfe bei Unfällen, Verbrechen oder Katastrophen. 1. Nationaler Kongress*, 9./10. November 2001, Schwarzenburg.

Bänninger-Huber, E., Juen, B., Peham D. (2004). Die Rolle des Lächelns in der Psychotherapie. In Hermer, M. & Klinzing, H.G. (Hrsg.), *Nonverbale Prozesse in der Psychotherapie*. Tübingen: DGVT-Verlag.

Bänninger-Huber, E., Juen, B., Peham, D., & Ganzer, V. (2000). Regret vs. guilt feelings: A process oriented model of emotions. Paper at *the XIth Conference of the Society for Research on Emotions, Quebec, August 16-20, 2000*.

Bänninger-Huber, E. & Köhler, K. (2002). Interaktive Regulierung von Eifersucht bei Paaren. Vortrag gehalten an der *5. wissenschaftlichen Tagung der Österreichischen Gesellschaft für Psychologie*, Februar 2002, Wien.

Bänninger-Huber, E., Moser, U., & Steiner, F. (1990). Mikroanalytische Untersuchung affektiver Regulierungsprozesse in Paar-Interaktionen. *Zeitschrift Für Klinische Psychologie, XIX*(2), 123-143.

Bänninger-Huber, E., Peham, D., Juen, B. (2002). Mikroanalytische Untersuchung der Affektregulierung in der therapeutischen Interaktion mittels Videoaufnahmen. *Psychologische Medizin, 13 (3)*, 11-16.

Bänninger-Huber, E., & Rauber-Kaiser, S. (1989). Die Differenzierung verschiedener Lächeltypen: FACS-Codierung und Einschätzungen. Eine Untersuchung zur Eindrucksbildung. *Schweizerische Zeitschrift Für Psychologie, 48* (1), 21-34.

Bänninger-Huber, E., & v. Salisch, M. (1994). Die Untersuchung des mimischen Affektausdrucks in face-to-face Interaktionen. *Psychologische Rundschau, 45*, 79-98.

Bänninger-Huber, E., & Widmer, C. (1995). What can the psychology of emotion contribute to an understanding of psychoanalytic processes? A new approach to the investigation of guilt feelings and envy in psychotherapeutic interaction. In Boothe, B., Hirsig, R., Helminger, A., Meier, B. & Volkart, R. (Eds.), *Perception-Evaluation-Interpretation* (pp. 43-50). Seattle: Hogrefe, Huber.

Bänninger-Huber, E., & Widmer, C. (1996). A new model of the elicitation, phenomenology, and function of emotions in psychotherapy. In Frijda, N.H. (Ed.), *Proceedings of the IXth Conference of the International Society for Research on Emotions* (pp. 251-255). Toronto.

Bänninger-Huber, E., & Widmer, C. (1997). Affektive Beziehungsmuster. Was kann die differenzierte Betrachtung der Beziehungsmuster zum Verständnis psychotherapeutischer Veränderungen beitragen? *Psychotherapeut, 42*, 356-361.

Bänninger-Huber, E., & Widmer, C. (1999). Affective relationship patterns and psychotherapeutic change. *Psychotherapy Research, 9*, 74-87.

Bänninger-Huber, E., & Widmer, C. (2000). Interaktive Beziehungsmuster und ihre Bedeutung für psychotherapeutische Veränderungen. *Verhaltenstherapie und Verhaltensmedizin, 21* (4), 439-454.

Bänninger-Huber, E., & Widmer, C. (2002). Guilt. In Erwin, E. (Ed.), *The Freud encyclopedia: Theory, therapy, and culture* (pp. 249-250). New York: Routledge.

Baumeister, R. F., Reis, H. T., & Delespaul, P. A. (1995). Subjective and experiential correlates of guilt in daily life. *Personality and Social Psychology Bulletin, 21,* 1256-1268.

Baumeister, R. F., Stillwell, A. M., & Heatherton, T. F. (1994). Guilt: An interpersonal approach. *Psychological Bulletin, 115,* 243-267.

Baumeister, R. F., Stillwell, A. M., & Heatherton, T. F. (1995a). Interpersonal aspects of guilt: Evidence from narrative studies. In Fischer, K.W. & Tangney, J.P. (Eds.), *Self-conscious emotions: The psychology of shame, guilt, embarrassment and pride* (pp. 255-273). New York: Guilford Press.

Baumeister, R. F., Stillwell, A. M., & Heatherton, T. F. (1995b). Personal narratives about guilt: Role in action control and interpersonal relationships. *Basic and Applied Social Psychology, 17* (1&2), 173-198.

Bavelas, J. B., & Chovil, N. (1997). Faces in dialogue. In Russell, J.A. & Fernandez-Dols, J.M. (Eds.), *The psychology of facial expression* (pp. 334-346). Cambridge: Cambridge University Press.

Becker-Stoll, F., Delius, A., & Scheitenberger, S. (2001). Adolscents' nonverbal emotional expressions during negotiation of a disagreement with their mothers: An attachment approach. *International Journal of Behavioral Development, 25* (4), 344-353.

Benecke, C. (2002). *Mimischer Affektausdruck und Sprachinhalt. Interaktive und objektbezogene Affekte im psychotherapeutischen Prozess.* Bern: Peter Lang.

Benecke, C. (2004). *Affekt, Repräsentanz und Symptomatik bei Patientinnen mit Panikstörung.* Habilitationsschrift an der naturwissenschaftlichen Fakultät der Universität Innsbruck

Benecke, C., Peham, D., Bänninger-Huber, E. (in press). Nonverbal relationship regulation in psychotherapy. erscheint in: *Psychotherapy Research.*

Biehl, M., Matsumoto, D., Ekman, P., Hearn, V., Heider, K., Kudoh, T., Ton, V. (1997). Matsumoto and Ekman's Japanese and Caucasian Facial Expression of Emotion (JACFEE): Reliability data and cross-national differences. *Journal of Nonverbal Behavior, 21* (1), 3-21.

Bonanno, G. A., & Mayne, T. (2001). The future of emotion research. In Mayne, T. & Bonanno, G.A. (Eds.), *Emotions. Current issues and future directions* (pp. 398-410). New York, London: Guilford Press.

Brooke, R. (1985). What is guilt? *Journal of Phenomenological Psychology, 16* (2), 31-46.

Brunner, L. J. (1979). Smiles can be back channels. *Journal of Personality and Social Psychology, 37* (5), 728-734.

Buck, R. (1994). Social and emotional functions in facial expression and communication: The readout hypothesis. *Biological Psychology, 38* (2-3), 95-115.

Camras, L. A., Oster, H., Campos, J. J., Miyake, K., & Bradshaw, D. (1997). Japanese and american infants' responses to arm restraint. In Ekman, P. & Rosenberg, E.L. (Eds.), *What the face reveals. Basic and applied studies of spontaneous expression using the Facial Action Coding System (FACS)* (pp. 289-299). New York, Oxford: Oxford University Press.

Ceschi, & Scherer, K.R. (2003). Children's ability to control the facial expression of smiling and laughter: Knowledge and behaviour. *Cognition and Emotion, 17* (3), 385-411.

Chovil, N. (1997). Facing others: A social communicative perspective on facial displays. In Russell, J.A. & Fernandez-Dols, J.M. (Eds.), *The psychology of facial expression* (pp. 321-333). Cambridge: Cambridge University Press.

Costa, M., Dinsbach, W., Manstead, A. S. R., & Ricci Bitti, P. E. (2001). Social prescence, embarrassment, and nonverbal behavior. *Journal of Nonverbal Behavior, 25* (4), 225-240.

Costa, M., & Ricci Bitti, P. E. (2003). Communication expertise and grammatical context in eyebrow raising during conversation. Paper at the *10th European Conference "Facial Expression, Measurement, and Meaning"*, September 17-20, Rimini, Italy.

Darwin, Charles (1872/1999). The expression of the emotions in man and animals (3rd ed.; ed. by Paul Ekman). London: Fontana Press.

De Rivera, J. (1977). A structual theory of the emotions. *Psychological Issues, 10* (4), 9-169.

De Rivera, J. (1984). The structure of emotional relationships. In Shaver, P. (Ed.), *Review of personality and social psychology: Emotions, relationships, and health* (pp. 116-145). Beverly Hills, CA: Sage.

De Roten, Y., Gilliéron, E., Despland, J.-N., & Stigler, M. (2002). Functions of mutual smiling and alliance building in early therapeutic interaction. *Psychotherapy Research, 12* (2), 193-212.

Deppermann, A. (2001). Gespräche analysieren. Opladen: Leske & Budrich.

Dimberg, U., Thunberg, M., & Elmehed, K. (2000). Unconscious facial reactions to emotional facial expressions. *Psychological Science, 11* (1), 86-89.

Dimberg, U., Thunberg, M., & Grunedal, S. (2002). Facial reactions to emotional stimuli: Automatically controlled emotional responses. *Cognition and Emotion, 16* (4), 449-472.

Dondi, M. (2003). New data on the very early development of smiling. Paper at the *10th European Conference "Facial Expression, Measurement, and Meaning"*, September 17-20, Rimini, Italy.

Dornes, M. (2000). *Die emotionale Welt des Kindes*. Frankfurt/Main: Fischer.

Duclos, S. E., & Laird, J. D. (2001). The deliberate control of emotional experience through control of expressions. *Cognition & Emotion, 15* (1), 27-56.

Duncan, S. & Fiske, D. W. (1977). Face-to-face Interaction. New Jersey: Hillsdale.

Eisenberg, N. (2000). Emotion, regulation, and moral development. *Annual Review of Psychology, 51*, 665-697.

Ekman, P. (1972). Universals and cultural differences in facial expressions of emotion. In Cole, J.R. (Ed.), *Nebraska Symposium on Motivation* (pp. 207-283). Lincoln: University of Nebraska Press.

Ekman, P. (1985). Telling lies. *Clues to deceit in the marketplace, marriage, and politics*. New York: Norton.

Ekman, P. (1988). *Gesichtsausdruck und Gefühl. 20 Jahre Forschung von Paul Ekman*. Paderborn: Jungfermann Verlag.

Ekman, P. (1992). An argument for basic emotions. *Cognition and Emotion, 6* (3/4), 169-200.

Ekman, P. (1993). Facial expression and emotion. *American Psychologist, 48* (4), 384-392.

Ekman, P. (1994a). All emotions are basic. In Ekman, P. & Davidson, R.J. (Eds.), *The nature of emotion. Fundamental questions* (pp. 15-19). New York, Oxford: Oxford University Press.

Ekman, P. (1994b). Strong evidence for universals in facial expressions. A reply to Russell's mistaken critique. *Psychological Bulletin, 115* (2), 268-287.

Ekman, P. (1997). Expression of communication about emotion. In Segal, N., Weisfeld, G. & Weisfeld, C. (Eds.), *Uniting psychology and biology. Integrative perspectives on human development* (pp. 315-338). Washington DC: American Psychological Association.

Ekman, P. (1999a). Facial expressions. In Dalgleish, T. & Power, M. J. (Eds.), *Handbook of cognition and emotion*. New York: John Wiley & Sons.

Ekman, P. (1999b). Basic emotions. In Dalgleish, T. & Power, M.J. (Eds.), *Handbook of cognition and emotion* (pp. 46-60). New York: John Wiley & Sons.

Ekman, P., Davidson, R., Friesen, W.V. (1990). The Duchenne-smile: Emotional expression and brain physiology II. *Journal of Personality and Social Psychology, 58*, 342-358.

Ekman, P., & Friesen, W. V. (1969). The repertoire of nonverbal behavior: Categories, origins, usage, and coding. *Semiotica, 22*, 353-374.

Ekman, P., & Friesen, W. V. (1975/2003). *Unmasking the face. A guide to recognizing emotions from facial expressions*. Cambridge, MA: Malor Books.

Ekman, P. & Friesen, W.V. (1978). *Facial Action Coding System*. Manual. Palo Alto: Consulting Psychologist Press.

Ekman, P., & Friesen, W. V. (1982). Felt, false, and miserable smiles. *Journal of Nonverbal Behavior, 6* (4), 238-252.

Ekman, P., Friesen, W. V., & Ancoli, S. (1980). Facial signs of emotional experience. *Journal of Personality and Social Psychology, 39* (6), 1125-1134.

Ekman, P., Friesen, W., Hager, J. (2002). *Facial Action Coding System. The Manual on CD Rom.* Salt Lake City: Network Information Research Corporation.

Ekman, P., Friesen, W. V., O'Sullivan, M., Chan, A., Diacoyanni-Tarlatzis, I., Heider, K., Krause, R., Ayhan Le Compte, W., Pitcairn, T., Ricci-Bitti, P.E., Scherer, K., Tomita, M., Tzavaras, A. (1987). Universals and cultural differences in the judgments of facial expression of emotion. *Journal of Personality and Social Psychology, 53* (4), 712-717.

Ekman, P., O'Sullivan, M., Friesen, W.V., Scherer, K.R. (1991). Invited article: Face, voice, and body in detecting deceit. *Journal of Nonverbal Behavior, 15 (2),* 125-135

Ekman, P., & Rosenberg, E. (1997). *What the face reveals. Basic and applied studies of spontaneous expression using the Facial Action Coding System.* (Series in Affective Science). New York, Oxford: Oxford University Press.

Elfenbein, H. A., & Ambadi, N. (2002). On the universality and cultural specifity of emotion recognition: A meta-analysis. *Psychological Bulletin, 128* (2), 203-235.

Ellgring, H. (2000). Ausdruckspsychologische Ansätze. In Otto, J.H., Euler, H.A. & Mandl, H. (Hrsg.), *Emotionspsychologie. Ein Handbuch* (pp. 85-94). Weinheim: PVU.

Emde, R. N., Biringen, Z., Clyman, R. B., & Oppenheim, D. (1991). The moral self of infancy: affective core and procedural knowledge. *Developmental Review, 11*, 251-270.

Fazio, R.H. (2001). On the automatic activation of associated evaluations: An overview. *Cognition and Emotion, 15*, 115-142.

Fazio, R.H., Sanbonmatsu, D.M., Powell, M.C., & Kardes, F.R. (1986). On the automatic activation of attitudes. *Journal of Personality and Social Psychology, 50*, 229-238.

Ferguson, T. & Eyre, H. (2000). Engendering gender differences in shame and guilt: Stereotypes, socialization, and situational pressures. In Fischer, A. H. (Ed.), *Gender and emotion. Social psychological perspectives* (pp. 254-276). Cambridge: Cambridge University Press.

Ferguson, T. J., Olthof, T., & Stegge, H. (1997). Temporal dynamics of guilt: Changes in the role of interpersonal and intrapsychic factors. *European Journal of Social Psychology, 27*, 659-673.

Fernández-Dols, J. M., & Ruiz-Belda, M.-A. (1995). Are smiles a sign of happiness? Gold medal winners at the Olympic Games. *Journal of Personality and Social Psychology, 69* (6), 1113-1119.

Fernandez-Dols, J.-M., & Ruiz-Belda, M.-A. (1997). Spontaneous facial behavior during intense emotional episodes: Artistic truth and optical truth. In Russell, J.A. & Fernandez-Dols, J.M. (Eds.), *The psychology of facial expression* (pp. 255-274). Cambridge: Cambridge University Press.

Fernández-Dols, J.M., Sanchez, F., Carrera, P., Ruiz-Belda, M.A. (1997). Are spontaneous expression and emotion linked? An experimental test of coherence. *Journal of Nonverbal Behaviour, 21 (3),* 163-177.

Fischer, K. W., & Tangney, J. P. (1995). Self-conscious emotions and the affect revolution: Framework and overview. In Tangney, J.P. & Fischer Kurt W. (Eds.), *Self-conscious emotions: The psychology of shame, guilt, embarrassment and pride* (pp. 3-21). New York: Guilford Press.

Fogel, A., Nelson-Goens, G. C., Hsu, H.-C., & Shapiro, A. F. (2000). Do different infant smiles reflect different positive emotions? *Social Development, 9* (4), 497-520.

Fonagy, P., Target, M., Gergely, G. (2002). Affect regulation, mentalization, and the development of the self. New York: Other Press.

Forgas, J.P. (1995). *Soziale Interaktion und Kommunikation. Eine Einführung in die Sozialpsychologie* (3. Auflage). Weinheim: Beltz.

Fox, N. & Davidson, R. J. (1988). Patterns of brain electrical activity during facial signs of emotion in ten-month-old infants. *Developmental Psychology, 24*, 230-236.

Frank, M. G., & Stennett, J. (2001). The forced-choice paradigm and the perception of facial expressions of emotion. *Journal of Personality and Social Psychology, 80* (1), 75-85.

Freud, S. (1923/1999). Das Ich und das Es. *Gesammelte Werke XIII* (pp.235-289). Frankfurt/Main: Fischer.

Freud, S. (1924/1999). Der Untergang des Ödipuskomplexes. *Gesammelte Werke XIII* (pp. 393-402). Frankfurt/Main: Fischer.

Freud, S. (1930/1999). Das Unbehagen in der Kultur. *Gesammelte Werke XIV. Werke aus den Jahren 1925-1931* (pp. 419-506). Frankfurt/Main: Fischer Taschenbuch.

Freud, S. (1932/1999). Neue Folge der Vorlesungen zur Einführung in die Psychoanalyse. *Gesammelte Werke XV* (pp. 1-197). Frankfurt/Main: Fischer.

Fridlund, A. J. (1991). Sociality and solitary smiling: Potentiation by an implicit audience. *Journal of Personality and Social Psychology, 60* (2), 229-240.

Fridlund, A. J. (1997). The new ethology of human facial expression. In Russell, J.A. & Fernandez-Dols, J.M. (Eds.), *The psychology of facial expression* (pp. 103-129). Cambridge: Cambridge University Press.

Friedlmeier, W., & Holodynski, M. (1999). *Emotionale Entwicklung. Funktion, Regulation und soziokultureller Kontext von Emotionen.* Heidelberg, Berlin: Spektrum Akademischer Verlag.

Friesen, W. & Ekman, P. (1984). *EMFACS-7.* Unpublished Manual.

Frigerio, E., Cavallini, E., & Burt, M. (2003). Facial expression recognition and face processing across the adult life span. Paper at *the 10th European Conference "Facial Expression, Measurement, and Meaning"*, September 17-20, Rimini, Italy.

Frijda, N. H. (1986). *The emotions.* Cambridge: Cambridge University Press.

Frijda, N. H. (1993). The place of appraisal in emotion. *Cognition and Emotion, 7* (3/4), 357-387.

Frijda, N. H. (1996). Die Gesetze der Emotionen. *Zeitschrift Für Psychosomatische Medizin, 42*, 205-221.

Frijda, N.H. & Tcherkassof, A. (1997). Facial expressions as modes of action readiness. In Russell, J.A. & Fernández-Dols, J.M. (Eds.), *The psychology of facial expression* (pp. 78-102). Cambridge: Cambridge University Press.

Frijda, N. H., & Zeelenberg, M. (2001). Appraisal: What is the dependent. In Scherer, K.R., Schorr, A. & Johnstone, T. (Eds.), *Appraisal processes in emotion. Theory, methods, research* (pp. 141-155). Oxford: Oxford University Press.

Galati, D., Miceli, R., & Sini, B. (2001). Judging and coding the facial expression of emotions in congenitally blind children. *International Journal of Behavioral Development, 25* (3), 268-278.

Galati, D., Scherer, K. R., & Ricci Bitti, P. E. (1997). Voluntary facial expression of emotion. Comparing congenitally blind to normal sighted encoders. *Journal of Personality and Social Psychology, 73* (6), 1363-1380.

Gehricke, J.-G., & Shapiro, D. (2000). Reduced facial expression and social context in major depression: Discrepancies between facial muscle activity and self-reported emotion. *Psychiatry Research, 95* (2), 157-167.

Geir, M. & Mair, B. (2001). *Interaktive Regulierung von Schuldgefühlen in Freundschaftsbeziehungen.* Unveröff. Diplomarbeit, Universität Innsbruck.

Geneva Emotion Research Group. (2002). *Genfer Appraisal Fragebogen (GAF): Format, Entwicklung und Einsatzmöglichkeiten.* http://www.unige.ch/fapse/emotion/resmaterial/

Gfader, P. (2001). *Ausdruck und interaktive Regulierung von Scham.* Unveröff. Diplomarbeit, Universität Innsbruck.

Gilbert, P., Pehl, J., & Allan, S. (1994). The phenomenology of shame and guilt: An empirical investigation. *British Journal of Medical Psychology, 67*, 23-36.

Gosselin, P., Perron, M., Legault, M., & Campanella, P. (2002). Children's and adults' knowledge of the distinction between enjoyment and nonenjoyment smiles. *Journal of Nonverbal Behavior, 26* (2), 83-108.

Gottman, J.M. (1993). Studying emotion in social interaction. In Lewis, M. & Haviland, J.M. (Eds.), *Handbook of emotions* (pp. 475-487). New York, London: Guilford.

Gottman, J.M. (1994). *What predicts divorce? The relationship between marital processes and marital outcome.* Hillsdale, NJ: Lawrence Erlbaum.

Gottman, J.M., Levenson, R., Woodin, E. (2001). Facial expressions during marital conflict. *Journal of Family Communication, 1 (1)*, 37-57.

Grammer, K. (1990). Strangers meet: Laughter and nonverbal signs of interest in opposite sex encounters. *Journal of Nonverbal Behavior, 14*, 209-236.

Greenberg, L.S., Rice, L.N., Elliott, R. (1993*). Facilitating emotional change. The moment-by-moment process.* New York: Guilford.

Gross, J. (1998). Antecedent- and response-focussed emotion regulation: Divergent consequences for experience, expression, and physiology. *Journal of Personality and Social Psychology, 74*, 224-237.

Gross, J. J., John, O. P., & Richards, J. M. (2000). The dissociation of emotion expression from emotion experience: A personality perspective. *Personality and Social Psychology Bulletin, 26* (6), 712-726.

Haggard, E.A. & Isaacs, K.S. (1966). Micromomentary facial expressions as indicators for ego mechanism in psychotherapy. In Gottschalk, L.A. & Auerbach, A.H. (Eds.), *Methods of research in psychotherapy* (pp.154-165). New York: Appleton Century Crofts. (Zit. nach Bänninger-Huber, Eva. (1996). Mimik, Übertragung Interaktion. Bern: Huber).

Haidt, J., & Keltner, D. (1999). Culture and facial expression: Open-ended methods find more expressions and a gradient of recognition. *Cognition & Emotion, 13* (3), 225-266.

Harder, D. W., Cutler, L., & Rockart, L. (1992). Assessment of shame and guilt and their relationships to psychopathology. *Journal of Personality Assessment, 5* (3), 584-604.

Harrigan, J. A. & O'Connell, D.M. (1996). How do you look when feeling anxious? Facial displays of anxiety. *Personality and Individual Differences, 21* (2), 205-212.

Harrigan, J. A., & Taing, K. T. (1997). Fooled by a smile: Detecting anxiety in others. *Journal of Nonverbal Behavior, 21* (3), 203-221.

Hatfield, E., Cacioppo, J. T., & Rapson, R. L. (1994). *Emotional Contagion.* Cambridge: Cambridge University Press.

Heritage, J. (2002). The limits of questioning: Negative interrogatives and hostile question content. *Journal of Pragmatics, 34*, 1427-1446.

Hess, U., Banse, R., & Kappas, A. (1995). The intensity of facial expression is determined by underlying affective state and social situation. *Journal of Personality and Social Psychology, 69* (2), 280-288.

Hess, U., Blairy, S., & Kleck, R. E. (1997). The intensity of emotional facial expressions and decoding accuracy. *Journal of Nonverbal Behavior, 21* (4), 241-257.

Hess, U., Kappas, A., McHugo, G. J., Lanzetta, J. T., & Kleck, R. E. (1992). The facilitative effect of facial expression on the self generation of emotion. *International Journal of Psychophysiology, 12* (3), 251-265.

Hirsch, M. (2000). Schuld, Schuldgefühl. In Mertens, W. & Waldvogel, B. (Hrsg.), *Handbuch psychoanalytischer Grundbegriffe* (pp. 639-644). Stuttgart, Berlin, Köln: Kohlhammer.

Hochgruber, W. (2000). *Die Bedeutung von Lachen bei der Ärgerregulierung von Paaren. Geschlechtsspezifische und personenspezifische Unterschiede.* Unveröff. Diplomarbeit, Universität Innsbruck.

Hochschild, A. (1983). *The managed heart. The commercialization of human feelings.* Berkeley, CA: University of California Press.

Horstmann, G. (2003). What do facial expressions convey: Feeling states, behavioral intentions, or action requests? *Emotion, 3* (2), 150-166.

Hsu, H.-C., Fogel, A., & Messinger, D. S. (2001). Infant non-distress vocalization during mother-infant face-to-face interaction: Factors associated with quantitative and qualitative differences. *Infant Behavior & Development, 24*, 107-128.

Izard, C.E. (1979). *The maximally discriminative facial movement coding system (MAX)*. Newark: University of Delaware.

Izard, C.E. (1993). Organizational and motivational functions of discrete emotions. In Lewis, M. & Haviland, J.M. (Eds.), *Handbook of emotions* (pp. 631-641). New York, London: Guilford.

Izard, C. E. (1994). *Die Emotionen des Menschen. Eine Einführung in die Grundlagen der Emotionspsychologie* (2. Auflage). Weinheim: PVU.

Izard, C. E. (1997). Emotions and facial expressions: A perspective from Differential Emotions Theory. In Russell, J.A. & Fernández-Dols, J.M. (Eds.), *The psychology of facial expression* (pp. 57-77). Cambridge: Cambridge University Press.

Izard, C. E., Fantauzzo, C. A., Castle, J. M., Haynes, O. M., Rayias, M. F., & Putnam, P. H. (1995). The ontogeny and significance of infants´ facial expressions in the first nine months of life. *Developmental Psychology, 31* (6), 997-1013.

Jakobs, E., Fischer, A. H. & Manstead, A. S. R. (1997). Emotional experience as a function of social context: The role of the other. *Journal of Nonverbal Behavior, 21* (2), 103-130.

Jakobs, E., Manstead, A. S. R., & Fischer, A. H. (2001). Social context effects on facial activity in a negative emotional setting. *Emotion, 1* (1), 51-69.

Johnstone, T., & Scherer, K. R. (2000). Vocal communciation of emotion. In Lewis, M. & Haviland-Jones, J. (Eds.), *Handbook of emotions* (pp. 220-235). New York: Guilford Press.

Jones, W., Kugler, K., & Adams, P. (1995). You always hurt the one you love: Guilt and transgressions against relationship partners. In Fischer, K.W. & Tangney, J.P. (Eds.), *Self-conscious emotions: The psychology of shame, guilt, embarrassment and pride* (pp. 301-321). New York: Guilford Press.

Juen, B. (2001a). *Konfliktregulierung in frühen Mutter-Kind-Interaktionen. Ein Beitrag zur Moralentwicklung*. Unveröff. Habilitationsschrift an der naturwissenschaftlichen Fakultät der Universität Innsbruck.

Juen, R. (2001b). *Zur Differenzierung verschiedener Lächeltypen*. Unveröff. Diplomarbeit, Universität Innsbruck.

Kaiser, S. (2002). Facial expressions as indicators of "functional" and "dysfunctional" emotional processes. In Katsikitis, M. (Ed.), *The human face: Measurement and meaning* (pp. 235-253). Boston: Kluwer.

Kaiser, S. & Scherer, K.R. (1998). Models of `normal´ emotions applied to facial and vocal expressions in clinical disorders. In Flack, W.F. & Laird, J.D. (Eds.), *Emotions in psychopathology* (pp. 81-98). New York: Oxford University Press.

Kaiser, S., & Wehrle, T. (2001a). Facial expressions as indicators of appraisal processes. In Scherer, K.R. Schorr, A. & Johnstone, T. (Eds.), *Appraisal processes in emotion. Theory, methods, research* (pp. 285-300). Oxford et al.: Oxford University Press.

Kaiser, S., & Wehrle, T. (2001b). The role of facial expression in intra-individual and inter-individual emotion regulation. In Canamero, D. (Ed.), *Emotional and intelligent II: The tangled knot of cognition. Papers from the 2001 AAAI Fall Symposium. Technical Report FS-01-02* (pp. 61-66). Menlo Park, CA: AAAI.

Kaiser, S., Wehrle, T., Sander, D., Grandjean, D., & Scherer, K.R. (2003). Perceived gaze direction modulates the intensity judgment of facial expression of emotion. *10th European Conference "Facial Expression, Measurement, and Meaning"*, September 17-20, Rimini, Italy.

Kappas, A. (2003). What facial activity can and cannot tell us about emotions. In Katsikitis, M. (Ed.), *The human face. Measurement and meaning* (pp. 215-234). Boston: Kluwer.

Keltner, D., & Bonnano, G. A. (1997). A study of laughter and dissociation: Distinct correlates of laughter and smiling during bereavement. *Journal of Personality and Social Psychology, 73* (4), 687-702.

Keltner, D., & Buswell, B. N. (1996). Evidence for the distinctness of embarrassment, shame, and guilt: A study of recalled antecedents and facial expressions of emotions. *Cognition & Emotion, 10* (2), 155-171.

Keltner, D., & Haidt, J. (2001). Social functions of emotions. In Mayne, T. & Bonnano, G.A. (Eds.), *Emotions. Current issues and future directions* (pp. 192-213). New York, London: Guilford Press.

Kendon, A. (1967). Some funtions of gaze-direction in social interaction. *Acta Psychologica, 26,* 22-63.

Ketelaar, T., & Tung Au, W. (2003). The effects of feelings of guilt on the behaviour of uncooperative individuals in repeated social bargaining games: An affect-as-information interpretation of the role of emotion in social interaction. *Cognition & Emotion, 17* (3), 429-453.

Kleinke, C. L. (1986). Gaze and eye contact: A research review. *Psychological Bulletin, 100* (1), 78-100.

Klinnert, M. D., Campos, J., Sorce, J. F., Emde, R. N., & Svejda, M. (1983). The development of social referencing. In Plutchik, R., & Kellerman, H. (Eds.), *Emotion: Theory, research and experience, Vol. 2: Emotion in early development.* New York: Academic Press.

Knapp, M. L., & Hall, J. A. (2002). *Nonverbal communication in human interaction* (5th edition). Australia: Wadsworth Thomson Learning.

Kochanska, G. (1991). Socialization and temperament in the development of guilt and conscience. *Child Development, 62,* 1379-1392.

Kochanska, G., Gross, J.N., Lin, M., Nichols, K.E. (2002). Guilt in young children: Development, determinants, and relations with a broader system of standards. *Child Development, 73 (2),* 461-482.

Köhler, K. (2002). *Interaktive Regulierung von Eifersucht bei Paaren.* Unveröff. Diplomarbeit, Universität Innsbruck.

Krause, R. (1997). *Psychoanalytische Krankheitslehre. Band 1: Grundlagen.* Stuttgart, Berlin, Köln: Kohlhammer.

Krause, R. (1998). *Allgemeine Psychoanalytische Krankheitslehre.* Band 2: Modelle. Stuttgart, Berlin, Köln: Kohlhammer.

Krause, R., & Lütolf, P. (1989). Mimische Indikatoren von Übertragungsvorgängen. *Zeitschrift Für Klinische Psychologie, 18* (1), 55-67.

Krause, R., & Merten, J. (1996). Affekte, Beziehungsregulierung, Übertragung und Gegenübertragung. *Zeitschrift Für Psychosomatische Medizin, 42,* 261-280.

Kugler, K., & Jones, W. H. (1992). On conceptualizing and assessing guilt. *Journal of Personality and Social Psychology, 62,* 318-327.

Kuppens, P., Mechelen, I. V., Smits, D. J., De Boeck, P. (2003). The appraisal basis of anger: Specificity, necessity, and sufficiency of components. *Emotion, 3* (3), 254-269.

Kupperbusch, C., Matsumoto, D., Kooken, K., Loewinger, S., Uchida, H., Wilson-Cohn, C., & Yrizarry, N. (1999). Cultural influences on nonverbal expressions of emotion. In Philippot, P., Feldman, R.S. & Coats, E.J. (Eds.), *The social context of nonverbal behavior* (pp. 17-44). Cambridge: Cambridge University Press.

Laird, J. D. (1974). Self-attribution of emotion: The effects of expressive behavior on the quality of emotional experience. *Journal of Personality and Social Psychology, 29* (4), 475-486.

Langebner, M. (2000). *Ärgerregulierung bei Paaren. Prototypische Affektive Mikrosequenzen (PAMs) und ihre Bedeutung in Interaktionen.* Unveröff. Diplomarbeit, Universität Innsbruck.

Larsen, J. T., Norris, C. J., & Cacioppo, J. T. (2003). Effects of positive and negative affect on electromyographic activity over *zygomaticus major* and *corrugator supercilii. Psychophysiology, 40,* 776-785.

Laux, L. & Weber, H. (1990). Bewältigung von Emotionen. In Scherer, K.R. (Hrsg.). *Psychologie der Emotion* (S. 560-629). Göttingen, Toronto, Zürich: Hogrefe.

Lazarus, R. S. (1984). On the primacy of cognition. *American Psychologist, 39* (2), 124-129.

Lazarus, R. S. (1991). Progress on a cognitive-motivational-relational theory of emotion. *American Psychologist, 46* (8), 819-834.

Lazarus, R. S. (2001). Relational meaning and discrete emotions. In Scherer, K.R., Schorr, A. & Johnstone, T. (Eds.), *Appraisal processes in emotion: Theory, methods, research* (pp. 37-67). Oxford: Oxford University Press.

Le Doux, J. (1998). Das Netz der Gefühle. Wie Emotionen entstehen. München: dtv.

Lee, V., & Wagner, H. (2002). The effect of social presence on the facial and verbal expression of emotion and the interrelationships among emotion components. *Journal of Nonverbal Behavior, 26* (1), 3-25.

Lepper, G. (2000). *Categories in text and talk.* London, Thousand Oaks, New Delhi: Sage.

Levenson, R. W., Ekman, P., & Friesen, W. V. (1990). Voluntary facial action generates emotion-specific autonomic nervous system activity. *Psychophysiology, 27,* 363-384.

Levenson, R. W., Ekman, P., Heider, K., & Friesen, W. V. (1992). Emotion and autonomic nervous system activity in the Minangkabau of West Sumatra. *Journal of Personality and Social Psychology, 62* (6), 972-988.

Leventhal, H. & Scherer, K.R. (1987). The relationship of emotion and cognition: A functional approach to a semantic controversy. *Cognition and Emotion, 1,* 3-28.

Lewis, H.B. (1971). *Shame and guilt in neurosis.* New York: International Universities Press.

Lewis, M. (1993). Self-Conscious emotions: Embarrassment, pride, shame, and guilt. In Lewis, M. & Haviland, J.M. (Eds.), *Handbook of Emotions* (pp. 563-573). New York, London: Guilford Press.

Lewis, M. (2000). Self-conscious emotions: Embarrassment, pride, shame, and guilt. In Lewis, M. & Haviland-Jones, J.M. (Eds.), *Handbook of emotions* (2nd edition). New York, London: Guilford.

Lindsay-Hartz, J. (1984). Contrasting experiences of shame and guilt. *American Behavioral Scientist, 27* (6), 689-704.

Lutwak, N. & Ferrari, J. R. (1996). Moral affect and cognitive processes: Differentiating shame from guilt among men and women. *Personality and Individual Differences, 21*(6), 891-896.

Lutwak, N., Ferrari, J. R. & Cheek, J. M. (1998). Shame, guilt, and identity in men and women: the role of identity orientation and processing style in moral affects. *Personality and Individual Differences, 25,* 1027-1036.

Malatesta, C. Z. & Haviland, J. M. (1982). Learning display rules. The socialization of emotion expression in infancy. *Child Development, 53,* 991-1003.

Mauro, R., Sato, K., Tucker, J. (1992). The role of appraisal in human emotion: A cross-cultural study. *Journal of Personality and Social Psychology, 62* (2), 301-317.

McGraw, K. M. (1987). Guilt following transgression: An attribution of responsibility approach. *Journal of Personality and Social Psychology, 53,* 247-256.

Merten, J. (1996). *Affekte und die Regulation nonverbalen interaktiven Verhaltens. Strukturelle Aspekte des mimisch-affektiven Verhaltens und die Integration von Affekten in Regulationsmodelle.* Bern: Lang.

Merten, J. (1997). Facial-affective behavior, mutual gaze, and emotional experience in dyadic interactions. *Journal of Nonverbal Behavior, 21* (3), 179-201.

Merten, J. (2001). *Beziehungsregulation in Psychotherapien.* Stuttgart, Berlin, Köln: Kohlhammer.

Merten, J. (2003a). Recognition of basic emotions from facial expressions. Effects of gender and culture (A case study using the World Wide Web). *X^{th} European Conference "Facial Expression, Measurement, and Meaning",* September 17-20, Rimini, Italy.

Merten, J. (2003b). *Einführung in die Emotionspsychologie.* Stuttgart: Kohlhammer.

Mesquita, B. & Ellsworth, P.E. (2001). The role of culture in appraisal. In Scherer, K.R., Schorr, A., Johnstone, T. (Eds.), *Appraisal processes in emotion. Theory, methods, research* (pp. 233-248). Oxford et al.: Oxford University Press.

Messinger, D., Dondi, M., Nelson-Goens, G. C., Beghi, A., Fogel, A., & Simion, F. (2002). How sleeping neonates smile. *Developmental Science, 5* (1), 48-54.

Messinger, D. S., Fogel, A., & Dickson, K. L. (1997). A dynamic systems approach to infant facial action. In Russell, J.A. & Fernandez-Dols, J.M. (Eds.), *The psychology of facial expression* (pp. 205-226). Cambridge: Cambridge University Press.

Messinger, D. S., Fogel, A., & Dickson, K. L. (2001). All smiles are positive, but some smiles are more positive than others. *Developmental Psychology, 37* (5), 642-653.

Meyer, W.-U., Reisenzein, R., & Schützwohl, A. (2001). *Einführung in die Emotionspsychologie. Emotionstheorien von Watson, James und Schachter (Band I)* (2. überarb. Auflage). Bern: Hans Huber.

Miceli, M. (1992). How to make someone feel guilty: Strategies of guilt inducement and their goals. *Journal for the Theory of Social Behavior, 22* (1), 81-104.

Miceli, M. & Castelfranchi, C. (1998). How to silence one´s conscience: Cognitive defenses against guilt. *Journal for the Theory of Social Behavior, 28* (3), 287-318.

Mikulincer, M., & Florian, V. (1996-1997). A cognitive-relational approach to emotions: The appraisal and coping components of sadness, shame, guilt, jealousy, and disgust. *Imagination, Cognition and Personality, 16* (3), 263-279.

Mingyi, Q., & Jianli, Q. (2002). A comparative study on the difference between shame and guilt among Chinese college students. *Acta Psychologica Sinica, 34* (6), 626-633.

Montada, L. (1993). Moralische Gefühle. In Edelstein, W., Nunner-Winkler, G. & Noam, G. (Hrsg.), *Moral und Person* (pp. 259-277). Frankfurt a. Main: Suhrkamp.

Moser, U. (1983). *Beiträge zu einer psychoanalytischen Theorie der Affekte. Teil I. Berichte aus der interdisziplinären Konfliktforschungsstelle, Nr. 10*. Soziologisches und Psychologisches Institut der Universität Zürich.

Moser, U. (1985). *Beiträge zu einer psychoanalytischen Theorie der Affekte. Ein Interaktionsmodell. Teil II. Berichte aus der Interdisziplinären Konfliktforschungsstelle, Nr. 14*. Psychologisches Institut der Universität Zürich, Abteilung Klinische Psychologie.

Moser, U. & Zeppelin, I. v. (1991). The regulation of cognitive-affective processes: A new psychoanalytic model. In Moser, U. & v. Zeppelin, I. (Eds.), *Cognitive-affective processes. New ways of psychoanalytic modeling* (pp. 87-134). Berlin: Springer.

Motley, M. T. & Camden, C. T. (1988). Facial expression of emotion: A comparison of posed expressions versus spontaneous expressions in an interpersonal communication setting. *Western Journal of Speech Communication, 52* (1), 1-22.

Müller, V. (1999). *Die Bedeutung Prototypischer Affektiver Mikrosequenzen (PAMs) für die psychotherapeutische Arbeitsbeziehung*. Unveröff. Lizentiatsarbeit, Universität Zürich.

Niedenthal, P. M., Tangney, J. P., & Gavanski, I. (1994). `If only I weren't' versus `If only I hadn't': Distinguishing shame and guilt in counterfactual thinking. *Journal of Personality and Social Psychology, 67* (4), 585-595.

O'Connor, L. E., Berry, J. W., & Weiss, J. (1999). Interpersonal guilt, shame, and psychological problems. *Journal of Social and Clinical Psychology, 18* (2), 181-203.

O'Connor, L. E., Berry, J. W., Weiss, J., & Gilbert, P. (2002). Guilt, fear, submission, and empathy in depression. *Journal of Affective Disorders, 71* (1-3), 19-27.

O'Connor, L., Berry, J. W., Weiss, J., Bush, M., & Sampson, H. (1997). Interpersonal guilt: The development of a new measure. *Journal of Clinical Psychology, 53* (1), 73-89.

Oatley, K. & Jenkins, J. M. (1992). Human emotions: Function and dysfunction. *Annual Review of Psychology, 43*, 55-85.

Ortony, A. & Turner, T. J. (1990). What's basic about basic emotions? *Psychological Review, 97*, 315-331.

Owren, M. J., & Bachorowski, J.-A. (2001). The evolution of emotional experience: A "selfish-gene" account of smiling and laughter in early hominids and humans. In Mayne, T.H. & Bonnano, G.A. (Eds.), *Emotions: Current issues and future directions* (pp. 152-191). New York: Guilford Press.

Parrott, W. G. (2001). Implications of dysfunctional emotions for understanding how emotions function. *Review of General Psychology, 5* (3), 180-186.

Peham, D., Ganzer, V., Bänninger-Huber, E., Juen, B. (2002). Schuldgefühlspezifische Regulierungsprozesse in Mutter-Tochter-Interaktionen und Psychotherapeut-Klient-Beziehungen: Ein Vergleich. *Psychologische Medizin, 13 (3)*, 22-27.

Plutchik, R. (1980). *Emotion: A psychoevolutionary synthesis.* New York: Harper & Row.

Reisenzein, R. (2000a). Worum geht es in der Debatte um die Basisemotionen? In Försterling, F., Stiensmeier-Pelster, J. & Silny, L.M. (Hrsg.), *Kognitive und emotionale Aspekte der Motivation* (pp. 205-237). Göttingen: Hogrefe.

Reisenzein, R. (2000b). Exploring the strength of association between components of emotion syndromes: The case of surprise. *Cognition and Emotion, 14* (1), 1-38.

Richmond, V.P. & McCroskey, J.C. (2000). *Nonverbal behaviour in interpersonal relations.* Boston, London et al.: Allyn and Bacon.

Roos, J. (2000). Peinlichkeit, Scham und Schuld. In Otto, J.H., Euler, H.A. & Mandl, H. (Hrsg.), *Emotionspsychologie. Ein Handbuch* (pp. 264-271). Weinheim: PVU.

Roseman, I. J. (1991). Appraisal determinants of discrete emotions. *Cognition and Emotion, 5*, 161-200.

Roseman, I. J. (2001). A model of appraisal in the emotion system. In Scherer, K.R., Schorr, A. & Johnstone, T. (Eds.), *Appraisal processes in emotion. Theory, methods, research* (pp. 68-91). Oxford: Oxford University Press.

Roseman, I. J., & Smith C.A. (2001). Appraisal theory. Overview, assumptions, varieties, controversies. In Scherer, K.R., Schorr, A. & Johnstone, T. (Eds.), *Appraisal processes in emotion. Theory, methods, research* (pp. 3-19). Oxford: Oxford University Press.

Rosenberg, E. L., & Ekman, P. (1997). Coherence between expressive and experiental systems in emotion. In Ekman, P. & Rosenberg, E.L. (Eds.), *What the face reveals. Basic and applied studies of spontaneous expression using the Facial Action Coding System (FACS)* (pp. 63-85). New York, Oxford: Oxford University Press.

Ruch, W. (1990). *Die Emotion Erheiterung. Ausdrucksformen und Bedingungen.* Unveröff. Habilitationsschrift, Universität Düsseldorf. (zit. Nach Ruch, W. (1997). Will the real relationship between facial expression and affective experience please stand up. The case of exhilaration. In Ekman, P. & Rosenberg E.L., pp. 89-108).

Ruch, W. (1997). Will the real relationship between facial expression and affective experience please stand up. The case of exhilaration. In Ekman, P. &. Rosenberg, E.L. (Eds.), *What the face reveals. Basic and applied studies of spontaneous expression using the Facial Action Coding Systems (FACS)* (pp. 89-108). New York, Oxford: Oxford University Press.

Ruiz-Belda, M.-A., Fernandez-Dols, J.-M., Carrera, P., & Barchard, K. (2003). Spontaneous facial expressions of happy bowlers and soccer fans. *Cognition & Emotion, 17* (2), 315-326.

Russell, J. A. (1991). In defense of a prototype approach to emotion concepts. *Journal of Personality and Social Psychology, 60,* 37-47.

Russell, J. A. (1994). Is there universal recognition of emotion from facial expression? A review of the cross-cultural studies. *Psychological Bulletin, 115* (1), 102-141.

Russell, J.A. & Fernández-Dols, J.M. (1997). What does a facial expression mean? In Russell, J.A. & Fernández-Dols, J.M. (Eds.), *The psychology of facial expression* (pp. 3-30). Cambridge: Cambridge University Press.

Saarni, C. (1999). *The development of emotional competence.* New York: Guilford Press.

Saarni, C. & Weber, H. (1999). Emotional displays and dissemblance in childhood. Implications for self-representation. In Philippot, P. Feldman, R.S. & Coats, E.J. (Eds.), *The social context of nonverbal behavior* (pp. 71-105). Cambridge: Cambridge University Press.

Salisch, M. v. (2001). Children's emotional development: Challenges in their relationships to parents, peers, and friends. *International Journal of Behavioral Development, 25* (4), 310-319.

Sandler, J. (1960). On the concept of superego. *The Psychoanalytic Study of the Child, 15,* 128-162.

Sänger-Alt, C., Steimer-Krause, E., Wagner, G., Krause, R. (1989). Mimisches Verhalten bei psychosomatischen Patienten. *Zeitschrift für Klinische Psychologie, 18 (3),* 243-256.

Sarra, S., & Otta, E. (2001). Different types of smiles and laughter in preschool children. *Psychological Reports, 89* (3), 547-558.

Sayette, M. A., Cohn, J. F., Wertz, J. M., Perrott, M. A., & Parrott, D. J. (2001). A psychometric evaluation of the Facial Action Coding System for assessing spontaneous expression. *Journal of Nonverbal Behavior, 25* (3), 167-185.

Sacks, H. (1992). Lectures on conversation (ed. by Gail Jefferson with an introduction by Emanuel A. Schegloff). Oxford: Basil Blackwell.

Scherer, K. R. (1984). On the nature and function of emotion: a component process approach. In Scherer, K.R. & Ekman, P. (Eds.), *Approaches to emotion* (pp. 293-317). Hillsdale, NY: Lawrence Erlbaum.

Scherer, K. R. (1990). Theorien und aktuelle Probleme der Emotionspsychologie. In Scherer, K.R. (Hrsg.), *Psychologie der Emotion* (pp. 1-38). Göttingen: Hogrefe.

Scherer, K.R. (1992). What does facial expression express? In Strongman, K.T. (Ed.), International review of studies on emotion (Vol. 2, pp. 139-165). New York: Wiley.

Scherer, K. R. (1993). Studying the emotion-antecedent appraisal process: An expert system approach. *Cognition & Emotion, 7* (3/4), 325-355.

Scherer, K. R. (1994). Toward a concept of "modal emotions". In Ekman, P. & Davidson, R.J. (Eds.), *The Nature of Emotion. Fundamental Questions* (pp. 25-31). New York, Oxford: Oxford University Press.

Scherer, K. R. (1996). Emotion. In Stroebe, W., Hewstone, M. & Stephenson, G.M. (Eds.), *Sozialpsychologie. Eine Einführung* (pp. 293-330). Berlin: Springer.

Scherer, K.R. (1997). Profiles of emotion-antecedent appraisal: Testing theoretical predictions across cultures. *Cognition and Emotion, 11,* 113-150.

Scherer, K. R. (2001). Appraisal considered as a process of multilevel sequential checking. In Scherer, K.R., Schorr, A. & Johnstone, T. (Eds.), *Appraisal processes in emotion. Theory, methods, research* (pp. 92-120). Oxord: Oxford University Press.

Scherer, K. R., & Ceschi, G. (2000). Criteria for emotion recognition from verbal and nonverbal expression: Studying baggage loss at the airport. *Personality and Social Psychology Bulletin, 26* (3), 327-339.

Scherer, K.R. & Wallbott, H. (1979). *Nonverbale Kommunikation. Forschungsberichte zum Interaktionsverhalten.* Weinheim: Beltz.

Scherer, K. R., & Wallbott, H. G. (1994). Evidence for universality and cultural variation of differential emotion response patterning. *Journal of Personality and Social Psychology, 66* (2), 310-328.

Scherer, K. R., Banse, R., & Wallbott, H. G. (2001). Emotion inferences from vocal expression correlate across languages and cultures. *Journal of Cross-Cultural Psychology, 32* (1), 76-92.

Schmidt-Atzert, L. (1996). *Lehrbuch der Emotionspsychologie.* Stuttgart, Berlin, Köln: Kohlhammer.

Schnall, S., & Laird, J. D. (2003). Keep smiling: Enduring effects of facial expressions and postures on emotional experience and memory. *Cognition & Emotion, 17* (5), 787-797.

Shaver, P. R., Murdaya, U., & Fraley, R. C. (2001). Structure of the Indonesian emotion lexicon. *Asian Journal of Social Psychology, 4,* 201-224.

Smith, C. A., & Ellsworth, P. C. (1985). Patterns of cognitive appraisal in emotion. *Journal of Personality and Social Psychology, 48,* 813-838.

Smith, C. A., & Kirby, L. D. (2001). Toward delivering on the promise of appraisal theory. In Scherer, K.R., Schorr, A. & Johnstone, T. (Eds.), *Appraisal processes in emotion. Theory, methods, research* (pp. 121-138). Oxford: Oxford University Press.

Smith, C. A., & Scott, H. A. (1997). A componential approach to the meaning of facial expressions. In Russell, J.A. & Fernández-Dols, J.M. (Eds.), *The psychology of facial expression* (pp. 229-254). Cambridge : Cambridge University Press.

Sonnby-Borgström, M., Jönsson, P., & Svensson, O. (2003). Emotional empathy as related to mimicry reactions at different levels of information processing. *Journal of Nonverbal Behavior, 27* (1), 3-23.

Soussignan, R. (2002). Duchenne Smile, emotional experience, and autonomic reactivity: A test of the facial feedback hypotheses. *Emotion, 2* (1), 52-74.

Steimer-Krause, E., Krause, R., & Wagner, G. (1990). Prozesse der Interaktionsregulierung bei schizophren und psychosomatisch erkrankten Patienten. Studien zum mimischen Verhalten in dyadischen Interaktionen. *Zeitschrift Für Klinische Psychologie, 14* (1), 32-49.

Stern, D. (1985). Affect attunement. In Call, J., Galenson, E. & Tyson, R. (Eds.), Frontiers of infant psychiatry II. New York: Basic Books.

Stern, D. (1994). *Mutter und Kind. Die erste Beziehung* (2. Auflage). Stuttgart: Klett Cotta.

Strack, F., Martin, L. L., & Stepper, S. (1988). Inhibiting and facilitating conditions for the human smile: A nonobtrusive test of the facial feedback hypotheses. *Journal of Personality and Social Psychology, 54* (5), 768-777.

Surakka, V., & Hietanen, J. K. (1998). Facial and emotional reactions to Duchenne and non-Duchenne smiles. *International Journal of Psychophysiology, 29,* 23-33.

Tangney, J. P. (1992). Situational determinants of shame and guilt in young adulthood. *Personality and Social Psychology Bulletin, 18* (2), 199-206.

Tangney, J. P. (1995). Shame and guilt in interpersonal relationships. In Tangney, J.P. & Fischer Kurt W. (Eds.), *Self-conscious emotions: The psychology of shame, guilt, embarrassment and pride* (pp. 114-139). New York, London: Guilford Press.

Tangney, J. P., & Dearing, R. L. (2002). *Shame and Guilt.* New York, London: Guilford Press.

Tangney, J. P., & Salovey, P. (1999). Problematic social emotions: Shame, guilt, jealousy, and envy. In Kowalski, R. & Leary M. R. (Eds.), *The social psychology of emotional and behavioral problems: Interfaces of social and clinical psychology* (pp. 167-195). Washington, DC: APA.

Tangney, J. P., Wagner, P., & Gramzow, R. (1992). Proneness to shame, proneness to guilt, and psychopathology. *Journal of Abnormal Psychology, 101* (3), 469-478.

Tangney, J.P., Wagner, P.E., Gramzow, R. (1989). The test of self-conscious affect (TOSCA). Fairfax, VA: George Mason University.

Tangney, J. P., Miller, R. S., Flicker, L., & Hill Barlow, D. (1996). Are Shame, Guilt, and Embarrassment Distinct Emotions? *Journal of Personality and Social Psychology, 70,* 1256-1269.

Taylor, G. J., Bagby, R. M., & Parker, J. D. A. (1997). *Disorders of affect regulation. Alexithymia in medical and psychiatric illnesses.* Cambridge: Cambridge University Press.

Ten Have, P. (2000). Doing conversation analysis. London, Thousand Oaks, New Delhi: Sage.

Tomkins, S. (1962). *Affect, imagery, consciousness (Vol. 1): The positive affects.* New York: Springer.

Tomkins, S. (1963). *Affect, imagery, consciousness (Vol. 2): The negative affects.* New York: Springer.

Traue, H. C. (1998). *Emotion und Gesundheit. Die psychobiologische Regulation durch Hemmung.* Heidelberg, Berlin: Spectrum Akademischer Verlag.

Tsai, J. L., Chentsova-Dutton, Y., Freire-Bebeau, L., & Przymus, D. E. (2002). Emotional expression and physiology in European Americans and Hmong Americans. *Emotion, 3* (4), 380-397.

Tsai, J. L., Levenson, R. W., & Carstensen, L. L. (2000). Autonomic, expressive, and subjective responses to emotional films in older and younger Chinese American and European American adults. *Psychology and Aging, 15,* 684-693.

Ulich, D., & Mayring, P. (2003). *Psychologie der Emotionen* (2. überarb. und erw. Auflage). Stuttgart: W. Kohlhammer.

Vangelisti, A. L., Daly, J. A., & Rudnick, J. R. (1991). Making people feel guilty in conversations: Techniques and correlates. *Human Communication Research, 18* (1), 3-39.

Volkart, R. & Heri, I. (1996). Kann man die Spirale aus Scham, Wut und Schuldgefühlen durch Lachen auflösen? Über Affektregulierung, metaphorische Affekttheorien und pathogene Überzeugungen in der Psychotherapie. *Psychotherapeut, 43,* 179-191.

Wagner, H. L. (2000). The accessibility of the term "contempt" and the meaning of the unilateral lip curl. *Cognition and Emotion, 14* (5), 689-710.

Wagner, H., & Lee, V. (1999). Facial behavior alone and in the presence of others. In Philippot, P., Feldman, R.S. & Coats, E.J. (Eds.), *The social context of nonverbal behavior* (pp. 262-286). Cambridge: Cambridge University Press.

Weber, H. (1994). *Ärger. Psychologie einer alltäglichen Emotion.* Weinheim: Juventa.

Weber, H. (1995). Geschlechtsunterschiede in der Bewältigung von Ärger - ein Mythos? *Zeitschrift Für Gesundheitspsychologie, 3* (1), 59-83.

Wehrle, T., Kaiser, S., Schmidt, S., & Scherer, K. R. (2000). Studying the dynamics of emotional expression using synthesized facial muscle movements. *Journal of Personality and Social Psychology, 78* (1), 105-119.

Weiner, B. (1985). An attributional theory of achievement motivation and emotion. *Psychological Review, 92* (4), 548-573.

Weiss, J. (1986). Unconscious guilt. In Weiss, J., Sampson, H. and the Mount Zion Psychotherapy Research Group (Eds.), *The psychoanalytic process. Theory, clinical observations, and empirical research* (pp. 43-67). New York, London: Guilford.

Widmer, C. (1997). Erzählte Schuldgefühle und ihre Entsprechung in der therapeutischen Interaktion: Eine Analyse von erzählten und auftretenden Beziehungsmustern anhand eines frames. Zürich: bokos Druck.

Yik, M. S., & Russell, J. A. (1999). Interpretation of faces: A cross-cultural study of a prediction from Fridlund's theory. *Cognition & Emotion, 13,* 93-104.

Yoshikawa, S. &. Sato, W. (2003). Temporal context affects the recognition of facial expressions of emotion. *10th European Conference "Facial Expression, Measurement, and Meaning"*, September 17-20, Rimini, Italy.

Zahn-Waxler, C., & Robinson, J. (1995). Empathy and guilt: Early origins of feelings of responsibility. In Tangney, J.P. & Fischer K. W. (Eds.), *Self-conscious emotions: The psychology of shame, guilt, embarrassment and pride* (pp. 143-173). New York, London: Guilford Press.

Zentner, M., & Scherer, K. R. (2000). Partikuläre und integrative Ansätze. In Otto, J.H., Euler, H.A.& Mandl, H. (Hrsg.), *Emotionspsychologie. Ein Handbuch* (pp. 151-164). Weinheim: PVU.

Abbildungsverzeichnis

Tabellenverzeichnis

www.ingramcontent.com/pod-product-compliance
Lightning Source LLC
Chambersburg PA
CBHW022308280326
41932CB00010B/1019